Matthias Braunwarth

Gedächtnis der Gegenwart

Tübinger Perspektiven zur Pastoraltheologie und Religionspädagogik

herausgegeben von

Ottmar Fuchs, Albert Biesinger, Reinhold Boschki

Band 16

LIT

Matthias Braunwarth

GEDÄCHTNIS DER GEGENWART

Signatur eines religiös-kulturellen Gedächtnisses

Annäherung an eine Theologie
der Relationierung und Relativierung

LIT

Umschlaggestaltung durch Donald Klaput und Matthias Braunwarth

D 25

Die Deutsche Bibliothek – CIP-Einheitsaufnahme

Braunwarth, Matthias:
Gedächtnis der Gegenwart : Signatur eines religiös-kulturellen Gedächtnisses ;
Annäherung an eine Theologie der Relationierung und Relativierung /
Matthias Braunwarth. – Münster : LIT, 2002
  (Tübinger Perspektiven zur Pastoraltheologie und Religionspädagogik ; 16)
  Zugl.: Freiburg, Univ., Diss., 2001
  ISBN 3-8258-5912-6

© LIT VERLAG Münster – Hamburg – London
  Grevener Str. 179   48159 Münster   Tel. 0251–23 50 91   Fax 0251–23 19 72
  e-Mail: lit@lit-verlag.de   http://www.lit-verlag.de

מַה־שְּׁמוֹ מָה אֹמַר אֲלֵהֶם:
וַיֹּאמֶר אֱלֹהִים אֶל־מֹשֶׁה
אֶהְיֶה אֲשֶׁר אֶהְיֶה
שְׁמוֹת ג יג־יד

Was ists um seinen Namen? -
Was spreche ich dann zu ihnen?
Gott sprach zu Mosche:
Ich werde dasein, als der ich dasein werde.
Exodus 3,13-14

Inhalt

TEIL II

DAS

RELIGIÖS-KULTURELLE GEDÄCHTNIS DER GEGENWART

MODELL FÜR EINE CHRISTLICHE THEOLOGIE DER

RELATIONIERUNG UND RELATIVIERUNG

ANHANG

Vorwort

Die eigene Faszination an dem Thema 'Gedächtnis' speist sich aus der Beobachtung, dass 'Gedächtnis' die biologische, grundlegende Dimension menschlichen Lebens mit ihrer sozial-kulturellen, unterschiedlich entfalteten und gefüllten Dimension verbindet.

'Gedächtnis' steht für eine Zentralkategorie im christlichen wie auch im jüdischen Selbstverständnis und im Leben dieser Glaubensgemeinschaften. Mit 'Gedächtnis' verbindet sich der Inhalt christlichen Glaubens und gottesdienstlichen Feierns, lässt sich das konstitutive und generierende Moment christlicher Individualisierung und Vergemeinschaftung sowie der Ort der Gottes- und Menschenbegegnung beschreiben.

Doch damit bleibt die Frage, wie das zugrundeliegende Geschehen zu verstehen ist? Existieren Modelle, um die Erklärung allgemeiner Mechanismen von 'Gedächtnis' mit der Entstehung religiös bzw. kulturell gesteigerter und herausgehobener Gedächtnisphänomene zu verknüpfen? Eröffnen sich damit Möglichkeiten, die Ausbildung und Sicherung eines christlich-religiösen Gedächtnisses in der Gegenwart aus neuen Perspektiven zu betrachten?

Die Zionssehnsucht des Psalmisten (Ps 137,1-6) veranschaulicht, welche existentiellen und fragilen Dimensionen für ein jüdisches bzw. christliches Gedächtnis konstitutiv sind.
Das Gelingen religiös-kultureller Gedächtnisleistungen (Erinnerung der Verheißungen und der Treue Gottes) bleibt existentielle Voraussetzung für das physische wie geistlich-psychische Überleben seiner TrägerInnen. Das ganze Leben steht für sie auf dem Spiel: Lebenswirklichkeit, Gedächtnis und Heilswirklichkeit sind miteinander verschränkt.
Das Gelingen konkreter Erinnerung bleibt darüber hinaus unselbstverständlich, bleibt fragil, weil 'in Feindesland' (Babylon) erfolgend. Das religiöse Gedächtnis Israels steht immer wieder auf dem Spiel: Die konkrete Erinnerung stellt sich nicht von alleine ein, sie bleibt bedrängt von anderen Erinnerungen und dem Vergessen.

Die vorliegende Arbeit nähert sich dem Gedächtnis, indem sie den TrägerInnen dieses Gedächtnisses und seine Bedingungen in den Mittelpunkt ihres Interesses rückt.
Die Frage nach Gedächtnis als biologischer und sozial-kultureller 'conditio humana' verdankt sich Anregungen zeitgenössisch humanwissenschaftlicher Diskurse und der eigenen Lust an interdisziplinären Fragestellungen.
Die Durchführung dieses Projektes innerhalb der Theologie wäre nicht denkbar gewesen ohne die Unterstützung durch Prof. Dr. Werner Tzscheetzsch. Seine Freiheit im Denken, sein religionspädagogisches Selbstverständnis und seine Ermutigungen zu einer religionspädagogischen Grundlagenarbeit waren Ansporn, ungesichertes Terrain zu betreten. Die Arbeit ist allerdings auch nicht loslösbar von der materiellen und ideellen Unterstützung, die ich durch das CUSANUSWERK erfahren durfte - einem der wenigen Orte, wo ich auf TheologInnen traf, die ein ähnlich interdisziplinäres Interesse umtreibt.

Schließlich ist weder die praktische Fertigstellung dieser Arbeit noch meine theologische Selbstwahrnehmung ohne die Menschen denkbar, die mich liebend begleitet haben. Meine Eltern und mein Bruder, aber v.a. meine Frau sind für mich Herausforderung, Rückhalt und Ermutigung.

Frankfurt am Main, im Februar 2002

ZUGÄNGE

Einleitung

Im Europa des 18. und 19. Jahrhunderts eignet sich gerade der Fortschrittsglaube in Abgrenzung gegenüber der 'Überlieferungsfixierung' konservativer Ideologien in Staat und Kirche zu eindeutiger Identifikation und (Selbst-)Beschreibung von Individuen wie Gemeinschaften. Gegenüber solch unmissverständlicher Verfasstheit begegnet das gesellschaftliche und individuelle Selbstverständnis am Beginn des 21. Jahrhunderts als tiefgreifend verändertes. Zerbrochen scheint der Glaube, die aufklärerische Entzauberung der Welt stelle das unhintergehbare 'Ende der Geschichte' dar, welches nur mehr die kontinuierliche Entfaltung einer prinzipiell bereits erreichten Selbstbefreiung des Menschen zeitigen wird.[1]

Die Ernüchterung gegenüber dieser Verheißung einer aufgeklärten Moderne kann vor allem in der Erfahrung des Genozids als Signum des 20. Jahrhunderts gesehen werden. Aber auch die 'Globalisierung europäisch-westlicher Wirklichkeitswahrnehmung' hat zur Entlarvung eines einseitig illusionären Fortschrittsdenkens beigetragen: Mit der Thematisierung von Umwelt-, Sozial- wie Wirtschaftsrisiken neuen Zuschnitts wurde zunächst nur der Primat des Fremdbestimmt-Faktischen gegenüber dem Selbstbestimmt-Utopischen vor Augen geführt. Worin besteht jedoch der alltags- und identitätstaugliche Erkenntnisgewinn dieser nachgereichten, reflexiven Aufklärung? Bleibt die aus einer reflexiven Moderne resultierende Wahrnehmungs- und Handlungskompetenz sowohl auf individueller wie auf gesellschaftlicher Ebene in alt bekannten Bahnen verhaftet, 'bereichert' nur um eine weitere Desillusionierung?

Lässt sich die kulturelle Stimmungslage westlicher Gesellschaften am Anbeginn des 21. Jahrhunderts jenseits tagespolitischer Schwankungen vielerorts als ein Gefühl der Unbestimmtheit und der Verwirrtheit gegenüber der Verhältnisbestimmung von Fortschritt und Tradition, von Zukunftsstreben und Vergangenheitsverhaftung beschreiben, so betrifft sie verschiedene Ebenen: *Unbestimmtheit v. Verwirrtheit*

Diese Unsicherheit betrifft nicht nur vordergründig erfahrbare Praxisfelder im alltäglichen Miteinander der Geschlechter, Milieus und Ethnien. 'Zweifel' werden vielmehr auch zum maßgeblichen Bestandteil der die Wirklichkeitswahrnehmung reflektierenden wissenschaftlichen Theorieansätze bzw. Erkenntnistheorien selbst.[2] *Unsicherheit Zweifel*

---

[1] Das Umkippen von 'Modernisierung in Moder', von 'Fortschritt in Rückschritt', von 'Universalordnung in Leichenstarre' nennt Welsch als Beispiele jener traumatischen Erfahrungen des Umschlagens von Hoffnung in ein Schreckensbild, mit denen in der Moderne das Ende der Moderne und der Übergang zu einer anderen, postmodernen Moderne verbunden ist. Vgl. WELSCH, Wolfang ([4]1993), 180. Die Infragestellung geisteswissenschaftlicher, endzeitlich harmonisierender Fortschritts-Euphorie kann exemplarisch an dem Widerspruch nachvollzogen werden, welchen die 1989 von Francis Fukuyma formulierte These vom 'Ende der Geschichte' u.a. seitens HUNTINGTON, Samuel P. (1996) erhielt.

[2] Zu einer (wissenschafts-)kritischen, unselbstverständlichen Wahrnehmung von Wissenschaftsgeschichte, Epistemologie und Fortschrittsgläubigkeit lädt KUHN, Thomas S. (1967) ein. Der Entwurf von Wolfgang Welsch stellt seinerseits beispielhaft einen Versuch dar, die Fragwürdigkeit zeitgenössischen Denkens positiv aufzugreifen und in einen eigenen Entwurf konstruktiv einzubinden; vgl. WELSCH, Wolfgang (1996).

Die Verwirrung erschüttert darüber hinaus nicht nur individuelle Selbstentwürfe, sondern gerade auch Kollektive und Organisationen, wie der Mitgliederschwund in Parteien, Gewerkschaften und Kirchen[3] plastisch vor Augen führt.

Als Folge der erfahrungsfundierten Vorbehalte der Gegenwart gegenüber jeder Verabsolutierung von Fortschritt oder Tradition unterliegt jedes soziale Handeln einer antinomischen Option:

Einerseits gilt, je dezidierter die Verhältnisbestimmung eines Sozialakteurs gegenüber einem der beiden Pole 'Fortschritt' und 'Tradition' ausfällt, um so unausweichlicher und bedrohlicher erfolgt seine Infragestellung durch die Geschichtserfahrung der reflexiven Moderne. Es lockt der Verzicht auf ein entschiedenes, Lebenstile und Sinnentwürfe prägendes Bekenntnis zu einem der beiden Pole.

Andererseits bleibt zu bedenken, je stärker die Apathie eines Sozialakteurs gegenüber einer expliziten Verhältnisbestimmung anwächst, desto geringer fällt die Identifikationsleistung eines Individuums, eines Kollektivs oder einer Organisation nach innen und außen aus. Ein Mindestmaß an vollzogener Ortsbestimmung erscheint für die sozio-gesellschaftliche Orientierung und individuelle Sinnstiftung unerlässlich.

Diese Situation einer antinomischen Option von 'Identifikation-erschwerendem Bekenntnisverzicht' und 'Krisen-anfälligem Bekenntnis' kann von Individuen bei der Ausbildung dauerhafter Identitäten wie auch von Kollektiven und Organisationen bei dem Streben nach Stabilisierung und Kontinuierung ihrer gesellschaftlichen Stellung als Überforderung empfunden werden. Ein Gefühl der Überforderung kann sich einstellen, weil Selbstverortung fortan nur unter der Bedingung einer Wirklichkeitswahrnehmung möglich erscheint, welche die disparaten Kommunikations- und Handlungsoptionen aus und damit auch offen hält. Der Anspruch, 'Welt' und 'Selbst' so zu denken und zu kommunizieren, dass ein Wissen um disparat-antinomische Erfahrungen wach- und zusammengehalten wird, lässt sich nur mit einem entsprechend weiten Horizont individuell-gesellschaftlicher Wahrnehmung verwirklichen: Es gilt, die Unausweichlichkeit einer eigenen Verortung gegenüber einem raum-zeitlichen Referenzpunkt im Blick zu behalten und gleichzeitig die zeitgenössisch-kulturellen Vorbehalte gegenüber einseitigen 'Fortschritts-' und 'Traditionsmodellen' nicht aus den Augen zu verlieren.

Fehlt es jedoch *für eine Vielzahl von Menschen* an sozio-kulturell für bedeutsam und relevant erachteten Wahrnehmungsmodellen, welche die disparaten Erfahrungen der reflexiven Moderne zusammenzuhalten vermögen, so scheint auf allen gesellschaftlichen Ebenen die Verdrängung der Antinomie der Handlungsoptionen und damit eine Be-

---

[3] Gerade wenn 'Kirche' als Systembegriff nachfolgend im Singular Verwendung findet, bleibt zu betonen, dass die 'eine Kirche' gesellschaftlich nur als pluralistische Größe erfahrbar ist. Dabei entspricht der konfessionellen Vielfalt zwischen den Kirchen zunehmend eine Aufgliederung in pluriforme Spiritualitäts- und Organisationsformen innerhalb einer jeden. Entsprechend dieser soziologischen, nicht theologischen, Parallelisierung der Struktur der '*einen* katholischen und apostolischen Kirche', sind die einzelnen Denominationen nicht mit dem systemtheoretisch naheliegenden Begriff 'Subsystem' zu fassen.

schneidung des Wahrnehmungshorizontes zu locken. Verwirklicht wird diese Verdrängung wahlweise als 'Flucht nach vorne' oder als 'Rückzug nach hinten'. Beiden Fluchtbewegungen gemeinsam ist dann nicht nur ihre Krisenanfälligkeit infolge reflektierter konträrer Erfahrungen. Gemeinsames Kennzeichen ist ihnen vielmehr auch die Preisgabe der Gegenwart, einer Gegenwart, die herausfordert, Antworten in der Verantwortung vor eigenen und anderen Lebensentwürfen neu zu formulieren und zu kommunizieren.

Die 'Signatur eines religiös-kulturellen Gedächtnisses' zielt darauf, die personal und sozial sinnstiftende, d.h. identitätsrelevante und kulturrelevante, Suche nach einer erneuerten Verhältnisbestimmung gegenüber Zukunft und Vergangenheit aus einem Ernstnehmen der Gegenwart heraus aufzugreifen. Dabei wird gerade mit der Thematisierung von 'Gedächtnis' ein eigenständig innovativer Beitrag zur Verhältnisbestimmung für die Bereiche der Theologie angestrebt. Die Studie entwickelt diese Verhältnisbestimmung aus dem *Postulat der zentralen Stellung des Phänomens 'Gedächtnis'* sowohl in und für die Organisation von Kultur als auch von (christlicher) Religion:

'Gedächtnis' wird auf sozio-kultureller Ebene als ein Schlüsselbegriff zum Verständnis kultureller Identitäten, ihrer Generierung, Kontinuierung und Wandlung verstanden. Diese zentrale Stellung gründet darin, dass mit dem Phänomen 'kulturelles Gedächtnis' gerade wesentliche Bestandteile bzw. Ebenen des Bauplans gesellschaftlicher Identität, seiner Struktur und durch ihn evozierte Prozesse rekonstruiert werden können. So kann hinter die Abstrakta 'Tradition' und 'Fortschritt' auf die präsent gehaltene Dynamik gesellschaftlichen Lebens und dessen konkreten Konstitutionselemente und Legitimierungslogiken rekurriert werden.

In (Geschichts-)Religionen bzw. (Geschichts-)Theologien kommt dem 'religiös-kulturellen Gedächtnis' eine zentrale Position zu, insofern dieses Gedächtnis die Erschließungsstruktur des Selbst, von Welt und von Gott in jenen Religionen und Theologien beschreibt. Mit dem 'religiös-kulturellen Gedächtnis' wird die Erschließungsstruktur christlich-religiöser Identität als Phänomen religiös-kultureller Wahrnehmung greifbar. Die Wahrnehmungsstruktur bestimmt dann sowohl den Selbstvollzug in Geschichtsreligionen (z.B. im Christentum als Kirche) wie auch die Reflexion darüber (z.B. als Theologie). Das 'religiös-kulturelle *Gedächtnis der Gegenwart*' ist der Schlüssel zum Verständnis dieser Erschließungs- bzw. Wahrnehmungsstruktur, weil Geschichtsreligionen und -theologien aktuell gemachte Erfahrungen ('Gegenwart') thematisieren *und* diese Thematisierung von einem religiös-kulturell ausgebildeten Gedächtnis organisiert wird:

In der Kultivierung und Aktualisierung einer sozialgeschichtlichen und heilsgeschichtlichen Rahmung existentieller Herausforderungen der Gegenwart kann ein Kennzeichen jener Religionen und Theologien erkannt werden. Zum Zweck eines 'lebenserhaltenden', Identität sichernden Bestehens dieser Herausforderungen wird unter dem Gesichtspunkt der aktuellen Bekanntheit und (kontrapräsentischen) Anschlussfähigkeit auf Erfahrungen und Wahrnehmungen konkreter und imaginärer 'Zeugen-Gemeinschaften' zurückgegriffen.

Im Zusammenhang einer 'Theorie eines religiös-kulturellen Gedächtnisses' kann eine solche Struktur und Funktion religiöser Wahrnehmung im Christentum als Relationierungs- und Relativierungsgeschehen der Organisationsinstanz 'Gedächtnis' aufgedeckt und in Begriffe gefasst werden. Dann gilt für das Christentum, dass sich die religiös-kulturelle (Selbst-)Wahrnehmung in der Gegenwart als umfassendes, zweidimensionales Beziehungsgeschehen vollzieht: Wahrnehmung entsteht prozessual als Konstruktion von Beziehungskonstellationen (Relationierung) und als stets neu zu unternehmende Annäherungsbewegungen in diesen Beziehungskonstellationen (Relativierung). Wahrnehmung entsteht auch inhaltlich als zweidimensionale Beziehungswirklichkeit, wenn eben diese Beziehungskonstellationen (Schöpfer - Geschöpf - Mitgeschöpf; Relationierung) und Annäherungsbewegungen (Unverfügbarkeit, Verwiesenheit; Relativierung) ins Bewusstsein rücken.

Mit der Anbindung religiöser Identität und Kontinuität an das 'religiös-kulturelle Gedächtnis' soll einer zukünftigen Praktischen Theologie ein Doppeltes ermöglicht werden: Mit dem 'Gedächtnis der Gegenwart' kann die Religionspädagogik nach den Möglichkeitsbedingungen (religiösen) Tradierens von Vergangenheit *in und als* individuell-kulturell ausgestaltete Gegenwart für eine Zukunft christlicher Nachfolge aufspüren und inhaltlich füllen. In einer 'Theologie der Relationierung und Relativierung' bietet sich ihr zukünftig auch die Chance, ein *theologisch* angemessenes Verständnis von Offenbarung vor dem Hintergrund der zeitgenössischen Wirklichkeitswahrnehmung ihrer Adressaten zu entwerfen.

Die These einer herausragenden Relevanz und Bedeutung von 'Gedächtnis' für das Verständnis von Struktur und Funktionen eines kulturverwobenen Christentums qualifiziert die vorliegende Arbeit als Grundlagenforschung in doppelter Weise:

Im Sinn einer *gegenstandskritischen Fragestellung* wird zunächst den Entstehungsbedingungen, der Beschaffenheit sowie der Funktion des Gedächtnisses als dynamisch konstruiertes, sozial-kollektiv fundiertes Phänomen nachzugehen sein. In diesem Rahmen verlangen die dem Gedächtnis zugrundeliegenden Prozesse, seine Träger und Inhalte besondere Aufmerksamkeit. Da das Subjekt des (religiös-kulturellen) Gedächtnisses stets das Individuum bleibt, richten sich die Fragen sowohl an die körperliche, d.h. neuronale und hirnphysiologische, als auch an die sozial-kulturelle, d.h. kommunikative und mediale, Basis von 'Gedächtnis'. Nur so besteht die Chance, bei dem Verständnis von 'Gedächtnis' weder einem Natur-Kultur-Dualismus[4] noch einer Reduktion auf eine der beiden Koexistentialien menschlichen Lebens[5] zu erliegen.

---

[4] So beruhen die Bergsonschen Ausführungen zu 'Gedächtnis' auf der Vorstellung eines Körper-Geist-Dualismus, dem 'Gedächtnis' attestiert Bergson dabei gerade eine Vermittlungsqualität zwischen der Dimension Körper / Gegenwart / Wahrnehmung und Geist / Vergangenheit / Erinnerung; vgl. BERGSON, Henri (1908), passim (v.a. Kapitel 2+3 sowie 254).

[5] Die Einführung einer biologisch-medizinischen Perspektive von 'Gedächtnis' ist nicht als Hinwendung zu einer biologistischen Argumentation misszuverstehen. Angestrebt ist vielmehr eine umfassende Wahrnehmung der *conditio humana*, der Fähigkeit des Menschen zu Gemeinschaftshandeln und seiner

Dabei bleibt zu eruieren, in welchen Kontexten und Prozessen 'Gedächtnis' überhaupt entsteht, auf welchen Ebenen und in welchen Räumen des individuellen und gesellschaftlichen Lebens 'Gedächtnis' als Bezugspunkt individueller wie sozial-kollektiver Selbstvergewisserung und Organisation gewählt wird, in welches Verhältnis dabei das Individuum zu seiner Umwelt rückt und mit welchen Problemstellungen und Inhalten sich 'Gedächtnis' befasst.

In Vertiefung dieser Überlegungen gilt es anschließend, jenem Umstand Beachtung zu schenken, dass Gedächtnisformen in unterschiedlichen Epochen und Kulturen disparate Erscheinungsformen aufweisen können. Hier bietet sich eine raumzeitliche, kulturelle Weitung der bisherigen Fragestellung an. Diese Extension setzt allerdings die Problematisierung kultureller Medien, eben jener Kommunikations- und Symbolinstanzen voraus, mittels welcher das jeweilige Gedächtnis kulturspezifisch generiert, stabilisiert und kommuniziert wird. Diese Medien zu differenzieren und ihre kulturspezifische Verwendungsweise zu analysieren, bleibt Zielperspektive der Theorie eines 'kulturellen Gedächtnisses'.

In Fortführung der Theorie eines 'kollektiv-kulturellen Gedächtnisses' sind die bisherigen Befunde schließlich daraufhin zu befragen, ob Gedächtnisformen zwischen verschiedenen Kulturen und auch innerhalb ein und derselben Kultur nicht entsprechend spezifisch kulturell ausgebildeter und gesteigerter Kommunikationssysteme semiotisch zu unterscheiden sind. Für die ausstehende Frage, inwiefern die Struktur, die Funktion, die Prozesse, Räume und Inhalte kultureller Gedächtnisse in das Hervorbringen religiöser, politischer, philosophischer oder juridischer Sinnsysteme eingebunden sind, leistet die vorliegende Arbeit einen Beitrag. Dies geschieht, indem sie sich typologisch dem Feld des Religiösen bzw. der Wahrnehmung im zeitgenössischen Christentum widmet. Entsprechend schlägt die vorliegende Arbeit vor, die Gedächtnistheorie um die Kategorie eines spezifisch religiösen Gedächtnisses zu erweitern. Diese neue Kategorie eines 'religiös-kulturellen Gedächtnisses' kann sich dann als Schlüssel erweisen, in pluralistisch organisierten Gesellschaften den eigengesetzlichen Bereich religiös-transzendenter Selbstverortung (Wahrnehmung) zu erschließen. Dies gelingt, insofern rekonstruierbar wird, worin die spezifisch religiösen Leistungen gegenüber existentiellen Problemstellungen beruhen.[6]

Das 'religiös-kulturelle Gedächtnis' fungiert dann in einer umfassenden Gedächtnistheorie als Beispiel für das in kulturell verschiedenen Ordnungsstrukturen durchgängig anzutreffende Phänomen einer 'Gedächtnis-charakteristischen' Selbstverortung in Raum und Zeit. Diese 'Gedächtnis-charakteristische' Selbstverortung wird dadurch vollzogen,

---

Angewiesenheit auf das Soziale gerade vor dem Hintergrund seiner biologisch-naturalen Anlagen. Das Aufgreifen der zeitgenössischen Entwicklung, sich sowohl in wissenschaftlichen als auch in popularwissenschaftlichen Diskursen zunehmend des biologischen (d.h. nicht automatisch eines evolutionistischen!) Paradigmas, an Stelle des zuletzt verwendeten physikalischen Paradigmas, zu bedienen bestätigt damit in spezifischer Weise eine soziologische und theologische Grundaussage: menschliches Leben ist durch die Verknüpfung von Individuum und Sozialgebilde gekennzeichnet.

[6]Entsprechend wäre zukünftig in einer Kulturtheorie zu erforschen, ob existentiell-transzendente Problemstellungen im kollektiven Bezugsrahmen des Rechts (juridisch-kulturelles Gedächtnis) und der Politik (politisch-kulturelles Gedächtnis) eine eigensemantische Lösung erfahren können.

dass die kulturell geformte Konstruktion von Beziehungsmustern und Zugangsmomen-
ten charakteristische Wirklichkeitssphären und Wahrnehmungsebenen ausblendet und /
oder thematisiert. Der gegenstandskritische Zugang erschließt derart das Kulturphäno-
men 'religiös-kulturelles Gedächtnis' unter grundsätzlicher Wahrung kulturtheoretischer
und empirischer Anschlussfähigkeit.

Im Sinn einer *forschungskritischen Fragestellung* sind die Bedingungen
wissenschaftlich-konzeptioneller Zugangsweisen zum Komplex 'Gedächtnis' sowie die
epistemologischen Konsequenzen der dieser Arbeit gundgelegten Hermeneutik eines
Konstruktivismus aufzuzeigen. Darüber hinaus ermutigt die 'Theorie eines religiös-
kulturellen Gedächtnisses', den Struktur- und Funktionsbefund dieser Wahrnehmungstheorien auf seine Anschlussfähigkeit gegenüber christlicher Wahrnehmung hin zu
bedenken. So ist mit einer 'Theorie des religiösen Gedächtnisses' eine doppelt reflexive
Infragestellung intendiert:

Einerseits verweist die 'Theorie eines Gedächtnisses der Gegenwart' die Theologie auf
ihre unhintergehbar fachexterne Reflexivität: Diese besteht nicht nur in einer kritisch-
interessierten Begleitung der gesellschaftlichen *Gegenwart*. Sondern sie besteht zugleich
auch in der Überprüfung von Hermeneutik und Prämissen unterschiedlicher Modelle
von Wirklichkeitswahrnehmung, denn nur so bleibt ein kritisches Verständnis für die
eigene Wirklichkeitswahrnehmung gesichert.

Andererseits bleibt auch die fachinterne Reflexivität Aufgabe der Theologie, insofern
der eigene Offenbarungsgehalt und zeitgenössische Wahrnehmungstheorien auf ihre
wechselseitige Anschlussfähigkeit und Begründung hin zu durchleuchten bleiben.

Erst vor diesem Hintergrund einer gleichermaßen gegenstands- und forschungskritischen
Würdigung des 'religiös-kulturellen Gedächtnisses' scheint es zukünftig geraten, weiterführende Fragen nach konkreten individuellen, sozio-politischen und institutionellen Bedingungen neuer übergreifender Gedächtnisformen kollektiv geteilten Christentums im
Rahmen zeitgenössisch europäischer Gesellschaften zu stellen. Erst mit dem hier erreichten gegenstands- und forschungskritischen Fundament erscheint auch eine Einordnung und Bewertung jener Gedächtnis-Forschungsbeiträge jüngerer Zeit fundiert,
welche sich vor allem um die praxisorientierte Rezeption des 'Gedächtnis-Erinnerung-
Komplexes' in praktisch-theologischen (wie z.B. homiletischen, pädagogisch-didak-
tischen oder pastoralen) Kontexten bemühen.

Die forschungspraktische Umsetzung der vorgestellten Grundlegung einer 'Theorie des
religiös-kulturellen Gedächtnisses' erfolgt in zwei Teilen:

Im Anschluss an vorangestellte *Zugänge* zur Fragestellung und zur Aktualität der
Forschungsfrage, welche auf die Relevanz von 'Gedächtnis' als einer zu entdeckenden
Leitkategorie von Religionspädagogik bzw. Theologie hinweisen, folgt *Teil I - Konstruktivistische Theorien für ein 'religiös-kulturelles Gedächtnis'*. In ausführlicher Weise
widmet sich dieser Teil der umfassend hermeneutischen und inhaltlichen Herausforderung der hier angestrebten Gedächtnistheorie. Dies bleibt unverzichtbar, geht es doch um
eine Theorie, welche unterschiedliche Differenzebenen einzubinden sucht: So werden

soziale und kulturelle, d.h. raumzeitliche, Differenzierungen angesprochen. Und mit dem Spektrum sensorischer Rückkopplungsmuster und unterschiedlicher Bewusstseinszustände werden noch zuvor biologische, d.h. informationserzeugende, Differenzierungen in den Blick genommen.

Die 'Theorie eines religiös-kulturellen Gedächtnisses' entwickelt sich vor dem Hintergrund dreier Thesen:

1   'Gedächtnis' ist als eine wesentliche *Funktion zur Modulation der selbsterhaltenden Wirklichkeitswahrnehmung* des Menschen zu verstehen. Der avisierte Beitrag zur Gedächtnisforschung sucht aus diesem Grund die Auseinandersetzung mit Erträgen der biologisch-medizinischen Kognitionsforschung.

2   'Gedächtnis' ist unter der Bedingung der *conditio humana*[7] wesentlich eine Größe, die nicht nur *in* sondern auch *zwischen Menschen* entsteht. Der vorgestellte Beitrag zur Gedächtnisforschung sieht sich infolge dessen von der Relevanz soziologischer und kulturhistorischer bzw. kulturtheoretischer Fragestellungen geleitet.

3   Schließlich bestimmt ein durch Gedächtnis begründetes Selbstbild nicht nur die Biographie von Individuen in deren Alltag und 'innerweltlichen Identität'. Das 'kulturelle Gedächtnis' strukturiert und qualifiziert in explizit-impliziter Form auch durchweg die unterschiedlichen Figuren kollektiv-kultureller Kommunikation als *artifizielle* Prozesse, Medien und Inhalte *kultureller Kosmographie*[8]. Der referierte Forschungsbeitrag plädiert mit dem 'Gedächtnis der Gegenwart' dafür, diese transzendent-spezifischen Steigerungsformen des 'kulturellen Gedächtnisses' für das Christentum als 'religiös-kulturelles Gedächtnis' in den Blick zu nehmen.

Vier Kapitel gliedern die konstruktivistische Beschreibung von Gedächtnis im ersten Teil.

Kapitel 1 führt in Eckpunkte traditioneller Gedächtnisforschung ein, um den Horizont unterschiedlich methodischer Zugänge zum Forschungsgegenstand zu eröffnen.

Kapitel 2 führt diese Methodendiskussion fort, indem zunächst Rechenschaft gegeben wird über die Hermeneutik, dann auch über die Forschungsergebnisse einer Gedächtnisforschung, welche sich als dezidiert interdisziplinär ausgerichtet versteht. Hier versucht ein mit dem Stichwort 'Radikaler Konstruktivismus' verbundener Ansatz biologisch-medizinischer Provenienz, Struktur und Funktion von 'Gedächtnis' im Kontext der

---

[7]Vgl. Anm. 5.

[8]Eine kulturelle Kosmographie leistet eine zeitspezifische, transzendente Erschließung existentieller Wirklichkeitsbereiche und der Entstehung bzw. Entwicklung der (Um-)Welt als Sinnsystem, d.h. als geordnetes Ganzes.

Realisation von Erkennen und Wissen beim einzelnen Menschen zu verstehen. Die ausführliche Darstellung erkenntnistheoretischer Implikationen und forschungspraktischer Ergebnisse dieses Ansatzes beabsichtigt, reflexiv auf bestehende Denktraditionen gerade innerhalb der Theologie einzuwirken.

Die gesellschaftsbezogene Gedächtnisforschung wird anschließend in *Kapitel 3* paradigmatisch an Werken Maurice Halbwachs' aufgezeigt, in welchen der erste genuin soziologisch motivierte und strukturierte Zugang zum Gedächtnisthema erkannt wird. Sein Forschungsbeitrag bereichert die Gedächtnisforschung methodisch und inhaltlich um die 'Entdeckung des kollektiven Gedächtnisses' als Bedingung individuellen Wahrnehmens.

Die Weitung dieser eher soziologisch-synchronen zur kulturhistorisch und -theoretisch diachronen Perspektive erfolgt im anschließenden *Kapitel 4*. An Forschungsbeiträgen von Jan Assmann wird aufgezeigt, wie innerhalb des 'kollektiven Gedächtnisses' allgemeine kulturunabhängige Grundformen des Gedächtnisses sowie verschiedenartige kulturspezifische und kulturabhängige Ausprägungsformen kollektiven Gedächtnisses nach Epoche und Kultur(-kreis) unterschieden werden können. Unter dieser sozio-historischen Perspektive rücken zur Verhältnisbestimmung des individuellen Gedächtnisses gegenüber dem Kollektivgedächtnis folgerichtig v.a. die raum-zeitgebundenen Kommunikationssituationen, -formen und -ebenen der jeweils untersuchten Gesellschaft bzw. Gemeinschaft in das Zentrum des Interesses. Die paradigmatische Konstruktion eines solchen 'kulturellen Gedächtnisses' erfolgt mit dem Erweis von Struktur und Inhalt des 'kulturellen Gedächtnisses im Israel des Deuteronomiums'. Das Werk Assmanns zeichnet sich auch dadurch aus, dass er das Phänomen 'kulturelles Gedächtnis' im interkulturellen Vergleich extrahiert, um verschiedenen Kulturen charakteristische Typen 'kulturellen Gedächtnisses' zu attestieren. Erhält man derart eine Typologie der (antiken) Kulturen, so bieten sich - in Fortführung des Assmannschen Gedankengangs - eigene Überlegungen zu einem eigenständigen 'religiös-kulturellen Gedächtnis' an.

Den Konsequenzen und Herausforderungen einer konstruktivistischen Theorie des Gedächtnisses für das Selbstverständnis christlicher Theologie (und Religion) widmet sich *Teil II - Das 'religiös-kulturelle Gedächtnis der Gegenwart': Modell für eine christliche Theologie der Relationierung und Relativierung* in vier Kapiteln.

Kapitel 1 sichert einen eher hermeneutischen, referentiellen Ertrag aus dem ersten Teil, indem die beiden gewählten Wissenschaften als Leitwissenschaften einer zeitgenössischen, anthropologisch gewendeten Theologie erkannt werden. Insofern eine biologisch-naturale Perspektive noch keineswegs selbstverständlich zu den anerkannten Referenzperspektiven innerhalb der Theologie zu zählen ist, wird die biologisch-medizinische bzw. neuro-biologische Referenzwissenschaft im Rahmen eines umfassenden und weitreichenden wissenschaftlichen wie gesellschaftlichen Leitbildwechsels verortet. Zentrale Kennzeichen und Herausforderungen dieses neuen konstruktivistischen, unter dem Label 'bio-technologische Wende' firmierenden, Leitbildes bieten Raum und Anlass für eine theologische Reflexion.

Diese formale Verhältnisbestimmung von Theologie und Referenzwissenschaften ergänzt *Kapitel 2* durch eine Ertragssicherung auf der inhaltlichen Ebene der Gedächtnisforschung. Die Zusammenfassung der Forschungsmethoden und Forschungsergebnisse zum Thema 'Gedächtnis' veranschaulicht nicht nur das Struktur- und Funktionsprinzip 'Relationierung und Relativierung'. Vielmehr werden derart auch auf der Ebene der Gedächtnisforschung Beteiligungsräume für eine christliche Theologie eröffnet. Beteiligungsmöglichkeiten ergeben sich reflexiv für theologisch geschulte Fragen gegenüber der bestehenden Gedächtnisforschung und prospektiv in einer theologisch motivierten Weiterentwicklung dieser Gedächtnisforschung durch den Übertrag des Forschungsansatzes auf das Feld 'religiöser Wahrnehmung'.

Die theologieexterne Begründung des Referenzverhältnisses aus den ersten beiden Kapiteln des zweiten Teils wird in *Kapitel 3* durch eine theologieinterne komplettiert. Im Zusammenhang einer 'anthropologisch gewendeten Theologie' bei Karl Rahner wird nicht nur eine hermeneutisch-thematische Verwiesenheit der Theologie auf die Leitwissenschaften begründbar. Das Konzept einer 'theologischen Anthropologie' im Gesamt einer 'anthropologisch gewendeten Theologie' veranschaulicht darüber hinaus die theologische Relevanz der Frage nach den Bedingungen religiösen Wahrnehmens beim Menschen. Wahrnehmungsbelange interessieren insofern die Theologie, als von den Strukturbedingungen der Wahrnehmung des Menschen auf die Strukturbedingungen des Selbstvollzuges religiöser Wahrnehmung geschlossen werden kann. Ein erstes inhaltlich-systematisches Profil einer durch das 'religiös-kulturelle Gedächtnis der Gegenwart' bestimmten 'Theologie der Relationierung und Relativierung' zeichnet sich bereits ab.

In *Kapitel 4* wird dieses Profil innerhalb der Religionspädagogik praktisch. Für eine fachinterne Entdeckung des 'religiös-kulturellen Gedächtnisses' plädieren exemplarisch ein Forschungsauftrag und ein Konzept für ein Jugendprojekt. Dem Fach, das durch ein inhärentes Interesses an Theorie-Praxis-Brückenschlägen gekennzeichnet ist, bietet sich hier eine interessante Chance: Mit der 'Theorie eines religiös-kulturellen Gedächtnisses der Gegenwart' lassen sich die Bedingungen einer prozessualen, lebensweltlich orientierten und zeitgenössischen Erschließung und Sicherung christlicher Identität als Kompetenz der Individualisierung und Vergemeinschaftung in den Blick nehmen.

Die Frage nach 'Gedächtnis' - zur Unzeit?

Am Anfang der Studie steht ein Blick auf die zeitgenössisch-kulturelle Verankerung der wissenschaftlich motivierten Frage nach 'Gedächtnis'. Der Rekurs auf aktuelle Koordinaten der kulturellen Thematisierung von Gedächtnis eröffnet den Raum, die Dignität und Aktualität des Forschungsansatzes aufzuzeigen. Darüber hinaus bietet der Rekurs auf Aspekte der gesellschaftlichen Gegenwart selbst ein anschauliches Beispiel für die der nachfolgenden Gedächtnistheorie inhärente epistemologische Grundentscheidung der Kontextualisierung und Annäherung.

Die Aktualität und Relevanz der Fragestellung hat sich bereits abgezeichnet, wenn zu Beginn der Einleitung auf eine zweifach-doppelte Desillusionierung zeitgenössischen Bewusstseins hingewiesen wurde:

Diese Ernüchterung sowohl gegenüber vormodern traditionalen Konzepten als auch gegenüber modern aufklärerischen Verheißungen einerseits aber auch gegenüber der Unvermeidlichkeit einer raum-zeitlichen Selbstverortung bei gleichzeitigem Fehlen übergreifender, für tragfähig erachteter, Identitätsentwürfe andererseits ist nicht nur eine ideengeschichtliche Chimära. Eine Reihe *sozial* erfahrener Brüche deutet darauf hin, dass die gesellschaftliche Auseinandersetzung um 'Gedächtnis' / 'Erinnerung' von dauerhafter Virulenz für Gesellschaften einer reflexiven Moderne bleiben wird. Dabei spiegelt die wahlweise apathisch oder traumatisch anmutende Auseinandersetzung, als Reflex auf die Erfahrung jener zentralen Brüche, eine tiefsitzende individuelle und kulturelle Orientierungslosigkeit bei der Suche nach übergreifenden Selbstentwürfen wider.[9] Die dauerhafte Präsenz des gesellschaftlichen Gedächtnis- / Erinnerungsthemas selbst, aber auch die dahinter verborgene unabgegoltene Suche, lassen das Phänomen 'Gedächtnis' zum erklärungsbedürftigen Problem für jede gegenwartsbezogene Theologie werden.

Bei den attestierten Brüchen handelt es sich *erstens* um die Relativierung weitgehend aller kollektiv entworfener Utopien und systematischer Zukunftsentwürfe in der Gegenwart. Das gilt sowohl für profane Fortschrittsgläubigkeit, wie die Diskussion um *'posthistoire'* und *'Postmoderne'* zeigt, als auch für traditionsgebundene religiöse Glaubenskonzepte, wie das Ringen um Tradierungsmöglichkeiten und Glaubensbedingungen im christlichen Kontext verdeutlicht. Unter den Bedingungen unterstellter oder tatsächlich zunehmender Unglaubwürdigkeit ergangener Verheißungen, scheint für ein sozial getragenes Erinnern weder ein Nährboden noch eine Funktion zu existieren.

Zweitens zeigt sich als kulturgeschichtlich relevante Schwelle für das christlich geprägte Abendland, dabei speziell für Deutschland, das altersbedingte Aussterben der Zeitzeugen der Shoah. Gleichzeitig verfestigt sich das Ende der fixierten sozio-politischen Nachkriegsordnung in Europa. Der Verlust letzter Offensichtlichkeit einer als traumatisch erfahrenen Geschichte durch weltpolitische Veränderungen und zeitgeschichtlich bedingten Generationenwechsel stellt die Frage nach Relevanz und Erinnerungsmöglichkeiten der Geschichte im Rahmen eines das Individuum übersteigenden Gedenkens neu.[10]

---

[9]Diese zeitgenössischen Brüche sind zwar ihrerseits geschichtlich geworden und können deshalb auch schon für frühere Epochen mit den Merkmalen 'Prägnanz' und 'Aktualität' gekennzeichnet werden, andererseits zeigt ihre Thematisierung in Politik, Kultur und Wissenschaft, dass sie gerade jetzt in zugespitzter und auskristallisierter Weise empfunden werden, weshalb man ihnen durchaus die Güte eines 'Kairos' zusprechen kann. Da den Brüchen bzw. ihrer gesellschaftlichen Thematisierung in diesem Abschnitt lediglich die Funktion von Indizien zum Erweis der Dignität der Fragestellung zukommt, wird auf die Rekonstruktion der historischen Genese jener Brüche verzichtet.

[10]Legt gerade ein Stehen am 'Ende der Geschichte' die Abwendung von diskursiver Vergangenheitsthematisierung nahe, so plädiert Jürgen Habermas demgegenüber für ein Leben 'in der Geschichte',

Drittens führt die Revolution im Mediensektor zu kulturellem 'Kommunikations-Neuland', sowohl im wissenschaftlichen Diskurs wie auch im Alltagsleben. Die zunehmend zur 'virtuellen Kosmopolis' vernetzte Weltbevölkerung lebt mit ihren computergestützten Speichern tendenziell ausschließlich in der Datenfülle des Heute. Eine solche 'Cybertopia' bleibt Zielpunkt einer reduktiven 'Neulandsprache', welche von *memory*-Einheiten schwärmt, deren Funktion im 'online'-Zugriff in der Bereitstellung des wissenschaftenzyklopädischen 'state of the art' in 'real-time' bestehe. Erinnerung scheint sowohl als biographisch gewachsene wie auch als kulturell verwobene gefährdet, weil ihre Relevanz für die Ausbildung einer zeitgenössisch-übergreifenden Identität nicht mehr als selbstverständlich anzunehmen ist.[11]

Viertens zeichnet sich unter dem Signum 'Globalisierung' ein tiefgreifender Umbau gerade ehemals traditioneller westlicher Industrienationen ab. Das drohende Scheitern lokaler Akteure angesichts der Gesetze der 'global player' erhebt deren Regeln zu Koordinaten sozial-kollektiven wie personalen Handelns in einem umfassenden Sinn: Auf kollektiv-institutioneller Ebene gegenüber politisch-sozialen Entscheidungen und auf individuell-personaler Ebene in Bezug auf die Wahl und biographische Anordnung von Ausbildung, Qualifikation und Interessen. Die Produktions- und Finanzmaxime 'just in time' bestimmt derart gleichermaßen politische Konzepte wie auch individuelle Lebensentwürfe. Wer wegen 'Gedächtnis-Geschichte(-n)' zu spät auf den Markt kommt, den bestraft der Innovationsfortschritt!?[12]

Eine kulturgeschichtlich verankerte, d.h. strukturelle, Identitätsfraglichkeit als Matrix des gesellschaftlichen Ringens um Gedenkformen und um die Bewertung der Relevanz von 'Erinnerung' oder 'Gedächtnis' stellt dann den Vollzug christlichen Glaubens wie auch die Reflexion darüber auf mehreren Ebenen vor Begründungs- und Rechtfertigungszwänge.

In sozial-kultureller, zeitdiagnostischer Hinsicht interessiert, ob und welche Funktion dem Gedächtnis für die Ausbildung der Identität des Einzelnen auch noch in (post-)modernen Gesellschaften zugesprochen werden kann. Eine Sicherung der Relevanz des

---

welches, gerade vor dem Hintergrund der "Last der doppelten Vergangenheit" deutscher Geschichte, eine Verständigung über Erinnerungsbedingungen abverlangt. Vgl. HABERMAS, Jürgen (1994a).

[11]Jan Assmann knüpft in Anlehnung an Niklas Luhmann die Existenz einer kollektiven Erinnerung an die (gesellschaftliche) Funktion derselben; vgl. ASSMANN, Aleida und Jan (1983), 281 bzw. LUHMANN, Niklas (1979), 343. Die 'Datenfülle des Heute' ergibt sich im wissenschaftlichen Horizont aus der Fixierung auf den aktuellen Forschungs*stand*, welchem gegenüber die Forschungs*geschichte* zunehmend ausgeblendet wird, so z.B. in der Gentechnologie. Im Bereich der Alltagskommunikation zeigt sie sich z.B. in der Programm- und Informationsgestaltung weltweit agierender News channels.

[12]Die Antinomie postmoderner Zeitbezüge leuchtet bei Hans-Peter Martin und Harald Schumann in vorzüglicher Weise auf, wenn sie im Rahmen der Darstellung der 'eigentlichen Märkte' der Gegenwart, der Börsen, einerseits auf die konstitutive Gegenwarts- und Zukunftsfixierung dieser Systeme hinweisen, um andererseits im gleichen Zusammenhang als Geschäftsphilosophie, welche die Eliten jener Systeme von der Masse gewöhnlicher 'broker' abhebt, anführen: "Was aber zählt, ist [...] Geschichte, immer wieder Geschichte", vgl. MARTIN, Hans-Peter/SCHUMANN, Harald (1996), 83 und 78.

Gedächtnisses scheint dabei nur möglich, wenn das Verständnis von Gedächtnis aus einer vorschnellen Fixierung auf Vergangenheit bzw. Wiederholung einer ungebrochenen Vergangenheit befreit wird, wie sie lange Zeit das Verständnis der (Individual-) Psychologie kennzeichnete.[13] Die Chance besteht dann darin, 'Gedächtnis' für eine stets zu erneuernde Verhältnisbestimmung gegenüber Zukunft und Vergangenheit aus einem Ernstnehmen der sozial-kulturell erfahrenen Gegenwart heraus zu nutzen.)   *Fehler!*

In praktisch-theologischer bzw. kirchlicher Hinsicht interessiert, ob und wie Gedächtnis auch in der Gegenwart die Ausbildung einer personalen Identität ermöglicht, welche nicht nur eine Individualitätsfunktion, sondern auch eine Sozialfunktion aufweist. Eine Sicherung der Relevanz des Gedächtnisses gleichermaßen für Individualisierungsprozesse wie für alltagsverortete Vergemeinschaftungsprozesse scheint allerdings nur möglich, wenn 'Gedächtnis' als Organisationsinstanz umfassender Bezogenheit entdeckt wird. Gedächtnisprozesse dürfen nicht voreilig ausschließlich auf die Erschließung positivistisch-statischer Gedächtnisinhalte bezogen werden. Es gilt vielmehr, Gedächtnisprozesse als umfassende Kontextualisierung und Annäherung an informationsrelevante, d.h. biologische, soziale und kulturelle, Wahrnehmungsbezüge zu erschließen.

In theologischer Hinsicht interessiert schließlich, ob und welcher Beitrag die zeitgenössische Frage nach Gedächtnis zum Verständnis des eigenen Offenbarungsgehaltes - und umgekehrt - leisten kann. Eine Sicherung der Relevanz für die Erschließung sowohl des Adressatenkreises christlicher Religion wie auch des Heilsgeschehens scheint nur möglich, wenn nach den Möglichkeitsbedingungen von Tradierung in der Gegenwart für eine Zukunft gefragt wird.[14] Nur wenn *Gedächtnis* nicht voreilig auf positive Erinnerung[15] fixiert wird, sondern differenziert wird zwischen verschiedenen Gedächt-

---

[13]Vgl. S. 35-37.

[14]Hier versteht sich Theologie auch als kritische Begleiterin von Kirche, insofern das Grundproblem der Bedingung der Möglichkeit von Tradierung in der Gegenwart eine institutionell-organisatorische Betrachtungsweise übersteigt. Eine solche Funktion von Theologie bezieht sich auf die antinomische Verhältnisbestimmung von Religion und Kirche, welche Ernst Troeltsch als 'historisches Gesetz' formulierte: "Das Verhältnis von Religion und Kirche ist ein durch und durch antinomisches. Das zwischen ihnen bestehende Verhältnis notwendiger Verknüpfung und inneren Gegensatzes ist eines der großen historischen Gesetze des menschlichen Lebens. Ja man kann sagen: das ganze Verhältnis von Individuum und Gemeinschaft ist überhaupt ein durchaus antinomisches"; TROELTSCH, Ernst (1913), 180 vgl. auch 148. Damit stellt sich die vorliegende Arbeit in jene Tradition von Theologie und Religionssoziologie, welche die Neuzeit nicht a priori als gegen Religion oder Christentum im Allgemeinen, sondern vielmehr als gegen eine bestimmte Sozialgestalt von Christentum gerichtet erkennt.

[15]Die Absicht dieser Arbeit besteht darin, die theoretische Fundierung und Differenzierung eines innerhalb der Theologie rezipierbaren Gedächtnisbegriffs zu fördern. Obwohl Erinnerung als entscheidender Grundbegriff innerhalb jüdischer und christlicher Theologie gilt, scheint im Bereich christlich abendländischer Theologie keine *zeitgenössische*, umfassende *Systematik des Gedächtnisses*, auf dem Fundament biblischen Zeugnisses, entworfen worden zu sein. Der Themenkomplex 'Gedächtnis' und 'Erinnerung' begegnet vornehmlich in abgedrängt oder institutionalisiert wirkenden Bereichen von Kirche und theologischem Fächerkanon: Entweder im Ritual- / Ritus-orientierten Kontext der 'Sakramententheologie' bzw. 'Liturgie' oder im Dogmen-bestimmten Kontext der (Lehr-)Tradition bzw. Traditionssicherung.
Als der weitestgehende Entwurf ist in der (Fundamental-)Theologie jener von Johann Baptist Metz zu nennen, dessen Theologie auch als 'Erinnerungs-Theologie' gekennzeichnet werden kann (vgl. zum

nisleistungen und nur wenn Erinnerungsprozesse als *spezifische* Gedächtnisleistung sowie Erinnerung als vorläufiges Ergebnis *spezifischer* Gedächtnisprozesse begriffen werden, kann die grundlegende Bedeutung von Gedächtnis für die (religiöse) Wahrnehmung des Einzelnen neu erschlossen werden.

Für die Thematisierung der kulturgeschichtlichen Infragestellung einer gedächtnisverorteten Identität seitens der Theologie kommt gerade der Religionspädagogik die Rolle eines innertheologischen Katalysators zu. Die Frage nach der Ausbildung und Sicherung einer christlichen Identität bezeichnet doch das Fundament eines jeden religionspädagogischen Reflektierens und Handelns. Mit dem Wissen um die notwendige Verwiesenheit der Theologie auf Referenzwissenschaften sieht sich die Religionspädagogik in die Lage versetzt, den Beitrag dieser Wissenschaften als Frage nach den anscheinend gewandelten Voraussetzungen christlicher Vergesellschaftungsweisen und Selbstbilder zu begreifen, ohne eine eigenständige theologische Reflexion darüber hinaus aufgeben zu müssen. Umgekehrt wird gerade die Wiederentdeckung und theologische Reflexion des originären Zusammenhangs zwischen kollektiv-kulturell (via 'Erinnern' und 'Vergessen') erfahrenen Gedächtnissen und individuell zu beantwortenden Sinn- und Lebensstilfragen die Theologie zu einer dauerhaften zweifachen Aufgeschlossenheit gegenüber ihrer Verwiesenheit auf Gegenwartsanalyse und auf dynamische Konstruktionsprozesse ermuntern. Diese Aufgeschlossenheit gilt einerseits zeitgenössischen Fragen und Lebensmodellen und andererseits dem konstitutiven Ineinander von Altem und Neuem auch bei vermeintlich gelungenem Festhalten an vertrauten Traditionen.

Konnten die kulturgeschichtlichen Brüche und ihre Auswirkungen auf die Theologie die Aktualität und Relevanz der Forschungsfrage nach einem 'religiös-kulturellen Gedächtnis' exemplifizieren, so hat der Rekurs auf zeitgeschichtliche Anfragen darüber hinaus auch die epistemologische Option der nachfolgenden Gedächtnistheorie veranschaulicht: Die Frage nach einem 'kulturellen Gedächtnis' ist von grundsätzlicher und unabschließ-

---

Stichwort "Gefährliche Erinnerung" METZ, Johann B. (1988), 32; (1992b), 192. Von bibeltheologischer Seite denken v.a. Georg Braulik und Norbert Lohfink an einer gedächtnisfundierten Theologie mit; vgl. zu Braulik das Kapitel 4.7.1, S. 175ff. Jenseits dieser zeitgenössischen Einzelbeiträge, die bisher noch nicht zu einem systematischen Gesamtentwurf einer Theologie des Christentums geführt haben, erfährt in der christlichen Religionsgeschichte eine in Abgrenzung zur Platonischen Erinnerungslehre entwickelte *memoria* bei Augustinus, Bonaventura und Pascal eine hohe Wertschätzung, vgl. METZ, Johann B. (1992b), 181f. Die im Kontext der festgestellten Marginalisierung von "Erinnerung / Gedächtnis" getroffene Einschätzung gegenwärtiger theologischer Ansätze als defizitär, teilt für die evangelische Seite Christoph Hardmeier, vgl. HARDMEIER, Christoph (1992), 135f.
Zur Abwanderung in den Bereich der Sakramententheologie vgl. METZ, Johann B. (1992b), 192, Anm. 1. Sein Exkurs zum Dogma, vgl. METZ, Johann B. (1992b), 192-196, kann als Versuch verstanden werden, den wirkungsgeschichtlich zu konstatierenden Tatbestand der Fixierung von Lehrformeln von seiner Grundintention her (im Sinne eines kritischen Verständnisses von Erinnerung) inhaltlich umzuwerten. Vgl. zur Abwanderung auch die wichtigsten deutschsprachigen theologischen Enzyklopädien. Sowohl in der RGG[3] als auch in der TRE[2] finden sich die Stichworte 'Erinnern / Erinnerung' oder 'Gedenken / Gedächtnis' nicht, lediglich auf katholischer Seite bietet bereits das LThK[2] einen Artikel zum 'Gedächtnis' (biblisch, philosophisch, psychologisch; Bd. 4, 570-574), der in seinem neutestamentlichen Teil auf der Basis expliziter Textbelege das 'Gedenken als kultischer Akt' in den Vordergrund stellt.

bar-bleibender Relevanz für die Gegenwarts*erfahrung* von Individuen in ihrem Streben nach übergreifender Identität wie auch von Gemeinschaften in deren Bemühen um eine anschlussfähige stabile Organisation - auch heute. Für diese Frage gibt es keine Unzeit, sie ist stets neu zu stellen und zu beantworten, für Traditionalisten wie für Modernisten bzw. Fortschrittsgläubige.

Die scheinbar antinomischen Pole sozialer wie individueller Selbstverortung, Traditionalismus und Fortschrittsgläubigkeit, verweisen selbst auf die durchgängig anzutreffende gedächtnisverantwortete Struktur und Funktion menschlicher Selbstverortung in Raum und Zeit. Diese bestehen in der individuellen Ausbildung eines kulturellen Gedächtnisses, motiviert durch die je neue *Erfahrung* einer krisenhaften, weil handlungs- und sinnoffenen Gegenwart, zum Zweck der identitätssichernden Bewältigung dieser Gegenwartserfahrung.

Neben der gedächtnisspezifischen Struktur und Funktion menschlicher (Selbst-) Wahrnehmung ist es die Unabschließbarkeit des Projekts einer gedächtnisgestützten Selbstvergewisserung, was die unterschiedlichen Formen von Traditionalismus und Modernismus, wie auch ihre frei flottierenden Zwischenformen verbindet. Evoziert wird diese Unabschließbarkeit durch den Charakter jenes Standortes, an welchem jede wissenschaftliche, kollektive oder personale Selbstvergewisserung stattfindet. Denn bei diesem Standort menschlichen Lebens, der unter der Wahrnehmungskategorie 'Gegenwart' firmiert, handelt es sich um die alle Prozesse des Menschen bestimmende Zeitdimension. In der Wahrnehmung des Menschen wird diese Gegenwart zugleich als stets fortschreitend offene und neu herausfordernde, als gleichzeitig flüchtig unverfügbare und doch unentrinnbare bewusst.[16]

Traditionalismus und Modernismus sind als (wenn auch in ihrer inhaltlichen Ausgestaltung gegenläufige) Modelle einer gedächtnisverantworteten Konstruktion von Identität in der Gegenwart verstehbar. Das 'religiös-kulturelle Gedächtnis der Gegenwart' im Christentum ermöglicht in Abgrenzung von diesen Modellen die Ausbildung einer übergreifenden Identität, gerade indem die Konstitutionsbedingung menschlicher Wahrnehmung, das 'Gedächtnis der Gegenwart', offengelegt und gesteigert wird. So kann christliche Wahrnehmung als umfassende Beziehungsaussage und Annäherung an Beziehungsmomente, die im konstruktivistischen Erschließungsprozess ausdrücklich unverfügbar bleiben, begegnen. Die Erschließung von Bewusstseinsinhalten und Verhaltensoptionen in der Gegenwart bleibt dabei der Ausgangspunkt aller Operationen, wobei die gegenläufigen Erfahrungen im umfassenden Beziehungsgeschehen als 'Unabgegoltenes' gerade kontrapräsentisch zum produktiven Offenhalten eines ergänzungsbedürftigen Wahrnehmungshorizontes genutzt werden.

Das 'religiös-kulturelle Gedächtnis der Gegenwart' kann zur Ausbildung einer religiösen Identität genutzt werden, welche nicht nur die Herausforderungen der reflexiven Moderne annimmt, sondern diese ihrerseits in den Rahmen einer genuin christlichen Identitätsausbildung stellt.

---

[16]Watzlawick spricht von dem "Erlebnis der ewigen Gegenwart", vgl. WATZLAWICK, Paul (1988), 236.

TEIL I

KONSTRUKTIVISTISCHE THEORIEN FÜR EIN RELIGIÖS-KULTURELLES GEDÄCHTNIS

Vorbemerkung zu einem Methodenproblem: Gedächtnis zwischen 'materialer Repräsentation' und 'funktionaler Produktion'

Dem vorgestellten Konzept eines 'religiös-kulturellen Gedächtnisses' liegt ein Konzept zugrunde, dessen Hermeneutik sich kategorial von Perspektive und Gehalt zurückliegender Gedächtnisforschung unterscheidet. Bemüht sich die nachfolgende Rekonstruktion einer 'Gedächtnis-charakteristischen' Selbstverortung des Individuums in Raum und Zeit, welche gleichermaßen 'Erinnern' und 'Vergessen' umfasst sowie wesentliche Bestandteile des Bauplans sozial-kultureller Identität offenlegt, gerade um ein Ernstnehmen der *Provokation Gegenwart*, so sind damit entscheidend methodische, v.a. epistemologisch ontologische aber auch inhaltliche Optionen verbunden. Diese werden im Zuge einer kontrastiven Darstellung biologisch-individueller und gesellschaftswissenschaftlich-soziokultureller Forschungsbeiträge entwickelt. Der Gewinn jener Vorgehensweise besteht darin, einerseits die Gemeinsamkeit ihres konstruktivistischen Ansatzes verdeutlichen und andererseits bestehende Differenzen v.a. in Bezug auf die untersuchten Gedächtnisebenen profilieren zu können. Als Ertrag dieser Zusammenschau konstruktivistischer Gedächtnisforschung ist für den Bereich christlich-religiöser Wahrnehmung ein 'religiös-kulturelles Gedächtnis' zu erkennen. Auch wenn die Ausgestaltung dieses Typs des kulturellen Gedächtnisses im Detail durch Kulturwissenschaften, Soziologie und Theologie erst noch zukünftig zu leisten ist, so ist doch bereits jetzt zu erkennen, dass dieses Gedächtnis gleichermaßen biologische, sozial-kulturelle und transzendente Dimensionen menschlichen Lebens zum Gegenstand von Wahrnehmungsprozessen werden lassen kann.

Die Matrix einer methodisch neuartigen, konstruktivistischen Annäherung an das Phänomen 'Gedächtnis' bleibt die zurückliegende, traditionelle Gedächtnisforschung. Der nachfolgende Einblick in Eckpunkte dieser Gedächtnisforschung veranschaulicht, welche Konstanten in der Gedächtnisforschung auszumachen sind und v.a. worin die hermeneutischen Prämissen und inhaltlichen Ergebnisse konstruktivistischer und traditioneller Gedächtnisforschung divergieren und weshalb es kontextuell-dynamischer, relational-relativer Ansätze bedarf.

1   Ergebnisse und Defizite der 'klassischen Gedächtnisforschung' in Biologie und Psychologie

Die Thematisierung dessen, was mit dem Komplex 'Gedächtnis' assoziiert wird, ist in der naturwissenschaftlichen Moderne traditionellerweise Gegenstand der Biologie und der Medizin bzw. der Neurologie sowie der Psychologie. Dabei wird der Untersuchungsgegenstand als Oberbegriff in drei unterschiedlichen Bedeutungszusammenhängen verwendet, die es jeweils zu erforschen gilt. So bezeichnet Gedächtnis "(a) einen geistigen Akt (das Gedenken, Erinnern), (b) einen inneren 'Raum' [Organ], in dem Erlebtes und Gelerntes aufbewahrt wird, und gelegentlich (c) diese Inhalte selbst."[17]

In der mittlerweile annähernd einhundert Jahre währenden Forschung zum Gedächtnis kam es regelmäßig zu Korrelationen zwischen den verschiedenen Disziplinen. Gleichwohl bleibt als ernüchternde Zwischenbilanz festzuhalten, dass bis heute keine übergreifende, allgemein anerkannte *Theorie des Gedächtnisses* auf der Basis der fächerbezogenen Methoden gefunden werden konnte.[18] Im Rahmen theologisch motivierter Gedächtnisforschung kann es deshalb nicht darum gehen, das unübersichtlich weite, disparate Feld der gegenwärtigen *individualorientierten* Gedächtnisforschung aufzuzeigen. Aber im Sinn einer Kontextualisierung der nachfolgend aufgezeigten konstruktivistischen Perspektiven mag es geraten erscheinen, Einblick in das lange vorherrschende Verständnis innerhalb der 'traditionellen Gedächtnisforschung' zu gewähren. Derart kann die Wahrnehmung der unterschiedlichen Zugänge der Radikalen Konstruktivisten zum neuronalen Gedächtnis, eines Maurice Halbwachs zum sozial-kollektiven Gedächtnis und eines Jan Assmann zum kulturellen Gedächtnis geschärft werden.

Auf diesem, den heutigen Forschungs*stand* sachlich zwar verkürzenden Hintergrund zeichnet sich dann dennoch deutlich ab, worin Relevanz und Gehalt des 'neuartigen Ansatzes' beruhen, weil der entscheidende forschungs*geschichtliche* Unterschied offenkundig wird.

Die *traditionelle biologische Forschung* ist von der Auffassung bestimmt, dass Gedächtnis bzw. die Gedächtnisleistung als allgemeine, d.h. grundlegende Funktion der lebenden Substanz zu verstehen sei, welche auch Organismen niederer Organisationskomplexität und unbewusste physiologische Prozesse kennzeichne.[19] Damit kann ausschließlich die Untersuchung sowohl neurophysiologischer Gedächtnis-*Abläufe* wie auch der phylogenetischen Neuronal- bzw. Hirn-*Entwicklung* einen Beitrag zur Erhellung der drei Gedächtnisgebiete leisten.[20] Die zu erforschenden Gebiete können innerhalb der molekularen Fragestellung als (1) "Identifizierung der Gehirnstrukturen, die mit der Bildung und der Speicherung von Erinnerungen in Zusammenhang stehen", (2) als "Analyse der

---

[17]CANCIK, Hubert/MOHR, Hubert (1990), 299. Diese Gliederung wird später bei der Darstellung soziologisch motivierter Gedächtnisforschung erneut aufgegriffen werden.

[18]SCHMIDT, Siegfried J. (1996), 9.

[19]BECKER-CARUS, Christian (1992), 125; CANCIK, Hubert/MOHR, Hubert (1990), 299f.

[20]CANCIK, Hubert/MOHR, Hubert (1990), 302.

synaptischen und neuronalen Veränderungen, von denen man annimmt, sie lägen dem Erinnern zugrunde" und (3) als das "Aufspüren der physiologischen Systeme, die die Speicherung von Erinnerung regulieren" und verkörpern, bezeichnet werden.[21]

Entsprechend der biologistisch-materialen Perspektive sind die Ergebnisse der Hirnforschung von folgenden Annahmen geprägt: Der **Akt** des Erinnerns lässt sich in drei Prozesse bzw. Phasen unterteilen: (a) in die *Enkodierung*, d.h. Transformation der wahrgenommenen Reize in neuronale Codes, die als 'innere Repräsentationen' die Wahrnehmung in Form von 'Vorstellungs-' und 'Gedächtnisbildern' *dreidimensional* biochemisch fixieren,[22] (b) in die *Speicherung* (storage) der als neuronale Codes vorliegenden Reize, und (c) in den *Abruf* (retrieval) bzw. das Wiederauffinden dieser gespeicherten Information.[23] Als **Medium** bzw. Organ, in welchem diese Prozesse ablaufen, gilt das neuronale Netz im Allgemeinen und das Gehirn im Besonderen Sinn. Was jedoch die anatomische mikroorganische Zuordnung des Gedächtnisses bzw. der Gedächtnisfunktion zu bestimmten Hirnregionen betrifft, so bleibt festzuhalten, "dass es bis heute nicht gelungen ist, das Gedächtnis im Gehirn topologisch genau zu lokalisieren."[24] Dieses Defizit beinhaltet, dass auch der eigentliche Akt des Speicherns, Lokalisierens und Abrufens von Gedächtnisinhalten nach wie vor in seinem materialen Ablauf nicht schlüssig erfasst werden konnte.[25] Als Gedächtnis-**Inhalt** wird in Abhängigkeit der organisch-biologischen Perspektive ein zweifach gegliedertes Gebilde erkannt: Die phylogenetische Entwicklung prägt das Gedächtnis aufgrund seiner Anbindung an das neuronale Netzwerk bzw. an das Zentralnervensystem substantiell. 'Vererbte Erfahrungen', welche vielfältige Bewusstseins- und Verhaltenslagen steuern, bilden das Gengestützte "Artgedächtnis".[26] Die durch Triebkontrolle bzw. -reduktion gekennzeichnete Evolution des Menschen eröffnet darüber hinaus Bedingungen selbstbestimmter, d.h. kulturabhängiger Konditionierung mittels anpassungsfähiger Lern- und Speicherfähigkeit. Dieses letztgenannte, strukturell bedeutsame Gedächtnis wird dabei als Fundament einer mit Sprache und Schrift einsetzenden "Exteriorisierung von Organfunktionen" für das Individuum zum Bezugspunkt zukünftiger Selbstwahrnehmung und Kommunikation.[27]

In der Gedächtnisforschung aus *klassisch psychologischer Perspektive* wird das Gedächtnis als ein Phänomen des Bewusstseins betrachtet und damit das Gedächtnis auf

---

[21]ZIMBARDO, Philip G. (1992), 302.

[22]CANCIK, Hubert/MOHR, Hubert (1990), 299, 302; BECKER-CARUS, Christian (1992), 125. Diese Kodierungen werden anknüpfend an Richard Semons als 'Engramm' bezeichnet, vgl. CANCIK, Hubert/MOHR, Hubert (1990), 305 und ZIMBARDO, Philip G. (1992), 298.

[23]Zu "storage and retrieval" vgl. SCHMIDT, Siegfried J. (1996), 11.

[24]SCHMIDT, Siegfried J. (1996), 24.

[25]CANCIK, Hubert/MOHR, Hubert (1990), 303.

[26]CANCIK, Hubert/MOHR, Hubert (1990), 303.

[27]CANCIK, Hubert/MOHR, Hubert (1990), 304 nennen Gedächtnis und Gewissen als Instanzen von Propriorezeption.

eine Assoziationsbildung zwischen den Elementen der Wahrnehmung und der Vorstellung zurückgeführt.[28] Der **Akt** des Erinnerns wird als eine Form der Informationsverarbeitung untersucht, womit parallel zu den Befunden der Biologie Gedächtnismodelle auf der Basis einer "Aufbewahrungsarbeit" des Gedächtnisses, als *Speicher-* bzw. Engramm- oder Repräsentationsmodell, entworfen werden.[29] Auch hier rücken damit die Prozesse der Wahrnehmung, des Kodierens, der Fixierung und des späteren Abrufens in das Zentrum der Untersuchung. Von Sigmund Freud rührt die Unterscheidung von Wahrnehmung / Bewusstsein und Vor- / Unbewusstem, auf deren Grundlage seine Theorie für den Befund steht: "Im Unbewussten geht nichts verloren, ist auch die früheste Kindheit noch präsent und wirkt in die Träume oder Neurosen hinein."[30] Einmal Erlebtes kann vom Bewusstsein 'vergessen' oder auch verdrängt werden, aber es bleibt im Unbewussten "psychische *Realität*"[31] und sucht sich deshalb in Träumen, Phantasien oder Neurosen einen Weg zurück in eine wie auch immer geartete Wahrnehmung. Der angemessene bzw. therapeutische Umgang mit 'Erinnerungs-Konflikten' besteht für Freud im "Erinnern, Wiederholen und Ausagieren eines Konfliktes".[32]

Im Bereich des durch Wahrnehmung geprägten Gedächtnisses werden in der Psychologie drei **Medien** bzw. Systeme mit unterschiedlichem Bewusstseinsgrad unterschieden:[33] (a) das umstrittene *sensorische* Gedächtnis, welches sich mit der kurzfristigen Fülle neuronaler Codes konfrontiert sieht, (b) das *Kurzzeitgedächtnis*, welches als Arbeitsgedächtnis die bewusste Verarbeitung von Informationen ermöglicht und (c) das *Langzeitgedächtnis*, welches identitätsrelevantes Wissen speichert. Diese verschiedenen Systembereiche weisen ihrerseits auf die Breite des vom Gedächtnis verarbeiteten Datenstroms hin. Gemäß dem klassifizierbaren **Inhalt** lassen sich drei Gedächtnisarten unterscheiden:[34] (1) das *prozedurale* Gedächtnis der Fertigkeiten und Funktionen, (2) das *semantische* Gedächtnis der fundamentalen Bedeutung von Wörtern und Begriffen sowie (3) das *episodische* Gedächtnis der autobiographischen Erinnerung.

Das lange Zeit nicht nur in der Psychologie bevorzugte *Speichermodell*[35] zeichnet sich dadurch aus, dass seine "Vertreter davon ausgehen, dass das Gespeicherte unversehrt

---

[28]BECKER-CARUS, Christian (1992), 125. CANCIK, Hubert/MOHR, Hubert (1990), 300 sprechen von dem "geistigen Akt".

[29]ZIMBARDO, Philip G. (1992), 301; SCHMIDT, Siegfried J. (1996), 12 spricht von der heutigen Fraglichkeit dieser theoretischen Entwürfe.

[30]CANCIK, Hubert/MOHR, Hubert (1990), 305.

[31]Zitiert nach CANCIK, Hubert/MOHR, Hubert (1990), 306; Hervorhebung nicht im Original.

[32]CANCIK, Hubert/MOHR, Hubert (1990), 306.

[33]Vgl. für das Folgende ZIMBARDO, Philip G. (1992), 301f.

[34]Vgl. für das Folgende ZIMBARDO, Philip G. (1992), 302.

[35]Hejl weist auf den konservierenden Bezug zu Speichervorstellungen aus dem Kontext computerbezogener Forschung hin, vgl. HEJL, Peter M. (1996), 293f und ZIMBARDO, Philip G. (1992), 269.

reproduziert werden kann."[36] Diese Reproduktion wird durch zwei proklamierte Wesenszüge der "Aufbewahrungsarbeit" ermöglicht:[37]

Erstens durch die Existenz einer Ordnungsinstanz, welche die in Form neuronaler Codes eintreffenden "inneren Repräsentationen" systematisch archiviert und damit zugriffsfähig hält. Die Bewältigung dieser Aufgabe setzt ihrerseits voraus, dass die Instanz über identifikatorische Qualitäten gegenüber den eintreffenden Reizen sowie über strukturierende Potentiale gegenüber dem Speicher verfügt.

Das zweite Merkmal des Speicherprozesses besteht in einer zu leistenden Immunisierung und Sicherung des gespeicherten Datenmaterials vor externen Einflüssen. Das Gelingen dieser Leistung setzt voraus, dass das zu Erinnernde während des Archivierungs- und Reproduktionsprozesses möglichst nicht verändert wird und zu diesem Zwecke alle involvierten Schritte standardisiert werden.

Einwände, die gegenüber einem derartigen Theoriegebilde zu formulieren sind, betreffen sowohl eine erkenntnistheoretische Ebene, insofern die wahrgenommene Umwelt als objektiv gegebene und fassbare unterstellt wird, wie auch eine ontologische Sphäre, insofern die eigentliche Beschaffenheit der konstitutiven Bewusstseinsleistung im Dunkeln bleibt.[38] So suggeriert das Speichermodell mit seinen "inneren Repräsentationen" eine materiell figürliche, substanzverhaftete Vorstellung der Speicherung von Wahrnehmungen, ohne jedoch den genauen Prozess und Ort jener Speicherung aufweisen und ohne die vorausgesetzte Existenz einer übergeordneten Ordnungsinstanz nachvollziehbar darlegen zu können; das Modell geht von einem 'mechanistisch molekularen Prozess der Bewusstwerdung' im Moment des Erinnerns aus, welcher mit den unterschiedlich schnell verlaufenden Erinnerungsprozessen des Alltags nicht in Einklang zu bringen ist.[39]

Der Umstand, dass diese 'Aufbewahrungsmodelle' so viele Fragen aufwerfen, dass ihre Plausibilität en bloc angezweifelt werden darf, wird *mittlerweile* auch von psychologischer Seite anerkannt. Allenthalben kursieren Neuansätze, die, mehr oder weniger theoriefundiert, ihr Fundament im interdisziplinären Diskurs suchen. Das Wort von der 'Umbruchsituation' kennzeichnet allgemein die Forschungslage.[40] Diese aktuelle Offenheit der Gedächtnisforschung ist, neben den als unbefriedigend zu betrachtenden bisherigen Forschungsergebnissen, v.a. durch Neuansätze innerhalb der Biologie bedingt. Dort haben in den letzten Jahrzehnten als Vorreiter die chilenischen Biologen Humberto Maturana und Francisco Varela mit der deskriptiven Untersuchung lebender Organismen als *geschlossene Systeme* den Begriff der *Autopoiesis* (Selbstorganisation bzw. Selbstreferenz) entwickelt. Infolge der von Maturana und Varela im Anschluss an ihre Unter-

---

[36]HEJL, Peter M. (1996), 297.

[37]Vgl. für das Folgende HEJL, Peter M. (1996), 298ff.

[38]HEJL, Peter M. (1996), 328f.

[39]HEJL, Peter M. (1996), 300f.

[40]SCHMIDT, Siegfried J. (1996), 11; HEJL, Peter M. (1996), 293ff; vgl. auch Anm. 18.

suchungen entworfenen konstruktivistischen, strukturell-funktionalen Gedächtnismodelle kommt es auch in der Psychologie zur Ausbildung sogenannter Produktionsmodelle, in deren Rahmen 'Erinnern' als aktuelle Produktion im Kontext jeweils aktuell wahrgenommener und geschichtlich geformter Handlungsnotwendigkeit und -möglichkeit verstanden wird.[41]

Diese Neuansätze heutiger individual-orientierter Gedächtnisforschung setzen in ihren konstruktivistischen, strukturell-funktionalen, kognitionsbiologischen Modellen einen Paradigmenwechsel der zugrundeliegenden Theorie voraus, dem es nachzuspüren gilt, weil der dahinter liegende Umbruch wissenschaftlichen Denkens auch das (systematische und wissenschaftsgeschichtliche) Einfallstor jener Gedächtnistheorie darstellt, die dieser Studie zugrundegelegt wird. Diese Spurensuche gilt dabei jenen Koordinaten, welche für eine auf dem Boden provokanter Gegenwart herzustellende Verbindung von biologischem Bedürfnis und kultureller Ausformung, von Individuum und Kollektiv sowie von Erinnern und Vergessen unverzichtbar sind. Aus diesem Grund muss es nachfolgend sowohl um die Verknüpfung von individualorientierter mit sozial- und kulturorientierter Gedächtnisforschung als auch um die Begegnung von Naturwissenschaft (Biologie) mit Gesellschaftswissenschaft (Soziologie und Kulturtheorie) gehen. Die Darstellung konstruktivistischer Ansätze beginnt mit Einblicken in die radikalkonstruktivistische Gedächtnisforschung. Am Beispiel erkenntnistheoretischer Überlegungen dieses aus biologisch-medizinischen Perspektiven entwickelten Zugangs geht es um die Frage, welche epistemologischen, methodischen und ontologischen Implikationen eine Öffnung vormals statisch-mechanistisch konzipierter Erinnerungsmodelle mit sich bringen kann.

---

[41]Vorstellung und Kommentierung des Produktionsmodells bei HEJL, Peter M. (1996), 325-336, vgl. v.a. 330. Die funktional-strukturalistische Systemtheorie Luhmanns belegt, dass es auch jenseits der Psychologie in der Soziologie zur Rezeption biologischer Systemtheorien gekommen ist.

2 Radikaler Konstruktivismus: Konstruierte Wirklichkeiten statt abgebildete Realität

Jene Ansätze, die sich im Anschluss an die Forschungsbeiträge von Humberto Maturana und Francisco Varela im gegenwärtigen wissenschaftlichen Diskurs unter dem Label 'Radikaler Konstruktivismus' herausgebildet haben, begegnen noch als 'work in progress' eines interdisziplinären Diskussionszusammenhangs. Vermisst wird ein annähernd "homogenes, in konsensueller Form ausformuliertes und bereits kohärent dargestelltes Theoriegebäude",[42] wenn auch die entschieden konstruktivistische Perspektive keine abschließende Forschungssumme erwarten lässt. Doch jenseits dieser wissenschafts-theoretischen Vorläufigkeiten bleibt als entscheidend gemeinsames Fundament jener Forschungsbeiträge das Bekenntnis festzuhalten, "Auffassungen vom Erkenntnisvorgang als Widerspiegelung oder Approximation einer subjekt-unabhängigen, objektiven Welt abzulehnen und dies mit Erkenntnissen aus der neueren biologischen Forschung zu begründen".[43]

Mit der Feststellung, Wirklichkeit werde von Menschen nicht (vor-)gefunden, sondern Wirklichkeit werde vielmehr von ihnen *erfunden*, formulieren Radikale Konstruktivisten den Leitsatz einer entschiedenen Epistemologie, die sich von dem Ansinnen abgrenzt, die Außenwelt sei objektiv als ontische Realität entdeckbar.[44] Die Erkenntnis absoluter Wahrheit gilt als unmögliches, weil sinnloses Handlungsziel.[45] Damit kritisieren die Denker radikal konstruktivistischer Provenienz einen Jahrhunderte überdauernden Grundkonsens abendländischer Philosophie. Dieser bestand in der Annahme einer grundlegenden ontologischen Differenz zwischen äußerem Gegenstand bzw. Materie und geistigem Innenleben bzw. Idee sowie der Notwendigkeit der Eruierung einer den Erkenntnisprozess charakterisierenden Weise der Vermittlung zwischen Materie und Idee.[46] Die konstruktivistische Kritik jenes philosophischen Axioms richtet sich im Sinne einer Meta-Aufklärung nachfolgend sowohl gegen die traditionellen Vertreter jenes Konsenses und ihre abstrakt-metaphysischen Realitätsmodelle als auch gegen deren moderne Kritiker und ihre positivistisch mathematisch-physikalischen Informations- und Wirklichkeitsmodelle. Die Abkehr von den letztgenannten positivistisch-naturwissen-

---

[42]HUNGERIGE, Heiko/SABBOUH, Kariem (1995), 128. Zu den Gründervätern des Radikalen Konstruktivismus werden neben Maturana und Varela die Psychologen Ernst von Glasersfeld, Heinz von Foerster, Paul Watzlawick gezählt; deutschsprachige Autoren sind Peter M. Hejl, Wolfram K. Köck, Gerhard Roth, Gebhard Rusch und Siegfried J. Schmidt; vgl. WEIDHAS, Roija Friedrich (1994), 40. Der Terminus selbst wurde durch Ernst von Glasersfeld geprägt, vgl. RUSCH, Gebhard (1987), 23 Anm. 5.

[43]WEIDHAS, Roija Friedrich (1994), 29f.

[44]Vgl. den programmatischen Titel von 'Die erfundene Wirklichkeit: Wie wir wissen, was wir zu wissen glauben', WATZLAWICK (1994). RUSCH, Gebhard (1987), 53 spricht sinngemäß von *'erzeugen'*; vgl. auch WEHRSPAUN, Michael (1994), 31. Zur Negierung der Erkennbarkeit ontischer Realität vgl. OTT, Konrad (1995), 282.

[45]Vgl. zum Handlungsziel RUSCH, Gebhard (1987), 202 und MEINEFELD, Werner (1996), 104.

[46]WEIDHAS, Roija Friedrich (1994), 31, 94.

schaftlichen Theoriekonzepten erfolgt, insofern auch diese nicht ohne ontologische Fundierung auskommen.[47]

Für den Radikalen Konstruktivismus sind Philosophien mit metaphysischen Realitätsmodellen wie auch empirisch ausgerichteten Informationsmodellen die explizit-implizite Prämisse der Existenz *einer*, mit Begriffen wahrzunehmenden und nach Gesetzen zu ordnenden, eigenständig wirkmächtig wahrnehmbaren Wirklichkeit bzw. Realität gemeinsam. Jene Theorien unterscheiden sich dann als Abbildtheorie, Korrespondenztheorie oder Adaptionstheorie in der Weise der Ausgestaltung des Vermittlungsgeschehens zwischen einem Wahrnehmungsgegenstand und einer übergreifenden, metaphysisch oder empirisch gesetzten Konnektivität. Sie unterscheiden sich aber eben nicht im Faktum der (voraus-)gesetzten ontologischen Differenz.

Demgegenüber negiert der Radikale Konstruktivismus jene Differenzsetzung als für die Erklärung (menschlicher) Erkenntnismöglichkeit nötige und hilfreiche Bedingung. *Die* absolute Wirklichkeit kann nicht erfasst werden und muss auch nicht vorausgesetzt werden, um Erkenntnisprozesse nachzuvollziehen. Die Erkenntnis einer Sphäre übergreifender Konnektivität und unbezweifelbarer Evidenz eines Erkenntnisobjektes jenseits der Ebenen, welche dem betroffenen Erkenntnissubjekt[48] jeweils zugänglich sind, ist unmöglich. Sie ist unmöglich, weil nur das zu einer 'Kognition',[49] zu einer Wahrnehmung werden kann, was vom begrenzten Erkenntnissystem dieses Erkenntnissubjektes, entsprechend seiner immanenten Strukturen und operativen Prozesse, wahr-

---

[47]Zur ontologischen Fundierung positivistischer Theorieansätze vgl. die dreifache Füllung des 'Positiven' als Wirkliches - Sinnvolles / Nützliches - einwandfrei Bestimmbares; STÖRIG, Hans J. (1988), 468. Eigenständige Frage bleibt, inwiefern aufgrund ihrer ontologischen und tendenziell (makro-)theoretischen Perspektive die Konzeption materialistisch-naturwissenschaftlicher Weltbilder auch bei intendierter Kritik an Metaphysik nicht doch ihrerseits durch metaphysische Implemente geprägt sind.
In einer für den Radikalen Konstruktivismus charakteristischen polemischen Zuspitzung markiert Varela die 'zweite Aufklärung' als einen Paradigmenwechsel, der in dem "Übergang von einer physikalischen zu einer biologischen Weltsicht" bestehe; zitiert nach WEIDHAS, Roija Friedrich (1994), 35. Zur Abgrenzung gegenüber traditioneller Korrespondenztheorie vgl. GLASERSFELD, Ernst von (1992), 18 und HEJL, Peter (1995), 43-45; zum philosophischen Grundkonsens vgl. GLASERSFELD, Ernst von (1992), 9-11(-13).

[48]Der Radikale Konstruktivismus spricht gemeinhin nicht von 'Subjekt', sondern von lebenden, d.h. autopoietischen, Systemen, dass dies allerdings nicht durchgängig zutrifft, veranschaulicht GLASERSFELD, Ernst von (1992), 31-38.

[49]Das Begriffskonzept der 'Kognition' fasst Gerhard Roth wie folgt zusammen: "(1) Kognition kommt keineswegs nur dem Menschen zu; umgekehrt ist es nicht sinnvoll, alles, was im Gehirn geschieht [jede Erregungsverarbeitung im Nervensystem], als kognitiv zu bezeichnen; (2) Kognition erwächst aus rein physiologischen Prozessen auf zellulärer und subzellulärer Ebene sowie aus präkognitiven Leistungen und ist deshalb von letzteren nicht scharf abgrenzbar; (3) Kognition bezieht sich auf komplexe, für den Organismus *bedeutungsvolle*, d.h. für Leben und Überleben (besonders auch das psychosoziale Überleben) relevante und deshalb meist erfahrungsabhängige Wahrnehmungs- und Erkenntnisleistungen. Diese arbeiten in der Regel mit Repräsentationen im Sinne einer 'Stellvertretung' sowie mit rein internen 'Modellen' der Welt und der Handlungsplanung, *gleichgültig ob diese bewusst oder unbewusst sind.*" Vgl. ROTH, Gerhard (1998), 31. Zur Verwendungsweise des Repräsentationsbegriffs innerhalb der Kognitionswissenschaften vgl. SCHEERER, Eckart (1996), 107.

genommen und verarbeitet werden kann.[50] Ist jedoch das erkennende System unhinter-gehbar an seine Kognitionsbereiche, d.h. an die durch die Bandbreite möglicher Zustandsveränderungen von Reizrezeptoren, Nervenbahnen und verarbeitenden Netz-werken begrenzten Wahrnehmnungsfelder des Organismus, gebunden und kann es diese Kognitionsbereiche nicht transzendieren, so bleibt 'Erkennen' Ergebnis eines eigen-ständigen Konstruktionsprozesses eines aktiven Konstrukteurs. Einerseits bleibt dann 'Erkenntnis' wegen der Rückbindung an ein Erkenntnissubjekt und der Konstruktion angesichts parallel vollzogener Verifikationen anderer Erkenntnis(-se) als dynamischer Akt bzw. Bewegung zu verstehen; andererseits existiert wegen der Vielzahl gleich-wertiger Akteure bzw. Konstruktionsprozesse dann Wirklichkeit ausschließlich im Modus der Pluralität.[51]

Mit dieser radikal empirischen, ontologiekritischen Ausrichtung sieht sich der referierte Konstruktivismus dem grundsätzlichen Dilemma konstruktivistischer Konzepte ausge-setzt: einer 'negativ-self-fulfilling prophecy' gleich, droht die relationale Gültigkeit empirisch fundierter Erkenntnistheorie der eigenen Theorie just jenen erfahrungswissen-schaftlichen Boden unter den Füßen wegzuziehen, auf dem sie aufruht.[52] Denn die Signifikanz empirischer (Erkenntnis-)Theorie bezieht sich unter konstruktivistischen Prämissen auf jene Theorien als kognitiv *mögliche* Beschreibungssysteme, nicht auf jene Theorien als empirisch-naturwissenschaftliche Examinierung von Realbezügen. Die Radikalisierung gegenüber anderen konstruktivistischen Konzepten erfolgt bei dem Radikalen Konstruktivismus in dem dargestellten offensiven Aufgreifen jenes Dilem-mas. Dabei wird die "Befürchtung, unser Wissen könne nicht sein, wofür wir es halten"[53] positiv gewendet zur Einsicht, dass Erkenntnis und Erkenntnisobjekte in einem umfas-senden Sinn Konstruktionen darstellen. Dieses dezidierte, ontologiekritische Konstruk-tivitätsbewusstsein wird so selbst zum Ausgangspunkt aller Anstrengung bestimmt, Aufschluss über den Erkenntnisprozess zu gewinnen und jene Befürchtungen, die in der überkommenen Illusion erkennbarer Realität gründen, zu zerstreuen. Diese *differentia significans* Radikaler Konstruktivisten wird systematisch entfaltet und greifbar in der Theorie autopoietischer, kognitiver Systeme.

---

[50]MEINEFELD, Werner (1995), 138. Hinter der erkenntnistheoretischen Begrenzung auf den Kon-struktionsprozess von Erkenntnissystemen infolge der Negierung einer ontologischen Differenz steht nicht die Behauptung, die Welt sei auch in existentieller Hinsicht, in ihrer Gegenständlichkeit, Kon-struktion. Realität besteht unabhängig von Erkenntnisvorgängen. Konstruktionen stellen vielmehr des Menschen Vorstellungen bzw. Konzeptionen der Wirklichkeit dar, deren Funktion und Struktur sich auch ohne die Vorstellung einer ontologischen Differenz bzw. absoluten Wirklichkeit nachzeichnen lassen.

[51]HEJL, Peter M. (1995), 53f.

[52]RUSCH, Gebhard (1987), 195.

[53]RUSCH, Gebhard (1987), 196.

2.1 Autopoiesis: Arbeitsweise lebender Systeme

Die radikal konstruktivistische Theorie der *Autopoiesis* bzw. *autopoietischer Systeme*[54] steht als Gegenentwurf zu ontologisch-metaphysisch orientierten Realitätsmodellen für den entscheidenden Perspektivenwechsel des Radikalen Konstruktivismus auf materialer wie methodisch-epistemologischer Ebene:

Dieser Perspektivenwechsel betrifft zunächst die materiale Ebene des Forschungsobjektes: Wird die Erkennbarkeit einer singulären, abstrakten Realität negiert, so entfällt auch die Vorentscheidung für ein abstrakt zu denkendes Erkenntnisobjekt. Statt dessen muss sich die Forschung jeweils konkreten, der empirischen Wirklichkeit zugänglichen Erkenntnisobjekten zuwenden. Das eingangs genannte Selbstverständnis radikal konstruktivistischer Konzepte verweist daher auf die Signifikanz medizinisch-biologischer Methoden zur Analyse grundlegender Organisations- und Funktionsstrukturen *von Lebewesen*.[55] Radikale Konstruktivisten nehmen Abschied von einer in der modernen Philosophie sich abzeichnenden Examinierung allopoietischer Systeme, deren Inbegriff 'Maschine' dafür steht, dass das "Produkt ihres Funktionierens von ihnen selbst verschieden ist".[56] Der Blick wechselt nun hin zu *autopoietischen Systemen*, auf Lebewesen,[57] deren organisatorische Zirkularität ihre Existenz und Identität als Kohärenz über unterschiedliche Kontexte und Interaktionen hinweg aufrechterhält.[58]

Mit dieser Hinwendung zu biologischen, d.h. 'natürlichen', Zugangsweisen gegenüber konkreten Lebewesen und der Abkehr von mathematisch-physikalischen Modellen der Trivialisierung der Welt korrespondiert eine Verschiebung auf der formal-methodischen

---

[54]Der Begriff *Autopoiese* bzw. *autopoietische Systeme* wird von den chilenischen Biologen Humberto Maturana und Francisco Varela in die Diskussion eingebracht als gemeinsames Kennzeichen von Lebewesen; vgl. OTT, Konrad (1995), 283.

[55]Hier zeichnet sich auch Nähe und Distanz gegenüber biologistischen Konzepten ab: der Radikale Konstruktivismus strebt keine 'Archäologie kosmologischer Gesetzlichkeit' an. Statt universaler Verallgemeinerung bleibt dem Forscher die in Dauerreflexion nachzuweisende Generalisierung von Grundmustern der Umwelt- und Selbstwahrnehmung sowie die Organisationsstruktur organischen Lebens. Gleichwohl stößt auch die empirische Rückbindung des Radikalen Konstruktivismus an Grenzen, jenseits derer eigene Setzungen nicht empirisch-biologisch zu verifizieren sind; dazu beispielhaft das Problem einer radikal konstruktivistischen Begründung von Ethik vgl. WEIDHAS, Roija Friedrich (1994), 152.

[56]MATURANA, Humberto R. (1985), 159.

[57]Hans R. Fischer verweist darauf, dass anstelle des von Maturana und Varela geprägten Begriffs *Autopoiesis* ('Poiesis' bedeutet 'Neuschöpfung', 'Schöpfung aus dem Nichts') der eigentlich angemessene Begriff *Autotechne* ('Techne' betrifft im Griechischen 'zweckdienliches Tun', 'Methode wirksamen Tuns' bereits existenter Elemente) lautet. Nur so könne dem Eindruck Einhalt geboten werden, autopoietische Systeme würden den Seinsgrund in sich selbst tragen; vgl. WEIDHAS, Roija Friedrich (1994), 52 Anm. 166.
Maturana selbst stellt zunächst terminologisch nicht 'Lebewesen' 'Maschinen' gegenüber, sondern gebraucht den übergeordneten Begriff 'System' synonym mit 'Maschine' und unterscheidet rekursiv 'lebende' (also autopoietische) von 'anderen' (also allopoietischen) Maschinen bzw. Systemen; vgl. MATURANA, Humberto R. (1985), 185-190.

[58]WEIDHAS, Roija Friedrich (1994), 152.

und damit auch auf der epistemologischen Ebene des Forschungsinteresses: Das Erkennen von Wirklichkeiten kann für Radikale Konstruktivisten nicht auf einen von der konkreten Realisation unabhängig denkbaren Grund, auf eine weitgehend metaphysische Theorie des Seins, zurückgeführt werden. Vielmehr muss sich die Erkenntnisbegründung auf dem Boden eines durchgängigen Konstruktivitätsbewusstseins aus der Analyse der 'Realisation von Erkennen' im Rahmen einer 'Theorie des Wissens' ergeben. Einer Erklärung bedürfen dann zukünftig das *'Wie'* des Erkenntnisprozesses und das *'Wie'* der Geltendmachung von Erkenntnissubjekt und (Um-)Welt im Erkenntnisprozess eines nicht-trivialen, d.h. geschichtlichen und in varianten Beziehungen stehenden, Lebewesens.[59] Das herkömmliche Beschreibungssystem mit seinen linear-kausalen Kategorien Grund, Ursprung, Anfang, Ziel, Substanz wird ersetzt. An seine Stelle tritt ein Beschreibungssystem eigener Logik, welches mit seinen Kategorien der *Selbstbezüglichkeit* und *Zirkularität* Wahrnehmungen als Bewegungs- und Wirkungskontinua in Abhängigkeit von einem jeweiligen Beobachterstatus zu fassen sucht.[60] Ohne Möglichkeit und Notwendigkeit einer ontologischen Gründung wird Erkanntes, als Ergebnis von Konstruktionsprozessen, zur Wirklichkeit der Wahrnehmenden und Erkennenden. Beschreibbar sind diese Wirklichkeiten dann im Rahmen einer empirischen Theorie menschlichen Erkennens, einer Theorie des Wissens.[61]

Das Konzept der *Autopoiese* ist der zentrale, wenn auch nicht ausschließliche Bezugspunkt für jenen interdisziplinären Diskurszusammenhang, der unter dem Flaggschiff 'Radikaler Konstruktivismus' firmiert. Was schon für den Aufbau von Erkenntnis angedeutet wurde, gilt für alle operativen Ebenen eines lebenden Organismus bzw. für das lebende System insgesamt:[62]

---

[59]OTT, Konrad (1995), 290; RUSCH, Gebhard (1987), 198f. Zur angestrebten Enttrivialisierung der Welt vgl. die Ausführungen zu Heinz von Foerster in HUNGERIGE, Heiko/SABBOUH, Kariem (1995), 145.

[60]GLASERSFELD, Ernst von (1992), 34 und WEIDHAS, Roija Friedrich (1994), 100. Die Einführung eines 'Beobachters' verweist auf das Phänomen der 'kommunizierten Unterscheidung': Beobachter ist, wer Unterscheidungen einführen und beschreiben kann in Bezug auf die Systemumwelt und / oder auf das System selbst (rekursive Beobachtung von einzelnen Systemzuständen oder des Systems als Einheit). Alle Unterscheidungen werden von wechselnden Beobachtern getroffen. Damit wird alles, was gesagt wird, von einem Beobachter zu einem anderen Beobachter gesagt. Die Sprache begegnet dann als Möglichkeitsbedingung von Beschreibung: sie erlaubt die sprachliche Unterscheidung von Unterscheidungen. Vgl. MATURANA, Humberto R. (1985), 139, 148; MATURANA, Humberto R./VARELA, Francisco J. (1987), 221-229.

[61]RUSCH, Gebhard (1987), 194. Zu bedenken bleibt, dass die hinter einer differierenden Erkenntnisbegründung stehende Verschiebung des radikal konstruktivistischen Forschungsinteresses ihrerseits rekursiv und in differenzierender Weise auf die materiale Ebene des Forschungsobjektes wirkt. Werden Bewegung und Prozesse im Kontext einer 'Theorie des Wissens' statt Grund und Ursprung im Kontext einer 'Theorie des Seins' zum Problem, so rückt die Untersuchung der Ontogenese statt der Phylogenese ins Zentrum der Forschung; zur Betonung der Ontogenese vgl. RUSCH, Gebhard (1987), 25.

[62]Vgl. für die Organisation von Erkenntnis die Ausführungen zu den Anmerkungen 50, 82. Die Kohärenz in der Organisationsstruktur einzelner Systemkomponenten wie auch des Gesamtsystems sichert die autopoietische Identität durch alle Interaktionen hindurch, in die das lebende System treten kann: Interaktionen zwischen einzelnen Systemkomponenten; Interaktionen zwischen dem zusammengesetzten

Autopoiese beschreibt die charakteristische *Art der Organisation* der Komponenten lebender Systeme. Die Arbeitsweise lebender Systeme stellt sich dar als "zirkuläre Organisation, welche die Erzeugung und Aufrechterhaltung der *Bestandteile* sicherstellt, die diese zirkuläre Organisation herstellen, und zwar so, dass das Ergebnis des Funktionierens der Bestandteile eben die Organisation ist, die wiederum diese Bestandteile erzeugt".[63] Die Kontinuierung und Prosperierung lebender Systeme und deren Komponenten erfolgt also auf der Basis ihrer Organisation. Das heißt, auf der Basis wiederkehrender Verknüpfungsmuster systemimmanent ablaufender Interaktionen, wobei die Logik jener operativ-systemischen Verknüpfungen durch die Merkmale 'zirkuläre Selbstorganisation', 'Strukturdeterminiertheit' und 'Selbstreferentialität' bestimmt ist und die Organisationsart systemischer Außenweltbezüge durch die Merkmale 'strukturelle Koppelung' und 'Viabilität' gekennzeichnet sind.[64]

2.1.1   Selbstorganisation

Die genannten Kennzeichen der Organisation allopoietischer Systeme gründen zunächst in einer charakteristischen Entsprechung von *Struktur und Funktion* allopoietischer Systeme, also in einer Entsprechung der Menge der Relationen zwischen den materialen Bestandteilen dieses Systems und den darin ablaufenden Prozessen einerseits[65] und der Bandbreite der Realisationsmöglichkeiten von Kohärenz autopoietischer Organisation andererseits. Autopoietische Systeme können daher, sobald und solange sie als solche bestehen, nicht anders, als zu leben, als ihr autopoietisches Leben durch Kohärenzerzeugung aufrechtzuhalten.[66] Die funktionalen Eigenschaften systemischer Komponenten realisieren sich im Kontext der autopoietischen Struktur als kontinuierliche *Selbstorganisation*. Das Phänomen der Selbst-Erneuerung bleibt das verbindende Kennzeichen aller lebenden Organismen. Dabei vollzieht sich die Selbstorganisation *zirkulär*, insofern sich die (Re-)Produktion der verschiedenen Komponenten als Folge

---

System und seinem Medium; Interaktionen, in denen das System als Einheit auftritt; vgl. RUSCH, Gebhard (1987), 47.

[63]MATURANA, Humberto R. (1985), 72; Hervorhebung im Original. Maturana hat die Begriffserklärung immer wieder paraphrasiert, so dass unterschiedlich umfangreiche Bestimmungen vorliegen. An anderer Stelle findet sich: "Die autopoietische Organisation wird als eine Einheit definiert durch ein Netzwerk der Produktion von Bestandteilen, die 1. rekursiv an demselben Netzwerk der Produktion von Bestandteilen mitwirken, das auch diese Bestandteile produziert, und die 2. das Netzwerk der Produktion als eine Einheit in dem Raum verwirklichen, in dem die Bestandteile sich befinden"; MATURANA, Humberto R. (19825), 158, vgl. auch 141f, 146.

[64]Kontinuierung und Prosperierung verweisen darauf, dass sich das Konzept der Autopoiese mit seinen Kennzeichen 'zirkuläre Selbstorganisation', 'Strukturdeterminiertheit' und 'Selbstreferentialität' ausschließlich auf die *innerhalb* des Lebensprozesses bestimmenden Strukturen der Selbsterhaltung und Selbstregenerierung, nicht aber auf die Entstehung eines (ersten) lebenden Systems bezieht; vgl. WEIDHAS, Roija Friedrich (1994), 52. Diese Begrenzung entspricht der Konzentration auf das Forschungsobjekt 'Ontogenese'; vgl. Anm. 61.

[65]RUSCH, Gebhard (1987), 44.

[66]RUSCH, Gebhard (1987), 44.

eines Prozesses regelmäßigen Zusammen- und Wechselwirkens interner Systemkomponenten einstellt.[67] Das operierende System agiert so als Einheit, welche das System selbstmotiviert sowie aus sich selbst heraus organisiert und für die Dauer seines Lebens aufrechterhält.

2.1.2   Operationale Geschlossenheit

Sind autopoietische Systeme unter allen Rahmenbedingungen darauf ausgerichtet, in zirkulären Prozessen ihre Organisation selbst aufrechtzuhalten, so können sie als *struktur-* oder *zustandsdeterminierte Systeme* bezeichnet werden.[68] Damit ist eine *operationale* bzw. organisatorische *Geschlossenheit* angesprochen. Operationen werden ausschließlich durch die Strukturen des jeweiligen Systems "determiniert bzw. durch die Zustände, in denen sich das System vor jeder Zustandsveränderung befindet."[69] Diese Strukturen geben die Grenzen vor, in welchen sich ein lebendes System verändern kann, ohne seine autopoietische Organisation zu verlieren bzw. zu sterben. Die operationale Geschlossenheit eröffnet autopoietischen Systemen eine unvergleichlich hohe Autonomie, ohne gleichzeitig die Verknüpfung zwischen diesen kognitiven Systemen und ihrer äußeren Welt aus den Augen zu verlieren.[70] Die Eigenschaft 'Strukturdeterminiertheit' befähigt lebende Systeme sowohl zu einer Offenheit gegenüber eigener Entwicklung und Veränderung als auch zu Interaktionen mit der Außenwelt. Weil Entwicklungsoffenheit und Interaktion aber weder material noch prozessual ursächlich von systemexternen Größen abhängen, sondern vielmehr an die eigene systemische Struktur rückgebunden sind, handelt es sich um 'perfekt' ausgestattete Organisationen, die sich unabhängig von systemextern bezüglichem 'Input' und 'Output' stabilisieren.[71]

2.1.3   Selbstreferentialität und Autonomie

Die *Selbstreferentialität* autopoietischer Systeme verwirklicht die im Rahmen operational-organisatorischer Geschlossenheit eröffnete Autonomie lebender Systeme. Dabei entfaltet sich eine Autonomie, welche über traditionelle Vorstellungen von Unabhängigkeit und Selbständigkeit hinausreicht. Selbstreferentialität besteht darin, dass sich

---

[67]RUSCH, Gebhard (1987), 43.

[68]Maturana führt bereits 1975 diese Gleichsetzung ein; vgl. MATURANA, Humberto R. (1985), 242 Anm. 1.

[69]RUSCH, Gebhard (1987), 46.

[70]RUSCH, Gebhard (1987), 46-48.

[71]Zur Negierung allopoietischer Abhängigkeit von systemexternen Größen vgl. RUSCH, Gebhard (1987), 45f und WEIDHAS, Roija Friedrich (1994), 99.

autopoietische Systeme im selbstorganisiert zirkulären Prozess der (Re-)Produktion sowohl direkt wie auch indirekt ausschließlich auf sich selbst beziehen.[72]

In direkter Weise, weil als Referenzpunkt reproduktiver Operationen systeminterne Strukturen und Zustände dienen, nicht aber eine eigenständig wirkmächtige Umwelt. Die Autonomie der Organisation verdeutlicht so die zirkuläre Interaktion ihrer Komponenten, der zufolge Systemzustände Folge von Interaktionen früherer Zustände darstellen: Erfahrung bzw. Wahrnehmung misst sich an selbst gemachter Erfahrung - Erkenntnis verändert sich an bereits gewonnener Erkenntnis.[73] Lebende Systeme sind informationell geschlossene. Für die Aufrechterhaltung der eigenen autopoietischen Struktur bedürfen sie keiner systemexternen Informationen, alle benötigten Informationen werden intern generiert.[74]

Selbstbezüglichkeit ist aber auch in indirekter Weise auszumachen, weil autopoietische Systeme selbst die Bandbreite der Qualität und Quantität wahrnehmbarer und verarbeitbarer Reizzustände festlegen. Somit gründet die Autonomie autopoietischer Systeme auch in der systemimmanenten Definitionsgewalt über Störungen, Interaktions-*partner*, sowie über die Interaktions-, Verarbeitungs- und Reaktionsmodi: 'Was', 'warum' und 'wie' den Anlass für Reaktions- und Kompensationsprozesse darstellt und wie diese Prozesse systemintern aufgebaut und exportiert werden, bestimmt das System, bzw. dessen Struktur selbst.

Selbstreferentielle Systeme sind operational und informationell geschlossen,[75] sie lassen sich nicht heteronom determinieren, höchstens verstören.

2.1.4   Strukturelle Umweltkopplung

Die mit Selbstreferentialität verwirklichte Autonomie des kognitiven Systems schärft den Blick für jenen Konnex, welcher zwischen dem System und seinem Medium bzw. seiner Außenwelt besteht. Ausgehend von den Komponenten eines autopoietischen Systems, zeichnet sich eine *strukturelle Koppelung* des Mediums an dieses System ab: "Indem Lebewesen leben und handeln, erzeugen sie die Umwelt, in der sie überleben müssen, und können dadurch überleben".[76]

Daraus ergibt sich eine Dreigliederung des (Re-)Produktionsprozesses autopoietischer Systeme: Jede systemrelevante Veränderung des - in systemischer Selbstreferenz generierten - Mediums wird für das System als Beeinträchtigung oder Unterbrechung der

---

[72]Zur direkten wie indirekten Selbstbezüglichkeit autopoietischer Systeme vgl. RUSCH, Gebhard (1987), 46f.

[73]Vgl. HEJL, Peter M. (1995), 65; SCHMIDT, Siegfried J. (1996), 14; WEIDHAS, Roija Friedrich (1994), 93f.

[74]RUSCH, Gebhard (1987), 45f.

[75]Die Theorie der Autopoiesis konzipiert dennoch nicht lebende Systeme als *ab*geschlossene Systeme. Neben der operationalen und informationellen Geschlossenheit bleibt auf deren materiell-energetische, d.h. thermodynamische, Offenheit hinzuweisen; vgl. MEINEFELD, Werner (1995), 100; ROTH, Gerhard (1987), 235; ROTH, Gerhard (1998), 314-321; WEIDHAS, Roija Friedrich (1994), 40.

[76]OTT, Konrad (1995), 283.

internen autopoietisch kohärenten Struktur empfunden (1), woraufhin ein Kompensationsprozess ausgelöst wird (2), an dessen Ende eine veränderte Systemstruktur das Medium neu definiert hat (3), so dass das lebende System gegenüber jenem konsistent ist.[77] Der Mechanismus dieser autopoietischen Sequenz ermöglicht lebenden Systemen, in Interaktionen mit sich selbst und anderen zu treten, ohne die eigene Identität bzw. Existenz trotz der Option fortwährender Veränderung zu gefährden. Konsequenz dieses Sequenzmechanismus ist dann eine Einsicht von erkenntnistheoretischer Relevanz: Für lebende Systeme ist nicht der vom konstruierenden System unabhängige, objektive Einblick in das jeweilige Medium Zielpunkt eigener Interaktionen, sondern vielmehr die Aufrechterhaltung systemischer Kohärenz, d.h. Selbsterhaltung. Dies gelingt nur in einem unabschließbaren Prozess autopoietischer *Bewährung* gegenüber dem Medium, d.h. der kontinuierlichen Generierung eines Wissens und einer Handlungskompetenz, die ein Scheitern an dem Medium verhindert und statt dessen ein (Weiter-)Leben eröffnet.[78]

Die strukturelle Koppelung an das kognitive System bedeutet aber auf der anderen Seite für das Medium, dass es selbst bzw. seine Zustandsveränderungen nicht aktiv bzw. positiv auf andere autopoietische, organisatorisch geschlossene Systeme einwirken kann bzw. können. "Veränderungen des Mediums sind als solche nicht Ursache struktureller Modifikationen eines autopoietischen Systems, sondern bestenfalls Anlässe, 'Auslöserereignisse', für Prozesse, die ihren Grund ausschließlich in der autopoietischen 'Natur' des Systems finden, denn weder determiniert eine Veränderung des Mediums, was sie im System auslöst, [...] noch determiniert sie die Art und Weise, in der das System reagiert."[79] Als erkenntnistheoretische Schlussfolgerung ist dann ein Zweifaches festzuhalten: Rekursiv auf das kognitive System bezogen gilt, dass dieses System in / mit seinen Sinnen und seinem Bewusstsein nicht dem Medium (als solchem) begegnen kann, sondern lediglich dem, was *dieses* System qua seiner operativen Eigenschaften als lebendes System im Medium erkennen, d.h. in einem Konstruktionsprozess wahrnehmen und verarbeiten, kann.[80] Die Unmöglichkeit, aus der Außenwelt ursächlich auf den Zielpunkt systemischer Interaktionen (Selbsterhaltung) einzuwirken, hat auch für die Wahrnehmung dieser Außenwelt Folgen: Das Medium bzw. die Außenwelt kann nur im *Scheitern* systemischer Konstruktionen als eigenständig und 'absolut' erfahren werden.[81] Und selbst diese sichere Rückkoppelung gibt nur Aufschluss über den Fakt des Scheiterns, die Funktionslosigkeit aktuell systemischer Konstruktion, nicht über die ontologische Verfasstheit von Realität bzw. die Gründe des Scheiterns.[82]

---

[77]Vgl. RUSCH, Gebhard (1987), 47f.

[78]Vgl. RUSCH, Gebhard (1987), 199f. GLASERSFELD (1994), 17 stellt der traditionellen Interpretation von Wissen als (Ab-)Bild jene des 'Schlüssels' gegenüber, der mögliche Wege von Systemverhalten erschließt.

[79]RUSCH, Gebhard (1987), 48.

[80]RUSCH, Gebhard (1987), 197f.

[81]RUSCH, Gebhard (1987), 200.

[82]LUHMANN, Niklas (1994), 10; MEINEFELD, Werner (1995), 106.

Die erkenntnistheoretischen Implikationen einer auf dem Boden autopoietischer Konstruktionskompetenz mit 'struktureller Koppelung' charakterisierten Verknüpfung eines erkennenden Organismus und seiner Außenwelt(-en) richten sich gegen Vorstellungen 'ikonisch-korrespondierender' Abbildverhältnisse realistischer Epistemologien. Aus diesem Grund bleibt eine weiterführende Bestimmung der Beziehung zwischen konstruierter Wirklichkeit und ontischer Welt bzw. absoluter Realität unverzichtbar.[83]

2.1.5   Viabilität als Verifikationskriterium

Sobald der Zielpunkt des Systems die autopoietische Sicherstellung von Kohärenz darstellt (und damit nicht die Erkenntnis absoluter Wahrheit) sowie die mediale Welt nicht als eigenständig wirkmächtiger Dialogpartner in diesem Prozess auftritt (und damit das geschlossen konzipierte System selbst Kriterien und Korrektive zum Aufbau eigener Denk- und Handlungskompetenz gegen die Erfahrung des Scheiterns konstruieren muss), bleibt die ontische Welt *als solche* für lebende Systeme gar nicht *erkennbar*.[84] Entsprechend definiert nicht der abbildtheoretische Begriff 'Wahrheit' das Verhältnis zwischen der konstruierten Wirklichkeit eines Systems und der 'absoluten Wirklichkeit'. An seine Stelle tritt im Radikalen Konstruktivismus der Begriff der *Viabilität*, der 'Gangbarkeit'.[85] Statt statisch ikonische Beziehungen der Übereinstimmung oder Widerspiegelung von Welt können die Beziehungen im Erkenntnisprozess als 'passend', 'nützlich', 'wirkungsvoll', 'brauchbar' interpretiert werden. Statt einer statisch ikonischen Wirklichkeitserschließung rücken dynamische und relational-relative Prozesse in den Blick. Wissenserwerb firmiert dann nicht weiterhin unter einer abstrakt konzipierten Chiffre 'Erkenntnisgewinn'. Wahrnehmung und Erkenntnis werden vielmehr an das Erreichen von Handlungszielen (Kohärenzerzeugung im Prozess) rückgebunden. Der Verzicht auf ontologische zugunsten 'viabler' Aussagen, welche sich letztlich nur im 'Nachvollzug ihrer funktionalen Praxis' überprüfen lassen, weitet den Blick: Konstruierte Wirklichkeiten gleichen *Schlüsseln*, welche - unter der Voraussetzung eines jeweiligen 'Passens' - in vielerlei erkenntnistheoretischen und sozialen Ausführungen existieren. Diese Schlüssel sind aber alle gleichwertig hinsichtlich des Erreichens eines Handlungszieles, weshalb keinem der Schlüssel ein absoluter Vorrang einzuräumen ist.[86]

Trotz der mit dem Postulat pluralischer Wirklichkeit einhergehenden Negierung der Erkennbarkeit *einer* abstrakt absoluten Wirklichkeit und der Abgrenzung von Objektivität im herkömmlichen Sinne, verwirft der Radikale Konstruktivismus nicht den Anspruch, zwischen "subjektiven Hirngespinsten" / 'Illusion' und "objektiven Erlebniswelten" / 'Wirklichkeit' zu unterscheiden und somit jedem Beliebigkeitsdenken Einhalt

---

[83]Vgl. GLASERSFELD, Ernst von (1992), 30.

[84]Vgl. Anm. 45.

[85]Vgl. GLASERSFELD, Ernst von (1992), 18, 30; OTT, Konrad (1995), 289; WEIDHAS, Roija Friedrich (1994), 40.

[86]RUSCH, Gebhard (1987), 200f.

zu gebieten.[87] Mit der Ersetzung statisch 'wahrer / falscher' Aussagen der ontologischen Welt durch relational-dynamisch erzeugte Viabilitätsaussagen ist die konstruktivistische Struktur und das 'Relationen aufweisende Fundament' der Gewinnung von 'objektiven Aussagen' vorgezeichnet: Das lebende System formuliert als Objektivität (und darin auch als seine 'absolute Wirklichkeit'), was ihm und anderen Menschen in einer bestimmten, gleichbleibenden Weise erscheint. Für einen Beobachter wird diese Objektivität des Systems einsichtig als relative Konstanz jener Mechanismen, welche die Wahrnehmungen im System hervorbringen.[88] Im Verbund und im Nebeneinander verschiedener Systeme entspricht jener relativen Konstanz die wiederholte Erfahrung einer am Kriterium des Erfolgs (des 'Passens') gewonnenen Übereinstimmung von subjektiven Konstruktionen der Wirklichkeit mit den vom Subjekt wahrgenommenen Konstruktionen von Wirklichkeit durch andere.[89]

"Objektivität [ist dann] nichts anderes als eine Art *Intersubjektivität* [...], die sich den kognitiven Parallelen menschlicher Organismen (insbesondere innerhalb sozialer und kultureller Gemeinschaften) und den daraus ergebenden Parallelitäten in ihren konstruktiven Aktivitäten, d.h. in ihrer *Ko-Konstruktivität* verdankt."[90] Doch weder die Konstanz von Mechanismen systemischer Wahrnehmung, noch die Dauerhaftigkeit der Erfahrung von Viabilität gibt einen Hinweis darauf, dass die erkannten Wirklichkeiten absolut bzw. objektiv-für-sich gegeben sind.

Auch mit dem Radikalen Konstruktivismus ist der Anspruch verknüpft, 'gültige Aussagen' zu treffen. Aber der Ort der Validierung von Aussagen ist dann für lebende Systeme ausschließlich die "Erlebenswelt" der Phänomene, die Praxis des beobachtenden Systems,[91] und der Horizont der Aussagen ist die 'Vorläufigkeit der Erfahrung'.

---

[87]GLASERSFELD, Ernst von (1992), 32, 39. Hinter diesem Anspruch kann das radikal konstruktivistische Bemühen gesehen werden, die funktionale, instrumentelle Perspektive und Begründung von einer funktionalistischen bzw. instrumentalistischen abzugrenzen.

[88]ROTH, Gerhard (1998), 343.

[89]Vgl. MEINEFELD, Werner (1995), 105; RUSCH, Gebhard (1987), 400, 412.

[90]RUSCH, Gebhard (1987), 400.

[91]Da es sich bei aller 'Wissenschaft' um *menschliche* Beobachtungen handelt, spricht von Glasersfeld von der "Praxis unseres Lebens" (GLASERSFELD, Ernst von (1991), 28). Im Sinne einer deskriptiven Darstellung der Systemtheorie und ihrer Anschlussfähigkeit wird hier die von Glasersfeld bestimmende 'Subjektvorstellung' (vgl. Anm. 179) entpersonalisiert.

2.2 Die Komplexitätssteigerung neuronaler Systeme

Die Klärung dessen, was unter 'Erkennen und Wissen' zu verstehen ist, fokussieren Radikale Konstruktivisten auf die *Realisation* von Erkennen und Wissen, nachvollzogen am Aufweis der 'Biologie der Kognition', d.h. der Entstehung von Kognition als *biologischer Funktion* von Lebewesen.[92]

Autopoiese als Spezifikum der Organisationsstruktur von Lebewesen prägt alle Interaktionsbereiche, in denen Lebewesen agieren können: Interaktionen zwischen internen Systemkomponenten (1), zwischen Systemeinheiten und der Systemumwelt (2) sowie Interaktionen des Systems als Einheit (3).[93] Konsequenz der Prämisse 'Autopoiese' sind dann selbstreferentielle, geschlossene Interaktionsbereiche, insofern der Interaktionsbereich von Systemeinheiten bzw. Systemkomponenten durch die Eigenschaften dieser Einheiten, der Interaktionsbereich des Systems jedoch durch die Eigenschaften, die dem System als (Gesamt-)Einheit zukommen, begrenzt wird.[94] Die Begrenzung von Interaktionsmöglichkeiten dient der Funktion dieser Bereiche, *Kohärenz* auf der jeweiligen Systemebene zu erzeugen und so die Identität in der Selbsterhaltung zu sichern. Abhängig ist diese Funktion von der selbstreferentiell, zirkulären (Organisations-)Struktur autopoietischer Systeme, welche die abgeschlossenen Interaktionsbereiche als kognitive Bereiche ausweist und die Palette möglicher Interaktionen festlegt. Der *Prozess der Kognition* vollzieht sich in dieser Struktur, indem ein selbstbezügliches, wirkliches Verhalten und Handeln *Verhaltensfelder* bzw. *Handlungsoptionen* erzeugt, welche jenes selbsterhaltende Handeln ermöglichen; der Kognitionsprozess widmet sich damit keiner Beschreibung von systemunabhängigen Außenwelten.[95] Kognitive Prozesse sind für das System bedeutungshafte Prozesse, sie umfassen "(a) integrative, häufig multisensorische und auf Erfahrung beruhende Erkennungsprozesse; (b) Prozesse, die das Erkennen individueller Ereignisse und das Kategorisieren bzw. Klassifizieren von Objekten, Personen und Geschehnissen beinhalten; (c) Prozesse, die bewusst oder unbewusst auf der Grundlage 'interner Repräsentationen' (Modelle, Vorstellungen, Karten, Hypothesen) ablaufen; (d) Prozesse, die eine zentrale, erfahrungsgesteuerte Modulation von Wahrnehmungsprozessen beinhalten und deshalb zu variablen Verarbeitungsstrategien führen; (e) Prozesse, die Aufmerksamkeit, Erwartungshaltungen und aktives Explorieren der Reizsituation voraussetzen oder beinhalten; und (f) 'mentale Aktivitäten' im traditionellen Sinne wie Denken, Vorstellen, Erinnern."[96]

---

[92]'Biologie der Kognition' lautet der programmatische Titel eines Beitrags in MATURANA, Humberto R. (1985), 32-80. In die gleiche Richtung zielt der Untertitel einer gemeinsam mit Varela 1987 verantworteten Vortragssammlung: 'Der Baum der Erkenntnis: Die biologischen Wurzeln des menschlichen Erkennens'.

[93]RUSCH, Gebhard (1987), 47.

[94]RUSCH, Gebhard (1987), 47, 138.

[95]MATURANA, Humberto R. (1985), 39, 73.

[96]So die heuristische Definition bei ROTH, Gerhard (1998), 32.

Damit sind dann aber alle lebenden Systeme 'kognitive Systeme' - wenn auch nicht alle systemimmanenten Aktivitäten[97] -, denn sie verfügen durchweg, wenn auch auf unterschiedlichem Niveau, über ein 'Wissen', "wie sie sich zu verhalten haben, wie sie zu handeln haben, um ihre Existenz durch die Bewahrung ihrer Identität (Organisation) zu bewahren."[98]

Die Verknüpfung von Interaktion und Kognition bleibt das allen lebenden Organismen gemeinsame Kennzeichen. Dabei ist jenen lebenden Systemen eine spezifische Qualität zuzumessen, die in der Lage sind, als Einheit mit internen Systemeinheiten bzw. System-komponenten oder der eigenen autopoietischen Struktur zu interagieren.[99] Diese Inter-aktionen stellen eine Komplexitätssteigerung und einen Autonomiegewinn gegenüber jenen physiologischen Prozessen dar, deren strukturell-informatorische Koppelung für den hohen Grad an Automatismus und inhaltlicher Determination ihrer Interaktionen verantwortlich zeichnet. Zur Gewinnung dieser Komplexitätssteigerung bedarf es jedoch einer materialen Basis, dem *Nervensystem*.

Mit der Ausbildung eines Nervensystems verfügt der Organismus über einen be-sonderen Operationsmodus, der die Ausweitung des Interaktions- und Kognitionsberei-ches lebender Systeme und damit die Komplexitätssteigerung autopoietischer Organisa-tion initiiert.[100] Die im Prozess der Kognition ablaufende Verhaltensfelderzeugung fußt nun nicht mehr ausschließlich auf chemisch-physikalischen Ereignissen, deren über-mittelte 'Information' unmittelbar und unausweichlich an den jeweiligen materialen Gehalt intrasystemischer Ereignisse gekoppelt ist.[101] Die auf ein Nervensystem gestützte Verhaltensfelderzeugung kann darüber hinaus auch "reine Relationen", d.h. bedeutungs-neutrale, lediglich Modulationen anzeigende Signale bzw. Reize, in und zwischen Systemkomponenten bzw. Systemen zum Ausgangspunkt systemischer Modifizierung wählen.[102] Auf der Grundlage eines Nervensystems wird so, über die operationale Fixierung auf (Einzel-)Ereignisse bzw. (Prozess-)Ergebnisse hinaus, die Generierung und Kontinuierung konstanter *Relationen* zwischen chemisch-physikalischen Ereig-nissen und zwischen unterschiedlichen Systemebenen in den Dienst zirkulärer System-

---

[97]So zum Beispiel molekulare Prozesse (in Zellmembranen).

[98]RUSCH, Gebhard (1987), 49.

[99]Dies ist als Differenzierung des oben angeführten 'Interaktionsbereiches (3)' zu verstehen, insofern Systeme existieren, die nicht nur als Einheit auftreten, sondern darüber hinaus ihr 'einheitbegründendes Zusammengesetztsein' und ihre Strukturdeterminiertheit im Prozess selbstreferentiell zirkulärer Selbst-organisation zum Thema machen können.

[100]MATURANA, Humberto R./VARELA, Francisco J. (1987), 191f.

[101]Die einzellige Amöbe veranschaulicht die Wirkweise chemisch-physikalischer, deterministischer Reiz-Reaktionsschemata.

[102]MATURANA, Humberto R. (1985), 39. Unter 'reinen Relationen' ist die Beziehung zwischen Polen zu verstehen, deren topologische Stellung im System feststeht (im Gegensatz zur variablen Stellung der Pole chemisch-physikalischer Relationen). Dies gilt für die Beziehung zwischen Nervenzellen, insofern zwischen beiden Polen Relationen wechseln, gleichzeitig aber der Ort dieser Zellen im System, bzw. innerhalb des Nervensystems unverändert bleibt; vgl. WEIDHAS, Roija Friedrich (1994), 54 Anm. 168.

organisation gestellt.[103] Der informative Gehalt ist fortan nicht mehr ausschließlich an den (Einzel-)Reiz, sondern auch an die fortwährende *Veränderung* von Reiz*verhältnissen* gebunden. 'Relationen' steigern dann die Komplexität von Organisation, weil sie eine neue Dimension struktureller Koppelungen für den Organismus eröffnen, indem unzählige innere Zustände und Interaktionen auf neue Weise verbunden werden können.[104]

Die in Form *relational-relativ* veränderter Aktivitätszustände erfolgende Interaktion zwischen zwei Nervenzellen bleibt auf der Ebene des Gesamtorganismus durch die relative Lokalisierung und relationale Vernetzung dieser (Interaktionen von) Nervenzellen gegenüber dem Zentralnervensystem bzw. Gehirn als Interaktion mit Interaktionen, d.h. als Interaktion von Relationen mit Relationen, zu beschreiben. So handelt es sich bei einem Nervensystem bzw. beim Gehirn um ein funktional und anatomisch geschlossenes System, *dessen* Modifikationen und Wahrnehmungen nicht auf eine (veränderte) systemexterne Umwelt zurückgehen. Modifikationen und Wahrnehmungen beruhen vielmehr ausschließlich auf der Veränderung nur Näherungswerte widerspiegelnder Zustände zwischen Nervenzellen, die ihrerseits auf Veränderungen nur Näherungswerte widerspiegelnder Zustände zwischen anderen Nervenzellen usf. beruhen.[105] Nervensystem gestützten Interaktionen liegen relational-relative Aktivitätszustände zugrunde, die Beziehungsverhältnisse bzw. ein 'Zwischen' (Relationierung) in steter Annäherung bzw. Vorläufigkeit beschreiben. Die Generierung und Kontinuierung zirkulärer Selbstreferentialität markiert dann die Bezugsgröße für die komplexitätsgesteigerte 'Relationierung von Relationen', wobei die Struktur des Nervensystems, als Vernetzung rezeptorischer und effektorischer Oberflächen, in ihrem architektonischen Aufbau an die Anatomie des jeweiligen Organismus gekoppelt bleibt.[106]

Die Ergänzung und Ausweitung der zirkulären Selbstreferentialität durch neuronal gestützte Interaktionen vollzieht eine Transformation dessen, was das System als Interaktionseinheit definiert. Denn mit einem Nervensystem verfügen lebende Systeme nun einerseits über ein Interaktionsrepertoire, welches *auch* Interaktionen mit internen Zuständen umfasst, die für das System den Eindruck erwecken, jene Zustände stellten

---

[103]MATURANA, Humberto R. (1985), 39; RUSCH, Gebhard (1987), 81.

[104]MATURANA, Humberto R./VARELA, Francisco J. (1987), 192. Die neue Verbindungsmöglichkeit ergibt sich dann aus dem Umstand, dass nun Operationen möglich sind, welche die Informationen von ihren bedeutungsneutralen Trägern (Reizen) ablösen, und damit nun dem Organismus Prozesse zur Verfügung stehen, die die Berechnung von Schlussfolgerungen auf der Basis derart gewonnener Informationen ermöglichen; vgl. FOERSTER, Heinz von (1996), 61.

[105]MATURANA, Humberto R. (1985), 48; RUSCH, Gebhard (1987), 52.

[106]Maturana spricht - ganz im Sinne der systemrelevanten Kohärenzerzeugung - von der Unterordnung der architektonischen Organisation des Nervensystem unter die Rezeptor- und Effektoroberfläche, welche dazu führt, dass das Nervensystem "keinerlei Verhalten hervorrufen [kann], welches begleitende Aktivitätszustände zur Folge hat, für die keinerlei anatomische Basis vorhanden ist." MATURANA, Humberto R. (1985), 46.

systemexterne, systemunabhängige Objekte dar.[107] Wird das System jedoch aufgrund eines erweiterten Interaktionsbereiches in die Lage versetzt, internen Zuständen und Prozessen externalisierend gegenüberzutreten, so verfügen diese Systeme damit auch über ein spezifisches Selbsterhaltungswissen, das erstmals auch interne Befindlichkeiten eigenständig wahrnehmen und thematisieren kann. Neben der erwähnten Komplexitätssteigerung durch neue Dimensionen struktureller Koppelung werden so auch die Bereiche möglicher (Interaktions-)Zustände des Organismus erweitert.[108]

Die Komplexitätssteigerung gegenüber Systemen, die über kein Nervensystem verfügen, gilt gleichermaßen der systemischen Organisation wie der Wahrnehmung, den Interaktions- wie den Kognitionsbereichen; das Nervensystem markiert die Scheidelinie zwischen Organismen mit relativ begrenzter Erkenntnisfähigkeit und Organismen mit prinzipiell unbegrenzter Erkenntnisfähigkeit.[109]

Die Transformation, welche mit der Herausbildung neuronaler Interaktionen einhergeht, verweist andererseits auf eine für neuronale Systeme charakteristische Ausformung des autopoietischen Prinzips der 'Selbstreferentialität'. Die im Gehirn ablaufende interaktivkognitive 'Relationierung' von Wahrnehmung und Verarbeitung ermöglicht als Interaktion mit raum-zeitlich versetzten Relationen die vergleichende *Beobachtung* von Wahrnehmungen.[110] Die Selbstreferentialität neuronaler Systeme zeichnet sich dann durch einen Autonomiegewinn gegenüber den Verknüpfungsweisen von Interaktion und Kognition auf rein chemisch-physikalischer Basis aus.

Als Konsequenz dieses nun unterschiedlich zu gestaltenden Interaktionsbereiches kann die strukturelle Ermöglichung eines (Selbst-)Beobachterstatus bezeichnet werden, der sich bei neuronal strukturierten Organismen freilich unterschiedlich ausgeprägt wiederfindet.[111] Der unterschiedliche Grad artspezifischer Ausprägung des Beobachterstatus

---

[107]Als Beispiel dafür, wie diese Ausweitung des kognitiven Interaktionsbereiches in der Selbstwahrnehmung des Systems begegnet, dient für Menschen der Verweis von MATURANA, Humberto R. (1985), 39f auf das, was als 'abstraktes Denken' bezeichnet wird; vgl. zum 'abstrakten Denken' auch MATURANA, Humberto R. (1985), 54f.

[108]MATURANA, Humberto R./VARELA, Francisco J. (1987), 192.

[109]MATURANA, Humberto R./VARELA, Francisco J. (1987), 192. Als Beispiele für erweiterte Interaktionsbereiche infolge komplexerer Verknüpfungen führen Maturana / Varela hier die Ausbildung von Sprache und Selbstbewusstsein beim Menschen an.

[110]MATURANA, Humberto R. (1985), 39 veranschaulicht die mit einem Nervensystem mögliche Wahrnehmung der Relationen, die zwischen den chemisch-physikalischen Ereignissen (eines Organismus) bestehen, am Beispiel einer 'doppelten Beobachtung': ein Beobachter (1) sieht, wie die Sensoren einer Katze, die ein Beutetier wahrnimmt, durch *diese* Beobachtung (2) modifiziert werden.

[111]Radikal konstruktivistischen Autopoiesiskonzepten liegt verbreitet die Prämisse zugrunde, autopoietische Systeme seinen zu einer Selbstbeobachtung *nicht* fähig; vgl. BAECKER, Dirk (1996), 338. Hier wird dennoch von der Möglichkeit dieser Kompetenz ausgegangen, weil lebende Systeme als 'Systemhierarchien' mit verschiedenen Graden reflexiver Wahrnehmungsprozesse (Bewusstsein) verstanden werden. Zu beachten bleibt ferner, dass Maturana selbst, im Zusammenhang der mit einem Nervensystem möglichen Externalisierung interner Zustände, ausdrücklich von der Entstehung einer Beobachterperspektive und rekursiver Selbstbeobachtung spricht; vgl. MATURANA, Humberto R. (1985), 40.

rührt daher, dass dieser keineswegs schon mit der bloßen Existenz eines Nervensystems realisiert ist. Vielmehr sichert das zustandsdeterminierte Nervensystem mit seiner Ausweitung des kognitiven Bereichs auf Interaktionen mit Relationen lediglich die *material-strukturelle Voraussetzung* für solch komplexe Kognitionen. Nervensysteme alleine erzeugen noch keine Kognitionsprozesse.[112] Das Paradox neuronaler Operationen, das in der partiellen Externalisierung interner Aktivitätszustände seitens des Systems liegt, ereignet sich erst infolge der konkreten Initialisierung der neurophysiologischen Prozesse, deren Bewertung zu (Selbst-)Beobachtungen führt. Erst Systeme, die zur autonomen Initialisierung solcher Prozesse fähig sind, besitzen die Kompetenz zum (abstrakten) Denken und damit die Fähigkeit, ihren kognitiven Bereich innerhalb ihres kognitiven Bereichs halten zu können und nicht an Bereiche sensorischer Verrechnung rückbinden zu müssen.[113]

Wird dieser neurophysiologische Prozess der Interaktion von Relationen nicht durch einen charakteristischen Aktivitätszustand der rezeptorischen Oberfläche des Organismus, sondern durch einen spezifischen Zustand des Nervensystems selbst ausgelöst, so scheinen "vor allem die unspezifischen Verzweigungen und Vernetzungen der Nervenzellen untereinander, und zwar vor allem dort, wo die senso-motorischen Systeme in höchstem Maße konvergieren, im *Gehirn*",[114] diesen Prozess-auslösenden Aktivitätszustand zu verantworten. Damit ist dem Gehirn als zentraler Organisationsinstanz für die Entstehung jeglicher Kognition eines Systems, das über ein Nervensystem verfügt, besondere Aufmerksamkeit zuzumessen.

Die Ausbildung eines 'rekursiven Beobachterstatus' setzt dann nicht das Wissen voraus, dass alles von eigenen Interaktionen und Setzungen abhängt. Voraussetzung ist vielmehr die Kompetenz, Repräsentationen von Interaktionen zu erzeugen, die einerseits in der Relation gegenüber anderen Repräsentationen auf Interaktionen zurückwirken und andererseits als Klasse von Repräsentationen eine neue, eigenständige Interaktionseinheit bezeichnen; vgl. innerhalb Kapitel 2.3.3.1 S. 63.

[112]MATURANA, Humberto R. (1985), 39.

[113]Vgl. MATURANA, Humberto R. (1985), 39, 54f. Das (abstrakte) 'Denken' löst für das System das Paradox komplexer neuronaler Wahrnehmung auf, weil es - so MATURANA, Humberto R. (1985), 40 - das System zu einem Beobachter mit Ich-Bewusstsein werden lässt.

[114]RUSCH, Gebhard (1987), 88. Hervorhebung nicht im Original.

2.3 Das Gehirn: Epigenese, Distributivität und Einheit

Der 'Biologie der Kognition' auf der Spur, examinieren Radikale Konstruktivisten als 'Theorie von Beobachtung und Beobachtern'[115] ausschließlich Prozesse des Nervensystems, um die Struktur und Funktion systemischer Wahrnehmung zu rekonstruieren. Der Erforschung des *Gehirns* bleibt dabei als Annäherung an das Zentralorgan systemischer Interaktion von Relationen mit Relationen eine privilegierte Stellung beizumessen, handelt es sich bei ihm doch um jenen Ort, an dem alle kognitiven Prozess und damit auch die systemischen Wahrnehmungen entstehen.[116] Es ist das Gehirn, dem die Aufgabe zukommt, (sensorische) Reize bzw. Signale mittels Interaktionen zu interpretieren und die derart gewonnenen Informationen in struktur- und funktionsrelevante Wirkungen zu überführen, die unter den bestehenden Verhältnissen der Selbsterhaltung dienen. Die Wirkungen kognitiver Prozesse können dann gleichermaßen in einem (motorischen) Verhalten, in emotionalen Empfindungen oder in verdichteten Wahrnehmungs- bzw. Bewusstseinszuständen bestehen.[117]

Damit kann das Geheimnis (art-)spezifischen 'Wissens' um den Erhalt der eigenen zirkulären Systemorganisation nur in und hinter diesem Aufbau und Ablauf (art-)spezifischer Vernetzung neuronaler Relationierung von Relationen im Gehirn gelüftet werden.

2.3.1 Epigenese: Selbstorganisation des Wahrnehmungsapparates

Die einzelnen Entwicklungsschritte des Gehirns als ontogenetisch-anatomische Voraussetzung von Kognition werden durch keine Größen determiniert, welche außerhalb *systeminterner* Interaktionen stehen. Ausschließlich zuvor intern erreichte Zustandsveränderungen bestimmen in einem epigenetischen Prozess der Selbstorganisation den nächsten Schritt bei der Entwicklung des Gehirns; Umwelt(-einflüsse) und die genetische Ausstattung des Organismus wirken lediglich 'modulierend' auf diesen Prozess, insofern das Gehirn nach *Maßgabe seines Entwicklungsstandes* selbst genetische oder externe Bedingungen berücksichtigt.[118] Als "genetische Determination" geben Genkomplexe keinen präzisen Bauplan des Gehirns sondern lediglich den Rahmen, mithin die Freiheitsgrade von Entwicklung, vor, innerhalb dessen Prozesse der Selbstorganisation

---

[115]Zu dieser Abbreviatur radikal konstruktivistischer Konzeption vgl. die Darstellung des doppelten Beobachterstatus einer jeden (konstruktivistischen) Analyse, die bei RUSCH, Gebhard (1987), 54ff auf die Erzeugung einer System-Umwelt-Differenz und einer Differenz zwischen verschiedenen Systemzuständen hinausläuft. Die Zentralität dieses Konzeptes eines Beobachters wird deutlich bei MATURANA, Umberto R./VARELA, Francisco (1987), 145-149. Systeme. Vgl. Anm. 107, 111, 113; BAECKER, Dirk (1996), 338f; MEINEFELD, Werner (1995), 129.

[116]MEINEFELD, Werner (1995), 128f; ROTH, Gerhard (1998), passim, v.a. 21, 98, 108, 249.

[117]ROTH, Gerhard (1996b), 360; ROTH, Gerhard (1998), 249; systemische Wirkungen kognitiver Prozesse können auch in Gefühlen bestehen, wie ROTH, Gerhard (1995), 18f verdeutlicht.

[118]MEINEFELD, Werner (1995), 101f.

ablaufen.[119] So scheinen Gene bzw. Genkomplexe eher äußerst grobe "Anweisungen" zu liefern, die z.B. die zeitliche Abfolge von Entwicklungsschritten oder auch das Wechselspiel von genetischen und epigenetischen Prozessen betreffen. Über die "genetische Determinationen" hinaus können frühkindliche Prägungsprozesse als 'Determinationen der Umwelt' Einfluss auf bestimmte "plastische Hirnstrukturen" ausüben, wobei jene in den Strukturen ablaufende Prozesse selbst allerdings keinesfalls umweltabhängig sind.[120] Die 'epigenetische Determination' sichert als "der eigentliche Typ[us] von Selbstorganisation" die Anschlussfähigkeit der einzelnen Entwicklungsschritte, da sich Ordnungszustände fortan 'spontan' einstellen können, indem 'physikalisch-chemische Prozesse' durch die "Eigenschaften der an dem Prozess beteiligten Komponenten" "innerhalb eines mehr oder weniger breiten Bereichs von Anfangs- und Randbedingungen einen geordneten Zustand oder eine geordnete Zustandsfolge (Grenzzyklus) einnehmen."[121] Unter den Bedingungen einer derartigen Strukturdeterminiertheit verantworten epigenetisch bestimmte Prozesse der Selbstorganisation die Ausbildung des systemtypischen Gehirns bis in dessen Feinstruktur hinein.[122]

Das Muster erfahrungsbezogener (Selbst-)Epigenese hat dabei nicht nur für die Abfolge von Entwicklungsschritten neuronaler Netzwerke Gültigkeit. Es wirkt sich vielmehr auch strukturdeterminierend auf die Organisation neuronaler Verarbeitung und Wahrnehmung aus, die sich infolge einer wesentlich epigenetisch und selbstorganisiert bestimmten Gehirnentwicklung ausbildet.[123] So besteht das menschliche Gehirn zwar "aus etwa 1 Billion (10^{12}) Nervenzellen, die untereinander mindestens 1 Trillion (10^{15}) Verknüpfungspunkte, Synapsen haben", wobei eine jede Synapse bis zu 100 Freiheitsgrade aufweist, doch ist bei der tatsächlichen kognitiven Operation zur selben Zeit jeweils nur ein Bruchteil der vorhandenen Nervenzellen und Synapsen aktiv.[124] Das Gehirn zeichnet sich damit durch eine entwicklungsbedingte, d.h. genetisch begründete, Überproduktion von Nervenzellen und Verknüpfungen aus, denen allerdings nur eine begrenzte Menge 'neuronaler Kommunikationsstoffe', sogenannte trophische Faktoren

---

[119]ROTH, Gerhard (1990), 169f. Zur Verdeutlichung dieser Funktion bezeichnet Roth an anderer Stelle (ROTH, Gerhard (1995), 16) die genetischen Vorgaben als grobe "Algorithmen zur Selbstorganisation'.

[120]ROTH, Gerhard (1990), 169; ROTH, Gerhard (1995)16.

[121]ROTH, Gerhard (1990), 169. Die Eigenschaften ergeben sich v.a. aus den Größen 'Nachbarschaftsinteraktion', 'aktivitätsabhängige Kompetition' und 'aktivitätsabhängige Ausbildung von Netzwerkstrukturen', vgl. ROTH, Gerhard (1990), 171ff.

[122]ROTH, Gerhard (1995), 16. 'Strukturdeterminierung' holt hier für die Genese des Gehirns ein, was MATURANA, Humberto R. (1985), 19 als Signum des geschlossenen (Nerven)Systems festgehalten hat.

[123]Nach MEINEFELD, Werner (1995), 247f lässt sich dieser Typ von Selbstorganisation im Zusammenhang der Bildung von Wahrnehmungskategorien als Testreihe 'beständig wechselnder Assimilations- und Akkomodationsprozesse' veranschaulichen. ROTH, Gerhard (1996b), 363, ROTH, Gerhard (1998), 256.

[124]Das Verhältnis theoretisch möglicher und faktisch realisierter Aktivitätspotentiale verdeutlicht ROTH, Gerhard (1998), 125 für das Beispiel 'visuelle Wahrnehmung'. Von bis zu 200 Milliarden Zellen, die mit dieser Wahrnehmungsform zu tun haben könnten, sind jeweils nur hunderttausend bis wenige Millionen Nervenzellen gleichzeitig aktiv. Diese "spärliche Codierung" wechselnder Erregungsmuster ist dabei schon aus stoffwechselphysiologischen Gründen unvermeidbar.

wie z.B. der Nervenwachstumsfaktor (NGF), gegenüberstehen.[125] Damit stehen Nerven-zellen und Synapsen in einem Wettstreit um die Kommunikationsstoffe bzw. um Kommunikationsstoffe übertragende Verknüpfungen. Das Überleben von Nervenzellen und Synapsen entscheidet sich folglich an der zellulären Kommunikation; 'wer' aufgrund seines Aktivitätszustandes[126] zu wenig chemische Signale, d.h. trophische Faktoren, erhält oder produziert - stirbt.[127] Das Kriterium, welches über die Nutzung, den Erhalt und den Ausbau von neuronalen Verbindungen und Nervenzellen entscheidet, bleibt die zelluläre Kommunikation, der Vollzug kaskadenartiger Selbstdifferenzierung in Inter-aktion.[128]

Dieser Entwicklungs- und Verarbeitungsprozesse bestimmende Charakter epigenetischer Prinzipien begründet, warum in Aufbau und Funktion das menschliche Gehirn gegen-über dem Gehirn von Wirbeltieren nichts grundlegend Neues oder Anderes aufweist. Konstruktivität kennzeichnet Nervensysteme unabhängig von deren Komplexität.[129] Sowohl Wirbeltiergehirne als auch menschliche Gehirne sind aus fünf Teilen aufgebaut[130] und auch die wichtigsten Faktoren für die "Integrationsleistungen einer Nervenzelle" - jener Größe, aus der sich *alle* Leistungen des Gehirns herleiten - gelten gleichfalls für beide.[131] Auch gegenüber den anderen Primaten kann das menschliche

---

[125]Für die nachfolgenden Angaben zur operationalen Reduktion dieser 'Grundverdrahtung' des Ausgangs-stadiums vgl. ROTH, Gerhard (1990), 172.

[126]Als formales Kennzeichen von Prozessen der Selbstorganisation ist zunächst die 'Relationierung' (d.h. Kontextualisierung und Koppelung) zu nennen, insofern hängt der Aktivitätsgrad seinerseits von weiteren Variablen ab, die ROTH, Gerhard (1990), 173 in der nachbarschaftlichen Kooperativität und Hemmung (1) und in der Gleichzeitigkeit prä- und postsynaptischer Aktivität (2) ausmacht. Vgl. als Verknüpfung einzelner Selbstorganisationsprinzipien die 'Kaskade von Selbstorganisationsschritten' auf S. 64.

[127]So ist bei Säugetieren und Vögeln davon auszugehen, dass 50-90% des Grundbestandes an Nerven-zellen und Synapsen den Wettkampf um trophische Faktoren nicht überleben; vgl. ROTH, Gerhard (1990), 172.

[128]Florey weist darauf hin, dass in der Geschichte der Hirnforschung zur Erklärung dieser 'Kommunikati-on' zwei unterschiedliche Denkgebäude miteinander konkurrieren. Moderne Forschungsergebnisse verstehen das neuronale Netzwerk als '*chemische* Maschine', welche durch komplexe Stoffwechsel-prozesse bestimmt wird und lassen damit das von Isaak Newton (mit der Einführung eines 'spiritus electricus') grundgelegte Verständnis eines Netzwerkes 'elektronischer Schaltkreise' als defizitär bzw. ergänzungsbedürftig erscheinen; vgl. FLOREY, Ernst (1996b), 55-59, 81-83.

[129]ROTH, Gerhard (1992), 284.

[130]Diese sind von vorn (rostral) nach hinten (caudal) das Endhirn (Telencephalon), das Zwischenhirn (Diencephalon), das Mittelhirn (Mesencephalon), das Hinterhirn (Metencephalon) und das Nachhirn (Myelencephalon, Medulla oblongata). Das Gehirn geht schließlich in das Rückenmark (Medulla spinalis) über, beide zusammen bilden das Zentralnervensystem; bei Reptilien, Vögeln und Säugetieren hat sich ein Teil des Nachhirns als sechster Teil zur Brücke (Pons) vergrößert; ROTH, Gerhard (1998), 34f.

[131]Das kombinierte Auftreten verschiedener 'Faktoren für die Integrationsleistung' entscheidet darüber, ob bei der einzelnen Nervenzelle ein Aktionspotential ausgelöst wird. Als entsprechende Faktoren sind zu nennen: das zahlenmäßige Verhältnis erregender und hemmender Synapsen, der Sitz der Synapsen an

Gehirn in seinen meisten Details, in seinem zellulären Aufbau und in seinem Neocortex[132] nichts grundlegend Neues oder Anderes aufweisen. Statt dessen resultiert die erstaunliche, signifikante Leistungsfähigkeit des menschlichen Gehirns aus der *Kombination* von Merkmalen, die sonst bei Tieren nur einzeln anzutreffen sind[133] und beim Menschen zur Ausbildung einer einzigartigen kognitiven Kompetenz führte.[134]

2.3.2   Distributivität: Mechanismus der Wahrnehmungserzeugung

Das Strukturmodell epigenetischer Entwicklung und Verarbeitung trägt dem Befund Rechnung, dass sowohl eigentlich bedeutungsneutrale Umweltereignisse als auch isoliert betrachtete neuronale Prozesse im Gehirn ihre systemische Bedeutung erst in der interaktiven Interpretation, in der Kontextualisierung und Koppelung von Signalen und Relationen erlangen.[135] Zu den herausragenden Kennzeichen dieses Verarbeitungs- und Wahrnehmungssystems zählt deshalb seine Distributivität.[136]

Was Wirklichkeit und Welt *für das System* ist, ist Konstrukt eines operational und informationell geschlossenen, nicht abgeschlossenen Gehirns.[137] Was als Bild und Ton vom

---

der Oberfläche der Zelle, unterschiedliche Längs- und Zeitkonstanten der beteiligten Membranen und damit unterschiedliche Ausmaße zeitlicher und räumlicher Integration. Die wechselnde Kombination von Faktoren ermöglicht näherungsweise beliebig komplexe Verarbeitungsprozesse in den betroffenen Nervenzellen; ROTH, Gerhard (1998), 45f.

[132]Der Neocortex / Isocortex ist ein 6schichtiger Grundtypus von Zellkörpern und Axonen, der 90% der Großhirnrinde (Cortex cerebri) belegt; die Großhirnrinde bildet zusammen mit Basalganglien das Endhirn (dies umfasst 80% des Gesamthirns); der Neocortex tritt phylogenetisch nur bei Säugern auf und macht dort ungefähr die Hälfte des gesamten Hirnvolumens bzw. -gewichts aus; ROTH, Gerhard (1996a), 149-152; ROTH, Gerhard (1998), 59; SCHMIDT, Robert F. (1993), 135.

[133]Als diese Merkmale führt ROTH, Gerhard (1998), 76f den aufrechten Gang, durch welchen die Hände freigesetzt werden, ein sehr hohes und relatives Hirngewicht, eine hohe morphologische und funktionale Differenzierung des Gehirns, den relativ großen Neocortex, hochentwickelte neuronale Steuerungsmechanismen der Hände und der Mundwerkzeuge und die Vergrößerung und Weiterentwicklung von Zentren für innerartliche Kommunikation (Sprachzentren) an.

[134]Damit wird das Vermögen qualifiziert, welches nach ROTH, Gerhard (1998), 77 in einer 'Handlungs- und Zukunftsplanung' besteht, welche über das den Tieren mögliche Maß hinausgeht und den größten Unterschied zu diesen markiert. Ermöglicht wird diese Kompetenz gerade auch durch die Erfindung einer grammatischen Sprache und einem stark vergrößerten präfrontalen Cortex.

[135]ROTH, Gerhard (1996b), 366f.

[136]ROTH, Gerhard (1996b), 368.

[137]MEINEFELD, Werner (1995), 100; ROTH, Gerhard (1987), 235; WEIDHAS, Roija Friedrich (1994), 40. ROTH, Gerhard (1998), 314-321 verweist darauf, dass sich dieses Konstrukt von Welt in drei Bereiche aufgliedert: in die Außenwelt, in die Welt des eigenen Körpers und die Welt geistig-emotionaler Zustände. Die Negierung einer informationellen und operationalen Offenheit von lebenden Systemen berührt nicht deren materielle und energetische, d.h. thermodynamische, Offenheit; vgl. ROTH, Gerhard (1996b), 360. Pasemann veranschaulicht den spezifisch nicht linearen, dynamischen Charakter neuronaler Systeme an der "sensomotorischen Schleife" dieser Systeme, vgl. PASEMANN, Frank (1996), 46f.

System externalisierend erkannt wird, nehmen nicht Auge und Ohr bzw. Sinnesorgane des Organismus schon als 'Bild' bzw. 'Ton' wahr. Vielmehr entstehen diese Konzepte im Gehirn in der Regelmäßigkeit von Interaktionen unterschiedlicher Aktivitätszustände, die als Nervenimpulse prinzipiell gleichartiger Nervenzellen vorliegen.[138] Sowohl systemexterne als auch systeminterne Reize (und damit im Nervensystem weitergeleitete Impulse) sind für neuronale Interaktionen bedeutungsneutral. "Während zum Beispiel bei optischen Reizen auf der Retina noch eine direkte Abbildung der Außenwelt vorliegt, übermitteln die von den betroffenen Nervenzellen weitergeleiteten Reize nur noch je unterschiedliche Intensitäten, nicht aber 'Inhalte'. Würde derselbe Reiz an eine andere Stelle des Gehirns geleitet, so würde er dort nicht als ein optischer, sondern vielleicht als ein akustischer oder als ein haptischer Eindruck interpretiert werden, wieder anderswo könnte er Angst oder eine Bewegung in Gang setzen."[139] Die kognitive Interpretation externer und interner Reize ist also nicht mit jenen Reizen identisch, sondern entsteht erst im Gehirn, wo sie die Welt *des Systems* zum Zweck der Orientierung interner Dynamikprozesse generiert.[140]

Die Bedeutungszuschreibung vorausgegangener Interaktionen oder aktueller Reize und die Organisationsweise zukünftiger Interaktionen erfolgt dabei unter der Bedingung der konnektiven Distributivität neuronaler Verarbeitung. So wird, was im visuellen System als Bild, als zusammenhängend-sinnvoller Sinneseindruck wahrgenommen wird, im Gehirn in zahllosen Einzelaspekten dieser visuellen Wahrnehmung, die Ort, Bewegungsrichtung, Geschwindigkeit, Farbe, Kontrast, Konturen usw. des Wahrgenommenen betreffen, verarbeitet. Diese Verarbeitung "geschieht in vielen subcorticalen und corticalen Zentren gleichzeitig aufgrund einer Kombination paralleler, konvergenter und divergenter Verschaltungen"[141] dieser Zentren, die über das ganze Gehirn verstreut angesiedelt sind und weit auseinander liegen können. Es existiert im Gehirn kein 'Wahrnehmungszentrum', in welchem, entsprechend dem wahrgenommenen einheitlichen Sinneseindruck, *alle* neuronalen Aktivitäten zusammenlaufen.[142] Umgekehrt kann auch keine dieser Einzelaktivitäten oder -zentren autark eine Bedeutung bzw. Wahrnehmung generieren.

---

[138]MEINEFELD, Werner (1995), 104. Zum Aufbau und zur Vernetzung von Nervenzellen vgl. RUSCH, Gebhard (1987), 64-69. Zum Nachfolgenden vgl. MEINEFELD, Werner (1995), 101-103.

[139]MEINEFELD, Werner (1995), 102.

[140]Der Organismus weist im Vergleich zu Veränderungen seiner Systemumwelt eine über 100.000 mal stärkere Sensibilität gegenüber systeminternen Veränderungen auf; vgl. RUSCH, Gebhard (1987), 69f. Damit rückt ins Bewusstsein, dass (1) weit mehr als die fünf Sinne (Seh-, Gehör-, Geruchs-, Geschmacks-, Tastsinn) das sensorische Gesamtsystem des Menschen bilden, dass (2) diese Sinne nicht *die* Außenwelt zugänglich machen oder repräsentieren, sondern vielmehr systeminternen Interaktionen dienen, und dass (3) unter der Prämisse der Kohärenzerzeugung schließlich sowohl dem Konzept 'Außenwelt' wie auch dem 'Selbst(-bild)' des Systems biologische Funktion zuzuschreiben ist.

[141]ROTH, Gerhard (1996c), 146; vgl. auch ROTH, Gerhard (1998), 253.

[142]ROTH, Gerhard (1996c), 146.

Erregungen erhalten ihre systemische Bedeutung in einer "chaotische[n] Dynamik".[143] Bedeutung entsteht erst in der Kohärenz, im Gesamtkontext des Gehirns, als Folge einer *dreifachen Relationierung*:[144] Bedeutung erhält ein Reiz in der Relation zu Reizzuständen anderer Gehirnzentren, in der Relation zu sensorischen Rückkoppelungen und in Relation zu früheren Reizmustern dieser und anderer Gehirnzentren. Damit lassen sich als Leitprinzipien für die Interpretation bedeutungsneutraler Reize bzw. Signale die topologische und chronologische Relationierung hervorheben.[145] Dem Gehirn stehen dann als informationell bzw. semantisch geschlossenem System seitens seiner Außenwelt keine vom Gehirn unabhängigen Informationen zur Verfügung, es erzeugt diese Informationen, d.h. die jeweilige systemische Bedeutung, selbst.[146] Die Selbstreferentialität informationell geschlossener Systeme ist dabei nicht mit einer vermeintlichen Isoliertheit des Systems bzw. des Nervensystems gegenüber seiner Umwelt bzw. seinem Gesamt-System zu verwechseln. Autopoietische Systeme können durchaus von außen beeinflusst werden - "die Wirkungen dieses Einflusses, seine Quantität und Qualität sind aber *vollständig* durch das selbstreferentielle System bestimmt."[147] Das Gehirn generiert entsprechend die systemische Bedeutung, indem es in transformierenden Prozessen der Relationierung bedeutungsvolle Stellvertretungen für Signale bzw. Relationen findet, ohne dass diese eine 'Ähnlichkeit mit dem Stellvertretenen' aufweisen müssen.[148] Die distributive Wahrnehmungserzeugung im Gehirn bleibt zielgerichtet. Alle Wahrnehmung dient der Aufrechterhaltung von Struktur und Funktion systemischer Operationen durch die Erzeugung eines Überleben sicherndes Verhaltens.[149]

2.3.3   Einheit: Signum der Wahrnehmungsinhalte

Handelt es sich bei Wahrnehmungen also um *Repräsentationen* einer in konvergenten, divergenten und parallelen Prozessen erfolgten Bedeutungszuschreibung, wird die Konstruktivität des zugrundeliegenden Wahrnehmungssystems wie auch des Wahrgenommenen doppelt deutlich:[150]

Einerseits ist das Wahrgenommene schon deshalb konstruiert, weil die Wahrnehmungsprozesse ihrer Beschaffenheit nach nicht auf das systemexterne Geschehen zurückgeführt werden können und gleichzeitig die Wahrnehmungen im subjektiven

---

[143]PASEMANN, Frank (1996), 72.

[144]ROTH, Gerhard (1996b), 368.

[145]Das topologische Verhältnis bestimmt Modulation und Qualität eines Reizes durch den Ort seines Auftretens im Gehirn und das chronologische sieht Intensität und Zeitdauer eines Reizes in seinem zeitlichen Aktivitätsmuster kodiert; vgl. ROTH, Gerhard (1998), 108-112, 249ff.

[146]ROTH, Gerhard (1996b), 360f.

[147]ROTH, Gerhard (1987), 241. MATURANA, Humberto R. (1985), 19 unterscheidet zwischen dem systemextern möglichen Auslösen und dem unmöglichen Festlegen von Zustandsveränderungen.

[148]ROTH, Gerhard (1998), 30; vgl. auch FOERSTER, Heinz von (1996), 61.

[149]PASEMANN, Frank (1996), 74.

[150]ROTH, Gerhard (1998), 252f.

Empfinden des Gesamtsystems auch nicht mit ihren zugrundeliegenden Relationierungen bedeutungsneutraler Reize assoziiert werden.[151]

Andererseits arbeitet das Wahrnehmungssystem selbst konstruierend, indem es gleichzeitig komplexitätsreduzierend und komplexitätssteigernd wirkt: Der weitaus überwiegende Teil von Umweltreizen wird ausgeblendet,[152] während bestimmte Geschehnisse der Außenwelt in 'Elementarereignisse' zerlegt werden, um sie nach stammesgeschichtlich erworbenen und erfahrungsbedingten Regeln der Relationierung zu neuen Inhalten zusammenzufügen.[153] Neue Inhalte sind jeweils als "semantische Konfiguration" zu verstehen. Sie repräsentieren nicht-statische und nicht-persistente Momentaufnahmen wahrgenommener Zusammenhänge und dienen der Generierung eines Überleben sichernden Verhaltens.[154]

Die Grundlage des Wahrnehmungsprozesses stellen rudimentäre Elemtarereignisse in Form von Wellenlänge, Intensität und Ausdauer usw. dar, aus denen alle Wahrnehmungsinhalte als Informationen erst mittels des Vergleichs und der Kombination untereinander und mit bereits erworbenen Informationen erschlossen werden müssen.[155] Die Wahrnehmung generierende Relationierung wird dabei in konvergenter, divergenter und paralleler Weise vollzogen, insofern bereits bestehende Informationen zusammengefügt (Konvergenz), dabei entstehende neue Informationen auf andere Verknüpfungen und Zentren verteilt (Divergenz) oder gesondert erhalten werden, um nicht durch nachfolgende Konvergenz verloren zu gehen (parallele Verarbeitung).

Ein Wahrnehmungsprozess umfasst dann einerseits die umfangreiche Erfassung von Elementarmerkmalen (wie z.B. Ort, Kantenlänge, Umrisse, Farbe usw.) und andererseits die Verknüpfung solcher Einzelmerkmale zu bedeutungsvollen Einheiten (wie z.B. 'Lehne', 'Beine', 'Sitzfläche') und schließlich zu komplexen Gegenständen (wie 'Stuhl').[156] Damit bedarf es zur Erfassung eines konkreten Objektes der simultanen Aktivität unzähliger Zellverbände und ihrer Verknüpfung, die ein Doppeltes leistet: Die verknüpfende Komplexitätssteigerung von Merkmalen dient der *Erfassung der Bedeutung*, der Semiotisierung eines Gegenstandes, indem dieser z.B. durch Abstraktion, Generalisierung, Kategorisierung, Identifizierung usw. einer bestimmten Klasse von Gegen-

---

[151]Entsprechend unterscheiden Radikale Konstruktivisten als 'Beobachter' drei unterschiedlich beschaffene Welten: die (physikalische) Außenwelt, die Welt neuronaler Prozesse und Zustände im Gehirn und die subjektive Erlebniswelt (ROTH, Gerhard (1998), 252, 314). Mit 'subjektivem Empfinden' ist der Bereich von Empfindungen gemeint, indem das System als Einheit agiert.

[152]ROTH, Gerhard (1998), 115 spricht sogar von der 'Vernichtung' der Komplexität von Umwelt.

[153]ROTH, Gerhard (1998), 250-253, 261 verweist darauf, dass die Prinzipien 'Ort' und 'zeitliches Aktivitätsmuster' zu den phylogenetisch und ontogenetisch erworbenen bzw. erfahrungsbegründeten Regeln zählen.

[154]PASEMANN, Frank (1996), 83.

[155]ROTH, Gerhard (1998), 250-253, 261 verweist darauf, dass die Prinzipien 'Ort' und 'zeitliches Aktivitätsmuster' zu den phylogenetisch und ontogenetisch erworbenen bzw. erfahrungsbegründeten Regeln zählen.

[156]Vgl. ROTH, Gerhard (1998), 253ff.

ständen zugeordnet wird.[157] Demgegenüber sichert vor allem die parallele Verarbeitung von Einzelmerkmalen und Einheiten die *Detailwahrnehmung*, die Konkretisierung und Individualisierung des Wahrgenommenen. Die konstruierende Wahrnehmung sowohl von Details wie auch von Bedeutung sind gleichermaßen unverzichtbare Bestandteile eines jeden Wahrnehmungsprozesses. Entsprechend der konnektiven Distributivität des Gehirns kann kein Zentrum, keine Hirnregion für sich alleine beide Bestandteile gleichzeitig erschließen.

Die zweifache Untergliederung des Wahrnehmungsaktes im Wahrnehmungssystem in Prozesse der *Benennung* und des *Erkennens*[158] bleibt jedoch auf der Ebene des Gesamtsystems unbemerkt. Hier, wo sich das System als Einheit agierend erfährt, bildet die Semiotisierung und die Detailwahrnehmung eine Wahrnehmungs- und Bewusstseins-*einheit*.[159] Die Details 'Kantenlänge' und 'Farbe', aber auch die Einheit 'Lehne' werden nicht unabhängig voneinander wahrgenommen, wie auch die Bedeutung 'Stuhl' nicht getrennt von diesen anderen Aspekten für das Gesamtsystem besteht.

Die 'Einheit der Wahrnehmung' und die sich aus der Aneinanderreihung und Wiedererkennung von Wahrnehmungen für das Gesamtsystem herausbildende 'Welt der Regelmäßigkeit und orientierenden Ordnung'[160] bleibt dann systemische Konstruktion. Die *Regelmäßigkeit* der Struktur und der Prozesse *des Nervensystems* konstruiert selbst die Einheit von Wahrnehmung und die Regelhaftigkeit von Welt.[161] Damit ist die biologische Funktion systeminterner Konzeptionierung einer eigenen Welt und eigener Wirklichkeitskategorien ebenso wie die Entwicklung des Gehirns in ihrer Organisation nicht ursächlich auf 'die *(Außen-)Welt*' rückführbar. Eingebettet ist die Organisation des Gehirns vielmehr in die operational und informationell *geschlossene Systemstruktur* der Autopoiese, welche die Generierung und Kontinuierung eines kohärenzerzeugenden Verhaltens und Handelns im Blick hat. Erst die mit 'Autopoiese' einhergehende Selbstreferentialität und Selbstorganisation eines abgeschlossenen Systems sichert dem System jene Autonomie in seinem Verhalten *mit* Welt(-en), die es zu 'flexibler Anpassung'

---

[157]Gerhard Roth spricht lediglich von der 'Erfassung von Bedeutung'. Hier wird zusätzlich der Begriff 'Semiotisierung' gebraucht, um den konstruktivistischen, dynamischen Charakter des Wahrnehmungsprozesses zu unterstreichen, in welchem durch die Verdichtung erkannter Zeichen zu *einem* Zeichen oder Symbol Bedeutung generiert wird. Die Regeln für diese Semiotisierung ergeben sich entsprechend der Selbstreferentialität autopoietischer Systeme aus den Vorerfahrungen des kognitiven Systems, d.h. aus der Organisation von Hirnprozessen, wie sie sich auf der Grundlage einer phylogenetischen Grundorganisation in der Ontogenese durch Umweltinteraktion in selbstorganisierender, epigenetischer Weise ausgebildet hat. Vgl. ROTH, Gerhard (1998), 256f.

[158]ROTH, Gerhard (1998), 188.

[159]ROTH, Gerhard (1998), 254, vgl. auch ROTH, Gerhard (1987), 235.

[160]MEINEFELD, Werner (1995), 103f.

[161]Sind Einheit und Regelhaftigkeit der Wahrnehmung im Wahrnehmungssystem Ergebnis einer Regelmäßigkeit erfolgreicher (viabler) kognitiver Strukturen, so begründen sie damit auf der Ebene des Gesamtsystems die 'Objektivität' dieses Wahrgenommenen; vgl. die Ausführungen zu Objektivitätskriterien Seite 49 sowie GLASERSFELD, Ernst von (1992), 37.

gegenüber Außenwelten befähigt:[162] *Für den Beobachter* wird erkennbar, dass das System einerseits nicht reflexhaft auf Reize der Außenwelt reagieren muss, weil deren systemische Bedeutung nicht systemextern vorgegeben ist. Andererseits ermöglicht diese Flexibilität in der Interaktion gerade eine weitgehende Anpassung des Systems an seine Außenwelt, weil die Prämisse systemischer Interaktion ungebrochen die Ermöglichung von Selbsterhaltung darstellt. Bezieht sich diese Autonomie des Systems damit nicht auf die Wahl der Verknüpfungslogik 'Strukturdeterminiertheit' bzw. 'Zustandsdeterminiertheit', sondern auf deren Realisierungsweise, so kann das mit Relationen interagierende Gehirn seiner eigenen Rolle als Vermittlungsinstanz und seiner Vermittlungsleistung nicht gewahr werden. *Für das* (Wahrnehmungs-)*System selbst* erscheinen deshalb all seine Wahrnehmungen als 'unmittelbar'.[163]

2.3.3.1   Selbstbeobachtungen: Wahrnehmungen zweiter Ordnung

Ist es einem (Gesamt-)System nicht möglich, das eigene einheitbegründende Zusammen-gesetztsein im kontinuierlichen Prozess unmittelbarer Wahrnehmung zum Thema zu machen, so ist damit dennoch nicht jegliche Möglichkeit zur Ausbildung eines spezi-fischen (Selbst-)Beobachterstatus genommen.[164] Gerade in Bezug auf das System 'Mensch' ist festzuhalten, dass die (Selbst-)Beobachtung seiner Wahrnehmungen bzw. Beobachtungen ihn nicht in die Lage versetzt, die Vermittlungsinstanz beteiligter Systeme aufzuheben oder inhaltlich neu zu ordnen.[165] Der Beobachterstatus kann dem-nach nicht in der Eröffnung einer Verfügungsgewalt über die zweifache Gliederung des Wahrnehmungsaktes bestehen. Allerdings ermöglicht Beobachtung, der Unterschied-lichkeit und mitunter Widersprüchlichkeit der Ergebnisse dieser Vermittlungsinstanz gewahr zu werden. *Diese* (Meta-)Wahrnehmung einer Differenz von Systemzuständen als 'brüchige Systemerfahrung' erweitert das Verhältnis zwischen Gesamtsystem und Subsystem um eine neue Dimension auch jenseits der Frage nach Veränderungsmöglich-

---

[162]MEINEFELD, Werner (1995), 103; RUSCH, Gebhard (1987), 53 bezeichnet die (Außen-)Welt als "Trick der Nervensysteme", um die sekundäre und funktionale Stellung dieser Welt gegenüber der Organisation von Nervensystemen bei der Synthese autopoietischen Verhaltens zu betonen. Zur autopoietischen 'Autonomie' vgl. Seite 45. Die Dauerhaftigkeit und Zuverlässigkeit der Konzeption einer äußeren, 'eigentlichen (Ursprungs-)Welt' gründen in der 'Viabilität' (Erfolg), den diese Konzepte für das System zur Aufrechterhaltung seiner Identität sicherstellen. Vgl. MEINEFELD, Werner (1995), 104f; WEIDHAS, Roija Friedrich (1994), 55f; zur Viabilität vgl. Anm. 85.

[163]Führt diese Unmittelbarkeit von Wahrnehmung auf der Systemebene noch zur Vorstellung eines 'objektiven Zugangs' zur Welt, so hat die Ebene der Beobachtung des Systems die Hinfälligkeit dieser Vorstellungen veranschaulicht, indem der viable-konstruktivistische Charakter systemischer Wahr-nehmung offengelegt wurde; vgl. GLASERSFELD, Ernst von (1991), 28.

[164]Die Frage, inwieweit (soziale) Systeme sich selbst beobachten können, wird allerdings zwischen Maturana und anderen (z.B. Luckmann) kontrovers diskutiert; vgl. BAECKER, Dirk (1996), 338f. Diese Auseinandersetzung kann hier keine Vertiefung finden.

[165]Deshalb kann ROTH, Gerhard (1987), 249 zu Recht das Beispiel anführen, dass es nicht möglich ist, willentlich in der eigenen "Wahrnehmung aus einem roten Stuhl einen grünen [zu] machen, obwohl doch bekannt ist, dass Farben ein 'rein subjektives' Phänomen sind".

keiten der Vermittlungsprozesse bzw. der Wahrnehmungsprozesse. Diese Dimension versetzt das Gesamtsystem in die Lage, eine neue Ebene von Relationen für zukünftige systemische Operationen nutzen zu können: die Relationierung und Relativierung von Ergebnissen des Wahrnehmungssystems.[166] Die Beobachtung von Beobachtungen führt jene Selbstreferenz, die das System erst konstituiert aktualisierend in die systemische Operation wieder ein. Diese systembegründende Unterscheidung von System und Umwelt wird so eingebunden, dass das System die konstituierende Unterscheidung als Einheit beobachtet.[167] Damit bietet die Beobachtung von Beobachtungen die Chance, zumindest den Umgang mit Wahrnehmungsinhalten zu modifizieren.[168]

2.3.4   Epistemologische und ontologische Konsequenzen

Das Konzept der Autopoiese plausibilisiert den Prozess der Kognition vor dem Hintergrund einer dynamischen Organisation von Entwicklung und Interaktion des Gehirns sowie der Neuronen. In diesem selbstreferentiell zirkulären Bewegungskontinuum entfallen systemexterne Größen einer 'objektiven Realität' als absolute Bezugspunkte bzw. als Ursache systemischer Kognition.

Gleiches gilt allerdings auch für die systeminternen Größen 'Nervensystem' und 'Gehirn'. Auch sie können nicht zum neuen objektiven Fundament von Kognition werden, markieren sie doch selbst das Ergebnis fortgesetzter interner Bewegungsprozesse.[169] Denn die Entwicklung sowohl des neuronalen Netzwerks als auch des Gehirns ist in ihrem Ergebnis nicht durch einen genetischen Bauplan determiniert, sondern organisiert sich in *epigenetischen Prozessen* selbst. Damit entscheidet sich die dauerhafte Nutzung von Nervenzellen und Synapsen erst im Vollzug einer 'Kaskade von Selbstorganisations- und Selbstdifferenzierungsschritten', wobei "die Bewertungsmaßstäbe für Stabilisierung und Veränderung im Gehirn aus dem Gehirn selbst kommen [...]. Es gibt im Gehirn keine höchste Entscheidungs- und Kontrollebene außer der der

---

[166]Stellt die Struktur systemischer Operation die Relationierungsprozesse in den Dienst autopoietischer Kohärenzerzeugung, so bleibt das Gewahrwerden unterschiedlicher Systemzustände bzw. relational-relativer Verhältnisse des Gesamtsystems wohl auf einzelne, instabile Organisationsphasen begrenzt, weil zur Kohärenzerzeugung wesentlich die operationale Verlässlichkeit bzw. das Vertrauen in viable, automatisierte Kognitionsprozesse gerechnet werden kann, die frei von Metawahrnehmungen sind. Die Begrenzung des (Selbst-)Beobachterstatus durch den Ausschluss des Zugriffs auf die Vermittlungsinstanzen weist allerdings darauf hin, dass es nicht um die Begründung eines objektiven, 'absolut autonomen Beobachters' gehen kann.

[167]BAECKER, Dirk (1996), 344.

[168]Es geht um die strukturelle *Ermöglichung* einer 'begrenzten Reflexion': Insofern mit der Unterscheidung von Unterscheidungen die Ausbildung von Repräsentationen von Interaktionen erfolgt, die ihrerseits auf Repräsentationen zurückwirken und als Repräsentation eine eigenständige Interaktionsklasse bilden, ist dem Menschen gegenüber seinem Wahrnehmungs- / Kognitionssystem durchaus ein spezifischer Beobachterstatus möglich, der in der Reflexion widersprüchlicher Wahrnehmungen seinen Ausdruck findet. Vgl. die Definition des Beobachterstatus auf S. 53f oder die Definition eines 'Beobachters' durch Operationen im 'metasprachlichen Bereich' bei MATURANA, Humberto R. (1987), 110.

[169]WEIDHAS, Roija Friedrich (1994), 94.

Selbsterfahrung."[170] Das Gehirn bzw. die neuronalen Prozesse entscheiden selbst über die Aktivität und Organisationsweise der Nervenzellen. Nichts statisch Vorgegebenes, sondern die dynamische Geschichte des eigenen Systems in der Form der Resultate früherer Aktivitäten dient der Selbstorganisation als Referenz zur Kontrolle eigener Systemeingänge und zur Generierung von Entscheidungskriterien. Die 'Selbstreferentialität' und 'operationale Abgeschlossenheit' des Gehirns finden eben darin ihren Ausdruck: Das System kontrolliert seine eigenen Eingänge aufgrund selbst gemachter Erfahrung.[171]

Neben diesen inhaltlichen Befunden verhindern auch formale, d.h. epistemologische und ontologische, Argumente, dem Nervensystem oder Gehirn den Rang einer 'objektiven Qualität' oder eines 'absoluten Fundamentes' zuzuschreiben. Denn beide Größen begegnen im radikal konstruktivistischen Konzept als *Beschreibungen*, d.h. als *kognitive Größen*, eines Beobachters, die als solche Beschreibungen einen Bestandteil des Interaktionsbereichs dieses Beobachters darstellen, nicht aber einen abgegrenzten Teil des beschriebenen Systems verkörpern.[172] Eine schlüssige Erklärung der Organisation des Nervensystems erfolgt, insofern diese Erklärung nicht notwendigerweise eine originär detaillierte, Realität abbildende Beschreibung der Bestandteile des Nervensystems bereithält, sondern "eine begriffliche oder konkrete Synthese eines Systems [formuliert], das das leistet, was das Nervensystem (oder der Organismus) leistet."[173] Die "Logik der Beschreibung" und die "Logik des beschreibenden (lebenden) Systems (und seines kognitiven Bereichs)"[174] fallen derart in der selbstreferentiell zirkulären, funktionalen Erklärungsstruktur in eins;[175] 'Nervensystem' und 'Gehirn' fungieren als Orientierungssysteme, nicht als unabhängig existierende Größen.

Die *konkrete Realisierung* sprachlicher Beschreibungen, wie auch der dahinter stehenden beschreibenden Kognitionsprozesse und damit die *Kongruenz* der zugrundegelegten Logiken der Beschreibung und des beschreibenden Systems, erfordern allerdings aus epistemologischen Gründen die Bestimmung eines generierenden Urgrundes. Ein unhintergehbares Fundament dieser Wirklichkeitskonzepte bleibt unabdingbar, soll das Konzept einer bewegungskonstanten Autopoiese vermittelbar und mit Erkenntnisgewinn anwendbar sein.[176] Damit sehen sich radikal konstruktivistische Beiträge im Diskurs mit linear-kausalen Wissenschaftraditionen auch nach dem Wegfall einer vorausgesetzten, externen Realität mit der Frage der klassischen Philosophie nach einer Wirkursache im

---

[170]ROTH, Gerhard (1990), 178.

[171]ROTH, Gerhard (1990), 178; SCHMIDT, Siegfried J. (1996), 14.

[172]MATURANA, Humberto R. (1985), 71. Vergleiche dazu auch die Fiktion eines Selbstversuches bei ROTH, Gerhard (1987), 238f.

[173]MATURANA, Humberto R. (1985), 71.

[174]MATURANA, Humberto R. (1985), 64.

[175]MATURANA, Humberto R. (1985), 64, 76.

[176]MATURANA, Humberto R. (1985), 64.

(Konzept eines) Bewegungskontinuums konfrontiert.[177] Die bisher verhalten formulierten Antworten Radikaler Konstruktivisten lassen zwei Strategien konstruktivistischer Stringenz erkennen:[178]

Autoren wie Ernst von Glasersfeld, Siegfried J. Schmidt u.a. vertreten einen 'Konstruktivismus *mit* einem Konstruktionssubjekt': Das 'Ich' ist demnach selbst der Grund seiner Wirklichkeit.[179]

Demgegenüber formulieren Vertreter wie Humberto R. Maturana oder Gerhard Roth einen 'Konstruktivismus *ohne* Subjekt': Das 'Ich' ist weder gegenüber dem systemischen Nervensystem bzw. dem Gehirn noch gegenüber externalisierten Wirklichkeiten eine ontologisch höherwertige Größe. Statt im Gegenüber einer eigenen Instanz entsteht das 'Ich' vielmehr parallel zur Entstehung anderer Wirklichkeitsbereiche als Produkt von Kognitionsprozessen im Gehirn; es bleibt für den Beobachter ein neuronales Konstrukt wie andere wahrgenommene Dinge auch.[180] Statt eigene Konstruktionsprinzipien für Wahrnehmungsprozesse begründen zu können, bleibt die Entstehung und Ausgestaltung des 'Ich-Bewusstseins' den bestehenden systemischen Organisationsprinzipien, d.h. vor allem epigenetisch aber auch phylogenetisch und frühontogenetisch entwickelten Ordnungsprinzipien, unterworfen.[181] Statt entsprechend dem Wesen einer Monade konzipiert, handelt es sich bei 'Ich-Konzepten', wie bei Wahrnehmungen generell, um höchst komplex strukturierte Zustände des Gehirns, um eine Art 'Idee' bzw. um ein 'Objekt' der Wahrnehmung.[182] So ist dem 'Ich' unter der Bedingung der Autopoiese

---

[177]Die 'epistemologische Notwendigkeit' einer ontologischen Gründung besteht gerade auch gegenüber den *potentiellen* Interaktionen eines (beschreibenden) Systems (MATURANA, Humberto R. (1985), 76). Aus diesem Grund wird die Abarbeitung radikal konstruktivistischer Beiträge an einer ontologischen Fundierung der vorgestellten neuronalen Konzepte nicht nur als 'Inkonsistenzmanagement' des Radikalen Konstruktivismus gesehen, welche diesem abverlangt wird, weil er in einem traditionell-ontologisch geprägten Wissenschaftskontext zwischen zwei Beschreibungssystemen typenverschiedener Logik (selbstreferentiell und kausal-kategorial) vermitteln, d.h. kommunizieren, muss (so der Befund bei WEIDHAS, Roija Friedrich (1994), 99ff). Für die vorliegende Arbeit stellt sich die Notwendigkeit einer ontologischen Fundierung vielmehr - auch nach dem Abschied von realistischen Abbildtheorien - als originär unverzichtbare Aufgabe im Rahmen einer radikal konstruktivistischen Konzeption. Denn dieses Konzept will sich doch mit der Logik der Beschreibung bzw. des beschreibenden Systems der Logik lebender, d.h. beschriebener, Systeme nähern. Damit ist mindestens die Relation, wenn nicht gar die Kongruenz der Logiken des Beobachtens und des Handelns aufzuweisen. Der Umstand, dass Überlegungen zur Wirkursache nur am Rande des radikal konstruktivistischen Diskurses gepflegt werden, erscheint dann als Unentschiedenheit bzw. Unsicherheit des Radikalen Konstruktivismus, welche sich aus der zentralen Stellung der 'Selbstbezüglichkeit' und damit aus der Frage nach Formen und Konsequenzen einer möglichen Komplexitätssteigerung des Beobachterstatus in autopoietischen Systemen ergeben.

[178]WEIDHAS, Roija Friedrich (1994), 99.

[179]'Subjekt-Vorstellungen' finden sich bei GLASERSFELD, Ernst von (1992), 34-37; HEJL, Peter M. (1995), 57.

[180]ROTH, Gerhard (1998), 330; WEIDHAS, Roija Friedrich (1994), 96.

[181]ROTH, Gerhard (1998), 329ff.

[182]Schon Hume verbindet mit dem 'Ich' nicht den Status eines eigenständigen Wesens oder Organs, sondern den des 'Theaters' als einem Bündel unterschiedlicher Empfindungen und Vorstellungen; vgl. ROTH, Gerhard (1998), 329f. ROTH, Gerhard (1987), 249, 251f.

dieselbe ontologische Stufe wie allen anderen Wahrnehmungen des Systems zuzumessen, es ist nicht die Wirkursache für die Konstruktion von Wirklichkeit, sondern es ist selbst Konstrukt.[183] Der generative Ursprung jener Ich-Bewusstsein und Wirklichkeit konstruierenden Prozesse der Kognition kann dann allerdings nur in etwas *Unerkennbarem*, in einem unzugänglichen 'Substrat' oder 'realen Gehirn' bestehen.[184] Dessen Leistung besteht in der Begründung einer Wirklichkeit, in der ein 'Ich' existiert, welches dem konstruierenden Gehirn als *Subjekt* und dem Beobachter als *Objekt* systemischer Wahrnehmungen begegnet.[185] Dieses 'Substrat' oder 'reale Gehirn' bleibt *unverzichtbar*, sollen nicht auch für den *Beobachter* die Ebenen 'Beobachtetes', Konstrukt(-ionsprozess) und Konstruktionsgrund in eins fallen.[186] Es bleibt *unzugänglich* und *unerkennbar*, weil das 'reale Gehirn' wie der 'reale Körper', in dem das 'wirkliche Gehirn' sich entwickelt, und auch die 'reale Welt', in der das 'Ich' lebt, ja wie 'Realität' überhaupt für autopoietische Systeme grundsätzlich nicht Teil des systemischen Interaktions- und Kognitionsbereichs werden können bzw. brauchen.[187]

Der radikal konstruktivistische Befund eines realen Urgrundes kognitiver Wirklichkeiten, der gleichfalls als 'Ich-Bewusstsein' oder als 'Substrat' nicht unmittelbar zugänglich ist, deckt sich mit den epistemologischen Prämissen des Radikalen Konstruktivismus. Diese bestanden darin, dass zwar nicht die *Existenz* einer von Konstruktionen unabhängigen Welt, aber deren Beobachter-unabhängige *Erkennbarkeit* bzw. Zugänglichkeit und damit deren Rolle als Voraussetzung von Kognition und Kognitionsbe-

---

[183]In diesem Sinne eines simultanen Geschehens präzisiert Weidhas das radikal konstruktivistische Diktum, "dass *wir* die Welt, in der wir leben, durch unser Zusammen-Leben konstruieren" (SCHMIDT, Siegfried J. (1992), 9; Hervorhebung nicht im Original) dahin, dass "Wirklichkeit in uns und zusammen mit unserem Ich hervorgebracht wird"; WEIDHAS, Roija Friedrich (1994), 101 (vgl. auch 157f).

[184]Die Unerkennbarkeit gründet darin, dass jede Annäherung an diesen absoluten Bezugspunkt nur via 'Beschreibungen', also nicht in einer vom jeweiligen Beobachter unabhängigen Weise, möglich ist. Vgl. MATURANA, Humberto R. (1985), 64, 76, 310. Zu Roths' 'realem Gehirn' vgl. ROTH, Gerhard (1998), 328-331.

[185]Dem System erscheint das 'Ich' als Subjekt, da es das einheitsbegründende Zusammengesetztsein seiner Wahrnehmungsprozesse nicht wahrnimmt und alle Wahrnehmung als unmittelbar erlebt wird. Die Kehrseite der Unmittelbarkeit von Wahrnehmung besteht dann darin, dass sich das System nicht als 'Produzent' der einzelnen kognitiven Prozesse versteht.

[186]Dass sich hinter der Forderung nach einem 'realen Gehirn' die Scheidung von (beobachtbarer) Struktur und (unzugänglichem) Ursprung verbirgt, wird an Roths Beispiel einer zu verhindernden, 'absurden Schlussfolgerung' festgemacht: Die Betrachtung des eigenen Gehirns im medizinisch-operativen Selbstversuch liefert einen Sinneseindruck und damit eine Konstruktion des Gehirns von sich selbst. Dann könne aber das betrachtete, eigene Gehirn (Repräsentiertes) und jenes, welches das Wahrnehmungsbild hervorbringt (Repräsentierendes) nicht identisch sein. "Würde ich beide Gehirne miteinander identifizieren, so käme ich zu der Schlussfolgerung, dass mein Gehirn sich als echte Teilmenge enthält. Ich wäre nämlich dann zugleich in mir und außer mir, und der Operationssaal in dem ich mich dann befinde, wäre zugleich in meinem Gehirn, und das Gehirn [...] in dem Operationssaal." ROTH, Gerhard (1998), 328f.

[187]Zur Unzugänglichkeit des 'realen Gehirns' vgl. ROTH, Gerhard (1987), 238f oder ROTH, Gerhard (1998), 331.

schreibungen negiert wird. 'Realität' ist im Radikalen Konstruktivismus keine Denkvoraussetzung, denn die "Realität bringt die Wirklichkeit hervor, aber die Realität existiert nicht in der Wirklichkeit [des Systems]."[188]

2.4   Gedächtnis - Erinnern - Erinnerung

Radikale Konstruktivisten veranschaulichen 'Erkennen und Wissen' anhand der biologischen Funktion kognitiver, d.h. bedeutungsvoller, Prozesse. Als Zentralorgan der Entstehung dieser Prozesse hat sich das Gehirn erwiesen. Hier entstehen kognitive Prozesse als Transformation bedeutungsneutraler Reize in struktur- und funktionsrelevante *Wirkungen*, die gleichermaßen in Verhalten, in emotionalen Empfindungen oder auch in abgegrenzten Bewusstseinszuständen bestehen können.[189] Die Generierung von Information bleibt an die Operationen eines operational und informationell geschlossenen neuronalen Netzwerkes gebunden. Die Prozesse der Bedeutungszuschreibung erfolgen, indem Reize und Informationen räumlich voneinander getrennter Zentren in konvergenter, divergenter und paralleler Weise Beziehungskonstellationen ausbilden und sich dynamischen Verhältnisbestimmungen annähern. Dabei werden unter Ausblendung anderer Reizzustände (Komplexitätsreduktion) zahllose Einzelaspekte zu einem charakteristischen raumzeitlichen Muster zusammengefügt (Komplexitätssteigerung).[190] Das Gehirn ist ein informations*schaffendes*, dynamisches System:[191] Informationen werden als 'Hypothesen über viable Zustände oder Verhalten' aus Reizen gewonnen, die gleichermaßen der System-Umwelt wie auch vor allem dem System selbst entstammen. Was der Beobachter als "semantische Konfigurationen" von Kohärenz erkennt, bleibt für das System aktuelle Hypothese. Die funktionale Bestimmung von Informationen bedingt, dass das System diese Hypothesen anhand ihrer 'brauchbaren Folgen' kontinuierlich testet, bestätigt und verwirft.[192] Die systemische Bedeutung von Information wird dabei nicht durch einen (Einzel-)Reiz vorgegeben. Sie entsteht vielmehr im Zusammenhang rekursiver Kontextualisierungs- und Annäherungsprozesse.

Die konkrete Entstehung und Sicherung von Orientierung wird im Gehirn nicht durch angeborene oder frühontogenetisch etablierte Prozesse präjudiziert. Vielmehr erfolgt die Orientierungsbildung auf der Grundlage und im Gesamtkontext gegenwärtig herr-

---

[188]ROTH, Gerhard (1992), 321.

[189]Das Verhältnis von Emotionen und 'reinen Gedanken' im Kreislauf neuronaler Operationen ist noch weitgehend ungeklärt, wenn sich auch eine wechselseitige Beeinflussung abzeichnet (z.B. über die Amygdala); vgl. dazu GOLLER, Hans (2000), 583f; ROTH, Gerhard (1998), 210ff. Zur ungeklärten Verhältnisbestimmung auch STADLER, Michael/KRUSE, Peter (1996), 251. Die vorliegende Arbeit klammert kognitionsfreie, zentralnervöse Prozesse aus und konzentriert sich auf die Generierung verhaltensrelevanter Wahrnehmungen mit unterschiedlichen Bewusstseinsgraden.

[190]Vgl. ROTH, Gerhard (1996c), 146f; ROTH, Gerhard (1998), 251, 253f.

[191]Vgl. ROTH, Gerhard (1996b), 361-364.

[192]PASEMAN, Frank (1996), 85; ROTH, Gerhard (1996b), 364.

schender Zustände und Prozesse. In der kontinuierlich erworbenen Wirklichkeitserfahrung stehen die aktuell gewonnenen Informationen neben gegenwärtig gehaltener Systemerfahrung anschließenden Prozessen bzw. Operationen zur Verfügung.[193] Für das Verständnis kognitiver Operationen sind dann aber Gedächtnis und Phänomene des Erinnerns sowie einzelne distinkte Bewusstseinszustände (z.B. Erinnerungen) von besonderem Interesse.

Dem Gedächtnis ist eine besondere Aufmerksamkeit bei der Frage nach der Entstehung systemischer Orientierung beizumessen, weil die Entstehung kognitiver, d.h. bedeutungsvoller, Prozesse in einem Funktionskreis erfolgt, in welchem 'Gedächtnis' einen integralen Bestandteil *aller* Operationen darstellt.[194] Kognitionen werden ausschließlich in einem ständig erfolgenden, vieldimensionalen, *rekursiven* Bezug auf interne Systemzustände bzw. Informationen gebildet.[195] Die Relationierung von gegenwärtig neu gewonnenen Relationen und gegenwärtig gehaltenen Relationen früherer Erfahrung bleibt eine unverzichtbare Organisationsinstanz bei *allen* neuronalen Operationen im Zusammenhang kognitiver Prozesse. Gedächtnisprozesse sind Teil dieser Relationierungen. Lebenserhaltendes 'Wissen' und 'Erkennen' entsteht in Prozessen unterschiedlicher Bedeutungszuschreibung als implizite oder auch explizite Wahrnehmungen. Auch wenn Wahrnehmungen für das System nicht immer den Grad eines entschiedenen Bewusstseins erreichen, so liegt ihnen doch durchgängig die Struktur und Funktion kognitiver Prozesse zugrunde. Wahrnehmungen entstehen in Abhängigkeit von Gedächtnisprozessen.

Erinnerungsprozesse interessieren, weil lebende Systeme mit neuronalen Netzwerken interne Zustände zum Gegenstand kognitiver Prozesse nutzen können. Damit verfügen sie über einen zusätzlichen Operationsmodus zur Erzeugung und Sicherung systemischer Wahrnehmung. Dieser Operationsmodus kognitiver Prozesse wird in Erinnerungsprozessen tatsächlich und tendenziell-ausschließlich genutzt, indem gegenwärtig gehaltene Relationen früherer Operationen in die aktuelle Gewinnung von Information einfließen. Die konvergenten, divergenten und parallelen Operationen gründen dann zunehmend auf "reinen Relationen" und ermöglichen Wahrnehmungen auch ohne sensorische Rückbindung interner Relationen. Ordnen sich bei diesem Operationsmodus die Wahrnehmungsprozesse ebenfalls entsprechend der rekursiven Struktur und Funktion kognitiver Prozesse, so sind Erinnerungsprozesse *innerhalb* der Organisationsinstanz 'Gedächtnis' zu verorten.

---

[193]Vgl. MATURANA, Humberto R. (1985), 60; ROTH, Gerhard (1998), 261.

[194]Zur Einordnung von Gedächtnis, Erinnern und Erinnerung vgl. das Diagramm im Anhang S. 299ff. Die ganze Dimension der Dynamik und Vernetzung von Gedächtnis mit den anderen Bestandteilen des Funktionskreises erschließt sich, wenn das Diagramm nicht zweidimensional-linear, sondern dreidimensional-rekursiv gelesen wird.

[195]Neuronale Netzwerke befinden sich unabhängig von einer sensorischen Stimulation ständig in Aktivität, vgl. RUSCH, Gebhard (1987), 346.

Die mit dem neuronalen Netzwerk einhergehende Komplexitätssteigerung kognitiver Prozesse zeichnet sich beim Menschen nicht nur durch die prinzipielle Ermöglichung von Gedächtnis- und Erinnerungsprozessen aus. Der Mensch nutzt kognitive Prozesse auch zur 'Elaboration und Modulation von Wahrnehmung' in einzelne Bewusstseinszustände. Kognitive Prozesse finden derart über die selbstreferentielle, kontextuelle Bedeutungsgewinnung bei Gedächtnisprozessen hinaus und auch jenseits einer tendenziell ausschließlichen Nutzung "reiner Relationen" bei Erinnerungsprozessen Verwendung. Eine besondere Aufmerksamkeit ist distinkten Bewusstseinszuständen bei der Frage nach Gedächtnisprozessen einzuräumen, weil die orientierende Kohärenzerzeugung neben vor- und unbewussten Wahrnehmungen auch attentive[196] (bewusste) umfasst. Wahrnehmungsprozesse lassen sich beim Menschen zu Wahrnehmungen steigern, denen das System 'bewusste Aufmerksamkeit' schenkt (Qualifizierung von Wahrnehmung durch einen Bewusstseins*grad*) und deren unterschiedliche Wahrnehmungs*inhalte* (Qualifizierung durch unterschiedliche Bewusstseinsformen) das System in unterschiedliche 'Wahrnehmungsklassen' (Qualifizierung durch unterschiedliche Orientierungs*kategorien*) einteilt.[197]

2.4.1   Gedächtnis: Organisationsinstanz systemischer Wahrnehmung

Das Gehirn ist als Zentralorgan des neuronalen Netzwerkes *der* Ort systemischer Informationsgewinnung und damit auch *der* Ort von Gedächtnis. Allerdings stellt das Gedächtnis jene Instanz innerhalb dieses Netzwerkes dar, welche die Informationsgewinnung in zentralen Belangen organisiert. 'Gedächtnis' begegnet also als Funktion, die potentiell in jeder Synapse, also an der Stelle der Erregungsübertragung von einem Dendriten auf das Soma der nächsten Zelle, existiert.[198] "Das Gedächtnis verhilft dem Lebewesen dazu, sich in seiner physikalischen Umgebung konsistent zu verhalten, d.h. auf ähnliche energetische Außenbedingungen in ähnlicher Weise zu reagieren."[199] Dieser

---

[196]ROTH, Gerhard (1998), 243.

[197]Zur Einordnung der Wahrnehmungsinhalte / Bewusstseinsformen 'dezidiertes Lernen', 'kategoriale Wahrnehmung', 'Erinnerung', 'Denken' und der Wahrnehmungsklassen / Orientierungskategorien 'Vergangenheit', 'Gegenwart', 'Zukunft' vgl. das Diagramm im Anhang S. 299ff.

[198]Vgl. STADLER, Michael/KRUSE, Peter (1996), 253. Heinz von Foerster spricht davon, dass das Gedächtnis eines Systems 'überall' ist; vgl. BAECKER, Dirk (1996), 355.
Radikale Konstruktivisten beschränken sich zunächst weitgehend auf die Erforschung von Bewusstseinsphänomenen. Entsprechend dieser Forschungsausrichtung konzentriert sich die vorliegende Arbeit auf Prozesse des sogenannten 'deklarativen Gedächtnisses'. Die Formen des 'nicht-deklarativen Gedächtnisses' (prozedurales Gedächtnis, Konditionierung, Priming und implizites Gedächtnis) verbindet, dass sie nicht notwendig mit bewussten, d.h. unterscheidbaren und verbalisierbaren, Wahrnehmungen verbunden sind. *Alle* Gedächtnisprozesse teilen die gleichen zellulären und molekularen Grundlagen und besetzen, unabhängig von ihrer unterschiedlichen Lokalisation, die gleiche Struktur und Funktion innerhalb lebender Systeme; zur zellulären und molekularen Grundlage vgl. MENZEL, Randolf/ROTH, Gerhard (1996), 265-271; GOSCHKE, Thomas (1996), 390.

[199]STADLER, Michael/KRUSE, Peter (1996), 250.

Funktion einer "bei allen Systemoperationen mitlaufenden Konsistenzprüfung"[200] dient die Struktur des Gedächtnisses: die "Rekursivität als Bezugnahme des Systems auf sich selbst und Wiederholung von sich selbst unter anderen Bedingungen"[201] wird v.a. durch Prozesse der Generalisierung (Einheitsbildung) und Modalisierung aktualisiert und organisiert.[202] Gedächtnis markiert das "*Wiederholen der das System konstituierenden Differenz*".[203]

In Abgrenzung zu traditionellen Speichermodellen einer statisch-material interessierten Gedächtnistheorie, die 'Gedächtnis' in einzelnen 'Zentren' ansiedeln, ermöglicht die strukturelle und funktionale Erfassung von Gedächtnis ein kontextuelles, dynamisch-prozessuales Verständnis. Jene Prozesse, die im Zusammenhang eines deklarativen Gedächtnisses auszumachen sind, vollziehen sich in Wechselwirkung mit anderen Momenten kognitiver Prozesse in einem "integrierten Funktionskreis"[204] neuronaler Operationen. Mit 'Funktionskreis' ist einerseits die komplexe Verwobenheit von 'Gedächtnis' mit anderen Strukturen und Funktionen neuronaler und kognitiver Operationen angesprochen, die 'Wahrnehmungsinhalte', 'Bewertung', 'Aufmerksamkeit' und 'Verhalten' evozieren.[205] Andererseits ist aber auch eine Verhältnisbestimmung von 'Gedächtnis' gegenüber spezifischen Bewusstseinsformen bzw. -modi des Gehirns intendiert, welche als Ergebnis elaborierter, dynamischer Prozesse, als 'dezidiertes Lernen', 'kategoriale Wahrnehmung', 'Denken' und 'Erinnerung', deutlich voneinander unterschieden werden können.[206]

Die zweifache Kontextualisierung von 'Gedächtnis' zwischen unterschiedlichen Operationsmomenten (-instanzen) und zwischen Bewusstseinsmodi im neuronalen Funktionskreis weitet den Blick in dreifacher Hinsicht. Gedächtnis ist als Bestandteil kognitiver

---

[200]BAECKER, Dirk (1996), 342.

[201]BAECKER, Dirk (1996), 358.

[202]Vgl. BAECKER, Dirk (1996), 358f. Derart kann Gedächtnis als *'modus operandi'* neuronal organisierter Systeme bezeichnet werden, vgl. FOERSTER, Heinz von (1996), 81.

[203]BAECKER, Dirk (1996), 357f.

[204]FOERSTER, Heinz von (1996), 62.

[205]Vgl. ROTH, Gerhard (1998), 241.

[206]Die Stellung von Gedächtnis im Funktionskreis wird hier als relationale und als relative begriffen: Gedächtnisprozesse stehen in Beziehung mit anderen Funktionsprozessen und in Annäherung an vorläufig bleibende Zwischenergebnisse, welche für das System durchaus in Bewusstseinsphänomenen bestehen können. Die Klassifizierung der verschiedenen Bewusstseinsphänomene versucht die Hierarchie einer grundsätzlichen Beteiligung von Gedächtnisprozessen und einer unterschiedlich ausfallenden Modalisierung von Gedächtnisprozessen (Erinnerungsprozesse, Erinnerungen) deutlich werden zu lassen und in der begrifflichen Fassung dieser Bewusstseinsphänomene streng von der systemischen Wahrnehmung her zu denken. Vgl. zu den verschiedenen Bewusstseinsformen RUSCH, Gebhard (1996), 283; ROTH, Gerhard (1998), 214. Mit der Festlegung auf die vier genannten Bewusstseinsphänomene wird darüber hinaus die Vereinheitlichung und Systematisierung disparater Begrifflichkeiten und untersuchter Phänomene innerhalb der radikal konstruktivistischen Gedächtnisforschung angestrebt; vgl. Anm. 254.

Prozesse, als wichtigstes Sinnesorgan des Menschen und als Modulationsorgan von Bewusstsein zu begreifen.

2.4.1.1   Gedächtnis als Bestandteil kognitiver Prozesse

Die moderne Hirnforschung verwirft die traditionelle 'Zentrenlehre', bei der einzelne Gedächtnisleistungen und -inhalte in einer "funktionalen Hirnkarte" anatomisch eindeutig separierten Hirnteilen zugeordnet werden.[207] Statt dessen werden bestimmte Hirnstrukturen in den Blick genommen, die einerseits abhängig bleiben von den Wechselwirkungen anderer Hirnstrukturen und deren Operationen sich andererseits nicht prinzipiell von dem Ablauf von 'Gedächtnisprozessen' unterscheiden, wie sie im gesamten neuronalen Netzwerk eines lebenden Systems (in Synapsen) beobachtbar sind.[208] Demnach existiert kein einheitlicher, zentraler Sitz *des* Gedächtnisses[209] - Gedächtnis existiert im neuronalen Netzwerk des Gehirns vielmehr selbst als Netz unterschiedlicher Hirnstrukturen und dezentraler Funktionen.[210]

Zu den Hirnstrukturen, die bei den Prozessen *deklarativer* Gedächtnisleistungen an prominenter Stelle beteiligt sind, zählen: "a) Strukturen des medialen Temporallappens. Hierzu gehören der Hippocampus, die Amygdala und umliegende Hirnrindenregionen; b) Zwischenhirnregionen wie die Mammillarkörper und der mediodorsale Kern des Thalamus; c) basales Vorderhirn und präfrontaler Cortex."[211] Die Verknüpfung dieser Hirnstrukturen untereinander und mit den anderen Hirnregionen[212] verortet Gedächtnisprozesse nicht nur als integrale Bestandteile neuronaler Prozesse im Gehirn,[213] sondern verweist auch auf die Dimensionen, die Gedächtnisprozesse strukturell und inhaltlich prägen.[214]

Hippocampus und Cortex generieren in Wechselwirkung mit den Instanzen des Funktionskreises Gedächtnisinhalte, während der Hippocampus v.a. als Organisator

---

[207]Vgl. MENZEL, Randolf/ROTH, Gerhard (1996), 252.

[208]In dieser Argumentationslinie bleibt festzuhalten, dass Gedächtnisprozesse eine universelle Eigenschaft aller tierischen Organismen und als solche nicht an die Ausbildung eines (entwickelten) Gehirns gebunden sind; vgl. ROTH, Gerhard (1996c), 127.

[209]Vgl. ROTH, Gerhard (1996c), 133.

[210]Vgl. MENZEL, Randolf/ROTH, Gerhard (1996), 254; GOSCHKE, Thomas (1996), 366.

[211]ROTH, Gerhard (1996c), 134.

[212]Zur anatomischen Einordnung der einzelnen Hirnstrukturen und zur Beschreibung ihrer strukturellen und neurophysiologischen Verknüpfungen vgl. ROTH, Gerhard (1996a), 133 - 180.

[213]Der Hippocampus z.B. erhält "Afferenzen aus praktisch allen Teilen des Neocortex, nämlich aus dem assoziativen visuellen, präfrontalen, temporalen und parietalen Cortex, noch dazu aus dem limbischen Cortex *und* sendet "Efferenzen praktisch zu allen neocorticalen Teilen zurück, aus denen er Erregungen erhält"; vgl. MENZEL, Randolf/ROTH, Gerhard (1996), 254.

[214]ROTH, Gerhard (1996a), 164 spricht entsprechend von einer "starken neuroanatomischen Verwobenheit" der Hauptsysteme des Gehirns (sensorisches System, Lern- und Gedächtnissystem, limbisches Bewertungssystem, motorisches System).

gedächtnisrelevanter Wechselwirkungen und der Cortex als Ort der Aufrechterhaltung jener gedächtnisspezifischen Relationen ausgemacht werden kann.[215] Gedächtnisinhalte sind strukturell und funktional Wahrnehmungen. Sie werden als Wahrnehmungen im Cortex niedergelegt, jener Hirnstruktur, deren assoziative Areale als "die eigentlichen Integrationszentren"[216] von jeglicher Wahrnehmung, ja als Ort - nicht Produzent - von Bewusstsein[217] gelten.[218]

Hippocampus (Teil des Archicortex, der seinerseits Teil des Cortex cerebri / Hirnrinde ist) und Amygdala (Teil subcorticaler Gebiete) stehen in enger Verbindung mit dem 'limbischen System'.[219] Das limbische System hat innerhalb des Funktionskreises kognitiver Prozesse die Funktion, die neuronalen Prozesse im Gehirn auf ihre Relevanz für die Sicherung des Überlebens des Systems hin zu bewerten. Somit dient es dem Gehirn als 'Verhaltensbewertungssystem'.[220] Als Grundkriterien dienen "Lust" und "Unlust" sowie weitere davon abgeleitete Kriterien. Diesen "vegetativen und antriebhaften Funktion[-en]"[221] des limbischen Systems kommt für Gedächtnisprozesse eine entscheidende Rolle zu. Das Bewertungs-[222] und Gedächtnissystem stehen in einem engen, unauflöslichen Verhältnis: Die operational-emotionale Bewertung geschieht aufgrund der rekursiven Anfragen des Gedächtnissystems. Die Resultate dieser Bewertung werden im Gedächtnissystem präsent gehalten. Gedächtnisprozesse sind nicht ohne eine positive operational-emotionale Bewertung möglich, denn das Präsenthalten und Elaborieren von

---

[215]Vgl. MENZEL, Randolf/ROTH, Gerhard (1996), 254; ROTH, Gerhard (1996a), 163f; ROTH, Gerhard (1998), 209. Im Unterschied zu Roth wird hier aber von *Relationen* und nicht von 'Wissen' oder 'Informationen' gesprochen. Damit soll sowohl die Differenz zur Konzeption einer '*materialen* Repräsentation' (Engramm) der 'Lokalisationisten' als auch die kontextgebundene, dynamische Basis von Information betont werden. Zum radikal konstruktivistischen Verständnis von 'Repräsentationen' vgl. PASEMANN, Frank (1996), 81ff.

[216]ROTH, Gerhard (1998), 179.

[217]Vgl. ROTH, Gerhard (1998), 219.

[218]Die Muster der bestehenden Relationen werden je nach kategorischer Bezogenheit (visuelle, akustische, taktile Informationsgehalte) in jeweils unterschiedlichen Arealen innerhalb des Cortex aufrechterhalten ('gespeichert'), vgl. MENZEL, Randolf/ROTH, Gerhard (1996), 254; GOSCHKE, Thomas (1996), 366, 388f.

[219]Vgl. ROTH, Gerhard (1996a), 157; ROTH, Gerhard (1996c), 134.

[220]Vgl. ROTH, Gerhard (1996a), 163; ROTH, Gerhard (1988), 197.

[221]ROTH, Gerhard (1998), 208.

[222]In der vorliegenden Arbeit werden die nachfolgend geschilderten Leistungen anderer Hirnstrukturen im Funktionskreis ebenfalls als *Bewertungsleistungen* erkannt . Da dies vor dem Hintergrund eines selbstorganisierten und selbstreferentiell vollzogenen Relationierungsgeschehens geschieht, bleibt die Bewertungsleistung des limbischen Systems näher zu fassen. Hinter der Frage nach der (emotionalen) Informationsrelevanz bestimmter Prozesse wird die Bewertung der *Operationsrelevanz* durch das limbische System erkannt, weil sich die Verhaltensbewertung ja auf *interne* Operationen bezieht; vgl. dazu das Diagramm im Anhang S. 299ff. Damit kann dem limbischen System innerhalb der Gedächtnisprozesse eine wesentliche Rolle zugesprochen werden, weil es für die Frage, welche Prozesse aus dem Meer neuronaler Dauererregung zu *kognitiven Prozessen* gesteigert werden sollen, einen wesentlichen Beitrag leistet.

kognitiven Prozessen geschieht aufgrund zugewiesener operational-emotionaler Relevanz.[223]

Gedächtnisprozesse werden auch in anderer Hinsicht von der unauflösbaren Einheit neuronaler Prozesse und Strukturen im Gehirn bestimmt. Der präfrontale Cortex und das basale Vorderhirn stehen über den Hypothalamus und Raphekerne[224] in enger Verbindung mit einer Struktur, die im weiteren Sinne zum limbischen System zu zählen ist und sich vom verlängerten Mark über die Brücke bis zum Mittelhirn zieht: der Formatio reticularis.[225] Die Formatio reticularis und ihre Subsysteme spielen bei der Entstehung von Bewusstsein eine entscheidende, aktive Rolle.[226] Je stärker sie 'Aufmerksamkeit' auf bestimmte Prozesse lenken, desto stärker werden jene kognitiven Prozesse vom System als *bewusste* Wahrnehmungen elaboriert. Ein Ausfall dieser Gehirnstrukturen verhindert umgekehrt jegliche Form von kognitiver Aufmerksamkeit - Bewusstlosigkeit und Koma kennzeichnen unter diesen Umständen dann lebende Systeme.[227] Gedächtnisprozesse entstehen nicht nur in Abhängigkeit von der operational-emotionalen Bewertung des limbischen Systems, sondern auch von der Bewertungsleistung der Formatio reticularis. Gedächtnisprozesse werden zu Wahrnehmungen mit Bewusstseinszuständen gesteigert, wenn in der neuronalen Interaktion gedächtnisspezifische Strukturen durch Erregungen der Formatio reticularis "wach" gehalten und die ablaufenden Prozesse für "wichtig" erachtet werden.[228] Das System der Formatio reticularis und das Gedächtnissystem stehen in einer engen, unauflösbaren Beziehung: In der Auseinandersetzung mit der Bewertung systemischer Aufmerksamkeit klärt sich für Gedächtnisprozesse, inwiefern der in ihnen generierte Informationsgehalt zu bewusster, d.h. distinkter, Wahrnehmung gesteigert werden muss. Umgekehrt ergibt sich erst in der Auseinandersetzung mit Gedächtnisprozessen für das System, was 'neu' und 'wichtig' ist und welchen informatorischen Gehalt die als (nicht) aufmerksamkeitsrelevant eingestuften kognitiven Prozesse entsprechend haben.

---

[223]So die Zuspitzung der bei ROTH, Gerhard (1998), 198, 209 vorgefundenen Verhältnisbestimmung.

[224]Vgl. ROTH, Gerhard (1996a), 153.

[225]Vgl. ROTH, Gerhard (1998), 205.

[226]Vgl. ROTH, Gerhard (1998), 228.

[227]Vgl. ROTH, Gerhard (1998), 214.

[228]Vgl. ROTH, Gerhard (1998), 229. An anderer Stelle spricht Roth im Zusammenhang der Beurteilung von systemischer Wachheit und Aufmerksamkeit von "Neuheitsdetektoren" und "Relevanzdetektoren"; vgl. ROTH, Gerhard (1996c), 148. Die Leistung der Formatio reticularis wird in der vorliegenden Arbeit als Bewertung der kognitiv-attentiven *Aufmerksamkeitsrelevanz* verstanden, vgl. das Diagramm im Anhang S. 299ff. Erst durch die Wechselwirkung mit der Formatio reticularis wird der Mensch in die Lage versetzt, bewusst wahrzunehmen und entsprechend kognitive Leistungen auch als 'Gedächtnis(-leistungen)' erkennen zu können.

2.4.1.2   Gedächtnis als wichtigstes Sinnesorgan

Im Zusammenhang des Gehirns wurde der Mechanismus der Wahrnehmungserzeugung (parallele, konvergente und divergente Verschaltungen im distributiv organisierten Gehirn) und das Signum der Wahrnehmungsinhalte (Wahrnehmungs- und Bewusstseins-*einheit*) vorgestellt. Das aktive Bindungssystem für diese Einheit der Wahrnehmung stellt nun das Gedächtnis dar, genauer, die ihm in steter Wechselwirkung zugrundeliegenden Hirnstrukturen. Im Gesamtzusammenhang des Funktionskreises ist Gedächtnis 'nur' eine Instanz, allerdings ist sie wie jede andere bei allen kognitiven Prozessen beteiligt. Gedächtnis *kontrolliert* im Kreislauf kognitiver Operationen all jene Prozesse,[229] die etwas mit dem "Zusammenbinden"[230] von Wahrnehmungseinheiten zu tun haben. Damit ist Gedächtnis das "wichtigste Sinnesorgan" des Menschen: "*Gedächtnis ist das Bindungssystem für die Einheit der Wahrnehmung*, und zwar für alle diejenigen Wahrnehmungsinhalte, die nicht bereits durch die Konstruktion der Sinnesorgane und der phylogenetisch erworbenen Mechanismen zusammengefügt werden (auch dies ist natürlich eine Art Gedächtnis), sondern deren Zusammengehören frühkindlich oder im Erwachsenenalter erlernt werden muss. In das Gedächtnis geht das Begreifen der Welt durch Handeln, die erlebte Koinzidenz und Folgerichtigkeit von Ereignissen als 'Erfahrung' ein (einschließlich stammesgeschichtlicher Erfahrung)."[231] Im Gedächtnis werden all die Verknüpfungen präsent gehalten, die sich in der Vergangenheit bewährt haben und denen für die Gegenwart des Systems eine Funktion zugesprochen werden kann. Beteiligt ist Gedächtnis sowohl bei der erfahrungs- und bedeutungsabhängigen Gestaltwahrnehmung wie auch bei der Wahrnehmung von 'Neuem'.[232] Bewusstes wie unbewusstes Erkennen ist von der Beteiligung des Gedächtnisses abhängig: "Erkennen tritt erst ein, wenn die 'Sinneseindrücke' mit Gedächtnisinhalten gekoppelt werden."[233] Das breite Spektrum gedächtnisspezifischer Wahrnehmungsprozesse bedingt, dass das konkrete Leistungsvermögen des Gedächtnisses als "*Fähigkeit zur Komplettierung* [von Wahrnehmungsprozessen zur Wahrnehmung von 'Objekten'] abhängig [bleibt] von der Beschaffenheit des Stimulus und der Intensität des Trainings des entsprechenden Netzwerkes".[234] Je vertrauter eine Situation oder Gestalt dem Wahrnehmungssystem ist, desto weniger "Eckdaten" benötigt dieses System, "um ein als vollständig empfundenes Wahrnehmungsbild zu erzeugen, das zu diesen Eckdaten passt."[235] Je neuer und wichtiger eine Situation oder Gestalt dem Wahrnehmungssystem ist, desto mehr "Eckdaten" und desto größere Aufmerksamkeit braucht das System, um eine Orientierung vermittelnde Einheit zu generieren. Durch ein 'Selbstkonditionieren' und ein 'operationales

---

[229]Vgl. ROTH, Gerhard (1998), 266.

[230]ROTH, Gerhard (1998), 263.

[231]ROTH, Gerhard (1998), 263.

[232]ROTH, Gerhard (1998), 266.

[233]FLOREY, Ernst (1996a), 171.

[234]ROTH, Gerhard (1998), 267.

[235]ROTH, Gerhard (1998), 268.

Prosperieren' von Gedächtnisprozessen wird dem Gedächtnis im Wahrnehmungssystem eine herausragende Bedeutung verliehen: Jede zusätzliche Erfahrung erlaubt es dem System, "bei gleicher Reaktionszeit immer verlässlichere Einschätzungen zu erreichen oder bei gleicher Verlässlichkeit kürzere Reaktionszeiten"[236] zu benötigen. Die Konsequenz dieser Selbstkonditionierung im Funktionskreis bedingt, dass mit jeder gedächtnisverantworteten Operation das Gedächtnis eine immer größere Rolle bei der Konstruktion präattentiver wie attentiver Wahrnehmung einnimmt. "Wahrnehmung und Gedächtnis [sind] untrennbar miteinander verbunden. Wir nehmen stets durch die 'Brille' unseres Gedächtnisses wahr".[237]

Das Gedächtnis "erfüllt eine zentrale Funktion bei der Wahrnehmungs- und Verhaltenssynthese und bildet die Grundlage der selbstorganisierenden Autonomie des kognitiven Systems": es "repräsentiert in seiner neuronalen Architektur und den dadurch ermöglichten Funktionsabläufen sozusagen den jeweiligen Stand der Wahrnehmungsgeschichte eines kognitiven Systems und steuert die Bedeutungszuweisungen an aktuelle Wahrnehmungen."[238]

2.4.1.3   Gedächtnis als Modulationsorgan von Bewusstsein

Als integraler Bestandteil des Funktionskreises kognitiver Prozesse sind Gedächtnisleistungen bei präattentiven wie attentiven Wahrnehmungsprozessen beteiligt. Gedächtnis bindet die Wahrnehmungsdetails zusammen.[239] Was der Mensch bewusst wahrnimmt, sind dann "Gedächtnisbilder".[240] Da bewusste Wahrnehmungen für das System allerdings kategorial unterschiedliche Wirklichkeitsbereiche erschließen, verweist diese Einsicht jedoch auf eine notwendige weitere Qualifizierung von Gedächtnis. Gedächtnisprozessen ist neben einer 'basalen Funktion' bei der Generierung jeglicher Wahrnehmung auch eine besondere Funktion hinsichtlich der *Elaboration* von Wahrnehmungen zu Bewusstseinszuständen zuzumessen. Die Differenzierung bewusster Wahrnehmungsinhalte erfolgt also nicht durch Beteiligung oder Ausschluss von Gedächtnisprozessen, sondern durch die *Ausgestaltung* der Gedächtnisprozesse. Gedächtnisprozesse sind grundsätzlich Teil von Wahrnehmungsakten.

Auch Wahrnehmungen, die zu Bewusstsein bzw. bewussten Wahrnehmungen gesteigert werden, bleiben an die Funktion und Interaktion der Instanzen des Funktionskreises rückgebunden. Die Struktur und Funktion der im Funktionskreis situierten Gedächtnisprozesse findet sich auch bei der Elaboration von Wahrnehmungen zu Bewusstsein wieder. Gedächtnis als Organ bzw. Instanz der 'Einheits-Bindung' begegnet auf der Ebene attentiver Wahrnehmungen als *Organ der Modulation* unterschiedlicher Bewusst-

---

[236]ROTH, Gerhard (1998), 269.

[237]ROTH, Gerhard (1996c), 147.

[238]SCHMIDT, Siegfried J. (1996), 32.

[239]Vgl. ROTH, Gerhard (1998), 270.

[240]ROTH, Gerhard (1998), 266.

seinsformen und -intensitäten (bzw. -zustände). Die Modulation erfolgt auf der Basis typologisch unterschiedlicher Relationierungsmuster, also auf Basis eines unterschiedlichen *Gehalts* von *Gedächtnis*prozessen. Je nachdem, welche *Relationen* welcher neuronalen *Systeme*[241] im Funktionskreis kognitiver Prozesse in Gedächtnisprozessen rekursiv, dynamisch und kontextuell zusammengebunden werden, profilieren sich unterschiedliche 'Wahrnehmungseinheiten'.

Der gesunde Mensch verfügt über ein breites Spektrum unterschiedlicher Formen und Zustände von Bewusstsein. So kann neben dem Bewusstsein der eigenen Person und Identität und jenem der willentlichen Kontrolle der eigenen Handlungen auch ein Bewusstsein ausgemacht werden, dessen Wahrnehmungen sich auf systeminterne oder systemexterne Geschehnisse beziehen, wie 'dezidiertes Lernen', 'kategoriales Wahrnehmen', 'Denken' / 'Vorstellen' oder 'Erinnern'.[242] Auch hinsichtlich der Intensität von Bewusstsein zeichnen sich unterschiedliche Zustände ab, die von einem hellwachen oder 'normalen' Bewusstsein bis zu Zuständen des Dösens, Dahindämmerns und Träumens reichen können.[243]

Bewusstsein ist als eine dynamische und kontextgebundene Größe zu verstehen:[244] Sie markiert einen *vorläufigen* Endpunkt kognitiver Elaborationsprozesse im Kontinuum neuronaler Operationen. Der Funktionskreis kognitiver Prozesse veranschaulicht, dass auch Bewusstsein der Ausbildung einer Wahrnehmung dient, welche das System orientiert und so am Leben erhält. Bewusstsein bezeichnet jene Wahrnehmungen, die vom System *nicht routinemäßig* erzeugt werden können, weil sie in entscheidenden Aspekten *neu* und *wichtig* sind.[245] Bewusstsein begegnet "als eine *dynamisch-prozessuale Eigenschaft* komplexer, selbstreferentiell organisierter Nervensysteme [...], als eine Folge von *Zuständen*, die durch die Beteiligung weiter Gehirnareale und ihre damit verbundene Intensität gegenüber lokal umgrenzteren Erregungsverteilungen hervorgehoben ist."[246] Bewusstseinsprozesse sind von besonderen Veränderungen der Hirndurchblutung und der Stoffwechselaktivität begleitet.[247] Im dynamischen, selbstorganisierten und selbstreferentiellen System können diese Veränderungen dahingehend verstanden werden,

---

[241]Als die drei funktionalen Teilsysteme des Gehirns werden hier das sensorische, das motorische und das kognitive System unterschieden; vgl. PASEMANN, Frank (1996), 48. Auf die Beteiligung von Emotionen bei der Entstehung von Kognition wurde bereits hingewiesen.

[242]Während ROTH, Gerhard (1998), 214 zwischen "Wahrnehmen, Denken, Fühlen, Erinnern oder Vorstellen" unterscheidet, konzentriert sich die vorliegende Arbeit im Überblicksdiagramm auf die vorgenannten Bewusstseinsformen; vgl. im Anhang S. 299ff.

[243]Vgl. ROTH, Gerhard (1998), 214.

[244]Beispielhaft veranschaulicht RUSCH, Gebhard (1997), 154 die Unterschiedlichkeit systemischer Bewusstseinszustände mit dem 'Wachbewusstsein', dem in der Regel eine Dauer von höchstens 10 Sekunden (Gegenwartsdauer von Sinneseindrücken, Gedanken etc.) mit einzelnen Wahrnehmungseinheiten von ca. 2 Sekunden (Präsenzzeit) zu Grunde liegt.

[245]Vgl. ROTH, Gerhard (1998), 230ff.

[246]RUSCH, Gebhard (1996), 273.

[247]Vgl. ROTH, Gerhard (1998), 227.

dass die Erzeugung neuer und wichtiger Verhaltensfelder rückgebunden ist an die (strukturelle) Veränderung von Nervennetzen. Das "Auftreten von Bewusstsein [bleibt dann] wesentlich mit dem Zustand der Neuverknüpfung von Nervennetzen verbunden".[248] "Bewusstsein ist das *Eigensignal* des Gehirns für die Bewältigung eines neuen Problems (ob sensorisch, motorisch oder intern-kognitiv) und das Anlegen entsprechender neuer Nervennetze; es ist das *charakteristische Merkmal*, um diese Zustände von anderen unterscheiden zu können."[249]

Lebende Systeme, die in Gedächtnisprozessen Wahrnehmungen zu bewussten Wahrnehmungen organisieren bzw. steigern, erzeugen in "Metarepräsentationen" ein *Wissen* über- *interne, aktuelle Zustände*,[250] welches die Aufmerksamkeit des Gesamtsystems (unterschiedlich stark) beansprucht und dem Gesamtsystem zusätzliche Orientierungskategorien zur Verfügung stellt. Gedächtnis aktualisiert und organisiert eine Form von (Selbst-)Beobachtung im autopoietischen System, ohne dass diese explizit werden muss.[251] Die Konstruktion bewusster Wahrnehmung bleibt davon abhängig, dass in der operational-emotionalen Bewertung (limbisches System) neuronale Operationen überhaupt als kognitiv relevant und in der attentiven Bewertung (Formatio reticularis und ihre Subsysteme) diesen Operationen eine distinkte Aufmerksamkeit aktuell zugesprochen wird. Als einheitliche Wahrnehmung werden kognitive Prozesse durch die Organisationsleistung des Gedächtnisses generiert. In der Interaktion mit den anderen Instanzen des Funktionskreises zeichnen Gedächtnisprozesse verantwortlich für die Ausgestaltung der Form und Intensität der Wahrnehmungen. In der Elaboration kognitiver Prozesse generiert Gedächtnis die Einheit von Wahrnehmung durch die Modulation von Bewusstseinsformen.

2.4.2   Erinnern: Gedächtnisprozess der besonderen Art

Gedächtnis umreißt eine grundlegende Organisationsinstanz kognitiver Prozesse. Die nähere Betrachtung dieser Instanz im Funktionskreis kognitiver Prozesse legt eine

---

[248]ROTH, Gerhard (1998), 233.

[249]ROTH, Gerhard (1998), 233. Zur inhaltlichen Ausgestaltung dieser neurophysiologischen Prozesse vgl. ROTH, Gerhard (1998), 235-239.

[250]Vgl. ROTH, Gerhard (1998), 239. Gedächtnis wird derart als *Organisationsinstanz* der Prozesse im neuronalen Netzwerk verstanden; zu den strukturellen Bedingungen von 'Wahrnehmungen zweiter Ordnung' vgl. das Kapitel 2.3.3.1 S. 63f.
Bewusstsein (Wahrnehmung als Wissen über interne Zustände) verweist auf die Frage nach der Konzeption von Geist bzw. auf die Verhältnisbestimmung von Gehirn und Geist (Brain-Mind-Diskussion). Roth versucht eine nicht-reduktionistische Deutung. Einerseits begrenzt er den wissenschaftlichen Erklärungsanspruch auf eine strukturelle und funktionale Ebene (Frage nach dem 'Wie', 'Wann', 'Wo'). Andererseits löst er Geist und Gehirnzustände aus einer strikten Parallelität, wenn er Geist nicht auf neurophysiologische Zustände reduziert, sondern als physikalische Zustände begreift. Die Theorie der Emergenz weitet dann auch in der (Neuro-)Biologie den Blick für das Auftreten 'prinzipieller Nichtvorhersagbarkeit und Nichtableitbarkeit' von Systemleistungen auf der Basis neuronaler Systemeigenschaften. Vgl. ROTH, Gerhard (1998), 271-331; v.a. 291ff, 300-303, 331.

[251]Vgl. BAECKER, Dirk (1996), 342.

signifikante Struktur und Funktion der Generierung und Modalisierung systemischer Wahrnehmung offen. Die 'Realisation von Erkennen und Wissen' vollzieht sich gedächtnisverantwortet. In kontinuierlicher Rückbezüglichkeit auf andere bestehende Relationen bindet Gedächtnis Relationen und Beobachtungen zu Wahrnehmungs- und Bewusstseinseinheiten zusammen. Gedächtnisprozesse erstrecken sich im neuronalen Netzwerk auf ein breites Spektrum systemischer Operationen: Bezugspunkte für die Generierung von Wahrnehmungseinheiten können die Relationen ausschließlich interner Zustände oder zusätzlich auch die Relationen externer Zustände darstellen. Wahrnehmungsinhalte vermitteln in einer Bandbreite unterschiedlicher Wahrnehmungsformen und -intensitäten dem System Orientierung: präattentive Wahrnehmungen leisten Orientierungshilfe eher vom System 'unbemerkt', attentive Wahrnehmungen unterbrechen die Kontinuität kognitiver Prozesse und lassen eine konkrete Orientierungsleistung für das Gesamtsystem zum Zentralthema werden. Gedächtnisprozesse bleiben für komplexe, neuronal organisierte Systeme unverzichtbar, weil sie das System in die Lage versetzen, in möglichst kurzer Zeit eine möglichst tragfähige Orientierung zu erzeugen.

Die Frage nach den Strukturen und Funktionen der Erzeugung und Sicherung systemischer Wahrnehmung hat zunächst aufgezeigt, dass die Gedächtnisprozesse und -leistungen eines Organismus weit über dessen Erinnerungsprozesse und -leistungen hinausreichen.[252] Prozesse und Inhalte des (deklarativen) Gedächtnisses sind nicht 'monomorph', sondern erfordern eine "modalitäts-, qualitäts- und funktionsspezifische Unterteilung".[253] *Prozesse des Erinnerns* sind als solch ein Teil bzw. als spezifische Ausformung von Gedächtnisprozessen zu verstehen.

Erinnerungsprozesse stellen jene Gedächtnisprozesse dar, welche Wahrnehmungen unter der Bedingung einer spezifischen Konstellation systeminterner und -externer Zustände organisieren.
    Die gedächtnisspezifische Rückbezüglichkeit auf bestehende Relationen anderer neuronaler Teilsysteme erfolgt bei Erinnerungsprozessen einerseits unter der Bedingung *'autostimulativer Wahrnehmungssynthese'.*[254] Gedächtnisprozesse vollziehen sich hier

---

[252]Vgl. RUSCH, Gebhard (1996), 284.

[253]MENZEL, Randolf/ROTH, Gerhard (1996), 255; GOSCHKE, Thomas, (1996), 407 spricht von "multiple-[n] Gedächtnisformen".

[254]RUSCH, Gebhard (1987), 346f nennt als Kennzeichen neuronal organisierter Systeme, dass sie sich in "ständiger [neuronaler] Aktivität" befinden, dass sie "autostimulative Systeme" darstellen, dass sie cortikale Prozesse präsent halten können und dass Erregungen, die als neuartig und erstmalig wahrgenommen werden, mit einer erhöhten neuronalen Aktivität einhergehen.
In der vorliegenden Arbeit soll zwischen Gedächtnis - Erinnern - Erinnerung unterschieden werden und mit Rusch bleibt daran festzuhalten, dass nicht alle kognitiven Prozesse die Schwelle von Bewusstsein erreichen (vgl. RUSCH, Gebhard (1987), 348), deshalb werden hier Erinnerungs*prozesse* und nicht (bewusste) Erinnerungen analysiert.
Dieser Anmerkung mag auch Hinweis dafür sein, dass entgegen dem entsprechenden Arbeitsauftrag von Rusch und von Foerster, selbst bei radikal konstruktivistischen Autoren die begriffliche Differenzierung von Gedächtnis, Erinnern und Erinnerung nicht durchgängig aufrecht gehalten wird. Die Gedächtnistheorie begegnet auch in dieser Hinsicht bei Radikalen Konstruktivisten noch als 'work in progress'. Zum

unter der Dominanz wahrnehmungssignifikanter system*interner* Relationen. Die Dominanz wahrnehmungsrelevanter interner Relationen muss nicht mit einem völligen Fehlen systemexterner Reize einhergehen. Entscheidend bleibt, dass die Relationen interner Zustände in den Gedächtnisprozessen gar nicht oder zumindest nicht in dem Maße mit sensorischen Reizen und Relationen verrechnet werden können, wie dies bei sensorischen Wahrnehmungen der Fall ist. Erinnerungsprozesse verdanken sich "primär den Autostimulationen, assoziativen Aktivierungen kognitiver Strukturen und der Selbstreferentialität (innerhalb) von Nervensystemen."[255] Die Synthese von Wahrnehmung kann in Erinnerungsprozessen nicht auf eine Relationierung sensorischer Stimulationen zurückgreifen, sodass nur "cortikale sinnessystemische"[256] Relationen verbleiben. Erinnerungsprozesse generieren auf der Ebene des Bewusstseins Wahrnehmungsinhalte, deren sensorische Stimulation eingeschränkt bzw. unmöglich ist, denen also "bestimmte charakteristische Kontexte sinnlicher Wahrnehmung fehlen."[257] Erinnerungsprozesse sind als 'Wahrnehmungsprozesse *ohne* (systemexternes) *Objekt*' zu begreifen.

Bei Erinnerungsprozessen erfolgt die gedächtnisspezifische Rückbezüglichkeit andererseits unter der Bedingung *'eingeübter Wahrnehmungssynthese'*. Gedächtnisprozesse vollziehen sich hier unter der Dominanz gegenwärtig gehaltener Relationen früherer Systemerfahrung. Das Gedächtnis organisiert Erinnerungsprozesse, wenn es bei neuronalen Operationen nicht zur Ausbildung von "Ambiguitäten", d.h. zur parallelen Aktivierung konkurrierender Wahrnehmungsschemata,[258] kommt *und* systemintern bereits bestehende Relationen (im Einklang zu aktuell erzeugten) ein Synthetisieren von Wahrnehmungen erlauben. Bedarf es im Wahrnehmungsprozess nicht aktuell der Ausbildung eines neuartigen Wahrnehmungsschemas, "so wird die betreffende Empfindung als bekannt und die Wahrnehmung als eine Art des Wiedererkennens verrechnet."[259]

Prozesse des Erinnerns sind Prozesse eines 'Wiedererzeugens ohne Objekt'. Wahrnehmungen entstehen dabei ohne die Möglichkeit des Wahrnehmungssystem, auf sensorische Stimulationen und Koordinationen zurückzugreifen, aber mit der Möglich-

---

radikal konstruktivistischen Forschungsauftrag der Differenzierung von Operation - Mechanismus - Ergebnis vgl. FOERSTER, Heinz von (1996), 60 und zur Unterscheidung von Gedächtnis, Erinnerungsvermögen und Erinnerung vgl. RUSCH, Gebhard (1987), 340 sowie SCHMIDT, Siegfried J. (1996), 33.

[255]RUSCH, Gebhard (1987), 347.

[256]RUSCH, Gebhard (1987), 357.

[257]RUSCH, Gebhard (1987), 347.

[258]RUSCH, Gebhard (1987), 348. Wahrnehmungsschemata 'bündeln' "verschiedene nacheinander oder synchron auftretende sinnessystemische Aktivitäten in komplexen Erregungsmustern einheitlicher bzw. ganzheitlicher Strukturen"; RUSCH, Gebhard (1987), 357.

[259]RUSCH, Gebhard (1987), 348. Da die Beschreibung von Prozess*strukturen* und -*funktionen* ja noch nicht die Intensität von Gedächtnisinhalten determiniert, sind die "Empfindungen" und die "Wahrnehmungen" Ruschs als 'Empfinden' und 'Wahrnehmen' zu dynamisieren; vgl. zum grundsätzlichen Hinweis auf die fehlende begriffliche Differenzierung bei Radikalen Konstruktivisten die Anm. 254. Rusch selbst weist an anderer Stelle darauf hin, dass dieses "Wiedererkennen" im neuronalen Netzwerk stets ein "Wiedererzeugen" meint; vgl. RUSCH, Gebhard (1987), 353.

keit des Systems, Wahrnehmungen auf der Basis bestehender Wahrnehmungsmuster zu generieren. Erinnerungsprozesse konstruieren Wahrnehmungen aus Eigensignalen des Gehirns und stellen so eine zusätzliche Leistung des neuronal organisierten Systems dar. Erinnerungsprozesse erklären zum Gegenstand von Wahrnehmungsprozessen, was im System stattfindet:[260] Erinnerungsprozesse sind nur in selbstreferentiellen Systemen möglich und holen diese Selbstreferenz als (Selbst-)Beobachtung ein. Erinnerungsprozesse sichern Wahrnehmungserzeugung und systemische Orientierung, ohne und gegen systemexterne Reize. Als *Gedächtnis*prozesse nutzen diese Prozesse neben internen Relationen externer Zustände auch interne Relationen früherer Erfahrungen. Als Prozesse des *Erinnerns* nutzen diese Prozesse fast ausschließlich gegenwärtig gehaltene interne Relationen früherer Erfahrungen und erweitern damit die Wahrnehmungsfähigkeit des Systems in doppelter Hinsicht. Die 'Wiederholung jener das System konstituierenden Differenz' ermöglicht Wahrnehmungsprozesse, in denen die Beobachtung der Differenz des eigenen Systems (gegenüber seiner Umwelt bzw. gegenüber den Möglichkeiten einer sensorischen Rückkoppelbarkeit) einhergeht mit der Beobachtung der Einheit des eigenen Systems. Gleichzeitig hält die eigenständige Nutzung von Relationen ausschließlich interner Zustände das System für den Beobachter, aber gerade auch für das System selbst, unvorhersehbar; mit zunehmender Erfahrung besteht stets die Chance von Erinnerungsprozessen.[261]

Erinnerungsprozesse generieren Wahrnehmungen als eingeübte (Selbst-)Beobachtungen. Diese Wahrnehmungen können zu "charakteristischen [Unterscheidungs-]Merkmalen"[262], d.h. bewussten Wahrnehmungen, elaboriert werden - müssen diese Schwelle aber nicht erreichen.

2.4.3 Erinnerung: Wahrnehmungsbilder von abwesend Vertrautem

Gedächtnisprozesse generieren in rekursiven Prozessen Wahrnehmungen als Systemorientierung. Sie sind dabei auch in die Entstehung von bewussten Wahrnehmungen involviert, insofern Gedächtnis die Wahrnehmungseinheiten sowohl hinsichtlich ihrer Wahrnehmungsinhalte (und damit ihre Bewusstseinsform) als auch hinsichtlich ihrer Wahrnehmungsklassen (und damit ihre Orientierungskategorie) modalisiert. Bewusste Wahrnehmungen wurden als vorläufige Endpunkte kognitiver Elaborationsprozesse im Kontinuum neuronaler Operationen verstanden. Damit sind sie Ergebnis von Elabora-

---

[260]Vgl. BAECKER, Dirk (1996), 353.

[261]Gerade wenn der Forschungsertrag in der doppelten Weitung systemischer Wahrnehmungsfähigkeit zu einer sozialwissenschaftlichen Rezeption einlädt, so kann hier erneut ein entscheidender Befund radikal konstruktivistischen Forschens wiederholt werden: Das Verständnis von Erinnern und Erinnerung bleibt eingebunden in eine übergreifende Theorie des Gedächtnisses. Die theologische wie gesellschaftliche Thematisierung eines 'identitätsrelevanten' und 'gefährlichen' Erinnerns ist vor diesem Zusammenhang zu entwerfen.

[262]ROTH, Gerhard (1998), 233.

tionsprozessen und repräsentieren mehr oder weniger stabile Strukturen neuronaler Verknüpfungen.

2.4.3.1   Bewusstsein: Elaborationen, vorläufig stabil

Erinnerungen sind bewusst gewordene Wahrnehmungen, die in *Elaborationsprozessen* zu Wahrnehmungseinheiten des Bewusstseins synthetisiert wurden.[263] "Elaborationen kognitiver Strukturen können als Kompensationsleistungen verstanden werden, die zum Abbau dissonanter und inkonsistenter Strukturen im Bewusstsein führen sollen."[264] "Jede neu ins Bewusstsein tretende Struktur wird - sozusagen - unter Komplettierungs- und Kontextualisierungsgesichtspunkten auf ihre Kompatibilität mit der Ausgangsstruktur hin untersucht."[265] Im Zusammenhang einer Fokussierung der Aufmerksamkeit des Wahrnehmungssystems auf bestimmte kognitive Prozesse ('Apperzeptionsrelevanz'; in Interaktion mit der Formatio reticularis) werden undeutliche Eindrücke durch Assoziationen, Vorstellungen und Gedanken komplettiert und fragmentarische Eindrücke durch die Aktivierung anderer kognitiver Strukturen, die mit der Ausgangsstruktur kognitiver Prozesse vernetzt sind, vervollständigt und verstärkt.[266] Wahrnehmungen orientieren lebende Systeme. In diesem Zusammenhang dient die Komplettierung und Verstärkung von Wahrnehmungen dem Ziel, Dissonanzen im Prozess der Generierung von Wahrnehmung aufzulösen und Muster der Konsistenzerzeugung präsent zu halten. Präsent gehaltene Verknüpfungen kognitiver Strukturen und Relationierungsmuster erfahren dadurch, "dass sich die Aufmerksamkeit auf sie richtet, eine Art Verstärkung [...]. Je länger die Struktur im Bewusstsein gehalten und je aufmerksamer, konzentrierter sie fokussiert wird, desto stärker wird der mentale Prozess in seinem Verlauf durch die betreffende Struktur geprägt".[267]

Bewusste Wahrnehmungen stellen erfolgreich komplettierte und verstärkte Elaborationen in der Gegenwart dar. Ihre Muster einer erfolgreichen Vermeidung "semantischer Vakui"[268] werden in kognitiven Strukturen "als andauernde Aktivität oder als andauernde Reaktivierbarkeit"[269] 'stabilisiert' oder 'konserviert'.[270] Dadurch erlauben sie dem System zumindest vorläufig eine konsistente Orientierung, frei von Unsicherheiten.

---

[263]Nochmals sei betont, dass sich die Elaboration von Erinnerungen strukturell nicht von der Elaboration von anderen Wahrnehmungsformen unterscheidet, sondern vielmehr im Gehalt der an Elaborationsprozessen beteiligten neuronalen Aktivitäten; vgl. RUSCH, Gebhard (1987), 357.

[264]RUSCH, Gebhard (1987), 359.

[265]RUSCH, Gebhard (1987), 361.

[266]Vgl. RUSCH, Gebhard (1987), 361; RUSCH, Gebhard (1996), 285.

[267]RUSCH, Gebhard (1987), 360f.

[268]RUSCH, Gebhard (1996), 288 verweist damit auf Forschungserträge von G.M. Schlesinger.

[269]RUSCH, Gebhard (1996), 284.

[270]Vgl. RUSCH, Gebhard (1987), 354.

2.4.3.2   Sensorisch defizitär, aber vertraut

Erinnerungen stellen als bewusste Wahrnehmungen solch erfolgreich komplettierte und verstärkte Elaborationen dar. Wie jede (attentive) Wahrnehmung handelt es sich auch bei Erinnerungen um 'Gedächtnisbilder'. Diese Wahrnehmungsinhalte qualifiziert das System als *"sinnliche Anmutungen"*.[271] Damit kompensiert das System den Umstand, dass die Generierung eines kompletten Wahrnehmungsschemas im aktuellen Fall ohne die Möglichkeit einer umstandslosen Verrechnung mit "sensorischen Stimulationen"[272] erfolgt. Möglicherweise daraus resultierende Unsicherheiten, Inkonsistenzen oder Dissonanzen systemischer Orientierung werden vermieden, indem kognitive Prozesse *vertraute* Relationierungsmuster als einzige Operationskriterien akzeptieren [273] und *daraus* abgegrenzte Wahrnehmungen synthetisieren.[274] Erinnerungen sind Vervollständigungen fragmentarischer sensorischer Eindrücke auf der Basis vertrauter Wahrnehmungsmuster und systemischer Aufmerksamkeit.

Damit handelt es sich bei Erinnerungen um einen spezifischen Bewusstseinstyp. Wie 'kategoriale Wahrnehmungen', 'dezidiertes Lernen' und 'Vorstellungen' werden 'Erinnerungen' in einem komplizierten Zusammenspiel kognitiver Strukturen und Prozesse als bewusste Wahrnehmungen gewonnen.[275] Der Aufweis dieser Struktur (Interaktion kognitiver Relationierung) und Funktion (Wahrnehmungen orientieren lebende Systeme) von Erinnerungen ermöglicht eine Einordnung der transportierten Wahrnehmungsinhalte.

Erinnerungen sind bewusst gewordene Wahrnehmungen, welche "Veränderungen der Reaktivität des Nervensystems"[276] in vorläufig stabilisierten kognitiven Strukturen repräsentieren. Diese Veränderungen sind Folge kognitiver, d.h. interner, Interaktionen

---

[271]RUSCH, Gebhard (1996), 285; Hervorhebung nicht im Original.

[272]RUSCH, Gebhard (1996), 278f nennt hier nur die fehlende *sensorische* Rückkoppelbarkeit. PASEMANN, Frank (1996), 46-49, 79 weist allerdings darauf hin, dass die Entstehung 'semantischer Konfigurationen' an die senso-motorische Schleife kognitiver Systeme rückgebunden bleibt. Aus diesem Grund wird in der vorliegenden Arbeit Erinnerung (und Erinnerungsprozesse) an eine veränderte senso-motorische Rückkoppelbarkeit gekoppelt. Die Entstehung kognitiver Prozesse wird so an ein umfassend relational-relatives Geschehen rückgebunden.

[273]Vgl. RUSCH, Gebhard (1987), 360. Rusch verweist darauf, dass natürlich auch bei einer Beschränkung kognitiver Prozesse auf 'Vertrautes', prinzipiell periphere Einflüsse auszumachen sind.

[274]Aufgrund fehlender sensorischer Stimulation / Rückkoppelungsmöglichkeiten verfügen dann Erinnerungen gegenüber sinnlichen Wahrnehmungen meistens über eine eingeschränkte Prägnanz, Farbigkeit, Brillanz und Intensität; vgl. RUSCH, Gebhard (1996), 269.

[275]Vgl. RUSCH, Gebhard (1996), 284.

[276]MATURANA , Humberto R. (1985), 61.

mit neuronalen , d.h. internen, Zuständen in der Gegenwart.[277] Damit erschließen Erinnerungen weder strukturell noch funktional *vergangene* Erlebnisse:

"Erinnerungen sind [- wie andere Bewusstseinsformen auch - (Gedächtnis-)]Leistungen eines kognitiven Systems in der Gegenwart, die in ihrer Art und in ihren Resultaten vollständig von der je gegenwärtigen Beschaffenheit des Systems und von den Handlungszusammenhängen bestimmt sind, in denen das System jeweils agiert."[278] Sie *existieren* an keinem anderen Ort als in den zu Bewusstsein gesteigerten Wahrnehmungsprozessen und zu keiner anderen Zeit als in der Dauer ihrer Bewusstheit.[279]

Statt der "Restitution ehemaliger Erlebnisse" oder einer Konservierung von Vergangenheit konstituieren Erinnerungen einen "Erlebnisbereich eigener Art:"[280] die Wahrnehmung interner, aktuell bestehender und bereits vertrauter Vorstellungen.[281] Dieser Erlebnisraum weitet und sichert für die Dauer seiner Bewusstheit autopoietisch relevante Verhaltenspotentiale. Das System kann mit Erinnerungen Orientierung auch "außerhalb jeweils aktueller Handlungszusammenhänge"[282] erzeugen und wird damit unabhängiger von seiner Umwelt.[283] Darüber hinaus beginnt mit der aufmerksamen Beobachtung ausschließlich interner Prozesse, d.h. mit der bewussten Selbstbeobachtung, die Entfaltung von Zeitkonzepten. Der Wechsel von 'kategorialer Wahrnehmung', 'Erinnerung' und 'abstraktem Denken / dezidiertem Lernen' verursacht eine "Unruhe" in der systemischen Orientierung, die nur durch die Konstruktion von Zeitkonzepten, also durch die Unterteilung 'orientierungsspezifischer Wahrnehmungsklassen', aufgelöst werden kann.[284]

---

[277]Während RUSCH, Gebhard (1987), 344 eher allgemein von "Aktivitäten" des Nervennetzes spricht, wird in der vorliegenden Arbeit mit 'Relationen' der materiale und konnektive Charakter dieser Interaktionen betont.

[278]RUSCH, Gebhard (1987), 364.

[279]Vgl. RUSCH, Gebhard (1987), 253.

[280]RUSCH, Gebhard (1987), 354. Rusch spricht hier zwar von der Funktion des 'Gedächtnisses', allerdings bezieht er sich dabei auf die alltagsprachliche Gleichsetzung von Gedächtnis und Erinnerung; vgl. RUSCH, Gebhard (1987), 353f.

[281]Vgl. RUSCH, Gebhard (1987), 364.

[282]RUSCH, Gebhard (1996), 270.

[283]Die Unabhängigkeit von sensorischer Rückkoppelbarkeit bzw. von aktuellen Handlungszusammenhängen kann dahingehend gedeutet werden, dass neuronale Systeme, die über ein gedächtnismodalisiertes Bewusstsein verfügen, Erinnerungen nicht nur *ohne* sensorische Stimulation, sondern in gewissem Rahmen auch *gegen* sensorische Stimulationen generieren können.

[284]Die mit neuronalen Netzwerken mögliche und in Gedächtnisprozessen erfolgende 'Wiedereinführung jener das System begründenden Differenz' war bereits Thema. Zur Rückbindung der Entstehung von Zeit als Kategorie des Systems vgl. die Ausführungen Baeckers zur beobachteten Selbstreferenz; vgl. BAECKER, Dirk (1996), 349-352.
Der Hinweis auf die anderen bewussten Wahrnehmungsinhalte von Gedächtnis ('dezidiertes Lernen' usw.) macht darauf aufmerksam, dass die Entstehung der Zeit in der Wahrnehmung des Systems an (zu Bewusstsein gesteigerten) *Gedächtnis*prozessen, nicht nur an Erinnerungsprozessen, festzumachen ist. Davon unbenommen ist zu vermuten, dass Erinnerungsprozesse wegen ihrer Konstitution (fehlende sensorische Rückbindung aber vertraute Wahrnehmungsmuster) eine prominente Rolle bei der Wahrnehmung von Abfolgen (Zeit) zukommt.

2.4.3.3   Vergangenheit - Gegenwart - Zukunft als Systemkonstruktionen

Selbstbeobachtung kennzeichnet die vom Gedächtnis organisierten Wahrnehmungsprozesse. Beim Menschen ist diese Struktur rekursiver Operationen in den Wahrnehmungen des Bewusstseins zu einem eigenständigen 'Wissen' gesteigert. Zur bewussten
Wahrnehmung systembegründender Differenz zählt aber auch die Wahrnehmung von
Handlungsfolgen bzw. Wahrnehmungs*übergängen*.[285]
    Eine Voraussetzung dafür, dass der Mensch Handlungsstrategien entwerfen kann, ist,
dass er seine eigenen Aktivitäten oder Operationen im Kontext zu anderen Aktivitäten
bestimmen kann[286] und ein *gleichzeitiges Bewusstsein* davon entwickeln kann, was
bereits 'vollendet' bzw. 'vertraut',[287] was 'aktual' und was 'zu erwarten' bzw. 'unbekannt'
ist. Dabei zeichnet sich das 'Aktuale' durch seine Verrechenbarkeit mit sensorischen
Stimulationen als *gegenwärtig* aus. Gleichzeitig unterscheidet sich das 'Aktuale' genau
in dieser Möglichkeit einer weitgehend sensorischen Rückbindung gegenüber dem
bereits 'Vollendeten' als dem *Vergangenen* und dem 'Unbekannten' als dem *Zukünftigen*.
Der Menschen vermag also im Bewusstsein nicht nur Wahrnehmungen durch den
Modus ihrer Bewusstheit zu unterscheiden, sondern auch diese Unterschiedenheit zu
beobachten bzw. präsent zu halten. Derartig gesteigerte 'Wahrnehmungen zweiter
Ordnung' prägen den Mensch als neuronales System.

Wahrnehmungen werden beim Menschen dadurch strukturiert, dass ein Teil der Kognitionen externalisiert (Verlagerung in die systemische 'Außenwelt') und ein anderer
Teil internalisiert (Subjektivierung) wird.[288] "In dem Maße nun, wie diese unterschiedlichen Bewusstheitsmodi ihrerseits zu Gegenständen der Selbstbeobachtung und Selbsterfahrung"[289] werden (und damit den Status bewusster Wahrnehmungen erreichen), wird
die Externalisierungs-/Internalisierungsstruktur auch auf diese angewandt. Die Bewusstsein generierenden Wahrnehmungen werden entsprechend dem Modus ihrer Bewusstheit
als 'Vergangenheit', 'Gegenwärtigkeit' und 'Zukünftigkeit' konzeptualisiert und damit
jeweils als "operationale Referenzwerte" ('vertraut', 'aktual', 'erwartet') genutzt.[290]

---

[285]Vgl. zum Folgenden RUSCH, Gebhard (1987), 380-384; RUSCH, Gebhard (1996), 274f. Rusch weist im
Anschluss an Piaget (Zeit als Koordination von Bewegung) darauf hin, dass für den Menschen Zeit nicht
als Objekt, sondern als Beziehung zu bestimmen ist, indem die *Dauer* unterschiedlicher Vorgänge in den
Blick rückt; vgl. RUSCH, Gebhard (1987), 376-379.

[286]Vgl. RUSCH, Gebhard (1987), 381.

[287]Rusch nimmt die Beobachtung von Handlungsabfolgen in den Blick und verwendet dabei den Begriff
"vollendet"; vgl. RUSCH, Gebhard (1987), 382;RUSCH, Gebhard (1996), 274; RUSCH, Gebhard (1997),
154. In der vorliegenden Arbeit wird der Begriff 'vertraut' für angemessener gehalten. Dieser Begriff
umfasst nicht nur die 'vollendeten' Aktivitäten, sondern auch jene, die 'vertraut', aber noch nicht 'vollendet' sind. Damit wird die durchgängig anzutreffende, relational rekursive Struktur von Gedächtnis- und
Wahrnehmungsprozessen betont.

[288]Vgl. RUSCH, Gebhard (1987), 383.

[289]RUSCH, Gebhard (1996), 274f.

[290]Vgl. RUSCH, Gebhard (1987), 383; RUSCH, Gebhard (1997), 154.

Im Bewusstsein des Menschen bezeichnen 'Vergangenheit', 'Gegenwart' und 'Zukunft' "zunächst einmal eine Konstruktion, ein Konzept, das im Grunde nichts anderes als die (konzeptuellen) Rahmenbedingungen seiner selbst (seiner Konzeptualisierung) repräsentiert."[291] Bei "den Konzepten 'vergangen', 'gegenwärtig' und 'zukünftig' [handelt es sich] um Konzeptualisierungen bestimmter Qualitäten der im Bewusstsein befindlichen 'Inhalte', um eine Konzeptionalisierung bestimmter Bewusstseinsmodi. 'Vergangen', 'gegenwärtig' und 'zukünftig' sind also nicht Spezifikationen von Bereichen oder Orten, sondern *Eigenschaften*, die allein im System der Kognition eines Beobachters Sinn machen, weil auch sie ausschließlich im Bereich der Kognition selbst differenzieren. Und diese Differenzierung hat Funktion für die bewusste Ausführung von Handlungen, für die bewusste Realisierung von Handlungsstrategien, in deren Verlauf an jeder Stelle und zu jeder Zeit entscheidbar sein muss, welches das nächste zu realisierende Element der Strategie ist."[292]

Der Mensch externalisiert interne Wahrnehmungen als 'Vergangenheit', 'Gegenwart' und 'Zukunft'. Das System selbst *verfügt* über keine Zeit.[293] Die "verhaltensbezogene Unterscheidung sequentieller Zustände in den immer wieder auftretenden Zuständen nervöser Aktivität auf seiten des Beobachters", also die (Selbst)-Beobachtung einer "Bistabilität des Systems",[294] konstituiert die Erzeugung der Zeit. Zeit ist als Kategorie der Wahrnehmung "eine Dimension im Bereich der Beschreibungen und nicht ein Merkmal des Milieus."[295] "Zeit erweist sich als ein (affektiv besetztes) Beobachter- und Relationskonzept."[296]

Erinnerungen stellen gegenwärtige Konstruktionen von *Vergangenheits*vorstellungen dar.[297] Diese Bewusstseinsinhalte werden "deshalb mit der Vergangenheit assoziiert gedacht [...], weil sie [für das System] von prinzipiell gleicher Art sind wie Bewusst-

---

[291]RUSCH, Gebhard (1987), 385.

[292]RUSCH, Gebhard (1987), 383.

[293]Radikale Konstruktivisten bestreiten nicht, dass es das Phänomen 'Zeit', 'Vergangenheit' und 'Geschichte' auch außerhalb menschlicher Wirklichkeitsauffassungen gibt. Allerdings bleibt für Radikale Konstruktivisten entscheidend, dass alle Wahrnehmungen (und damit auch wissenschaftliche Darstellungen) an die Wahrnehmungsbedingungen autopoietischer Systeme gebunden bleiben. 'Zeit' ist als Element im Bereich der menschlichen Kognition zu verstehen, wenn in den Blick genommen werden soll, was diese Entitäten für den Menschen bzw. für lebende Systeme *bedeuten* und *wie* 'Zeit' in der Wahrnehmung dieser lebenden Systeme entsteht. Ein totales, d.h. von den Systembedingungen unabhängiges, Verständnis von Zeit bleibt lebenden Systemen verwehrt. Vgl. RUSCH, Gebhard (1987), 420; WATZLAWICK, Paul (1988), 221f.

[294]BAECKER, Dirk (1996), 351 bezeichnet als 'Bistabilität des Systems' die "Oszillation des Systemverhaltens zwischen zwei einander komplementären und gleichwohl sich ausschließenden Aktivitätszuständen." Als Aktivitätszustände sind die Rolle des Beobachters und die Rolle des Beobachteten zu unterscheiden.

[295]MATURANA, Humberto R. (1985), 234.

[296]SCHMIDT, Siegfried J. (1996), 41.

[297]SCHMIDT, Siegfried J. (1996), 42.

seinsinhalte, in denen 'vollendete' [bzw. 'vertraute'] Handlungselemente bewusst sind."[298] Die konkrete Erinnerung steht für einen Bewusstseinsinhalt, der im Modus 'vertrauter Bewusstheit' wahrgenommen wird: so *intensiv*, wie bei 'kategorialen Wahrnehmungen' und so *eingeschränkt* mit sensorischen Stimulationen *verrechenbar*, wie bei 'Vorstellungen'.[299]

Damit wird das Alltagsverständnis von Vergangenheit und Erinnerung[300] umgedreht: "Nicht Erinnerungen entstammen der Vergangenheit, sondern die Vergangenheit (im Sinne eines Wirklichkeitsbereiches) verdankt sich der Erinnerung und Erinnerungselaboration."[301]

Das System kompensiert in der 'Externalisierung' einer als 'irreversibel' konzipierten Zeit die Kontingenzerfahrung systemischen Wahrnehmens und Verhaltens, welche ihm durch Gedächtnisprozesse auf der Ebene des Bewusstseins ermöglicht bzw. aufgenötigt wurde.[302] Es stabilisiert sich, indem 'Vergangenheit' und 'Zukunft' Wahrnehmungs- und Handlungsräume eröffnen, die nur noch in selektiver Hinsicht an die Umwelt gekoppelt sind und dennoch systemerhaltende Orientierung erschließen.

2.5   Konstruktivismus radikal durchgehalten?

Radikale Konstruktivisten grenzen sich 'radikal' von anderen Erkenntnistheorien ab, indem sie ihr Forschungsinteresse auf die Frage nach dem 'Wie' von Zusammenhängen (Strukturen, Funktionen) und Abläufen (Prozesse) fokussieren.[303] Philosophische Kreise bleiben bisher diesen Forschungsansätzen gegenüber weitgehend distanziert, was sicher auch an dem unbekümmerten, zuweilen polemisch antiphilosophischen Grundton vieler radikal konstruktivistischer Beiträge liegt.[304] Auch mögliche ethische Konsequenzen einer radikal konstruktivistischen Erschließung von Wirklichkeit werden kontrovers diskutiert.[305]

Die Auseinandersetzungen um erkenntnistheoretische, ontologische, ethische oder praktische Setzungen und Konsequenzen Radikaler Konstruktivisten soll und kann hier

---

[298]RUSCH, Gebhard (1996), 275.

[299]Diese Verhältnisbestimmung ergibt sich, wenn die Ausführungen von RUSCH, Gebhard (1987), 391 in den Funktionskreis kognitiver Prozesse integriert werden, vgl. das Diagramm im Anhang S. 299ff.

[300]Das 'Alltagsverständnis' bildet ja nichts anderes ab, als die wissenschaftlich beschriebene Externalisierung und Internalisierung von Kognitionen: Der Mensch *externalisiert* als irreversible Zeit 'Vergangenheit' eine als 'Erinnerung' *internalisierte* Wahrnehmung des Systems.

[301]RUSCH, Gebhard (1996), 275.

[302]Vgl. BAECKER, Dirk (1996), 357.

[303]Vgl. S. 43.

[304]Vgl. WEIDHAS, Roija F. (1994), 41.

[305]Vgl. WEIDHAS, Roija F. (1994), 117; RUSCH, Gebhard/SCHMIDT, Siegfried J. (1995). Auch die Diskussion im Zusammenhang der Leib-Seele- bzw. der Brain-Mind-Problematik kann hierzu gezählt werden; vgl. Anm. 927.

nicht wiedergegeben werden. Vielmehr gilt es beispielhaft einzelne Momente, die für die Erforschung des Gedächtnisses des Menschen von Belang scheinen, hervorzuheben. Die Darstellung radikal konstruktivistischer Forschungszugänge wurde darüber hinaus bereits in den Fußnoten mit kritischen Anmerkungen versehen.

Radikale Konstruktivisten konzentrieren sich auf die 'Beobachtung von Veränderungen', weil sich für sie die Frage nach dem '*Wie*' der Entstehung von Wissen auf keinem anderem Wege beantworten lässt. Damit konnte tatsächlich ein Erkenntnisgewinn erzielt werden. Die radikal konstruktivistische Analyse neuronaler Operationen vermag die Struktur und Funktion kognitiver Prozesse offenzulegen. Als Struktur kognitiver Prozesse kann deren Kontextualität und Dynamik, als Funktion kognitiver Prozesse kann die Orientierung durch Wahrnehmungserzeugung erkannt werden.

Dieses Ergebnis wird als Aufweis einer relational-relativen Organisationsstruktur zusammengefasst und interpretiert. Allerdings sind damit eben nur die (strukturell funktionalen) Voraussetzungen von Erkenntnisprozessen aufgewiesen. Der Radikale Konstruktivismus kann bisher die Erkenntnisprozesse selbst, also die Gründe ihrer konkreten Aktualisierung und den Verlauf ihrer Generierung (Elaboration von Information), nicht klären.[306] Zu wenig Beachtung scheinen radikal konstruktivistische Forschungsansätze bisher dem Umstand zu schenken, dass selbst die Struktur und Funktion *aktuell* synthetisierter Wahrnehmungen bzw. Wahrnehmungsleistungen noch rätselhaft bleibt, wenn die *Gründe* der aktuellen Entstehung und der Verlauf der aktuellen Komplexitätssteigerung im Dunkeln bleiben.[307] Die Emergenztheorie der Physik erscheint als interessanter Versuch, sich dem zugrundeliegenden Problem anzunähern. Diese Theorie wäre auch innerhalb der neurobiologischen Hirnforschung verstärkt aufzugreifen. Mit der Thematisierung von 'Emergenz' eröffnet sich kein linear abzuarbeitendes 'missing link', sondern vielmehr ein entscheidender Platzhalter innerhalb der Konstruktion von Wirklichkeit. Erst mit dieser offen gehaltenen Leerstelle wird die radikal konstruktivistische Gedächtnisforschung ihre eigenen Prämissen einhalten und thematisieren: Wirklichkeit *bleibt* jenseits der Wahrnehmungsstrukturen und -prozesse der agierenden Subjekte für diese unzugänglich bzw. Geheimnis.

Der radikal konstruktivistische Aufweis einer *relational-relativen Organisationsstruktur* kognitiver Prozesse ist als Erkenntnisgewinn festzuhalten. Dieser Ertrag ist auch deshalb bedeutsam, weil mit ihm 'Konstruktivität' als eine *grundlegende* Signatur von Wahrnehmung und Wahrnehmungsprozessen offengelegt wurde. Mit der Erforschung des *Gedächtnisses* konnte der Begriff der 'Konstruktion' aus seiner alltagssprachlich defizitären Konnotation gelöst und inhaltlich gefüllt werden. Die Gedächtnistheorie exem-

---

[306]Vgl. MEINEFELD, Werner (1995), 122. Diese Kritik ist keinem 'Rückfall' in ein 'vor-radikal-konstruktivistisches Denken' geschuldet, da kein Beobachter-unabhängiger Aufweis hier intendiert ist.

[307]Trotz der Systematisierung der Strukturen und Funktionen neuronaler Prozesse können Radikale Konstruktivisten nicht im Einzelnen beobachten, warum und wie aus der Aktivität unendlich anmutender Zellen und Zellverknüpfungen eine komplexe, kognitive Gesamtleistung entsteht.

plifiziert 'Konstruktion' als ein *konstruktives*, d.h. erhaltend-aufbauendes und strukturiertes, Geschehen der Erschließung von *Wirklichkeit*.

Vor dem Hintergrund einer differenzierten Gedächtnistheorie bedarf dann der Begriff der 'Viabilität' aber einer Modifikation. Das Gedächtnis wurde beim lebenden System 'Mensch' als Organisations- und Modulationsinstanz von Bewusstsein ausgemacht. Gedächtnisprozesse können entsprechend orientierende Wahrnehmungen auf der Ebene des Bewusstseins auch ohne *und gegen* eine sensorische Stimulation erzeugen. Derartige Wahrnehmungsprozesse und Wahrnehmungsinhalte erweitern nicht nur das Verhaltensfeld des Menschen, sondern qualifizieren auch die spezifische Ausgestaltung des systeminternen Verifikationskriteriums 'Gangbarkeit'. In einem neuronalen System, dessen Gedächtnisprozesse ein Spektrum unterschiedlicher Bewusstseinsformen ('dezidiertes Lernen', 'kategoriale Wahrnehmung', 'Denken', 'Erinnerung') elaborieren können, unterliegt auch das Verifikationskriterium einer Komplexitätssteigerung. 'Viabilität' (Gangbarkeit) darf dann nicht als 'gleichförmige Anschlussfähigkeit' oder als Hinordnung auf eine 'parallelisierende Entsprechung' verkürzt werden. Die Gedächtnistheorie veranschaulicht, dass 'Viabilität' beim Menschen gerade eine umweltkonträre, in diesem Sinne kontrapräsentische, 'Gangbarkeit' mit umfassen kann und den Menschen 'radikal frei und unberechenbar' hält.[308]

---

[308]Die Rückwirkungen bewusster Wahrnehmung auf die Aktivitäten des Systems sind im neuronalen Funktionskreis angelegt, aber im einzelnen noch weitgehend ungeklärt.

3   Maurice Halbwachs: Die Entdeckung des 'kollektiven Gedächtnisses'

3.1   Brückenschlag zur soziologischen Gedächtnisforschung

Der französische Soziologe Maurice Halbwachs[309] entwickelte in den 20er Jahren des letzten Jahrhunderts in der Auseinandersetzung zwischen Philosophie und Psychologie auf der einen und Soziologie auf der anderen Seite den Begriff *'mémoire collective'*.[310] Als Student Henri Bergsons mit der Lebensphilosophie[311] sowie dessen zentralem Begriff *'mémoire'* in Kontakt gekommen, und als Schüler Émile Durkheims mit der neu entstehenden Soziologie und Durkheims Begriff des *'conscience collective'* vertraut, verkörperte er geradezu die Begegnung der Disziplinen in seiner Person.

Der neu gefundene theoretisch-hermeneutische Ansatz sollte sich als roter Faden durch Halbwachs' Forschungen zu Bedürfnislagen, Geschmacksrichtungen und Lebensbedingungen von Arbeitern ziehen. Die theoretisch-empirische Ausrichtung machte ihn zum Mitbegründer der Sozialpsychologie[312] und eröffnete die Möglichkeit, das Gedächtnis als soziales Phänomen zu interpretieren. Derart konnte der Durkheimsche Begriff des *'conscience collective'* entmythologisiert und die subjektivistische Perspektive der Bergsonschen *'mémoire'* gesprengt werden.[313] Zu diesem Zweck suchte er, in Anlehnung und Abgrenzung zu Bergson, in *Das kollektive Gedächtnis*, die Verhältnisbestimmung des kollektiven Gedächtnisses zu dem individuellen Gedächtnis, zu dem historischen Gedächtnis und der Raum-Zeit-Erfahrung zu klären. In *Das Gedächtnis* wandte er sich v.a. gegen Freuds These vom Fortleben der Erinnerung im Unbewussten[314] und konzipierte demgegenüber das Modell einer Rekonstruktion kollektiver Erinnerung, ausgehend von der Gegenwart einer Gesellschaft.

Doch das Halbwachssche Theorem besteht nicht nur in einer soziologischen, konstruktivistischen Methoden-Weitung der klassischen Gedächtnisforschung, sondern darüber hinaus in dem inhaltlichen Befund, alle bisherigen Forschungsergebnisse

---

[309]Geboren am 11.03.1877 in Reims, gestorben am 16.03.1945 im Konzentrationslager Buchenwald.

[310]In den drei Büchern: *Les cadres sociaux de la mémoire*, Paris 1925; hier: (1985): *Das Gedächtnis und seine sozialen Bedingungen - La topographie légendaire des Évangiles en Terre sainte*, Paris 1941; - *La mémoire collective*, Paris 1950, ein auf der Basis eines vorgefundenen Manuskripts posthum veröffentlichtes Werk, hier: (1991): *Das kollektive Gedächtnis*. Zur Halbwachsschen Theorie vgl. den schematischen Überblick im Anhang, S. 302f.

[311]METZ, Johann B. (1992b), 184. Für die folgenden Angaben vgl. HALBWACHS, Mme. (1964) und MAUS, Heinz (1985).

[312]HALBWACHS, Mme. (1964), 12. Nach Professuren in Caen, Straßburg und an der Sorbonne erhielt Halbwachs 1944 am Collège de France eine Professur für Sozialpsychologie - wenige Tage später wurde er deportiert, vgl. MAUS, Heinz (1985), VI und FISCHOFF, Ephraim (1972).

[313]MAUS, Heinz (1985), VI und ASSMANN, Jan (1992a), 35.

[314]Freud bleibt überzeugt: "Von den Wahrnehmungen, die an uns herankommen, verbleibt in unserem psychischen Apparat eine Spur, die wir 'Erinnerungsspur' heißen können. Die Funktion, die sich auf diese Erinnerungsspur bezieht, heißen wir ja 'Gedächtnis'", vgl. FREUD, Sigmund (1982), 514. Zu Freuds Vorstellung von der Konstanz dieser Erinnerungsspur vergleiche die Zusammenfassung durch Cancik und Mohr in der Anm. 30.

soziologisch 'umzuwerten' bzw. zu fundieren. Der Ausdruck *'mémoire collective'* dient so als Korrektiv zum Ausdruck *'mémoire individuelle'*,[315] denn "es gibt kein mögliches Gedächtnis außerhalb derjenigen Bezugsrahmen, deren sich die in der Gesellschaft lebenden Menschen bedienen"[316]: Es existiert kein Gedächtnis, das nicht sozial ist.

Wenn sich das Phänomen 'Gedächtnis' nur soziologisch hinreichend beschreiben lässt, dann kann allerdings als Aufgabe in Bezug auf Halbwachs formuliert werden: Die verschiedenen Ebenen des innerhalb der Individualpsychologie[317] vor dem Hintergrund des Alltagsgebrauchs generierten Gedächtnisbegriffs sind von soziologischer Seite methodisch und inhaltlich nachzuzeichnen. Derart ließe sich Anspruch und Stringenz des eigenen 'hermeneutischen Schlüssels' dokumentieren. Um die Konzeption Maurice Halbwachs' einer kritischen Würdigung zu unterziehen, erfolgt in der vorliegenden Arbeit die systematische Darstellung der Ergebnisse seiner Gedächtnisforschung unter der Perspektive der drei Ebenen des Gedächtnisses als *Träger / Organ / Raum / Medium*, als *Struktur / Akt* und als *Inhalt*.[318]

3.2   Die Sozialität des Gedächtnisses als Struktur des Gedächtnisraumes

Die zentrale und methodisch entscheidende These Halbwachs' ist jene von der sozialen Bedingtheit anstelle der hinreichend biologisch-genetischen Basis des Gedächtnisses. Damit rückt in den Mittelpunkt der Untersuchung die Verhältnisbestimmung von Individuum bzw. individuellem Gedächtnis und den dieses Gedächtnis umgebenden "sozialen Rahmen" *('cadres sociaux')*.[319] Im Kontext einer solchen "Rahmenanalyse des Erinnerns"[320] zeigt sich der Charakter des Gedächtnisses als soziogen in einem zweifachen Sinne:[321] Das individuelle Gedächtnis ist einerseits sozial vermittelt, entsteht also erst durch Gemeinschaft und ist andererseits selbst sozial bzw. gruppenbezogen, lässt also seinerseits Gemeinschaft entstehen.

Um die soziale, kollektive Begründung und Fundierung des individuellen Gedächtnisses aufzuzeigen, folgt Halbwachs zunächst der klassischen Psychologie Freudscher Prove-

---

[315]CANCIK, Hubert/MOHR, Hubert (1990), 308.

[316]HALBWACHS, Maurice (1985), 121.

[317]Der Begriff 'Individualpsychologie' wird hier *nicht* als Sammelbegriff für die von Alfred Adler gegen Freud formulierte Lehre gebraucht.

[318]Die Dreiteilung ist zu finden bei CANCIK, Hubert/MOHR, Hubert (1990), 299. Adorno kennt wohl im Zusammenhang des benachbarten Themas 'Tradition' eine ähnliche Einteilung, wenn er "an den Generationszusammenhang [als Organ], an das was von Glied zu Glied sich vererbt [als Inhalt], (...) an handwerkliche Überlieferung [als Struktur / Akt]" denkt; vgl. ADORNO, Theodor W. (1967), 29. Vgl. die Begriffsbestimmung von 'Gedächtnis' in Anm. 17.

[319]Vgl. den französischen Original-Titel von HALBWACHS, Maurice (1985).

[320]ASSMANN, Jan (1992a), 36 bezeichnet derart das Halbwachssche Projekt.

[321]ASSMANN, Aleida und Jan (1994), 118.

nienz in das 'Reich des Traumes', in jenen Bereich also, in dem "der schlafende Mensch sich einige Zeit lang in einem isolierten Zustand befindet, der zumindest teilweise demjenigen gleicht, in dem er leben würde, wenn er mit keiner Gesellschaft in Berührung und Verbindung stände."[322] Wenn die Möglichkeit zu einem Erinnern außerhalb und unabhängig von kollektiven Bezugsrahmen existiert, müsste sich gerade hier der charakteristische Einfluss bzw. das Fehlen dieser gesellschaftlichen Bezugsrahmen rekonstruieren lassen.

Als Kennzeichen des traumgestützten Vergangenheitsbezugs führt Halbwachs den Bildcharakter der erfahrenen Vergangenheit und die Illusion der Verschmelzung mit der Vorstellung im Traum an. Im Traum wird keine Vergangenheit als solche rekapituliert, weder in ihrem linearen, noch in ihrem komplexen Verlauf.[323] Die "Traumkategorien" sind bestimmt durch imaginierte "Bilder", die "Stereotypen" und "unkenntliche Erinnerungsfragmente" darstellen[324], welche "außerhalb derselben [Kategorien] und für sich betrachtet, (...) keinerlei Realität, keine Festigkeit"[325] in der 'Realzeit' besitzen. Der Grund für eine derart im *Bild* erfolgte Reduktion von Vergangenheit bzw. von Vergangenheitswahrnehmung liegt gerade in dem sozial isolierten Status des Traumes: "uns [fehlt] im Traum für das Erinnern eben die Unterstützung der Gesellschaft"[326]. Es mangelt an sozialer Vermittlung von Gedächtnisinhalten und Erinnerungsbahnen.

Auch jene der Traumwelt eigene Illusion, mit der Vergangenheit bzw. den "Erinnerungsfragmenten" zu verschmelzen, weil diese wieder 'verlebendigt' werden[327], verweist auf den defizitären Charakter des Vergangenheitsbezugs außerhalb gesellschaftlicher Bezugsrahmen. Die der 'vergangenen Gegenwart' inhärente Identität wird vielmehr in der distanzlosen Wiederbelebung aufgegeben, denn das Erlebnis der Verschmelzung wird situativen (u.v.a. emotionalen) Einflüssen ausgesetzt.[328] Der Bruch zwischen tatsächlicher und rekapitulierter Vergangenheit bleibt unbemerkt, weil das durch Sozialität erzeugte "Realitätsgefühl" fehlt: "Man kann sich nur unter den Bedingungen erinnern, dass man den Platz der uns interessierenden vergangenen Ereignisse in den Bezugsrahmen des Kollektivgedächtnisses findet. Eine Erinnerung ist um so reicher, je größer die Anzahl jener Rahmen ist, in deren Schnittpunkt sie auftaucht"[329].

In der Eigenschaft als Bild- und Verschmelzungsassoziation verweist für Halbwachs gerade die vermeintlich rein individuelle Sphäre des Traumes auf die im Wachzustand grundlegende Verknüpfung von kollektiv geprägter Wahrnehmung und Erinnerung.

---

[322]HALBWACHS, Maurice (1985), 21.

[323]HALBWACHS, Maurice (1985), 367.

[324]HALBWACHS, Maurice (1985), 367; 69; 35; 83.

[325]HALBWACHS, Maurice (1985), 367.

[326]HALBWACHS, Maurice (1985), 367.

[327]HALBWACHS, Maurice (1985), 363.

[328]HALBWACHS, Maurice (1985), 69.

[329]HALBWACHS, Maurice (1985), 368.

Seine "Rahmenanalyse des Erinnerns" weitet sich so geradezu zu einer 'Rahmenanalyse sowohl des Wahrnehmens als auch des Erinnerns':

Es gibt "keine kollektive Wahrnehmung, die nicht von der Wort- und Begriffser-innerung begleitet sein müsste, da diese sie allein ermöglicht; diese Erinnerung allein gestattet den Menschen, sich über die Dinge zu verständigen"[330]. Der durch Sprache kollektiv fundierte Bewusstseinshorizont des Individuums stellt die Basis dafür dar, dass es keine Wahrnehmung ohne Erinnerung gibt: Verstanden wird nur innerhalb gesell-schaftlicher Konventionen und Erfahrungen bzw. erinnerter Erfahrungen; wahrgenom-men wird immer im Hinblick auf sozial vorgegebene Rahmen der Bedeutsamkeit.[331]

Gleichzeitig existiert auch umgekehrt "keine Erinnerung ohne Wahrnehmung", denn der Mensch erinnert "sich um so besser und reproduziert (...) seine Vergangenheit um so präziser und konkreter, je besser er die Vergangenheit von der Gegenwart unterscheidet, (...) d.h. je mehr er aus sich heraustritt".[332] Damit kann neben der Sprache, an der sich strukturell Erinnerungen festmachen, die Reflexion bzw. Distanzierung gegenüber dem Wahrgenommenen als Voraussetzung dafür erachtet werden, dass überhaupt erinnert werden kann: Was wir zu einer anderen Zeit erlebten oder von anderen erfahren und erzählt bekamen, wird nur *dann* erinnert, *wenn* der Hiatus, der zwischen Erlebtem und eigener Identität besteht, wahrgenommen wird. Dieser individuell wahrzunehmende Bruch ist dabei inhaltlich von kollektiv fixierten Bezugspunkten in Raum und Zeit geprägt, denn er wird in Prozessen der Kommunikation und Interaktion vermittelt bzw. weitergegeben.[333]

3.2.1   Die Verhältnisbestimmung von individuellem und kollektivem Gedächtnis

Sofern der aufgezeigte, systematische Nexus zwischen Wahrnehmung und Erinnerung als Bedingung menschlichen Bewusstseins notwendigerweise besteht, kann mit Halb-wachs als das entscheidende Strukturmerkmal des 'Mediums' bzw. 'Organs des Gedächt-nisses' dessen *Soziogenese* bezeichnet werden. Dem Individuum wächst erst im Laufe der Sozialisation, nach Maßgabe und Umfang von Kommunikation und Interaktion im Rahmen sozialer Gruppen, - als *homo sociologicus*[334]- ein individuelles, kollektiv geprägtes Gedächtnis zu. Individuell ist dieses dabei genaugenommen nur in zweifacher Weise: (a) Strukturell, "im Sinne einer je einzigartigen Verbindung von Kollektivge-dächtnissen als Ort der verschiedenen gruppenbezogenen Kollektivgedächtnisse und

---

[330]HALBWACHS, Maurice (1985), 363.

[331]HALBWACHS, Maurice (1991), 12.

[332]HALBWACHS, Maurice (1985), 363f.

[333]Halbwachs spricht deshalb von der Unmöglichkeit, bei einem gesellschaftlich lebenden Menschen eine äußere und eine innere Art von Beobachtung zu unterscheiden; vgl. HALBWACHS, Maurice (1985), 364.

[334]Ralf Dahrendorf führte diesen Begriff 1958 in die deutschsprachige Soziologie ein, um die im Angloamerikanischen beheimatete Kategorie der "sozialen Rolle" fortzuentwickeln und in der kontinen-talen Diskussion zu etablieren.

ihrer je spezifischen Verbindung".[335] Damit geht die Feststellung einher, dass es die Leistung des Individuums bleibt, sich zu erinnern[336]. (b) Inhaltlich besteht der individuelle Charakter insofern, als mit diesem Gedächtnis dann "der Strom der Eindrücke", der Gefühle, "der eng mit unserem Körper verbunden"[337] ist, bezeichnet wird.

Sozial ist das individuelle Gedächtnis aufgrund seiner beschriebenen Konstituierung innerhalb des Sozialisationsprozesses: das *'Gedächtnis als Medium'* bzw. *'Organ'* wird der einzelnen Person durch das kollektive Medium Sprache sozial erschlossen und durch die Erinnerungen anderer kollektiv gefüllt.[338] In diesem Kontext seiner Entstehung wird auch die Funktion dieses Mediums erkennbar, welche in der Verortung des Individuums in und gegenüber verschiedenen Gruppen besteht. Das individuelle Gedächtnis konzipiert sich so aus der gleichzeitigen Teilhabe an verschiedenen Gruppen als Gruppengedächtnis,[339] dabei wird es von seinem personalen Träger als mehr oder weniger reflektiertes Konglomerat erfahren[340].

Die einzelnen, sozial generierten Gedächtnisse bilden jeweils ein eigenständiges, "unabhängiges System", dessen Elemente "untereinander verbunden und aufeinander gestützt sind"[341] und so eine distinkte Abgrenzung und Identifikation der Träger fördern. Die Frage der Gruppenzugehörigkeit wird für das Individuum konkret, weil die einzelnen Systeme der Gruppen deutliche Unterscheidungs- und Wesensmerkmale aufweisen. Ein eigenes Gruppengedächtnis als kollektives Gegenüber ist neben dem sozialen Gruppengedächtnis des Individuums entstanden. Aus diesem Grund geht das individuelle Gedächtnis für Halbwachs auch nicht im Begriff des 'kollektiven Gedächtnisses' auf, ihm liegt vielmehr an einer Unterscheidung zwischen dem sozialen Gedächtnis des Individuums und dem Kollektivgedächtnis der Gruppe. Die angeführten Beispiele derartiger Gruppengedächtnisse verweisen auf ein breites, sich kreuzendes und überlagerndes Spektrum verschiedener Gruppen: dieses reicht von der Familie, Dorfgemeinschaft, über Berufs-, Kriegs- und soziale Gemeinschaften (Klassen) bis zu Parteien, Nationen und Religionsgemeinschaften.[342] Mit ihrer tendenziellen Allgegenwart und Unausweichlichkeit im Alltagsleben machen sie auf den koexistentiellen Charakter kollektiver Gedächtnisse im individuellen Lebensvollzug aufmerksam. Die Fixierung eines Gedächtnisses an Kollektiven verdeutlicht, dass Halbwachs auch für das Gruppengedächtnis, über das individuelle Gedächtnis hinaus, den Status eines eigenständigen Mediums reklamiert. Damit, dass die Gruppe als autonomer Träger eines Gedächtnisses

---

[335]ASSMANN, Jan (1992a), 37.

[336]HALBWACHS, Maurice (1991), 31.

[337]HALBWACHS, Maurice (1991), 125.

[338]Zur umfassenden inhaltlichen Füllung des individuellen Gedächtnisses vgl. HALBWACHS, Maurice (1991), 2f.

[339]HALBWACHS, Maurice (1991), 65.

[340]Als Beispiel für den begrenzten Reflexionsgehalt des Denkens vgl. HALBWACHS, Maurice (1991), 11, zum konstitutiv 'sozialen Wesen Mensch' vgl. HALBWACHS, Maurice (1991), 15.

[341]HALBWACHS, Maurice (1991), 11.

[342]Vgl. HALBWACHS, Maurice (1985), passim.

gilt, versucht er die individualpsychologisch-biologistische Suche nach dem Ort des Gedächtnisses in den Raum des Kollektivs hinein zu weiten.[343]

Für die Begriffsebene *'Gedächtnis als Raum'* bzw. *'Medium'* des Vergangenheitsbezugs kann zusammenfassend das individuelle Gedächtnis als "ein 'Ausblickspunkt' auf das kollektive Gedächtnis",[344] als die individuelle Form der Teilhabe an diesem kollektiven Gedächtnis, bezeichnet werden. Es ist der Ort, an dem sich das Kollektivgedächtnis im Moment des Erinnerns partiell "verwirklicht und offenbart"[345]. Das Kollektivgedächtnis ist seinerseits Bezugspunkt und Reservoir des jeweiligen individuellen Gedächtnisses. Es stellt den Ort und die Mittel bereit, in deren Kontext das Individuum erinnert.[346] Es ist vom individuellen Gedächtnis zu scheiden, da es diesem in seinem vollen Umfang unverfügbar bleibt, es lässt vielmehr die "Gesamtheit der Menschen"[347] zur eigenen Gedächtnis-Größe werden.

3.3   Rekonstruktion von Vergangenheit als Struktur des Erinnerungsaktes

Die als Kennzeichen des Gedächtnis*trägers* dargestellte kategoriale Verknüpfung sozial geprägter sowie vermittelter Wahrnehmung und Erinnerung markiert von sich aus die Qualität des Gedächtnis*inhaltes*: Keine Vergangenheit erhält sich als solche in der Erinnerung,[348] denn Sprachhorizont und Reflexion prägen in jedem Moment die Erinnerung inhaltlich (neu). Damit stellt sich weiterführend die Frage, wie nun der Prozess des Erinnerns selbst abläuft, wie sich der *Akt* des Gedenkens, diese 'geistige Handlung' vollzieht.

Wenn der Geschichte keine eigenständige konservierende Eigenschaft und Größe zukommt, dann gilt für die kollektiven Erinnerungen, die das Gedächtnis bilden, dass "nur das an ihnen bleibt, was die Gesellschaft in jeder Epoche mit ihren gegenwärtigen Bezugsrahmen rekonstruieren kann".[349] Erinnert wird rekonstruktiv: Erinnerungen werden bewahrt, indem sie, ausgehend von den Gegebenheiten der Gegenwart,[350] in einen kollektiven Bezugs-Rahmen, einen Sinn-Rahmen hineingestellt werden. Diese

---

[343]HALBWACHS, Maurice (1991), 34f, 65. Assmann kritisiert die Halbwachssche Verwendung des "Kollektiv[s] als Subjekt von Gedächtnis", vgl. ASSMANN, Jan (1992a), 36.

[344]HALBWACHS, Maurice (1991), 31.

[345]HALBWACHS, Maurice (1985), 23.

[346]Halbwachs spricht davon, dass sich das Individuum erinnert, "indem es sich auf den Standpunkt der Gruppe stellt", vgl. HALBWACHS, Maurice (1985), 23.

[347]HALBWACHS, Maurice (1991), 31; zur Kritik an Halbwachs' Verständnis eines Kollektivgedächtnisses vgl. Anm. 407, S. 104ff und S. 109.

[348]Halbwachs wendet sich gegen Freud mit der Feststellung: "Man muss also die Vorstellung aufgeben, die Vergangenheit erhielte sich als solche in den individuellen Gedächtnissen", HALBWACHS, Maurice (1985), 368; (vgl. Anm. 323).

[349]HALBWACHS, Maurice (1985), 390.

[350]HALBWACHS, Maurice (1991), 55.

'Kontextualisierung' des Gedenkens verformt die erinnerte Vergangenheit[351] in zweierlei Hinsicht: Einerseits wird das Wissen aus der Vergangenheit auf eine konkrete Situation der Gegenwart bezogen, d.h. dem Erinnerten kommt eine den Moment übersteigende Sinnfülle bzw. Bedeutung zu, denn nur so besteht überhaupt ein kollektiver Bedarf, Vergangenes zu erinnern. Andererseits erfolgt gegenüber dem Wissen um Vergangenheit so etwas wie eine Synthetisierung. Die einstige Wahrnehmungsfülle wird im Moment des verarbeitenden Wahrnehmens und des Erinnerns zum Bild bzw. zum Symbol komprimiert und konkretisiert. Sie verbindet sich in Folge mit konkreten Personen und Orten.[352] Erst so besteht für Vergangenes eine Speicherfähigkeit im kollektiven Gedächtnis. Der Zweck dieser 'Geschichts-Modellierung' besteht darin, *Erinnerungsbilder* auszubilden, die in ihrer kulturell je unterschiedlichen Ausgestaltung Gehalt und Struktur des Erinnerten im Detail prägen. Diese Erinnerungsbilder[353] zeichnen sich als kategoriale Bahnen kollektiven Gedenkens durch die Merkmale eines konkreten Raum- und Zeitbezugs, eines konkreten Gruppenbezugs und einer aktuellen Konstruktionsleistung aus.[354]

Jedes kollektive Gedächtnis bewegt sich in einem singulären Raum zu einer spezifischen Zeit, weil seine Träger von der eigenen Begrenzung in Raum und Zeit bestimmt sind.[355] Aufgrund dieser Begrenztheitserfahrung des Individuums wie des Kollektivs, ist das Gedächtnis auf konkrete Orientierung angewiesen, sobald es sich als solches auskristallisiert. Diese Orientierung wird mittels Erinnerungsbilder ermöglicht, die sich im Raum substantialisieren und in der Zeit aktualisieren lassen.[356] Gerade am Beispiel religiöser Gemeinschaften bzw. des Christentums zeigt Halbwachs auf,[357] was für alle Formen von Gruppenbildungen gilt: Kollektive sind bestrebt, ihr Gedächtnis zu verräumlichen, konkrete Orte zu schaffen, welche nicht nur als Umwelt, quasi als Plattform, dem Alltagsleben der Gruppe medial zur Verfügung stehen, sondern welche auch inhaltlich als Symbol, die den Alltag transzendierende Identität verkörpern und veranschaulichen können. Gruppen liegt insofern an einer *'Identitätsfixierung'* im Sinne einer Substantialisierung und Stabilisierung ihrer Identität.

---

[351]HALBWACHS, Maurice (1985), 381.

[352]HALBWACHS, Maurice (1941), 158.

[353]HALBWACHS, Maurice (1985), 25ff.

[354]Im Wesentlichen werden diese Gliederungsaspekte später von Jan Assmann übernommen, vgl. Assmann (1992a), 38-42; Assmann bleibt insofern im Duktus von Halbwachs, als er von *Rekonstruktivität* spricht. Halbwachs fortführend, weist er mit Recht darauf hin, dass neben ikonischen auch narrative Formen die Funktion von 'Erinnerungsbildern' übernehmen können, entsprechend spricht er allgemeiner von 'Erinnerungsfiguren', vgl. ASSMANN, Jan (1992a), 38 Anm. 19. Die hier unternommene Darstellung bleibt aus formalen Gründen gleichwohl dem Halbwachsschen Sprachgebrauch verbunden.

[355]HALBWACHS, Maurice (1991), 73, 117, 142, 161.

[356]ASSMANN, Jan (1992a), 38.

[357]Als Beispiel dient die Funktion der Kirche als Versammlungsort, vgl. HALBWACHS, Maurice (1991), 158-161; eine ausführlichere Explikation der Verräumlichung leistete Halbwachs wiederum für das Christentum in *La topographie légendaire des Évangiles en Terre sainte.*

Kollektiv verankerte Erinnerungsbilder gelten über den raum-zeitlichen Bezug hinaus nur für jene konkreten Gruppen, in denen sie beheimatet sind; Erinnerungsbilder bleiben wie das durch sie fundierte Kollektivgedächtnis nicht beliebig übertragbar, sie haften gewissermaßen an ihren Trägern. Sie lassen das Kollektivgedächtnis *"identitätskonkret"* werden, was bedeutet, "dass es ausschließlich auf den Standpunkt einer wirklichen und lebendigen Gruppe bezogen ist".[358] Da eine Gruppe "in Wirklichkeit in jeder ihrer wichtigen Erinnerungen nicht nur ein Stück Erfahrung (...), sondern auch so etwas wie einen Nachhall ihrer Überlegungen",[359] eine "Lehre" einschließt, kommt gruppenbezogenen Erinnerungen eine doppelte Funktion bzw. Qualität zu: Diese Erinnerungen "reproduzieren nicht nur ihre [der Gruppen eigene] Vergangenheit, sondern sie definieren ihre Wesensart".[360] In der Formulierung eines Selbstbildes, einer Identität, welche die Eigenart der Gruppe und damit die Differenz der Umwelt zum Gegenstand hat, liegt eine der sozialen Funktionen des Vergangenheitsbezugs. Das Kollektiv formiert sich um das gemeinsam geteilte Wissen, die Gruppe findet sich als 'Erinnerungsgemeinschaft'. Der andere Zweck, dem die soziale Erinnerung dient, besteht in der Qualifizierung dieses kollektiven Selbstbildes. Der Gehalt der eigenen gegenwärtigen Identität wird in die Vergangenheit zurückprojiziert[361] und bewirkt damit eine zeitliche Ausdehnung des Selbstbildes, welche auf dem Bewusstsein einer durch die Zeiten hindurch unveränderlichen Einheit der Gruppe fußt.[362] Der erstrebte Charakter der Kontinuität einer Existenz bzw. Identität als Kollektiv lässt dabei die Gruppe interne Veränderungen tendenziell ganz ausblenden oder verlangt zumindest, die im Laufe der Zeit erfolgten Wandlungen zu nivellieren.

Jenseits der Kennzeichen 'Erinnerungsgemeinschaft' und lineare 'Erinnerungseinheit' verweist der Mechanismus der Entstehung von Erinnerungsbildern im Kontext einer strikten Gruppenbezogenheit auf das dritte Merkmal kollektiver Gedächtnisse, ihre 'aktuelle Konstruktionsleistung'. Geschichte vermag sich im Gedächtnis nicht von sich aus, vermag sich nicht als solche zu bewahren. Von ihr bleibt lediglich im Gedächtnis, "was die Gesellschaft in jeder Epoche mit ihren gegenwärtigen Bezugsrahmen rekonstruieren kann."[363] Vergangenheit muss also erst im Bewusstsein entstehen, muss erst selektiv wahrgenommen, als bedeutsam eingestuft und gespeichert werden. Vergangenheit muss 'wieder-erstehen'. Da aber dieser Entstehungsprozess auf der Grundlage aktueller kollektiver Bezugsrahmen und auf der Basis einer Thematisierung des Hiatus zwischen Erinnertem und Gegenwärtigem vonstatten geht, handelt es sich um einen

---

[358]ASSMANN, Jan (1992a), 39.

[359]HALBWACHS, Maurice (1985), 372.

[360]HALBWACHS, Maurice (1985), 209f.

[361]Zur Rückprojektion am Beispiel einer religiösen, theologischen Identität vgl. HALBWACHS, Maurice (1985), 294.

[362]HALBWACHS, Maurice (1991), 74 (70, 76, 101).

[363]HALBWACHS, Maurice (1985), 390.

eigenständig zu leistenden, aktuellen Konstruktionsprozess.[364] Diesen Prozess veranschaulicht Halbwachs am Beispiel der christlichen Topographie im Heiligen Land.[365] Anhand der um 100 n.Chr. erfolgten, nachträglichen Anbindung kollektiver Glaubensideen an bestimmte Orte wird der aktive, selektiv verfahrende und von der gegenwärtigen Relevanz ausgehende Prozess des Gedenkens plastisch. Erinnert wird nicht die Ereignisgeschichte als solche. Vielmehr gehen nur jene Elemente aus ihr in das Gedächtnis eines Kollektivs ein, welchen eine Bedeutung innerhalb der existenten Gruppe zugesprochen werden kann.[366] Im Lichte der Frage nach der Beschaffenheit des rekonstruktiv strukturierten Gedenkens erscheinen infolgedessen wiederum die "sozialen Rahmen" als zentrale Instanzen. Die den kollektiven Bezugsrahmen inhärente Vernetzung von unveränderlichen historischen Fixpunkten und eigengesetzlichen Bedürfnissen des Kollektivs der Gegenwart verdeutlicht den virtuellen und 'fiktiven Status'[367] der Sinn-Rahmen und der durch sie erinnerten Vergangenheit. Erinnert wird die eigene Geschichte, die insoweit kontingent genannt werden kann, als ein Wissen um die Existenz anderer 'Gruppen-Geschichten' besteht, die eigene Vergangenheit also 'nur eine der möglichen' ist bzw. war. Als Fiktion und virtuelle Wirklichkeit ist der Gehalt des Kollektivgedächtnisses aufs äußerste stabilisierungs- und fixierungsbedürftig.[368] Überall und zu jeder Zeit lauert die Gefahr des kollektiven Vergessens.

Dieses Faktum des Vergessens aufgezeigt und strukturell in den eigenen Theorieentwurf des Erinnerns eingebunden zu haben, ist eines der bleibenden Verdienste Maurice Halbwachs'.[369] Die Konditionen des Vergessens verlaufen danach parallel zu denen des Erinnerns: so wie die sozialen Rahmenbedingungen Voraussetzung für das kollektive

---

[364]Die Betonung einer artifiziellen 'Eigenschöpfung' erfolgt in Fortführung Halbwachs', der begrifflich von *Rekonstruktion* spricht, bei dem allerdings diese konstruktivistische Sicht schon grundgelegt ist, ohne dass er die inhaltlich-begriffliche Zuspitzung selber erkannt zu haben scheint. Halbwachs kennzeichnet zwar den Rekonstruktionsprozess als Nivellierung bzw. Vergessen aller Veränderungen und Trennungslinien innerhalb der Geschichte der Gruppe (vgl. Anm. 362.), jedoch kann aus dieser geschilderten Binnenperspektive 'kollektiven Vergessenes' gerade eine implizite *Thematisierung des Hiatus* durch die Gruppe gefolgert werden, welche als Konstruktionsgeschehen analysiert werden kann.

[365]Vgl. HALBWACHS, Maurice (1941).

[366]HALBWACHS, Maurice (1991), 97 spricht von "Auswirkungen" der Geschichte, die das 'Gedächtnis der Gruppe erreichen'. Dies erscheint als begriffliche und inhaltliche Ungenauigkeit, legt der Kontext seines Gedankengangs doch eine genau gegensätzliche 'Annäherungsbewegung' von Objekt und Subjekt des Gedenkens nahe.

[367]Bei ASSMANN, Jan (1991b) 347 und ASSMANN, Aleida und Jan (1994), 118: "Status einer Fiktion".

[368]Diese ephemere Konsistenz kann als Grund angesehen werden, warum eine Erklärungsbedürftigkeit des Gedenkens / Gedächtnisses, nicht des Vergessens, besteht; vgl. auch ASSMANN, Aleida und Jan (1988), 8.

[369]Halbwachs' Theorie besticht gerade durch die Möglichkeit, auch das Vergessen mit kollektiven Bedingungen der Konstruktion in Verbindung zu bringen; die kulturell unterschiedlichen Mittel und Medien der Stabilisierung und Fixierung kollektiver Gedächtnisse kommen bei Halbwachs von seinem Ansatz her noch nicht in den Blick. Diese Perspektive einzunehmen wird Jan Assmann vorbehalten bleiben, vgl. S. 111ff.

Gedächtnis sind, so bedeutet jede Veränderung dieser Rahmen eine Veränderung des Gedächtnisses, Vergessen ist die Folge. Veränderungen und das gänzliche Auflösen von Bezugsrahmen gründen sowohl in der Dynamik als auch in der Beschaffenheit des sozialen Lebens: Das kurzfristige, aktuelle "Verschwinden dieser Rahmen oder eines Teils derselben"[370] hängt mit lediglich situativ wechselnden Bedürfnissen, Interessen und Beteiligungsgraden am und im Alltagsleben zusammen.[371] Strukturell grundsätzliche Veränderungen ereignen sich darüber hinaus dadurch, "dass diese Rahmen von einem Zeitabschnitt zum anderen wechseln"[372] und damit jeweils ganz verschwinden. Hiermit sind die Bedingungen des Vergessens unausweichlich geworden, denn es besteht weder die Möglichkeit, über das zu Erinnernde zu kommunizieren, noch dieses zu Erinnernde im Bezugsrahmen eines ehemaligen Kollektivgedächtnisses zu lokalisieren. Es fehlt jeglicher Bezugsrahmen für eine (Re-)Konstruktion der ehemals erinnerten Vergangenheit, da die Gruppe jetzt in einer anderen Zeit, in einer 'anderen Welt' mit einem entsprechend veränderten Gedächtnis lebt.

Das Gedächtnis wird auch im Kontext sich wandelnder sozialer Bedingungen - das bleibt als Strukturprinzip für den *Akt des Gedenkens* festzuhalten - von den sozialen Rahmen der jeweils gegenwärtigen Gruppe ausgehend organisiert bzw. konstruiert. Die Gruppe vollzieht damit gewissermaßen einen eigenen Schöpfungsakt, in welchem sich eine fiktive, kontingente Geschichte durch Auswahl und Anordnung ihrer Elemente zur logisch und tendenziell notwendig anmutenden Genese der eigenen Existenz und Identität verdichtet.

Aber dieser Schöpfungsakt bedient sich aus legitimatorischen Gründen nicht eigener Sinn- und Geschichts-Entwürfe. "Die Gruppe setzt ihrer Vergangenheit nicht ihre Gegenwart entgegen, sondern die Vergangenheit von anderen Gruppen (...), mit denen sie sich zu identifizieren strebt."[373] Das bedeutet, dass Neues nicht als solches, als *creatio ex nihilo* einen Platz im kollektiven Gedächtnis findet, sondern nur, sofern es im Gewand (re-)konstruierter *Vergangenheit* im Kommunikationsgeschehen erscheint: Überzeugungen bzw. "Prinzipien [sind] nur durch Prinzipien, Traditionen nur durch Traditionen"[374] zu ersetzen. Dies deutet die einzigartige Funktion und Qualität des Gedächtnisses an, denn keine wie auch immer geartete Idee bzw. Vorstellung der Gegenwart kann eine vergangenheitsverwurzelte Identität ersetzen. Die vermeintlich neue Idee muss vielmehr als Tradition einer tatsächlichen Gruppe erscheinen, um die Vorherrschaft gegenüber einer ehemals konstitutiven erringen zu können. So lässt sich der gesamte Charakter

---

[370]HALBWACHS, Maurice (1985), 368.

[371]Wie sehr diese Fluktuation von Wahrnehmungsrahmen das emotionale und intime Alltagsleben des Individuums prägt, hat Halbwachs u.a. am 'Phänomen Liebe' veranschaulicht; vgl. HALBWACHS, Maurice (1991), 8.

[372]HALBWACHS, Maurice (1985), 368.

[373]HALBWACHS, Maurice (1985), 383.

[374]HALBWACHS, Maurice (1985), 385.

kollektiven Denkens beschreiben: "Es gibt in diesem Sinne keine soziale Idee, die nicht zugleich eine Erinnerung der Gesellschaft wäre."[375]

Dieser im Falle eines Rahmenwechsels gegebene, inhaltlich und legitimatorisch bedingte Rückgriff auf Traditionen anderer Gruppen bzw. auf Inhalte eines anderen Kollektivgedächtnisses fördert keine neuartige Konsistenz des Gruppengedächtnisses zutage. Erinnerte Vergangenheit bleibt im Akt des Gedenkens gegenüber der Ereignis-*fülle* tatsächlicher Geschichte die defizitäre. Vergangenheit wird in der Rekonstruktion verformt und höchstens annäherungsweise erreicht.[376] Vergangenheit erhält allerdings gerade in diesem (Re-)Konstruktionsprozess der Selektion und Begrenzung[377] eine Verdichtung ihrer Bedeutsamkeit, die sie als sinnangereicherte, identitätstragende zur *'qualifizierten Geschichte'* werden lässt. Die Funktion der Konstruktion von Vergangenheit besteht also für das Kollektiv(-gedächtnis) in der *Identitätsbegründung*.

Vor dem Hintergrund der aufgezeigten Strukturierung des Gedenk-*Aktes* und der Verwobenheit individuellen Denkens mit den sozialen Bedingungen im *Medium* 'Kollektivgedächtnis', gilt für das Gedenken des Individuums entsprechend: "Der einzelne ruft seine Erinnerungen mit Hilfe der Bezugsrahmen des sozialen Gedächtnisses herauf"; er kann sich erinnern, weil "die verschiedenen Gruppen, in die die Gesellschaft zerfällt, in jedem Augenblick in der Lage [sind], ihre Vergangenheit zu rekonstruieren."[378] Die Rekonstruktionsmerkmale werden so zu Bedingungen individuellen Gedenkens im Kontext sozialer Einbindung: Im Gruppenbezug hat der Einzelne Anteil an der Geschichte anderer, wie auch diese Gruppenmitglieder Teile seiner Erinnerungen tragen. Damit machen sich Erinnerungen am *konkreten* Gegenüber fest. Die Gruppe hilft darüber hinaus dem Individuum bei dessen (Re-)Konstruktion der stets kollektiv erfahrenen Geschichte und *begründet* damit auch individuelle Wirklichkeitsentwürfe. Sie stellt schließlich eine Raum- und Zeitkoordinate dar und ermöglicht so, jenen individuell getragenen Selbstbildern ihren tendenziell *ephemeren Charakter* zu *nehmen*. Im Bewusstsein des Individuums entsteht ein "Realitätsgefühl", welches fortan "der Ausgangspunkt aller unserer Gedächtnisakte ist."[379]

Als Medien des Kollektivs, welche dem Individuum dieses Realitätsgefühl vermitteln, die Rekonstruktionsmerkmale erschließen sowie Erinnerungsbilder formen und flexibel halten, nennt Halbwachs zwei: Zum einen die Sprache und zum anderen die damit verbundenen gesellschaftlichen Konventionen. Diese beiden Medien bilden die "Bedingung des kollektiven Denkens (...), die uns jederzeit die Rekonstruktion unserer Vergangenheit gestattet."[380]

---

[375]HALBWACHS, Maurice (1985), 389.

[376]HALBWACHS, Maurice (1985), 55, 381 und (1991), 55f.

[377]HALBWACHS, Maurice (1991), 73.

[378]HALBWACHS, Maurice (1985), 381.

[379]HALBWACHS, Maurice (1985), 368.

[380]HALBWACHS, Maurice (1985), 368f.

3.4 Subjektive Erinnerung statt objektive Historie als Gedächtnisinhalt

Das kollektive Gedächtnis ist aufgrund der bestimmenden Rekonstruktionsmerkmale auf ursächliche Fundierung, Konkretisierung und Fixierung des Selbstbildes der Gruppe angelegt. Für Halbwachs steht fest, dass Geschichte nach einem Selektions- und Konstruktionsprozess im Gedächtnis als kontinuierliche Vergangenheit erscheint, in der sämtliche Brüche und Veränderungen ausgeklammert oder zumindest nivelliert werden. Diesem Kennzeichen misst er eine solche Signifikanz für das Kollektivgedächtnis zu, dass er dem 'Prinzip Gedächtnis' das 'Prinzip Geschichte' entgegensetzt. "Geschichte", im Sinne von Geschichtsschreibung, zeichnet sich demnach dadurch aus, dass im Zentrum ihres Interesses, im Gegensatz zu dem des Gedächtnisses, gerade die Divergenzen und Differenzen des Vergangenen stehen.[381] Geschichtsschreibung blendet als uninteressant alle Zeitintervalle aus, welche "ohne grundlegende Veränderung, ohne Unterbrechung und Umwälzung"[382] in scheinbarer Kontinuität vergehen. Die von ihr fixierte 'diskontinuierliche Reihe historischer Ereignisse' begnügt sich so mit der Wiedergabe der Endergebnisse historischer Prozesse und lässt Geschichte als ein "Bild der [unverbundenen] Wandlungen" erscheinen.[383] Den Grund für eine derartige Wirklichkeitswahrnehmung sieht Halbwachs in dem Anspruch der Geschichtswissenschaft, "objektiv und unparteiisch", "von außen" her Geschichte analysieren und daraus eine Universalgeschichte verfassen zu wollen.[384] Das Gedächtnis ist dagegen durch und durch 'subjektiv und parteiisch': es zeichnet einerseits das Bild der Vergangenheit aus dem 'Inneren der Gruppe', aus der 'Beziehungsgruppe' heraus; es erstrebt andererseits ein Bild der eigenen Identität und konzentriert sich deshalb darauf, immer wieder Ähnlichkeiten und Prozesse bzw. Entwicklungen darzustellen, die den Eindruck von Kontinuität vermitteln.[385] Der Akt des Gedenkens ist ein dezidiert wertender Umgang mit Vergangenheit, weil das Erinnerte zur Geschichte *dieser* gedenkenden Gruppe wird. Jede Gruppe "lebt"[386] ihre Vergangenheit, indem sie ihre gegenwärtigen "sozialen Überzeugungen" aus der Begegnung mit 'ihrer Vergangenheit' generiert.[387] Insofern gibt es gleichzeitig *viele* kollektive Gedächtnisse, während es nur *eine* (Universal-)Geschichte der Geschichtsschreibung gibt,[388] in welcher allen Begebenheiten ein gleicher Rang zukommt. Diese identitätsunabhängige Geschichtsschau kann nicht Gedächtnis genannt werden, weil "jedes kollektive Gedächtnis (...) eine zeitlich und räumlich begrenzte Gruppe zum Träger

---

[381]Auch wenn Halbwachs dies nicht weiter systematisch ausführt, so ist er sich doch darüber im klaren, dass auch im Gedächtnis die Thematisierung von Diskontinuitäten eine Rolle spielt; HALBWACHS, Maurice (1991), 74. Vgl. auch Anm. 364 .

[382]HALBWACHS, Maurice (1991), 75.

[383]HALBWACHS, Maurice (1991), 75.

[384]HALBWACHS, Maurice (1991), 72, 75.

[385]HALBWACHS, Maurice (1991), 76.

[386]HALBWACHS, Maurice (1991), 42, 55.

[387]HALBWACHS, Maurice (1985), 389.

[388]HALBWACHS, Maurice (1991), 71.

[hat]. Man kann die Totalität der vergangenen Ereignisse nur unter der Voraussetzung zu einem einzigen Bild zusammenstellen, dass man sie vom Gedächtnis jener Gruppen löst, die sie in Erinnerung behielten, dass man die Bande durchtrennt, durch die sie mit dem psychologischen Leben jener sozialen Milieus verbunden waren, innerhalb derer sie sich ereignet haben, und dass man nur ihr chronologisches und räumliches Schema zurückbehält."[389]

Die inhaltliche Charakterisierung der beiden Prinzipien offenbart die alternative Stellung, die ihnen Halbwachs zumisst. Ihr Oppositionsverhältnis ist dabei nicht eines in der Gleichzeitigkeit, sondern eines in zeitlicher Nachordnung, was "bedeutet, dass die Geschichte im Allgemeinen an dem Punkt beginnt, an dem die Tradition aufhört - in einem Augenblick, in dem das soziale Gedächtnis erlischt und sich zersetzt."[390] Der Niedergang identitätsrelevanter Kenntnis im Zusammenhang der Auflösung der durch dieses Gedächtnis bestimmten Gruppe gilt als Bedingung dafür, dass Vergangenheit zum identitätsneutralen 'Wissen' werden kann und in dieser Form zur neuen Weise der Vergangenheitsfixierung wird. "Die wirkliche Vergangenheit ist jedoch für sie [die Historiker] das, was nicht mehr innerhalb des Bereichs liegt, auf den sich noch das Denken der gegenwärtigen Gruppen erstreckt. Es scheint, als müsse sie warten, bis die alten Gruppen verschwunden sind, bis ihr Denken und ihr Gedächtnis verlöscht sind, um sich damit beschäftigen zu können, das Bild und die Reihenfolge der Ereignisse festzulegen, die aufzubewahren nun sie allein fähig ist."[391]

3.5   Identitätsbildung als Funktion des Konstruktionsprozesses

Maurice Halbwachs verortet 'die Vergangenheit in der Gegenwart', indem das Gedächtnis, ausgehend von den Bezugsrahmen und Sinnbedürfnissen einer Gruppe, in der Gegenwart *eine* Vergangenheit (re-)konstruiert. Er lenkt damit die Aufmerksamkeit auf die Funktion des Gedächtnisses und erhellt diese gleichzeitig mit seiner Methodik. Erinnerte Vergangenheit ist konstruierte Geschichte, und die Funktion des Gedächtnis-Aktes und des Gedächtnis-Raumes besteht darin, als Gedächtnis-Inhalt sowohl dem Individuum als auch dem Kollektiv eine beständige Identität zu verleihen. Halbwachs erkennt hierfür sowohl anthropologische als auch sozial-kollektive Bedürfnisse, welche zwar als jeweils gegeneinander gerichtet erscheinen, aber gerade deswegen der gemeinsamen Identität bedürfen: Die Notwendigkeit des Individuums, "sich in *beschränkten Gruppen*, in der Familie, in religiösen Gruppen, in der sozialen Klasse einzuschließen"

---

[389]HALBWACHS, Maurice (1991), 73.

[390]HALBWACHS, Maurice (1991), 66. Entsprechend seiner aus der alltäglichen Lebenswelt eruierten Genese und Deszendenz kollektiver Gedächtnisse bzw. Identitäten intendiert Halbwachs eine Kurzlebigkeit der Gruppen und ihrer Gedächtnisse. Vor dem Hintergrund dieses - und nur dieses - Axioms scheint die Anbindung der Geschichtsschreibung an den Niedergang des (jeweiligen) Kollektivgedächtnisses gerechtfertigt. Zur weiteren Kommentierung Halbwachs' vgl. S. 104ff.

[391]HALBWACHS, Maurice (1991), 100.

ist "dem gesellschaftlichen Bedürfnis nach *Einheit* ebenso entgegengesetzt", wie die Notwendigkeit des Individuums, "in einer *beschränkten Lebenszeit* eingeschlossen zu sein," "wiederum dem sozialen Bedürfnis nach *Kontinuität*" entgegensteht.[392] Der Funktion 'Identität' wird die Wirklichkeitswahrnehmung untergeordnet, und aus diesem Grund "neigt die Gesellschaft dazu, aus ihrem Gedächtnis alles auszuschalten, was die einzelnen voneinander trennen, die Gruppen voneinander entfernen könnte, und darum manipuliert sie ihre Erinnerung in jeder Epoche, um sie mit den veränderlichen Bedingungen ihres Gleichgewichts in Übereinstimmung zu bringen."[393]

Der für eine kollektive Identität notwendige Nexus von Sozialisation des Individuums und Kontinuität eines Kollektivs gründet in der Verzahnung von Individuum und Gesellschaft:[394] Die Beschränkung bzw. die Begründung und Behauptung des Einzelnen im Prozess der Individuation setzt Orientierung im weiträumigen Horizont lebensweltlicher Möglichkeiten voraus. Die Aufrechterhaltung einer umfassenden Gruppe in der Geschichte einer Gesellschaft bedingt andererseits ihre Kommunikation mit und Konkretion an begrenzt strukturierten Trägern. Kollektive Identitäten ermöglichen dem Individuum insofern Orientierung, als sie den umfassenden, weiträumigen Horizont des Kollektivs im Prozess der Internalisierung in das Selbstverständnis des Einzelnen hineinholen und ihn dort wieder als persönliche Wirklichkeit erstehen lassen.[395] Dabei besteht die Relevanz der Anbindung an kollektive Horizonte nicht in deren vermeintlich räumlichen und zeitlichen Unbegrenztheit,[396] sondern vielmehr gerade darin, deren System einer raumzeitlichen Verortung als Matrix eigener Verhältnisbestimmungen zu nutzen.[397] Entsprechend konstituiert sich auch die Kontingenzbewältigung des Individuums in vertikalen (die Kontinuität betreffenden) und horizontalen (die Einheit betreffenden) Verortungen, wie sie diesem im Kollektivgedächtnis erstmals begegneten. Menschen suchen Standfestigkeit in der Zuversicht, dass sich die Kontingenzbewältigung und Orientierung aus der Geschichte heraus *kontinuierlich* generiert bzw. durch die Geschichte hindurch als 'wahr' erwiesen hat.[398] Sie fragen nach 'ihrem Platz', um im Erkennen eines größeren Zusammenhanges *Einheit* zu verspüren. Deshalb pflegen die

---

[392]HALBWACHS, Maurice (1985), 381f; Hervorhebungen nicht im Original.

[393]HALBWACHS, Maurice (1985), 382.

[394]BERGER, Peter/LUCKMANN, Thomas (1977), 65, 192 (Wechselwirkungen als "dialektischer Prozess").

[395]Vgl. dazu den Begriff der 'Internalisierung' bei BERGER, Peter/LUCKMANN, Thomas (1977), 65f, 71, 143.

[396]Auf deren Begrenzung weist HALBWACHS, Maurice (1991), 35 hin.

[397]Diese Anbindung des Individuums an seine Umwelt geht in die Richtung der systemtheoretischen, konstruktivistischen Vorstellungen, die Niklas Luhmann später in Anlehnung an Maturana formulieren wird. Nach Luhmann benutzen selbstreferentielle Systeme Identitäten der Umwelt zwar als Bezugs- und Abgrenzungspunkte, doch ist diese Umweltanbindung für die Ausbildung der Selbstbegründung und -Organisation diese Systeme insofern relativiert, als die Umwelt von dem System nicht als sinnhafter Kosmos erkannt werden muss, sondern den selektiv erfahrenen Verhältnisbestimmungen verschiedener Identitäten die Aufmerksamkeit des Systems gilt, vgl. LUHMANN, Niklas (1979), 317f.

[398]Halbwachs zeigt dies als Movens des Religiösen auf, vgl. HALBWACHS, Maurice (1985), 386.

Menschen Traditionen "und richten sich danach, wenn sie sich aus ihrem häuslichen und gesellschaftlichen Kreise, in dem sie geboren sind, hinausbegeben."[399]

Erinnerungen "sind gleichzeitig Modelle, Beispiele und eine Art Lehrstück. In ihnen drückt sich die allgemeine Haltung der Gruppe aus; sie reproduzieren nicht nur ihre Vergangenheit, sondern sie definieren ihre Wesensart, ihre Eigenschaften und ihre Schwächen."[400] Das Individuum hat mit einer eigenen, dauerhaften Identität daran Anteil, sobald und solange es diese in der Gruppe bzw. in dem Kollektivgedächtnis verortet. Der Raumanbindung an ein konkretes Kollektiv kommt eine zentrale Rolle bei der Stabilisierung und Fixierung der eigenen Identität zu, weil "allein das Bild des Raumes infolge seiner Beständigkeit die Illusion gibt, zu allen Zeiten unverändert zu sein und die Vergangenheit in der Gegenwart wiederzufinden."[401]

3.6   Halbwachs im Gegenlicht - der Versuch einer kritischen Würdigung

3.6.1   Die Weitung eines Fragenhorizontes im Anschluss an die traditionelle Gedächtnisforschung

Halbwachs' epochale Entdeckung des 'kollektiven Gedächtnisses' beruht auf der ursächlichen Verknüpfung von Gedächtnis und Gruppe. In dieser Neuformulierung bisheriger Gedächtnisforschung, welche eine Abkehr von biologistischen, individualpsychologischen "Versuchen, das kollektive Gedächtnis als ein vererbbares zu konzipieren" und in der Übertragung der Frage nach "der Kontinuierung kollektiv geteilten Wissens aus der Biologie in die Kultur"[402] bedeutet, ist das bleibende Verdienst Maurice Halbwachs'. Um so erstaunlicher wirkt die Feststellung, dass dieser 'kopernikanischen Wende der Paradigmen' in der Gedächtnisforschung lange Zeit keine systematische Fortführung vergönnt schien, sich der Name Halbwachs und der Begriff 'kollektives Gedächtnis' zwar mittlerweile in unterschiedlichstem Munde wiederfindet, diese Rezeption jedoch nicht sein Œuvre bzw. seine Theorie miteinschließt.[403]

---

[399]HALBWACHS, Maurice (1985), 358.

[400]HALBWACHS, Maurice (1985), 209f.

[401]HALBWACHS, Maurice (1991), 162f.

[402]ASSMANN, Jan (1988), 9.

[403]Auch psychologische Konzepte zum Individual-Gedächtnis kennen in jüngster Zeit konstruktivistische, funktionale Entwürfe, wie HEJL, Peter M.(1996), 325-334 ausführt. Hierfür sind aber neben den methodischen Vorleistungen Halbwachs' v.a. die konstruktivistischen Modelle der Selbstorganisation des Organismus, wie sie in der Biologie (von Maturana) entworfen wurden, maßgeblich; vgl. auch SCHMIDT, Siegfried J. (1996), 11ff. Innerhalb der (deutschen) Soziologie waren lange keine Forschungsbeiträge zum Thema 'Gedächtnis' ersichtlich, welche sich dem Geiste Halbwachs' verschrieben hatten. Erst Jan Assmann nimmt innerhalb des deutschen Sprachraumes wieder systematisch auf Halbwachs Bezug.

Mit Blick auf das Werk Halbwachs' kann als Grund für diese rudimentäre Aufnahme, neben einer gewissen - vielen 'genialen' Entdeckungen eigenen - inhaltlichen und begrifflichen Unausgereiftheit der Darlegung, die eigenwillige Systematisierung seines Gedankengangs erkannt werden. Die systematische Dreiteilung Gedächtnis als Raum, Akt und Inhalt, welche der hier geleisteten Darstellung grundgelegt wurde, verdeutlicht gegenüber der Halbwachsschen Systematisierung ein zweifaches: Sie ermöglicht *inhalt-lich*, den Anspruch Halbwachs', bisherige Felder der Gedächtnisforschung nur mit einer soziologisch-konstruktivistischen Perspektive gerecht zu werden, systematisch dar-zustellen und umzusetzen. Als 'externe Messlatte' bestimmt sie *strukturell* den Charakter Halbwachsscher Darstellung. Sowohl die Verhältnisbestimmung von individuellem und kollektivem Gedächtnis als auch seine raum-zeitliche Verortung greifen den dreiteiligen Raster bisheriger philosophischer, psychologischer und biologischer Gedächtnisuntersu-chungen nicht explizit auf. Der Theorieentwurf Halbwachs' bleibt so inhaltlich zu undifferenziert und systematisch zu wenig entflochten, als dass sein tatsächlich geleiste-ter Paradigmenwechsel der Fragestellung die Gedächtnisforschung schon endgültig an das Ziel ihres Wissensdurstes geführt hätte. Kritische Rückfragen sind dabei an inhaltli-che Bestandteile seines Theoriegebäudes zu richten:

Die unter dem Gliederungsaspekt 'Träger des Gedächtnisses' vollzogene Gegenüber-stellung von Traumzeit und Wachzustand erscheint teilweise künstlich und nicht strin-gent durchgehalten. Um die soziale Strukturiertheit des Individuums im Prozess der Wahrnehmung und der Erinnerung aufzuzeigen, setzt Halbwachs einem von Psycholo-gen untersuchten 'realitätslosen Traumbild'[404] von ihm analysierte gruppenreale (Er-innerungs-)Bilder entgegen, die ihrerseits gleichwohl ebensowenig 'Realität-an-sich' widerspiegeln. Beide Bilder reproduzieren nicht die Geschichte / Realität als solche, beide sind vielmehr Produkte von Konstruktionsprozessen, in welchen die Umwelt bzw. Kollektive als Konstrukteure auftreten. Freilich gibt es Unterschiede im Grad der Ver-fügbarkeit und des Bewusstseins dieser Konstruktionn; auf diese Differenz als ent-scheidende hingewiesen zu haben, bleibt die Leistung Halbwachs'; aber die Erkenntnis prinzipieller Konstruktions-Kongruenz der erinnerten Bilder darf darüber nicht ausge-blendet werden, sondern muss vielmehr zu einer Differenzierung der Konstruktions-mechanismen sowie der Verhältnisbestimmung von individuellem und kollektivem Gedächtnis genutzt werden.[405] Gerade dieses theoretische Manko darf wohl auch als Ursache dafür erachtet werden, dass die Verhältnisbestimmung der beiden Gedächt-nisformen, trotz versuchter Zuordnung,[406] weiterhin als in weiten Bereichen offen zu gelten hat. Halbwachs proklamiert über den Forschungsgegenstand der individualorien-tierten Gedächtnisforschung hinaus das Kollektiv als Gedächtnisträger. Die mit den kollektiven Bezugsrahmen gegebene 'räumliche Weitung' bleibt für jede zukünftige

---

[404]Das Wesen der Traumbilder prägt die Traumkategorien als realitätslose; vgl. HALBWACHS, Maurice (1985), 367.

[405]Bei Halbwachs findet sich zwar auch die Thematisierung bildhafter Vorstellungen im Alltagsleben, dieser Befund wird aber nicht in Spannung gesetzt zur Traumcharakterisierung; vgl. HALBWACHS, Maurice (1985), 371.

[406]HALBWACHS, Maurice (1991), 35. Sowie in dieser Arbeit S. 93ff.

Analyse des *individuellen* Gedächtnisses Bedingung. Aber im Kontext der weitergehen-
den These eines substantiell verstandenen Kollektivgedächtnisses,[407] bleibt das Fehlen
einer gleichzeitigen 'medialen, instrumentellen Weitung' der Theorie Halbwachs' zu
beklagen. Virulent bleiben müssen die Fragen, 'worin' und 'wie' das Gedächtnis *vom
Kollektiv* getragen wird, weil die Alltagsorientierung Halbwachsscher Theoriebegrün-
dung nicht von sich aus nach den Alltags-übergreifenden Konkretisierungs-,
Stabilisierungs- und Fixierungsmedien zur Ausbildung eines generationenübergreifenden Gedächtnisses fragen lässt.

Dieses konstatierte Theorie-Defizit offenbart sich bei der Untersuchung des 'Erinnerns als Akt', bei dessen Darstellung die 'soziale Rahmung' der Erinnerung tragenden
und ermöglichenden Erinnerungsbilder aufgezeigt wurde. Die vorgestellten sozialen
Prägemerkmale 'Raum-, Zeit-', 'Gruppenbezug' und 'Rekonstruktion' thematisieren zu
keinem Moment generationsübergreifende Strukturen bzw. Medien.[408] Ungeklärt bleiben
muss deshalb, worin die näheren sozialen und individuellen Bedingungen bestehen
müssen, damit 'Traditionen durch Traditionen ersetzt' werden können und so, in folgen-
schwerer Konsequenz, die eigene (ehemalige) Identität gegen eine *fremde* Identität bzw.
Erfahrung eingetauscht werden kann.[409] Entsprechendes gilt auch für die theoretische
Bewältigung des Vergessens, wenn erst noch zu eruieren ist, inwiefern ein Rahmenwechsel Vergessen konkret qualifiziert bzw. unter welchen Umständen es innerhalb
einer Lebensspanne zu einem umfassenden Rahmenwechsel kommen kann.

Als Movens einer Ausrichtung an kurzlebigen Interaktionsgeschehen und Gedächtnissen darf der biographische Hintergrund Halbwachs' vermutet werden, der ihn, von
Seiten der Psychologie und Philosophie dem Thema zuführend, von Anfang an mit
individualzentrierter Forschung konfrontierte. Das einzige Medium, welches Halbwachs
als generationsübergreifendes, alltagstranszendentes nennt, ist die *Sprache*. Sie ist die
zentrale Instanz im Kommunikationsgeschehen sowohl bei der Internalisierung als auch
bei der Formung der 'sozialen Rahmen'. Das der Sprache inhärente Potential als kulturspezifische, generationsübergreifende Trägerin und Strukturinstanz für Wissen und
Gedächtnis scheint als solches von Halbwachs weder eingehend problematisiert noch
systematisch in den Theorieentwurf eingebunden worden zu sein. Dies bleibt um so
verwunderlicher, als er ja gerade mit dem Begriff "soziale Rahmen" eine soziologische
Gedächtnisforschung einläutet, die von ihrer immanenten Ausrichtung her nicht nur die
räumliche Vernetzung des Individuums in der Gruppe, sondern auch dessen zeitliche
Verbindung in der Genealogie als konstitutiv für das 'Gedächtnis' postuliert.

Durch die Ausblendung entscheidend kontinuierlicher, zeitlich übergreifender Gedächtnisformen und der durch sie bedingten Identitäten besteht für Halbwachs kein
Bedarf, nach den Trägern entsprechender Gedächtnisse zu forschen sowie im Zuge
dessen, *kulturelle* Formen der Geschichtsspeicherung differenzierter zu betrachten. Nur

---

[407]Zu Halbwachs' substantiellem Verständnis des Kollektivgedächtnisses vgl. YERUSHALMI, Yosef H.
(1988), 11 und ASSMANN, Jan (1992a), 47.

[408]Zur selbstgesetzten Begrenzung des untersuchten Gedächtnisses auf die Dauer höchstens eines
saeculums vgl. HALBWACHS, Maurice (1991), 76.

[409]HALBWACHS, Maurice (1985), 384f spricht von austauschbaren Familien-Traditionen.

mit dieser Auslassung lässt sich anscheinend schlüssig erklären, warum er bei der Frage nach dem 'Inhalt des Erinnerten' vorschnell eine Mauer zwischen dem identitätsrelevanten, *weil subjektive Kontinuität vermittelnden*, Gedächtnis und der identitätsneutralen bzw. identitätsvernichtenden, *weil objektive Diskontinuitäten thematisierenden*, Geschichtsschreibung errichtet. Einerseits unterstellt Halbwachs damit der Geschichtswissenschaft ein positivistisches Geschichtsverständnis, das zumindest heute keineswegs dem Selbstverständnis von Historikern entspricht. Andererseits stellt er einen undifferenzierten, hypothetisch anmutenden Gedächtnisbegriff in den Raum. Denn es bleibt erst noch zu erforschen, ob das Wesen oder wenigstens der entscheidende Charakter des Kollektivgedächtnisses wirklich zu allen Zeiten und in allen Kulturen in der Ausblendung bzw. Nivellierung von Diskontinuitäten bestand bzw. worin Funktion und Struktur eines andersartig vorgehenden Gedächtnisses bestehen könnte.[410]

3.6.2 Konstruktivismus als erkenntnistheoretischer Rahmen soziologischer Gedächtnisforschung

Neben allen berechtigt erscheinenden kritischen Rückfragen an Maurice Halbwachs bleibt doch auf den durch seine Theorie eingeleiteten Paradigmenwechsel innerhalb der Gedächtnisforschung hinzuweisen. Dieser Neuansatz, inhaltlich und bildhaft im Begriff der "sozialen Rahmen" auf den Punkt gebracht, wurde möglich durch seine soziokonstruktivistische Methode. Aus diesem Grund ist es Aufgabe zukünftiger Gedächtnisforschung, nicht nur auf Inhalte der Halbwachsschen Gedächtnistheorie zu rekurrieren, sondern auch, sich in Spannung zur grundgelegten Hermeneutik zu setzen. Dies aufgreifend, soll und kann hier nicht eine umfassende Kritik des Konstruktivismus geleistet werden. Zu fragen bleibt aber gerade im Kontext einer theologisch, im Sinne einer (absoluten) Wertorientierung, motivierten Darstellung der Gedächtnisproblematik, worin entscheidende wissenschafts- und erkenntnis-theoretische Implemente konstruktivistischer Modelle liegen. Dabei gilt zu beachten, dass Halbwachs selbst keine Darlegung seines theoretischen Fundamentes im Sinne einer ausgereiften Methodologie geleistet hat.[411] Aufgrund seiner am empirischen Gegenstand 'Gedächtnis des Individuums' einzigartig vorgeführten Konkretion (re-)konstruktivistisch intendierter Fragestellungen mag ihm allerdings durchaus mit Recht das Prädikat zukommen, einer der 'geistigen Ahnherren des Konstruktivismus' zu sein.[412]

---

[410]Auf den Umstand, dass Halbwachs durchaus von der möglichen Thematisierung von Diskontinuitäten im Rahmen kollektiver Gedächtnisse spricht, wurde in Anm. 381 hingewiesen. Darüber hinaus postuliert er gegen die Annahme eines 'universalen Gedächtnisses des Menschengeschlechts' die Formenvielfalt unterschiedlicher, kollektiver Gedächtnisse; vgl. HALBWACHS, Maurice (1991), 73.

[411]Dies gilt für die hier zugrundeliegenden Schriften.

[412]Zur Geschichte und den Ahnherren aus dem philosophischen bzw. psychologischen Dunstkreis vgl. STÖRIG, Hans Joachim (1950), 678-681 sowie zu weiteren soziologischen Vordenkern vgl. WEHRSPAUN, Michael (1994), 11-46.

Ist die Umstellung der Soziologie auf ein stringent konstruktivistisches Selbstverständnis auch eine erst noch zu leistende Aufgabe,[413] so kann bei Halbwachs doch schon deutlich ein *Konstruktivitätsbewusstsein* nachgezeichnet werden. Dieses ist davon geprägt, dass die Re-Konstruktion des Gewordenseins des Gedächtnisses ihrerseits die Einsicht der bloßen Konstruiertheit des Sozialen bewirkt. Damit stellt sich am Beispiel der Geschichte bzw. der Vergangenheit erneut die alte philosophische Frage der Ontologie und Epistemologie. Bei Halbwachs weisen die gefundenen Antworten noch eine gewisse Unentschiedenheit auf, was den analysierten ontologischen Gehalt der Geschichte betrifft: 'Vergangenheit erhält sich nicht als solche' - 'Gedächtnis und Geschichtsschreibung als verschiedene Formen der Fixierung von Geschichte' - 'Dichte der Erinnerung als abhängig von der Anzahl sich überschneidender sozialer Rahmen'. Diese Ergebnisse stehen allerdings auch schon für den charakteristischen Versuch konstruktivistischen Denkens, das alte philosophisch-theologische Problem, erkennen zu wollen, was außerhalb der Erlebniswelt liegt, zu umgehen: "Wo die Überlieferung, trotz Kant, zwischen Erlebnis und 'Wirklichkeit' stets Gleichförmigkeit, Übereinstimmung oder zumindest Korrespondenz als natürliche und unerlässliche Voraussetzung betrachtete, postuliert der (radikale) Konstruktivismus die grundsätzlich andersartige Beziehung der Kompatibilität."[414] Damit kann als Forschungs*auftrag* formuliert werden, sich "von der herkömmlichen Auffassung, die das Ziel von Wahrnehmung, Erkenntnis und Wissenschaft in einer möglichst 'wahrheitsgetreuen' Darstellung der 'Wirklichkeit' sieht, zu einer instrumentalen Anschauung, die von Wahrnehmungen, Begriffen und Theorien nur Viabilität, also Brauchbarkeit, im Bereich der Erlebniswelt und des zielstrebigen Handelns verlangt,"[415] umzustellen. Der Konstruktivismus will somit zunächst keine Theorie des Seins, sondern eine Theorie des Wissens auf der Basis funktionalistischer Fragestellungen entwerfen.[416] Aufgrund der gewählten Perspektive kann dann über den Forschungs*gegenstand* ausgesagt werden, dass er so, wie er wahrgenommen wird, nicht von Menschen *vorgefunden*, sondern vielmehr von ihnen *erfunden* wird, denn "die Struktur der Umwelt, in der wir uns befinden, [entsteht] durch unsere Art und Weise des Erlebens und durch unsere begriffliche Einteilung."[417]

Die Annahme einer Konstruiertheit der Wirklichkeit zeichnet sich darin aus, auf die Verfügbarkeit, bedingt-kreative Offenheit und funktionale Abhängigkeit bzw. Prägung der (sozialen) Welt von ihren Trägern hinzuweisen. Wirklichkeit-an-sich bzw. Geschichte-an-sich bestimmt noch nicht, in welchen Bahnen sie wahrgenommen und erinnert wird. Dies bleibt die Domäne ihrer Träger und Akteure. Strukturelle Defizite dieser Erkenntnislehre lassen sich hingegen sowohl in einer Fraglichkeit der Abbildungsadäquanz wissenschaftlicher Gedankengebäude gegenüber der empirisch vorfind-

---

[413]WEHRSPAUN, Michael (1994), 11.

[414]GLASERSFELD, Ernst von (1992), 18.

[415]GLASERSFELD, Ernst von (1992), 22.

[416]GLASERSFELD, Ernst von (1992), 34.

[417]GLASERSFELD, Ernst von (1992), 33.

lichen Realität[418] ausmachen als auch im Kontext ihrer gesellschaftlichen Rezeption in der (vermeintlichen) Wertneutralität konstruktivistischer Forschung.

3.6.3   Halbwachs' 'Unvollendete' - ein Vermächtnis

Die Frage nach den Bedingungen des sozialen Denkens verfolgte Halbwachs seit der Veröffentlichung *'Les cadres sociaux de la mémoire'* im Jahre 1925. Doch seinem Wirken war es nicht vergönnt, Raum und Zeit zu finden, den eigenen Theorieentwurf fortzudenken und zu Ende zu bringen. Seine Reflexion über die Beziehungen zwischen Individuum, Gedächtnis und Gesellschaft wurden durch seine Verhaftung und spätere Ermordung im Konzentrationslager Buchenwald abgebrochen.[419]

Doch sein Lebenswerk bleibt mit dem erfolgten Paradigmenwechsel der Gedächtnisforschung Vermächtnis und Herausforderung. Es bietet Ansporn, gerade auch in Kenntnis der angeführten Defizite seines Entwurfs, jenen im Lichte heutiger Soziologie und Kulturtheorie weiterzuentwickeln: So gilt es, die für einen Soziologen teilweise erstaunliche Unschärfe Halbwachsscher Begrifflichkeit zu beheben[420] und damit zur Differenzierung und Konkretisierung der Forschungsergebnisse beizutragen. Es stellt sich als Aufgabe, nachzuspüren, ob und inwiefern tatsächlich dem Kollektiv die Rolle eines Gedächtnisträgers zugeschrieben werden kann und ob diese Prädikation als metaphorische, substantielle oder als gänzlich irreführende zu verstehen ist.[421] Erst in diesem

---

[418]Wehrspaun spricht von der "Gültigkeitsfrage" wissenschaftlicher Argumentation, vgl. WEHRSPAUN, Michael (1994), 29.

[419]MAUS, Heinz (1985), VIf. Als paradigmatisch für die abrupte Beendigung seines Gedankengangs kann der fragmentarische Charakter von *'La mémoire collective'* gesehen werden, vgl. Anm. 310.

[420]So fällt die unterbliebene explizite Verhältnisbestimmung von Begriffen wie Tradition, Gedächtnis, Identität, aber auch die fehlende definierte Unterscheidung von Begriffen wie Gruppe, Gemeinschaft, Gesellschaft auf. Gesellschaft erscheint als 'Gesamt-Gesellschaft' (vgl. HALBWACHS, Maurice (1985), 390), als soziale Klasse (vgl. (1985), 332) oder als Gruppe (vgl. (1991), 157). In Anbetracht dieser offenen Verwendungsweise der Termini wird in der nachfolgenden Darstellung nach Möglichkeit auf den Begriff 'Kollektiv' rekurriert. Damit wird "das personale Substrat von *sozialen Systemen* [bezeichnet], das als solches immer eine Mehrzahl von durch die Systemfunktionen einander zugeordneter *Individuen* umfasst." Der Begriff hebt sich von dem der *Gesellschaft* durch seine "abstraktere, technischere Gestalt" ab und von dem der *Gruppe* durch das Fehlen einer assoziativen Fixierung auf eine Teilmenge und eine dominante Gruppendynamik; vgl. MESSELKEN, Karlheinz (1989), 339f. Diese technische Definition bleibt aber im Fortgang durch eine inhaltliche Füllung der Kategorie (v.a. historische Kontinuität und Breite des im Kollektiv überlieferten) zu ergänzen.

[421]Eine heftige Auseinandersetzung über die Zulässigkeit der Übertragung des individualpsychologischen Begriffs 'Gedächtnis' in die Sphäre des Kollektivs und damit über die Einschätzung des Vorgehens Halbwachs' wird zwischen psychologischen Vertretern auf der einen und kulturtheoretisch sowie historisch orientierten Vertretern auf der anderen Seite ausgetragen; vgl. CANCIK, Hubert/MOHR, Hubert (1990), 311 dagegen YERUSHALMI, Yosef H. (1988), 11 und ASSMANN, Jan (1992a), 47. Assmann kritisiert aber die voreilige Qualifizierung *des Kollektivs* als Träger des Gedächtnisses (vgl. Anm. 343) und fragt statt dessen nach den jeweiligen kulturellen Medien des Gedächtnisses.
Bei VORGRIMLER, Herbert (2000), 38 findet sich beispielhaft die katholische Vorstellung, dass die *Glaubensgemeinschaft* im Gegensatz zum Einzelnen Träger der Anamnese, also eines Erinnerungs-

Horizont erscheint eine nähere funktionale Bestimmung des Verhältnisses Individuum - Kollektiv bzw. individuelles - kollektives Gedächtnis, über die im Rahmen der Sozialisations-Forschung gewonnenen Einsichten hinaus, möglich.

Ein Aufweis von Struktur und Funktion des Gedächtnisträgers kann aber nach dem Dargestellten nur durch die Weitung des Untersuchungsfeldes über die Kurzlebigkeit festumrissener Gruppen hinaus auf die Ebene der Kultur gewährleistet werden. Zu analysieren bleiben Raum- und Zeit-übergreifende Felder kulturellen Lebens und die darin vorgefundenen strukturbildenden Medien. Mit dieser 'Alltags-transzendenten' Perspektive rücken die beiden kulturgeschichtlich durchgängig vorfindlichen Bereiche gesellschaftlichen Lebens in den Mittelpunkt des Interesses, welche die Thematisierung von Geschichte konstitutiv zu ihrem Gegenstand zählen: die Systeme des Religiösen und des Politischen bzw. des Rechts.

So besteht die Aussicht, die kulturgeschichtlichen Unterschiede kollektiven Gedächtnisses, welche Maurice Halbwachs selbst noch nicht begründen konnte, dank seines theoretisch-hermeneutischen Ansatzes als Bezugspunkt individual-orientierter Gedächtnisforschung aufzuweisen und sich so den Konstitutionsbedingungen unterschiedlich zeitresistenter Individual-Gedächtnisse nähern zu können.

---

geschehens, ist.

4   Jan Assmann: Die 'Erfindung des kulturellen Gedächtnisses in Israel'

Mit dem Heidelberger Ägyptologen Jan Assmann,[422] der seit Jahren als profiliertester Vertreter seines Faches im deutschsprachigen Raum gelten kann, beteiligt sich ein Altertumswissenschaftler kontinuierlich am Diskurs einer allgemeinen Kulturtheorie.[423] Im Kontext der Erforschung früher Hochkulturen ist Assmann bestrebt, einen Beitrag zum Verständnis der Genese, der Struktur und Funktion sowie der Veränderung und Stabilisierung, kurz, des Wesens von Kultur zu leisten. Kultur wird dabei bestimmt "als der historisch veränderliche Zusammenhang von Kommunikation, Gedächtnis und Medien".[424] Dabei wird im Rahmen gesellschaftlicher Wirklichkeitskonstruktionen das Gedächtnis als das grundlegende Prinzip aller Kultur entdeckt, so dass Kultur mit Gedächtnis gleichgesetzt werden kann.[425] Einem Gedächtnis, das Assmann mit den Worten des russischen Semiotikers Juri Lotman als das "nicht vererbbare Gedächtnis eines Kollektivs" bezeichnet.[426]

4.1   Der theoretische Ansatz zur Überwindung einer 'Forschungslücke'

Mit der Anbindung des Gedächtnisses an raumzeitliche Bezüge sowie der Loslösung des übergreifenden Gedächtnisses von biologischen Verhaftungen ist der Horizont geweitet, das Soziale bzw. Kulturelle in die Bestimmung des Phänomens 'Gedächtnis' mit auf-zunehmen. Das Fundament für eine auf soziale Bedingungen ausgerichtete, den kon-struierten Charakter des Gegenstands wahrende Herangehensweise und inhaltliche Füllung hat, wie aufgezeigt, Maurice Halbwachs geleistet. Jan Assmann übernimmt ausdrücklich diese sozial-konstruktivistische Methodik in der Annäherung an Vergan-genheit und Gedächtnis.[427] Aber auch das Halbwachsscher Forschung sachlich zu-grundeliegende Axiom einer 'Unselbstverständlichkeit von Erinnerung' (weil abhängig von der aktuellen Existenz entsprechend sinnstützender sozialer Rahmen), findet sich bei Assmann wieder. So wird hier angesichts traditionaler Gesellschaften bzw. kultur-geschichtlich anzutreffender "Großer Traditionen", wie sie z.B. das Alte Ägypten, das Antike Griechenland oder das Judentum darstellen, von einem "erklärungsbedürftigen Faktum" bzw. einem "Sonderfall" der Erinnerung gesprochen, welcher dem "Regelfall

---

[422]Zum Zusammenhang des Assmannschen Theoriekonzepts vgl. den graphischen Überblick im Anhang, S. 304ff.

[423]ASSMANN, Jan (1992a), 19.

[424]ASSMANN, Aleida und Jan (1994), 114.

[425]ASSMANN, Jan (1991a), 18. Assmann verweist neben Lotman auf die Griechen als Vertreter eines derartigen Verständnisses. Für das Gedächtnis-gestützte Kulturverständnis der Griechen existieren Belege, welche bis ins 5. Jahrhundert v. Chr. zurückreichen, vgl. HERZOG, Reinhart (1993), 3.

[426]ASSMANN, Aleida und Jan (1994), 116.

[427]ASSMANN, Jan (1992a), 31, 47f; Assmann weist darüber hinaus treffenderweise auf die hermeneuti-sche Nähe dieses Ansatzes zu konstruktivistisch bestimmten Beiträgen der Wissenssoziologie (seitens Berger/Luckmann) hin.

kultureller Erscheinungen", dem evolutionär verankerten 'Kulturgesetz des Wandels und Verlusts', widerspricht.[428] Dass ein derart bestehender Klärungsbedarf für 'kulturelle Gegenläufe' bisher in seiner kulturtheoretischen Tragweite weder stringent wahrgenommen noch seitens der am Diskurs beteiligten Disziplinen thematisiert wurde, kann in den Augen Assmanns nur als "Problemblindheit" für eine "recht auffällige Baulücke in der Forschungslandschaft" bezeichnet werden.[429] Soll diese Lücke ausgefüllt werden, bleibt aufzuzeigen, "*wie* und *warum* zu verschiedenen *Zeiten* an verschiedenen *Orten* diese ahistorische Verbindung mit einer Vorzeit hergestellt worden ist,"[430] d.h. die Halbwachssche Trias zur Bestimmung des Gedächtnisses (Individuum - Gedächtnis - Kollektiv) ist um die Dimension der Kultur (Raum und Zeit) zu erweitern.[431] Und soweit die Einsicht Halbwachs', die Funktion des Gedächtnisses in 'Identitätsproduktion' und '-kontinuierung' zu sehen, übernommen wird, kann die Fragestellung dahingehend geweitet werden, im raumzeitlichen Kontext zu untersuchen, "*wie* sich Gesellschaften erinnern, und wie sich Gesellschaften imaginieren, indem sie sich erinnern."[432]

Um diesen Fragestellungen gerecht zu werden, bedarf es einer Theorie sozialen Gedächtnisses, welche, in der Weiterentwicklung Halbwachsscher Rahmenanalyse, als ihr Forschungsfeld die "*konnektive Strukturen*" von Gruppen und Gesellschaften, ihre Ausprägungen und Wandlungen wählt. "Konnektive Strukturen" verbinden das Individuum mit einem 'Wir', indem sie das Individuum sowohl auf der Ebene der *Sozialität* an Mitmenschen als auch auf der Ebene der *Zeitlichkeit* an das Gestern (und Morgen) knüpfen.[433] Dabei führen sie das Individuum in eine "Interaktion zwischen Psyche, Bewusstsein, Gesellschaft und Kultur"[434] ein. Gesellschaftliche Medien bzw. Institutionen konstituieren, regenerieren und variieren diese konnektive Strukturen, deshalb kommt der Erhellung kulturell entwickelter *Medien* und *Institutionen* unter der getroffenen Perspektive eine entscheidende Bedeutung zu. Um bei der angestrebten Analyse

---

[428]ASSMANN, Aleida und Jan (1987), 7-9; vgl. zur anthropologischen Parallele des Vergessens ASSMANN, Jan (1992a), 67. Der Begriff 'Große Traditionen' geht wohl auf R. Redfield zurück, vgl. ASSMANN, Jan (1992a), 92 Anm. 5. Das Kennzeichen einer 'Großen Tradition' ist, "jeder Gegenwart einen in die Tiefe der Jahrhunderte und dann Jahrtausende reichenden Wissens- und prägnanter: Bildungs-Horizont" zu eröffnen; ASSMANN, Jan (1992a), 93.

[429]ASSMANN, Aleida und Jan (1987), 8f.

[430]ASSMANN, Aleida und Jan (1987), 8; Hervorhebungen nicht im Original.

[431]Mit 'Kultur' ist dabei nicht nur eine horizontale Weitung (Kulturvergleich und -Geschichte) sondern auch eine vertikale Weitung von Raum und Zeit (Symbol- und Zeichenfunktion) intendiert; vgl. ASSMANN, Jan (1992a), 139; ASSMANN, Jan (2000), 19.

[432]ASSMANN, Jan (1992a), 18.

[433]ASSMANN, Jan (1992a), 16f, 231ff vgl. auch 293. Die beiden Dimensionen beschreiben einen den Individuen gemeinsamen Erfahrungs-, Erwartungs- und Handlungsraum, dessen Kennzeichen 'Verbindlichkeit' ist und der als solcher die Einzelnen zu einem 'Wir' zusammenbindet. Zur 'konnektiven Struktur' Israels vgl. S. 157ff.

[434]ASSMANN, Jan (2000), 20. Dieses Zitat veranschaulicht den Ansatz von Assmann, den von Halbwachs begonnen Weg fortzuführen, und das Gedächtnis aus seiner psychischen Verklammerung in das Soziale und Kulturelle herauszuführen, fortzuführen.

dem Ansatz treu zu bleiben, welcher vom konstruierend offenen Charakter sozialer Phänomene ausgeht, können die jeweiligen Kulturen und die in ihnen bestimmenden Medien jeweils als System bzw. als Programm betrachtet werden.[435] Es handelt sich dabei allerdings um ein Programm, welches "den Menschen in seiner grundsätzlichen Offenheit formt und in verschiedene Richtungen steuert",[436] welches aufgrund der Offenheit und der Gestaltungsfähigkeit des Menschen jedoch nicht evolutionistisch oder strukturell determinierend missverstanden werden darf. Vielmehr handelt es sich um "organologische Zirkel" ohne "Automatismus":[437] Der *Mensch*, der sich der Medien und Institutionen "nach Maßgabe seiner praktischen und kommunikativen Bedürfnisse sowie nach den Zwängen und Chancen seiner jeweiligen sozialen und politischen Verfasstheit"[438] bedient, "bleibt verantwortlich, nicht nur für die Erfindung seiner Werkzeuge, sondern auch für das Ausmaß, in dem er sich ihnen anpasst und sich von ihnen formen lässt".[439]

Zeitresistente Kulturen sind konsequenterweise als Produkt bewusster Leistungen des Kollektivs anzusehen und ihre Kontinuierung ist Aufgabe kultureller Strategien. Das Spezifikum dieser Kulturen lässt sich dabei nicht mit der puren Existenz bestimmter 'medialer Errungenschaften' (wie Schrift, Buch etc.) hinreichend beschreiben, sondern ist vielmehr im spezifischen Gebrauch und Ausformung derselbigen zu suchen. Eine Kulturtheorie, die es sich zum Ziel gesetzt hat, diese Leistungen und Mechanismen zu erhellen, muss darum im Vergleich zu verbreiteten, evolutionistisch angelegten Konzepten einen Schritt zurückgehen und nach den "Triebkräften und Entscheidungen" fragen, die *hinter* der entsprechenden Kultur und dem sie generierenden Gedächtnis bzw. *hinter* dem jeweils bestimmenden Gebrauch kultureller Medien und Institutionen stehen.[440] Damit kann eine typologische Analyse erfolgen, welche mit ihren idealtypisch entworfenen Ergebnissen einerseits komparative Darstellungen verschiedener Kulturen bzw. sozialer Gedächtnisse zulässt und andererseits in der gleichzeitigen Beachtung der

---

[435]Der Systembegriff verweist hier auf den Umstand, dass Assmann als Bezugspunkt seiner Kulturtheorie neben vielfältigen interdisziplinären Einflüssen v.a. Niklas Luhmann, den Vertreter einer funktional-strukturellen Systemtheorie nennt; vgl. ASSMANN, Jan (1992a), 25 (, 331) oder ASSMANN, Aleida und Jan (1983), 269. Gleichwohl spricht Assmann selbst *nicht* von Systemen, sondern von Programmen, wohl um nicht automatisch die auf Maturana zurückgehende Vorstellung Luhmanns von 'autopoietisch geschlossenen Systemen' übernehmen zu müssen und damit die funktionale Offenheit kultureller Strukturen zu wahren.

[436]ASSMANN, Aleida und Jan (1990), 15; vgl. auch ASSMANN, Jan und Aleida (1994), 117, ASSMANN, Jan (1994a), 179.

[437]ASSMANN, Aleida und Jan (1988), (25,) 26; zu Beispielen nicht-evolutionistischer Ansätze bei Assmann vgl. ASSMANN, Jan (1994b), 78 oder auch ASSMANN, Aleida und Jan (1987), 10, ASSMANN, Aleida und Jan (1990), 16. Vgl. die Übernahme dieses medialen, nicht-deterministischen Ansatzes durch FLAIG, Egon (1991), 145.

[438]ASSMANN, Aleida und Jan (1983), 278.

[439]ASSMANN, Aleida und Jan (1988), 26.

[440]ASSMANN, Aleida und Jan (1988), 26; vgl. auch ASSMANN, Aleida und Jan (1983), 281.

zugrundeliegenden Differenziertheit der beteiligten Elemente die Anschlussfähigkeit und Vertiefung der gefundenen Forschungsergebnisse ermöglicht.

Als Forschungsobjekt derart ausgerichteter Studien konzentriert sich Assmann auf drei Kulturen der Alten Welt: "Die ägyptische Kultur hat sich über dreitausend und mehr Jahre in einer erstaunlichen Konstanz"[441] und Ausgefeiltheit erhalten. Griechenland und Israel haben über diese Leistung hinaus vermocht, "ihrer Überlieferung eine so zeitresistente und strahlkräftige Gestalt zu geben, dass sie [in der Form von Humanismus und Judentum] bis auf unsere Tage identitätswirksam geblieben sind."[442]

So wie für Halbwachs die *Sprache* als Konstitutions-Prinzip im Zentrum der Frage nach Organ, Struktur und Inhalt des sozialen Gedächtnisses steht, misst Assmann der *Schrift* bzw. *schriftgestützten Medien* und *Institutionen* eine zentrale Rolle zur Ausbildung zeitresistenter, kulturverhafteter Gedächtnisse zu. Kulturelle Unterschiede der Gedächtnisleistungen entstehen dann infolge raumzeitlich spezifischer "Prozesse der Transformation und Steigerung"[443] dieser grundlegenden, in sich selbst nicht festgelegten skripturalen Medien und Institutionen. Im Umgang mit diesen Medien eröffnen sich komplexere Formen der Überlieferung und "neue Formen des Vergessens und des Wiedererinnerns, des Auslagerns und des Rückgriffs, der Latenz und der Wiederkehr, der Renaissance."[444] Die sozialen Gedächtnisse verschiedener Kulturen, die Halbwachs noch unter Ausblendung der raumzeitlichen Problematisierung substanzhaft als '*Bewusstsein des Kollektivs*' bezeichnet, kennzeichnet Assmann unter metaphorischem Gebrauch des Gedächtnisbegriffs als "*kollektiv geteiltes Wissen*". Träger dieses Wissens bleibt stets das selektierende Individuum; "kollektiv ist nicht das Bewusstsein, wohl aber die Identität, die über solches kollektiv geteilte Wissen vermittelt wird."[445]

4.2　　Die Formen und Funktionen kollektiver Erinnerung

Den durch Maurice Halbwachs soziologisch geweiteten Horizont dessen, was der Begriff 'Gedächtnis' meint, kennzeichnet Assmann als die "Außendimension des menschlichen Gedächtnisses."[446] Diese 'Außendimension des Gedächtnisses', das, was der Terminus "Kollektivgedächtnis" intendiert, erweist sich bei näherer Betrachtung als Oberbegriff, welcher seinerseits vier verschiedene Formen bzw. Bereiche abdeckt:[447]

---

[441]ASSMANN, Jan (1994a), 179.

[442]ASSMANN, Jan (1992a), 163. Entsprechend der in dieser Arbeit gewählten Perspektive werden die wesentlichen Züge seiner Forschungen, soweit sie das Alte Israel bzw. das Israel des Deuteronomiums betreffen, vorgestellt. Seitenblicke auf die beiden anderen Kulturen erfolgen nur soweit eine komparative Profilierung Israels geboten erscheint.

[443]ASSMANN, Jan (1992a), 24.

[444]ASSMANN, Jan (2000), 123.

[445]ASSMANN, Aleida und Jan (1988), 27; ASSMANN, Jan (2000)19.

[446]ASSMANN, Jan (1992a), 19.

[447]Vgl. für das Folgende: ASSMANN, Jan (1992a), 20f.

(1) Das 'mimetische Gedächtnis' der Nachahmung von Handlungen. (2) Das 'Gedächtnis der Dinge' und Orte, deren Inhalte dem Individuum als Spiegel seiner selbst und als zeitlicher Verweis auf seine Vergangenheit dienen. (3) Das *'kommunikative Gedächtnis'* der Sprache und Kommunikation, welches sich in der Teilhabe des Individuums am gesellschaftlichen Interaktionsgeschehen bildet. (4) Das *'kulturelle Gedächtnis'*, in welches die drei anderen Bereiche in transformierter Weise eingehen. Zu ihrer jeweiligen vordergründigen Zweckbedeutung kommt im kulturellen Gedächtnis eine den Einzelmoment der Wahrnehmung und Erinnerung übersteigende Sinn(-be-)deutung hinzu. Identität wird zum eigentlichen Gegenstand dieses Gedächtnisbereichs.

4.2.1 *"the floating gap"* und die 'Zweizeitigkeit der Zeit'

Assmann konzentriert sich auf die Erforschung der beiden letztgenannten Bereiche und erkennt dabei, dass diesen verschiedene Entstehungsorte, Erinnerungsweisen und damit unterschiedliche Funktionen zugrunde zu legen sind. So sieht Assmann die Trennung der beiden Gedächtnisebenen, zu welcher er selbst im Kontext der 'Archäologie textgestützter Kommunikation' gelangt,[448] durch Ergebnisse der Ethnologie und der *Oral History* gestützt:[449]

Jan Vansina beschreibt das Phänomen der Geschichtserinnerung in schriftlosen Stammesgesellschaften als ein Gedächtnis, das sich aus zwei zeitlich zu separierenden Registern aufbaut. Neben den reich ausgestalteten Überlieferungen der *Ursprungszeit* stehen die Zeugnisse der *jüngsten Vergangenheit* bzw. der 'Noch-Gegenwart'. Beide Register bleiben unverbunden, "wie (...) zwei Enden ohne Mitte",[450] nebeneinander stehen. Dabei verschiebt sich die charakteristische Lücke zwischen beiden Zeiten notwendigerweise mit dem wandelnden Gegenwartspunkt der Generationenfolge und kann so als *"floating gap"* bezeichnet werden.

Durch Vansinas Analyse mündlicher Überlieferung weitet sich Assmanns schriftgestützte Beobachtung zum universalen Muster menschlichen und sozialen Zeitbewusstseins bzw. zur anthropologischen Konstante. Nicht in der kulturellen Errungenschaft der Schrift ist begründet, dass das Individuum und das Kollektiv in den beiden (Gedächtnis-) Zeiten 'momentan' / Gegenwart und 'fixiert' / Ursprungszeit leben,[451] sondern in der unausweichlichen Begegnung eines jeden mit der "Urszene der Erinnerungskultur",[452] dem Tod, fußt die Zweidimensionalität menschlichen Vergangenheitsbezuges. Die

---

[448]ASSMANN, Jan (1992a), 21f.

[449]Vgl. für das Folgende: ASSMANN, Jan (1992a), 48ff; der Begriff "floating gap" wurde von Jan Vansina geprägt. Vgl. auch ASSMANN, Jan (1991a), 20f.

[450]Um mit den Worten Keith Thomas' zu sprechen, vgl. ASSMANN, Jan (1992a), 50.

[451]Zur Ablehnung der Begründung mittels Mündlichkeit und Schriftlichkeit vgl. ASSMANN, Aleida und Jan (1988), 29 sowie ASSMANN, Jan (1992a), 59. Die Polarität von 'veränderbarem' und 'festem Gedächtnis' ist nicht an den Unterschied von Mündlichkeit und Schriftlichkeit zu heften, weil auch schriftlose Gesellschaften die getrennte Ausbildung einer Alltags- und einer zeremonialen Kommunikation kennen.

[452]ASSMANN, Jan (1992a), 33.

Ausgestaltung des über den 'Bruch des Todes' hinweg geknüpften (Toten-)Gedenkens stellt in ihrer spezifisch rituellen und institutionellen Geformtheit bzw. Anbindung sowie in ihrem identitätsrelevanten Bezug für die Erinnernden die "ursprünglichste[n] und verbreitetste[n] Form der Erinnerungs*kultur*"[453] dar, weil sie die Differenz, die im Erinnerten zwischen Gestern und Heute besteht, offenlegt und thematisiert.[454] Neben dieser ersten Voraussetzung für Gedächtnis, die ihrerseits mit dem Wesen des Menschen verknüpft scheint, kann zweitens als gegenstandsbezogene Voraussetzung für den zu leistenden Vergangenheitsbezug die Existenz von Zeugnissen, von konkreten Anknüpfungsmöglichkeiten genannt werden.

Das Faktum der Zweizeitigkeit menschlichen Lebens bzw. Bewusstseins, das im Totengedenken wurzelt und sich am klarsten aufgetrennt in schriftlosen Gesellschaften in Form zweier unverbunden imaginierter Zeiten wiederfindet, hält "sich durch alle Stadien der kulturellen Evolution."[455] Bedingung dieses Ausgerichtetseins auf ein "Leben in zwei Zeiten" ist die Gedächtnis- / Erinnerungsfähigkeit des Menschen; und diese Fähigkeit ist wesentlich kulturell bestimmt, denn, wie bei Maurice Halbwachs gezeigt wurde, erinnert der Mensch "nur, was er innerhalb der Sinnrahmen, die ihm die Kultur, in der er lebt, anbietet, an Vergangenheit rekonstruieren kann."[456]

Diese beiden Zeitformationen der Ursprungs- und der rezenten Zeit entsprechen zwei Gedächtnis-Rahmen, die in entscheidenden Bestandteilen und Funktionen zu unterscheiden sind:[457] dem *kommunikativen* und dem *kulturellen Gedächtnis*.

---

[453]ASSMANN, Jan (1992a), 34. Hervorhebung nicht im Original. Assmann verweist darauf, gerade das Phänomen 'Totengedenken' zeige, dass für die Eruierung dessen, was mit dem Komplex 'Vergangenheitsbezug' verbunden wird, 'Gedächtnis' als Oberbegriff und nicht 'Tradition' zu wählen ist. Denn der Begriff Tradition "verkürzt das Phänomen um den Aspekt der Rezeption, des Rückgriffs über den Bruch hinweg, ebenso wie um dessen negative Seite: Vergessen und Verdrängen. Daher brauchen wir ein Konzept, das beide Aspekte umgreift", vgl. ASSMANN, Jan (1992a), 34.

[454]ASSMANN, Jan (1992a), 61; zum Leben des Menschen in zwei Zeiten auf dem Hintergrund einer 'Lebensgemeinschaft mit den Toten' vgl. ASSMANN, Jan (1991a), 22; zur Charakterisierung der *Erinnerungskultur* als auf soziale Entitäten bezogene Geschichte vgl. ASSMANN, Jan (1992a), 31.

[455]ASSMANN, Jan (1992a), 57.

[456]ASSMANN, Jan (1991a), 18.

[457]ASSMANN, Jan (1992a), 50. Wolfgang Raible korrigiert die hinter der Aufteilung in 'kommunikatives' und 'kulturelles Gedächtnis' stehende Vorstellung Assmanns von zwei stets scharf getrennten Arten des Gedächtnisses. Er spricht statt dessen von "zwei Extrempolen auf einer Skala", bei denen Zwischenformen durchaus anzutreffen seien; vgl. RAIBLE, Wolfgang (1988), 9.

4.2.2 Das 'kommunikative' und das 'kulturelle Gedächtnis'

Die beiden Gedächtnis-Formen werden bei Assmann unter Berücksichtigung formaler und inhaltlicher Aspekte voneinander geschieden. Zu den Kennzeichen der Gedächtnis-Formen zählt er:[458]

(1) Beide Gedächtnisse erstrecken sich über unterschiedliche *Zeithorizonte*. Das *kommunikative Gedächtnis* beinhaltet Erinnerungen der rezenten Vergangenheit. Die verbindende Struktur entsteht für die Erinnernden auf dieser Gedächtnisebene dadurch, dass es sich um eine gemeinsam erfahrene, 'zeitgenössische Vergangenheit' handelt, die Teil des Alltages unmittelbar war oder noch ist. "Der typische Fall ist das Generationen-Gedächtnis. Dieses Gedächtnis wächst der Gruppe historisch zu; es entsteht in der Zeit und vergeht mit ihr, genauer: mit seinen Trägern."[459] So kann das kommunikative Gedächtnis nur einen quasi biographisch erfahrbaren Zeitraum von 80-100 Jahren umfassen, dies entspricht dem lateinischen *saeculum* oder der Zeitdauer biblischer Haftungsgemeinschaft (drei bis vier Generationen). In diesem Rahmen kann es als "kommunikatives Kurzzeit-Gedächtnis"[460] bezeichnet werden. Dieses Gedächtnis kennt entsprechend der je aktuell bestehenden Anbindung an seine Träger keine übergreifend feststehenden Bezugspunkte, keine Fixpunkte in der Vergangenheit. Der Zeithorizont des kommunikativen Gedächtnisses wandert vielmehr mit dem jeweils neu zu bestimmenden Gegenwartspunkt der Generationenfolge mit.

Anders das *kulturelle Gedächtnis*, welches sich im Gegensatz zur Alltagsnähe des kommunikativen Gedächtnisses durch Alltagsferne bzw. Alltagstranszendenz auszeichnet. Dieses Gedächtnis beinhaltet Themen der Ursprungszeit, in diesem Sinne der 'abgeschlossenen Zeit'. Entsprechend bildet es sich als "kulturelles Langzeitgedächtnis" um ausgewählte Fixpunkte in der Vergangenheit, deren in der Form von "Erinnerungsfiguren"[461] gedacht wird. Diese Fixpunkte stecken als historisch verankerte oder mythologisch begründete Vergangenheit einen Horizont ab, der nicht mehr mit einem fortschreitenden Gegenwartspunkt auf der Zeitschiene mitwandert.

(2) Den unterschiedlichen Zeithorizonten entspricht jeweils ein eigener *Inhalt* und damit verschiedene *Funktionen* des Gedächtnisses. Mit den erinnerten mythischen Urgeschichten und / oder historischen Gründungsereignissen bewahrt "das *kulturelle Gedächtnis* (...) den Wissensvorrat einer Gruppe, die aus ihm ein Bewusstsein ihrer Einheit und Eigenart bezieht,"[462] welches "sich vorzugsweise auf die Geschichte ihres Geworden-

---

[458]Vgl. für das Folgende v.a.: ASSMANN, Jan (1988), 12-15, ASSMANN, Aleida und Jan (1988), 29-32 und ASSMANN, Aleida und Jan (1994), 119-121. Assmann führt in den Texten unterschiedliche Gliederungsmomente an, welche zu den hier genannten zusammengefasst werden.

[459]ASSMANN, Jan (1992a), 50.

[460]Entsprechend lautet die Überschrift bei ASSMANN, Aleida und Jan (1994), 119.

[461]ASSMANN, Jan (1988), 12 oder ASSMANN, Jan (1992a), 52. Maurice Halbwachs sprach noch von "Erinnerungsbildern", vgl. die Anm. 353.

[462]ASSMANN, Jan (1988), 13. Hervorhebung nicht im Original.

seins stützt."[463] Um diese identifikatorische und gruppenbildende Leistung dauerhaft zu ermöglichen, ist das kulturelle Gedächtnis auf "Identitätskonkretheit" bzw. auf einen Gruppenbezug angewiesen. Mit der Ausbildung fundierender Gruppenidentitäten wirkt es als anthropologische Funktion mit bei der Sozialisation und Einbindung des Individuums in ein Kollektiv. "Der Mensch braucht das kulturelle Gedächtnis, um eine kollektive Identität ausbilden und über die Generationenfolge hinweg identisch reproduzieren zu können."[464]

Das *kommunikative Gedächtnis* beinhaltet Geschichtserfahrungen, welche im Kontext der individuellen Biographie gesammelt werden. Es dient als "Alltagsgedächtnis"[465] dem Individuum zur "Orientierung im Alltag"[466] sowie "zur Bewältigung alltäglicher Lebensaufgaben".[467] Um diese Form nicht weiter reflektierter Handlungsanleitungen bzw. Handlungsgewohnheiten auszubilden, bedarf das kommunikative Gedächtnis der 'Abbildungskonkretheit'[468] des Imaginierten gegenüber den wahrgenommenen Erlebnissen.

Die den beiden Gedächtnisformen zugewiesenen Funktionen setzen ihrerseits entscheidende strukturelle Unterschiede in Konsistenz und Relevanz der Gedächtnisinhalte sowie in Zugang und Verwaltung bzw. Zirkulation dieser Gedächtnisformen voraus:

(3) Die *Formen* der Erinnerungen bzw. der Erinnerungsfiguren und die *Zugangsweisen* zu den beiden Gedächtnissen lassen sich vor dem Hintergrund ihres 'Entstehungsortes' wie folgt kennzeichnen: Das *kommunikative Gedächtnis* bildet sich aufgrund seiner Alltags-Verwurzelung 'naturwüchsig', impulsiv, kaum in vorgeformten Bahnen, im Rahmen von Interaktion und Kommunikation. Entsprechend informell und unorganisiert gestaltet sich der Zugriff auf die ständig verfügbaren Gedächtnisinhalte.

Ganz anders steht es um das *kulturelle Gedächtnis*, in welchem eine weit zurückreichende Vergangenheit zu symbolischen Erinnerungsfiguren geronnen ist. Damit handelt es sich bei den Gedächtnisinhalten wesentlich um gestiftete bzw. kollektive, in diesem Sinne objektive, (re-)konstruierte. Sie weisen einen hohen Grad an kultureller Geformtheit auf, welcher in seiner Differenziertheit einer alltagsübersteigenden Leistung entspricht. Diese Alltagsenthobenheit fundierender und reflektierender Gedächtnisinhalte spiegelt sich auch im Zugriff auf diese Inhalte und in der Zirkulierung bzw. Kontinuierung dieses Gedächtnisses. Gedenken setzt hier einen hohen organisierten

---

[463]ASSMANN, Jan (1991a), 22.

[464]ASSMANN, Jan (1991a), 22.

[465]RAIBLE, Wolfgang (1988), 8; Assmann hält allerdings diesen Begriff als Gegenbegriff zu einem "Festtagsgedächtnis" für zu statisch, vgl. ASSMANN, Jan (1992a), 53.

[466]Entsprechend lautet die Überschrift bei ASSMANN, Jan (1991a), 22.

[467]RAIBLE, Wolfgang (1988), 10; Raibles Einschätzung, dass das Alltagsgedächtnis zur "alltäglichen Orientierung von Individuen und *kleinen Gruppen*" beiträgt, erscheint so lange schlüssig, als Gruppen auch als 'unreflektiert agierende Handlungseinheiten des Alltags' erscheinen können.

[468]Dieser Begriff wurde gewählt, um als Komplementärbegriff zur 'Identitätskonkretheit' den Gedankengang Assmanns fortzuführen, der die inhaltliche / funktionale Charakterisierung des *kommunikativen* Gedächtnisses nur ansatzhaft leistet.

Aufwand voraus, denn es bedarf dazu einer eigenen Zeit, einer Alltags-enthobenen 'Erinnerungszeit'. Darauf macht schon Niklas Luhmann aufmerksam, wenn er feststellt: "wie Identitäten überhaupt, sind auch Selbst-Thematisierungen des Gesellschaftssystems nicht für den Alltagsgebrauch bestimmt."[469] Als Ideal- und ursprünglichster Typus derartig "besonderer Kommunikationsweisen, die sich implizit auf Kommunikation als Kommunikation und damit auf die Erfordernisse des Kontinuierens sozialen Zusammenlebens"[470] beziehen, kann das *Fest* bezeichnet werden. Eine Kultur muss die 'Erinnerungszeit' des kulturellen Gedächtnisses als 'Zeit der Besinnung auf die Ursprünge' im Alltag im Interesse ihres gesellschaftlichen Funktionierens ausblenden.[471] Gleichwohl 'lebt der Mensch in zwei Welten' und schafft deshalb Orte und Räume für diese andere Zeit des Alltags. Das Fest als Inbegriff dieser 'zweiten Zeit' eröffnet den Blick für die Organisiertheit des Zugriffs auf das kulturelle Gedächtnis, für die Zeremonialität des Erinnerungsablaufes und die Ritualisierung des Thematisierungsbedarfs von Identität.[472] Die Fest-gestützte Erinnerung verweist darüber hinaus auf die Verbindung, die zwischen Erinnerung und Religiosität, zwischen Identität und Religion besteht. Erinnerungsfiguren tragen immer einen religiösen Sinn, kulturelle Erinnerungen beinhalten deshalb das Moment des Sakralen.[473] Um die Außeralltäglichkeit und damit Feierlichkeit identitätsbezogener Selbstvergewisserung und Selbstthematisierung zu betonen, kann man "die Polarität zwischen dem kommunikativen und dem kulturellen Gedächtnis der Polarität zwischen Alltag und Fest gleichsetzen"[474] statt sie mit jener zwischen Mündlichkeit und Schriftlichkeit zu verwechseln.[475]

(4) Auch die Struktur und die Formung der den Gedächtnissen zugrundeliegenden *Speichercodes* lässt entscheidende Abweichungen voneinander erkennen. Das *kommunikative Gedächtnis* der alltäglichen Interaktion ruht in der lebendigen Erinnerung seiner Träger, also in den organischen Gedächtnissen der Individuen. Erinnert und 'Erinnerung wachgehalten' wird durch die Bestätigung der Gedächtnisinhalte in Erlebnissen und kommunikativen Berichten, deren Ablauf und Gehalt in beiden Fällen vom begrenzten "Horizont der 'Tagesordnung' des Alltagslebens"[476] bestimmt werden.

Das *kulturelle Gedächtnis* ruht aufgrund seiner nur mittelbar verfügbaren Gedächtnisleistung und seines organisierten Charakters stets "auskristallisiert in konkreten

---

[469]LUHMANN, Niklas (1979), 336.

[470]LUHMANN, Niklas (1979), 336.

[471]ASSMANN, Jan (1991a), 13.

[472]Zu weiteren Kennzeichen des Festes als Medium des kulturellen Gedächtnisses vgl. S. 131f.

[473]ASSMANN, Jan (1992a), 52.

[474]ASSMANN, Jan (1992a), 53. Assmann will hier die Polarität dieser Zeiten nicht zu der Gegenüberstellung von "Alltagsgedächtnis" und "Festtagsgedächtnis" verdichtet sehen. Aufgrund seines Festhaltens an dem Diktum der getrennten Gedächtnis-Register und des Lebens in "Alltags-" und "Festzeit" (vgl. ASSMANN, Jan (1991a), 17) erscheint diese Einschränkung allerdings erläuterungsbedürftig.

[475]ASSMANN, Jan (1988), 14.

[476]ASSMANN, Jan (1991a), 21.

Objektivationen wie Mythen, Riten, Tänzen, Ornamenten, Kleidung, Schmuck, Tätowie-
rungen, Tischsitten, Nationalgerichten, Monumenten, Landschaften, Pilgerfahrten, kurz:
[in] allen symbolischen Formen, in denen eine Gruppenidentität sich auszudrücken
vermag."[477] Dabei sind diese Medien sprachlicher, bildlicher und ritueller Artikulation
zum Zweck des Wiedergebrauchs und Wiedererkennens besonderen Formungsprozessen
unterworfen.[478] Diese Prozesse sollen für den 'Bedarfsfall des Gedächtnisses' eine
gleichverlaufende und damit gleichwertige Inszenierung bzw. Rekapitulation der Gedächtnisinhalte gewährleisten. Deshalb konkretisieren sie die Gedächtniselemente als
feste Objektivationen in der Form traditionell gebräuchlicher Kodierung und kulturell
vertrauter Institutionen der Kommunikation.[479]

(5) Die Ausdifferenzierung der Objektivationsstufen und Organisierungsgrade im
kulturellen Gedächtnis hat zwingend Auswirkung auf die jeweilige *Partizipationsstruktur* der beiden Gedächtnisse. Die Verbindlichkeit der Gedächtnisinhalte ist im
kommunikativen Gedächtnis für seine Träger eine relative, weil beliebig neu situations-
abhängig zu bestimmende. Diese 'Un-Verbindlichkeit' und die Tatsache der kontingen-
ten Relevanz bei gleichzeitiger ständiger Verfügbarkeit der Inhalte haben zur Folge, dass
sich hier die Teilhabe am Wissen diffus und unspezifisch gestaltet. Dieses Wissen ist
zwar unterschiedlich verteilt, "aber es gibt keine Spezialisten und Experten solcher
informellen Überlieferung. (...) Das Wissen, um das es hier geht, wird zugleich mit dem
Spracherwerb und der Alltagskommunikation erworben."[480] Die Träger sind demnach als
solche qualifiziert durch ihre 'Zeitzeugenschaft einer Erinnerungs- und Lebensgemeinschaft'.

Das *kulturelle Gedächtnis* beansprucht mit seinen zu organisierenden, sich dann aber
letztendlich immer noch als unverfügbar herausstellenden Anlässen ein hohes Maß an
Verbindlichkeit. Diese Verbindlichkeit gilt dem Individuum im Hinblick sowohl auf
dessen retrospektives Lebensbild als auch auf dessen prospektiven Lebensentwurf.[481]
Das Begehen eines unverfügbaren und hoch relevanten Gedenkens verlangt die exakte
Kenntnis seiner Inszenierungsbedingungen. Entsprechend spezialisiert und differenziert
gestaltet sich die Trägerschaft des kulturellen Gedächtnisses, deren Vertreter Priester,
Lehrer, Gelehrte, Schreiber, Künstler oder Schamane, Barde, Griot heißen. "Der Außeralltäglichkeit des Sinns, der im kulturellen Gedächtnis bewahrt wird, korrespondiert eine

---

[477]ASSMANN, Jan (1991a), 21.

[478]ASSMANN, Aleida und Jan (1988), 31.

[479]Assmann nennt diese beiden Elemente gerade als Kennzeichen der das kulturelle Gedächtnis bildenden Erinnerungsfiguren, vgl. ASSMANN, Jan (1988), 12.

[480]ASSMANN, Jan (1992a), 53.

[481]Assmann selbst nennt diese 'zweizeitige Ausrichtung' des Gedächtnisanspruchs hier zwar nicht, sie
wird allerdings als adäquate Zusammenfassung seiner weiter ausgebreiteten Gliederungspunkte betrachtet. Dabei steht im Hintergrund der prospektiven Ausrichtung der 'formative und der normative Aspekt'
und für das retrospektive Moment die 'dreifache Gliederung der Reflexivität kulturellen Gedächtnisses',
vgl. ASSMANN, Jan (1988), 14f.

gewisse Alltagsenthobenheit und Alltagsentpflichtung seiner spezialisierten"[482] Traditionsträger. Konsequenterweise wird mit der Alltagsenthobenheit dieser Trägerschicht bzw. dem Ende des allgemeinen Zugangs zum Gedächtnisinhalt ein Herrschaftswissen etabliert, dessen Verwalter unter den Aspekten "Pflicht zur Teilhabe" und "Recht auf Teilhabe" selektiv den Zugang zu gesellschaftlichen (Macht-)Bereichen gestalten.[483]

Vor dem Hintergrund der geleisteten Phänomenologie des kommunikativen Gedächtnisses des Alltages und des kulturellen Gedächtnisses der alltagstranszendierenden Zeit bekommt das Axiom Hesiods, dem 'Kronzeugen altgriechischer Musenvorstellung', vom Gedächtnis als Ursprung und Fundament der Kultur neue Plausibilität.[484] Gedächtnis, genauer das *kulturelle Gedächtnis*, ist nach diesem Verständnis das grundlegende Prinzip der Kultur. Es ist das Organ, welches den 'Rhythmus der ewigen Gegenwart' des Alltages sprengt und welches durch Speicherung und Wiederherstellung der Geschichte in Form von Reproduktion oder Rekonstruktion den eigenen Standort in die Zei*ten* ausdehnt.[485] Die neu konstituierte Zeit ist jene der Ungleichzeitigkeit, in welcher die Kultur als "gemeinschaftliche Form des Ausbruchs aus den engen Zeitgrenzen des Alltags"[486] existiert. Der Begriff 'kulturelles Gedächtnis' steht so für das "Selbstbildbezogene Wissen, das im spezifischen Interaktionsrahmen einer Gesellschaft Handeln und Erleben steuert und von Generation zu Generation zur erneuten Aneignung, Einübung und Einweisung ansteht."[487] Derartiges Wissen ermöglicht die kulturelle Verwirklichung anthropologischer und sozialer Bedürfnisse: die "Arterhaltung" der kulturalen "Pseudo-Speziation".[488] Dieses Gedächtnis der Ursprünge, das zum Zwecke einer bewusst aufrechterhaltenen Kontinuität Geschichtsinhalte 'vergisst' und 'erinnert',[489] ist zu scheiden von jenem kommunikativen Gedächtnis, das zum Zwecke der Orientierung im Alltagsleben raumzeitliche Differenzen aufhebt. Dieses *kommunikative Gedächtnis*

---

[482] ASSMANN, Jan (1992a), 54.

[483] ASSMANN, Jan (1992a), 55. Assmann nennt zwar stichwortartig einige kulturgeschichtliche Beispiele, spitzt den Mechanismus der 'Wissenskontrolle' allerdings nicht zu 'Prozessen der Machtbildung' (Heinrich Popitz) zu; dies gilt auch vor dem Hintergrund der geschilderten 'Allianz zwischen Herrschaft und Gedächtnis' bzw. 'Vergessen', vgl. ASSMANN, Jan (1992a), 70-73.

[484] Zu Hesiod vgl. ASSMANN, Aleida und Jan (1983), 267.

[485] ASSMANN, Aleida und Jan (1994), 115. Assmann spricht hier von der Erzeugung von 'Diachronie'. Wie auf S. 141ff (u.a. Anm. 630) oder im Diagramm (S. 304ff) angedeutet, lassen sich nicht-synchrone Zeitstrukturen allerdings in Diachronie und *Diachorie* ausdifferenzieren.

[486] ASSMANN, Aleida und Jan (1983), 266.

[487] ASSMANN, Aleida und Jan (1988), 28.

[488] ASSMANN, Aleida und Jan (1988), 28.

[489] Bei Assmann findet sich für dieses kontinuierliche Vergessen geschichtlicher Begebenheiten der Begriff der *'strukturellen Amnesie'* und für das Erinnern als Wiederherstellen eines als verloren empfundenen Gleichgewichtszustandes in der Geschichte der Begriff *'Homöostase'*, vgl. ASSMANN, Aleida und Jan (1988), 35f und ASSMANN, Aleida und Jan (1994), 130.

entspricht im Wesentlichen dem, was Maurice Halbwachs unter dem Begriff des Kollektivgedächtnisses analysiert hat.[490]

4.2.3   Israel und das 'kulturelle Gedächtnis'

Unabhängig von der Tatsache, dass es sich bei dem Phänomen des 'kulturellen Gedächtnisses' um ein universal anzutreffendes handelt, gibt es Völker bzw. Kulturen, die spezifische Kristallisations- und Steigerungsformen dieses Gedächtnisses ausgebildet haben. Allen voran sind aus evolutionstheoretischer Sicht als Urtypen und "Ausnahmefälle"[491] *Israel* und *Griechenland* zu nennen, die Vertreter unterschiedlicher Gedächtnisleistungen. Entwickelt sich in Griechenland aus "Wissbegier" und erstrebtem moralisch-politischen Beurteilungsvermögen,[492] was im Abendland unter den Begriffen 'Geschichtsschreibung' und 'individuelle Erinnerungs*kunst*' firmiert, so kommt es in Israel zur Ausbildung einer Gedächtnis*kultur*.[493] Dort wird im Gegensatz zu Griechenland nicht nur gegen den Verlust von Wissen bzw. Erinnerung gearbeitet,[494] sondern darüber hinaus die *Diskrepanz zwischen Gestern und Heute* wahrgenommen, thematisiert und *funktionalisiert*.[495] Der hier praktizierte Vergangenheitsbezug kann als "kontrapräsentische Treue zur Vergangenheit"[496] bezeichnet werden, welchem klar abgrenzbare Motive äußerer historischer Bedingungen und innerer Selbstbilder zugrunde liegen.[497] Dem Befund entsprechend, dass der Gehalt und die entscheidende Funktion eines kulturellen Gedächtnisses in der Generierung und Kontinuierung eines kollektiven Selbstbildes zu suchen ist, übernimmt Assmann die Sicht Max Webers und erkennt in

---

[490]ASSMANN, Jan (1988), 10; ASSMANN, Aleida und Jan (1988), 29; ASSMANN, Aleida und Jan (1994), 119.

[491]LUHMANN, Niklas (1979), 337: Beide Kulturen stellen "Ausnahmefälle" dar, weil "der Typus des bürokratischen Großreichs als einer politisch-ökonomisch-religiösen Territorialeinheit nicht fortgesetzt, sondern durch ein Gesellschaftssystem ersetzt wird, das sich durch *Hypostasierung einer besonderen Funktion* definiert". Vgl. zur Hypostasierung in Israel S. 155f.

[492]YERUSHALMI, Yosef H. (1988), 20.

[493]Entsprechend stellt Assmann die abendländische Mnemotechnik Griechenlands der *kulturellen* Mnemotechnik Israels gegenüber, vgl. ASSMANN, Jan (1991b), 337.

[494]Yerushalmi spricht von der Geschichtsschreibung als von einem "Bollwerk (...) gegen das (...) Verblassen der Erinnerung", vgl. YERUSHALMI, Yosef H. (1988), 20.

[495]So wird die These Gerd Theissens verstanden, der allerdings von einem "Konflikt zwischen *Tradition und Gegenwart*" spricht, vgl. THEISSEN, Gerd (1988), 174.

[496]THEISSEN, Gerd (1988), 175. vgl. zu Rezeption durch Assmann auch S. 160ff. Theissen verknüpft mit dem Phänomen "kontrapräsentische Erinnerung" die These: "Der Konflikt zwischen Tradition und Gegenwart wird in Israel bewusst erlebt. Tradition gerät nicht nur faktisch in Spannung zur Gegenwart, sondern wird kontrafaktisch gegen die Gegenwart ausgespielt. Erinnerung wird zur religiösen Pflicht", vgl. THEISSEN, Gerd (1988), 174.

[497]Zur weiteren Ausführung dieser Binnen- und Außenperspektive der Gedächtnismotivation Israels vgl. S. 160ff.

dem Konzept der *Auserwähltheit* jenes Strukturprinzip,[498] welches Israel das Modell eines kontrapräsentischen Erinnerns verwirklichen lässt.[499] Erinnern wird zur fundamentalen Verpflichtung, denn mit der Bewahrung dessen, was mit dem Konzept der Erwählung an Verpflichtung und Ermöglichung verbunden ist, steht und fällt die eigene Existenz, die Existenz eines Volkes im Sinne seines *sinnvollen* bzw. *sinnhaltigen* Lebens. Damit ist gegenüber dem Geschichtsverständnis Griechenlands eine neue Kategorie als Gegenstand der eigenen Verhältnisbestimmung eingeführt und gewählt worden: die Kategorie des *transzendentalen Sinns* in der Geschichte.[500]

Wie für die kulturelle Erscheinung individualorientierter Erinnerungskunst in Griechenland, so existiert auch für die Gedächtniskultur bzw. für die kulturelle Mnemotechnik Israels so etwas wie eine Gründungslegende.[501] Diese "Urszene" kulturellen Gedächtnisses handelt von der Josijanischen Kultreform (2 Kön 22, 2-13) und dem Fund eines verschollenen Buches (des Deuteronomiums[502]), das die Reform auslöst. Die Erfahrung gegenwärtiger Katastrophen wird im Lichte einer gegenläufigen, kontrapräsentischen Vergangenheit als Folge des Vergessens jener Herkunft gedeutet. Vergangenheit wird in der identitätsrelevanten Rekapitulation in Erinnerungsfiguren symbolisiert, hier begegnen diese Fixpunkte der Vergangenheit in der Form von Vätergeschichten, Exodus, Wüstenwanderung, Landnahme und Exil.[503] Sie sind es, die als "bewohnte *Story*" den Ort bilden, an welchem zu bestimmten kollektiv relevanten *"occasions"* mittels geteilter "Erinnerungen und Hoffnungen" Gemeinschaft erzeugt und erhalten wird.[504] Die historisch geerdeten Erlebnisse, die einmal Teil des *kommunikativen Gedächtnisses* waren, drohen mit dem Fortgang der Geschichte unbemerkt zu entgleiten. Doch allein das Wissen jener Zeitzeugen vermag der Gegenwart Sinn zu geben. Die Ausrichtung an einem 'gefundenen Buch' - das Anliegen des Deuteronomiums - kann in dem Versuch einer Transformation gesehen werden. Das kommunikative Gedächtnis soll in ein *kulturelles Gedächtnis*, die gelebte in eine institutionalisierte Erinnerung

---

[498]Vgl. ASSMANN, Jan (1992a), 30f. Was den Nexus von "Gedenken" und "Auserwählung Israels" betrifft, so handelt es sich hierbei sicherlich um einen der bibeltheologischen 'basics', welcher wohl aber v.a. seitens Gerd Theissens auf seine (kontrapräsentische) Zeitstruktur hin befragt wurde, vgl. THEISSEN, Gerd (1988), 175f.

[499]Zur Verdeutlichung der grundgelegten Unterscheidung von Medium / Raum, Prozess / Akt und Inhalt von 'Gedächtnis' wird hier die 'kontrapräsentische Erinnerung' Theissens als 'kontrapräsentisches Erinnern' gefasst. Derart soll betont werden, dass es sich um die Beschreibung der Herstellung eines signifikanten Verhältnisses, also um die Beschreibung der Struktur israelitischer Gedächtnis*akte* handelt.

[500]YERUSHALMI, Yosef H. (1988), 21 Anm. 4; entsprechend bezeichnet Yerushalmi gegenüber den hellenischen Vätern der Geschichtsschreibung die Juden als die Väter des *Sinns* in der Geschichte. Parallel dazu stellt Luhmann die griechische Verhältnisbestimmung innerhalb der politischen Sphäre jener der jüdischen Verhältnisbestimmung innerhalb der religiösen Sphäre gegenüber, vgl. LUHMANN, Niklas (1979), 337.

[501]ASSMANN, Jan (1991b), 337f.

[502]ASSMANN, Jan (1992a), 217.

[503]ASSMANN, Jan (1992a), 52.

[504]RITSCHL, Dietrich (1988a), 54; RITSCHL, Dietrich (1988b), 46; RITSCHL, Dietrich (1988b), 106f.

überführt werden, indem das zugrundeliegende Erinnern in 'kulturellen Mnemotechniken' kanalisiert wird.[505]

4.3   Mythomotorik - oder von der Form und Funktion des Vergangenheits-
bezuges

Der Übergang vom kommunikativen zum kulturellen Gedächtnis vollzieht sich mittels
Medien, die Daten speicher- und wieder aktivierbar halten.[506] Dennoch bleibt, wie
bereits erwähnt, nach den hinter dem jeweiligen Gebrauch unterschiedlicher Medien
stehenden "Triebkräften und Entscheidungen" zu fragen. Nur so lassen sich kulturspezifische Gedächtnisleistungen hinreichend erklären.[507]

Seit Rüdiger Schotts Münsteraner Antrittsvorlesung (1968) und infolge der *Oral
History* hat sich die Erkenntnis, dass es sich bei dem *Geschichtsbewusstsein* um eine
"anthropologische Universalie" handelt, allgemein durchgesetzt.[508] Andererseits wurden
im Kontext der Frage nach der Form der Vergangenheitsthematisierung in Kulturen von
Claude Lévi-Strauss und Mircea Eliade 'Mythos' und 'Geschichte' als Gegensätze einander gegenübergestellt, deren jeweilige Dominanz bzw. Existenz die historische
Wahrnehmung oder zyklische Ausblendung von Zeit anzeigt.[509] Assmann strebt gegenüber diesen traditionellen Vorstellungen und Definitionen von 'Geschichtsbewusstsein'
und 'Mythos' eine Differenzierung an, die dem Aufweis kultureller Unterschiede und
Mechanismen kollektiver Erinnerung dienen sollen. Dabei darf weder ein vermeintlich
universal anzutreffendes 'Geschichtsbewusstsein' im neuzeitlichen Sinne als 'historisches
Bewusstsein' verkürzt und damit missverstanden werden,[510] noch darf der Mythos als
Gegensatz zu Geschichte im Sinne eines nicht identitätsfunktionalen Vergangenheitsbezugs der Gesellschaft karikiert werden. Zu fragen bleibt deshalb zunächst nach den
grundsätzlichen, universal anzutreffenden Funktionen, welche sich in Vergangenheits-
bezügen von Gesellschaften zeigen. Erst in einem weiteren Arbeitsschritt kann dann
geklärt werden, in welchen kulturspezifischen Formen existenzielle Funktionen des
Vergangenheitsbezuges in Folge umgesetzt werden und welche Konsistenz derart

---

[505]ASSMANN, Jan (1991b), 343f, 347f.

[506]Assmann spricht entsprechend von "Medien ersten Grades" (Dokumenten) und "Medien zweiten
Grades" (Monumenten), vgl. ASSMANN, Aleida und Jan (1994), 120f.

[507]Vgl. Anm. 440 sowie ASSMANN, Aleida und Jan (1987), 10.

[508]ASSMANN, Jan (1992a), 66.

[509]Zur Gegenüberstellung von Geschichte und Mythos vgl. ASSMANN, Jan (1992b), 39f; für Lévi-Strauss
zusätzlich ASSMANN, Jan (1992a), 68f.

[510]Assmann verweist auf das bis in späte kulturgeschichtliche Zeit dominante 'identitätsorientierte'
Interesse an der Zeit gegenüber dem "historischen Interesse" und hält daher seinen Begriff des "kulturellen Gedächtnisses" als Oberbegriff der Rückbindung an Vergangenheit für den adäquaten, vgl. ASS-
MANN, Jan (1992a), 67. Auch Yerushalmi ordnet das 'historische Interesse' kulturgeschichtlich einer
speziellen Kultur, den Griechen, zu, vgl. YERUSHALMI, Yosef H. (1988), 19f.

fundierte Gesellschaften aufweisen.[511] Den Mechanismus, welcher auf dieser zweiten Stufe die Strukturierung der erinnerten Vergangenheit steuert, belegt Assmann mit dem von Ramon d'Abadal i de Vinyals geprägten Begriff der 'Mythomotorik'.[512]

4.3.1   "Kalte" und "heiße" Optionen von Erinnerung

Von Lévi-Strauss stammt die Unterscheidung archaischer, schriftloser, *"kalter"* und zivilisierter, literaler *"heißer"* Gesellschaften.[513] Erstere "scheinen (...) eine besondere Weisheit erworben oder bewahrt zu haben, die sie veranlasst, jeder Veränderung ihrer Struktur, die ein Eindringen der Geschichte ermöglichen würde, verzweifelt Widerstand zu leisten."[514] Diese Leistung sieht Lévi-Strauss veranschaulicht im Phänomen 'Mythos', welcher seinerseits, wie auch Eliade anmerkt, "die zwischen dem Ursprung und dem gegenwärtigen Augenblick abgelaufene Zeit (...) außer acht"[515] lässt bzw. ausblendet. Die "heißen" Gesellschaften lassen sich hingegen durch ein besonderes Interesse an Veränderung beschreiben, welches Lévi-Strauss im "Motor" einer "verinnerlichten Geschichte" verankert sieht.[516] Im Hinblick auf eine zu leistende Differenzierung des Mythosverständnisses bleibt gegen Lévi-Strauss festzuhalten, dass auch 'heiße Gesellschaften' Mythen kennen und mittels derer in Erinnerungen leben. Gesellschaften "bewegen sich [ganz allgemein] im Banne fundierender Geschichten, aus denen sie ihre Identität und Kontinuität beziehen, auf die sie ein Wissen von Einheit und Eigenart stützen."[517]

Die Kennzeichnung des Mythos als identitätssichernde und motivierende Erinnerung weitet den Horizont dafür, neben der *'identitätsrelevanten Funktion* des Mythos' andere Funktionen gesellschaftlichen Vergangenheitsbezuges in den Blick zu nehmen und dabei Lévi-Strauss' Begrifflichkeit von "kalt" und "heiß" aufzugreifen, nun allerdings

---

[511]Die Verwendungsweise systematisierender Begriffe bei Assmann erscheint hier z.T. noch unausgereift, wenn er dieselben Termini für verschiedene Ebenen und Aspekte des Gedenkens / Gedächtnisses benutzt. So kennzeichnet er beispielsweise jeweils getrennte Sachverhalte mit dem gleichen Begriff der *'Form* des Vergangenheitsbezuges' (ASSMANN, Jan (1992b), 40-43) oder mit dem der *'Funktion'* (ASSMANN, Jan (1992a), 77ff). Demgegenüber wird hier aus Gründen der angestrebten systematischen Darstellung eine durchgängige Trennung zwischen 'Form' und 'Funktion' eingeführt: Ordnende und identitätsrelevante Aspekte werden als *funktionale* vorgestellt, kreisläufig oder linear strukturierte Vergangenheitsvorstellungen als *formale*.

[512]ASSMANN, Jan (1992a), 80.

[513]ASSMANN, Jan (1992a), 68f und ASSMANN, Jan (1992b), 39f.

[514]LÉVI-STRAUSS, Claude (1975), 39.

[515]ELIADE, Mircea (1988), 42.

[516]ASSMANN, Jan (1992b), 40.

[517]ASSMANN, Jan (1992b), 40.

nicht mehr auf der Ebene der Gesellschaft als Ganzes, sondern als Kennzeichnung einzelner Elemente und Segmente *innerhalb* der jeweiligen Kultur.[518]

Die *"kalte Option"* des kulturellen Gedächtnisses steht für jede Form von Vergangenheitsbezug, deren Motivation bzw. Funktion lediglich *ordnend, messend* und *dokumentierend* bestimmt ist, worunter "also vor allem die Zählung von Jahren und die Führung von Listen wie etwa die sumerischen und ägyptischen Königslisten"[519] fallen. Vergangenheit wird im Rahmen dieser Funktion nicht als Geschichte bzw. als Prozess der Entwicklung weitergegeben, auch wenn z.B. der jeweilige Herrscher aus legitimatorischen Gründen in die Reihe seiner Vorgänger gestellt wird. Vergangenheit wird unter diesem formalchronistischen Zugriff stillgestellt. Das Erzählen von Vergangenheit setzt jedoch deren wahrgenommene Genese und Veränderung bzw. die Verinnerlichung dieses prozessualen Charakters voraus, weshalb Erzählungen, die angesichts der gesellschaftlichen Wirksamkeit 'kalter Optionen' entstehen, Vergangenheitsbereiche thematisieren müssen, die außerhalb des Zugriffs der 'kalten Option' liegen: in der Urzeit. Unabhängig von einer 'Erzählbarkeit' der Geschichte (sobald diese als fließend wahrgenommen wird), eröffnet sich eine *'kalte* Dokumentationsmöglichkeit' von Geschichte. Als exzellentes Beispiel für ein derart ausgerichtetes Interesse begegnet in der Geschichte als das "Volk mit dem längsten Gedächtnis"[520] das Alte Ägypten. Königslisten, reichhaltige Annalen und weitere Zeugnisse geben Auskunft über Jahrhunderte des Lebens einer Hochkultur.[521] Doch diese *Dokumente* wissen nichts von einer positiven Bewertung der Vergangenheit und begründen kein ausgeprägtes Geschichtsbewusstsein, sondern offenbaren statt dessen die vollständige Trivialität dieser Vergangenheit. Sie schreiben in diesem Fall Vergangenheit fest, stellen sie als beliebige still. Innerhalb der festgehaltenen 'Menschen-Zeit' hat sich an der ägyptischen Identität nichts verändert, diese Zeitspanne kann (und will) Genese und Beschaffenheit der Identität Ägyptens nicht erhellen, denn sie gilt - gemäß Herodots Überlieferung - als Produkt aus 'Menschen-Hand'.[522] Um zu ergründen, wie die Welt wurde, was sie ist und wie sie erhalten wird, muss 'der Ägypter' vor die(se) Zeit zurückgehen. Die 'Zeit der Götter' ist der Zeitraum großer Ereignisse und Veränderungen.[523] Alle Strukturprinzipien und Entwicklungsmöglichkeiten der Gegenwart sind in der dort erschaffenen Welt begründet. Damit ist jener Vergangenheit als Geschichte eine nicht nur dokumentarisch ordnende, sondern identitätsbildende, fundierende Funktion zugesprochen worden. Über dieser

---

[518]ASSMANN, Jan (1992b), 40 (auch für das folgende) und ASSMANN, Jan (1992a), 69f. Assmann spricht hier jedoch vom Mythos als einer *Form* der Erinnerung, vgl. dazu die Anm. 511. Zum Begriff der 'Option' vgl. ASSMANN, Jan (1992a), 66, 68 (beides Überschriften), 70.

[519]ASSMANN, Jan (1992b), 40f.

[520]Herodot, auf dessen Schilderungen sich Assmann bezieht, prägte diesen Topos, vgl. ASSMANN, Jan (1992a), 73.

[521]Nach Assmann geht Herodot von einem chronistischen Gedächtnis Ägyptens aus, das sich über 341 Generationen oder 11.340 Jahre erstreckt, vgl. ASSMANN, Jan (1992a), 73.

[522]ASSMANN, Jan (1992a), 74.

[523]ASSMANN, Jan (1992a), 74.

Funktion geben die Erzählungen Aufschluss, die von der Relevanz jener Zeit für die Gegenwart künden, die *Mythen*.

Mythen repräsentieren in narrativer Form die *"heiße"* Option des kulturellen Gedächtnisses,[524] jene Funktion, die darin besteht, die imaginierte Vergangenheit als Bezugspunkt für ein zu entwerfendes Selbstbild und für die Ausrichtung der in der Gegenwart angesiedelten Handlungsziele zu wählen. Vergangenheit steht der eigenen Existenz nicht in Form von Listen und Tabellen gegenüber, Geschichte wird vielmehr nun als die eigene Identität fundierend erkannt und deshalb 'bewohnt'.[525] Aus der Erinnerung (der Bedingungen) der Vergangenheit kann auf die Bedingung bzw. den Sinn des eigenen Lebens geschlossen werden: die Gegenwart lässt sich aus dem Wissen um ihr Entstehen ertragen, die Zukunft als 'Verheißung' der Vergangenheit erhoffen. Das 'Licht der Vergangenheit' erhellt bzw. 'semiotisiert' die nachfolgenden Zeiten.[526]

4.3.2   Die Formen der Mythomotorik - "absolute" und "relative Vergangenheit"

Wenn sich alle Kulturen durch die Nutzung "heißer" Optionen als Gemeinschaft konstituieren und reproduzieren, dann stellen Erzählungen, also Mythen, das wichtigste Medium dieser 'Imagination' dar.[527] Diese Erzählungen, die von verinnerlichter Geschichte handeln, können nun ihrerseits "zum 'Motor der Entwicklung' oder (...) zum Fundament der Kontinuität,"[528] des weitgehendsten Ausblendens von Veränderung in der Kultur werden. Diese strukturelle Offenheit Identitäts-generierender Erinnerung gilt es in Folge zu ergründen, wobei an der bisher angestrebten Differenzierung des Phänomens 'Mythos' festzuhalten bleibt. Wird 'Mythos' als Komplementärbegriff zu 'Geschichte' verstanden, kann gerade nicht auseinandergehalten werden, um was es hier geht: Unter der Bedingung einer inhaltlichen Gegenüberstellung erzählt der Mythos "eine heilige Geschichte; er berichtet von einem Ereignis, das in primordialer Zeit, der märchenhaften Zeit der 'Anfänge' stattgefunden hat,"[529] in der Welt der Götter. Das durch ihn generierte kulturelle "Gedächtnis ist ungeschichtlich", weil es "Ereignisse auf Kategorien und (...) Individualitäten auf Archetypen"[530] zurückführt. Dagegen konnte hier gezeigt werden, dass 'Mythos' zunächst eine spezielle "Funktionsstelle"[531] bezeichnet, die *alle* Erinnerungen umfasst, welche im Sinne der "heißen Option" die Vergangen-

---

[524]Für das Folgende, vgl. ASSMANN, Jan (1992a), 78f und ASSMANN, Jan (1992b), 41.

[525]Zu Ritschls Topos der 'bewohnten Geschichte' vgl. Anm. 504.

[526]ASSMANN, Jan (1992a), 77f.

[527]ASSMANN, Jan (1992b), 42.

[528]ASSMANN, Jan (1992a), 75. Als weiterführende Frage an Assmann könnte sich hier anknüpfen: Wie ist das Abhängigkeitsverhältnis zu verstehen? Ist eine derart strukturierte Erzählung Ausfluss eines bestimmten Vergangenheitsverhältnisses oder ist umgekehrt dieser Vergangenheitsbezug das Produkt der gesellschaftlichen Durchsetzung derartiger Erzählungen?

[529]ELIADE, Mircea (1988), 15.

[530]ELIADE, Mircea (1953), 70.

[531]ASSMANN, Jan (1992a), 77.

heit als identitätsrelevant erkennt. Der Mechanismus, der 'Motor', der darüber entscheidet, ob der nach Identität heischende Vergangenheitsbezug "die Form kreisläufigen Beharrens einnimmt, im Widerstand gegen die Kräfte der Veränderung, oder ob [er] im Gegenteil nach Veränderung strebt, gegen die Kräfte des Beharrens,"[532] ist erst auf der Ebene der Ausgestaltung *dieser* Funktionsstelle angesiedelt. Dieser Mechanismus ist es, der als "Mythomotorik, d.h. [als] Komplex narrativer Symbole, fundierender und mobilisierender Geschichten, die gegenwartsdeutend und zukunftsweisend wirken",[533] bestimmt, *wie* die universal anzutreffende und unverzichtbar zu besetzende Funktion 'Mythos' ausgestaltet wird und *welche* kulturspezifische *Ausprägung* die fundierende Erzählung in der jeweiligen Gesellschaft erhält. Unter dieser Perspektive fällt als maßgeblicher Unterschied auf, dass kulturell divergierende Ausprägungen von 'Mythomotorik' entweder "absolute" oder "historische Vergangenheit" behandeln.[534] Die 'absolute Vergangenheit' steht für "die kosmogonische Urzeit, die insofern 'absolut' ist, als sich die fortschreitende Gegenwart nie weiter von ihr entfernt. Sie bleibt vielmehr stets in gleicher Distanz und lässt sich daher rituell wiederholen und narrativ vergegenwärtigen."[535] Die 'historische Vergangenheit' berichtet demgegenüber von einer Zeit, die nur 'relativ weit zurückliegt', in einer Zeit, in welcher Menschen schon Zeugnis über die relevanten Ereignisse geben konnten und welche dadurch in ihren Entwicklungs*schritten* fixiert ist. Auf die fundierende Vergangenheit folgen weitere, als relevant wahrgenommene Ereignisse, weshalb eine objektivierte Distanz zur Ursprungszeit thematisiert wird. Diese Ursprungszeit kann im rituellen und textuellen Kontext vergegenwärtigt werden, aber nicht im Sinne jener in der Urzeit begründeten *Prinzipien* wiederholt, sondern im Sinne der Wahrung historischer Originalität 'erinnert' werden.

4.3.3   Mythomotorik als erste Distinktion Israels

Diese unterschiedlichen Formen der in der Mythomotorik thematisierten Zeit ziehen zwischen den Kulturen einen klaren Trennungsstrich. So bezieht sich in Ägypten und Mesopotamien die Mythomotorik auf die absolute Vergangenheit der Götter. Die götterweltlichen Ursprünge, nicht die relative Vergangenheit der Königslisten, fundieren und kontinuieren hier das kollektive Selbstbild. Abweichungen von diesem Urbild in der Gegenwart des Erinnerns bedeuten unweigerlich die Unterbrechung der Kontinuität der in der Vergangenheit grundgelegten Zeit und Prinzipien, das Auseinanderbrechen des Kosmos wäre im Weltbild des Ägypters die Folge.

Auf der anderen Seite der Konsistenz von Erinnerungszeit stehen Israel und Griechenland. In Israel umfasst der zentrale mythomotorische Komplex das Exodusgeschehen

---

[532] ASSMANN, Jan (1992b), 41.

[533] ASSMANN, Jan (1992b), 40.

[534] ASSMANN, Jan (1992a), 78 (75-78) und ASSMANN, Jan (1992b), 42. Assmann rezipiert den Begriff der 'absoluten Vergangenheit' von Ernst Cassirer.

[535] ASSMANN, Jan (1992b), 42.

und die Landnahme; die Urgeschichte der Schöpfungsakte sowie die Vätergeschichten spielen dabei nur eine untergeordnete Rolle.[536] In dieser eigenständigen Ausgestaltung der 'Funktionsstelle Mythos' bzw. der 'Funktionsstelle fundierende Geschichte' durch die Umbuchung mythomotorischer Perspektiven liegt der entscheidende Schritt der Abgrenzung Israels von seiner Umwelt: "Wo die Nachbarkulturen sich auf kosmische Mythen gründen, setzt Israel einen geschichtlichen Mythos ein und *verinnerlicht* dadurch sein *geschichtliches Werden.*"[537] Israel nimmt im Akt des Gedenkens "sein 'Drinstehen' in der *story* Gottes mit den Menschen"[538] wahr. In Verbindung mit dem monotheistischen Protest Israels konstituiert und kontinuiert eine derart mit historischen Elementen arbeitende Mythomotorik in der Erinnerungsfigur des Exodus und im Prozess der Kanonisierung der Torah Gemeinschaft, eine Gemeinschaft, welche als 'Volk' ganz neue Qualitäten aufzuweisen hat.[539]

Auch wenn die sozio-politische Situation in Griechenland eine ganz andere ist, so kann hier eine vergleichbar strukturierte Fundierung des Selbstbildes ausgemacht werden. Wie in Israel ist das Kennzeichen der wirkenden Mythomotorik eine 'relative Vergangenheit', welche zudem ihrerseits in die gleiche Zeit wie das Exodus-Geschehen gehört: Die Rede ist von Homer. Was für Israel die Erinnerungsfigur des Exodus und der Prozess der Kanonisierung, ist für die Entstehung eines politisch orientierten 'panhellenischen Bewusstseins' die Erinnerung an den Trojanischen Krieg und die Kanonisierung Homers.[540]

Mythos beinhaltet als *fundierende Geschichte* ununterscheidbar die herkömmlich mit dem Begriff Mythos bezeichneten götterweltlichen Erzählungen als auch Geschichte im Sinne 'menschenweltlich' fixierter Erlebnisabfolgen. Mythos transformiert Vergangenheit in verbindliche und verpflichtende Geschichte, unabhängig davon, ob es sich dabei um fiktive oder faktische, absolute oder relative Vergangenheit handelt.[541] Weil Mythen über den Augenblick der Gegenwart hinausreichende "Makro-Formen der gedächtnismäßigen Repräsentation von Gesamtzeit"[542] darstellen, entscheidet die Konsistenz der in ihnen thematisierten Vergangenheit bzw. die Form der ihnen zugrundeliegenden Mythomotorik über den 'heißen' und 'kalten' Charakter einer Gesellschaft.

---

[536]ASSMANN, Jan (1992b), 42f, 47, der allerdings auf die Urgeschichte nicht eingeht.

[537]ASSMANN, Jan (1992a), 78.

[538]SCHOBERTH, Ingrid (1992), 264.

[539]ASSMANN, Jan (1992b), 43. Was die Verknüpfung der Mythomotorik 'relativer Vergangenheit' mit dem Phänomen 'Monotheismus' betrifft, so lässt sich vermuten, dass Assmann hier v.a. Eliade aufgreift, der seinerseits sogar ein Abhängigkeitsverhältnis in der festgestellten Verknüpfung von Geschichtswahrnehmung und dem monotheistischen Bekenntnis Israels andeutet, wenn er bekennt, dass "der Monotheismus (...) notwendig die 'Rettung' der Zeit mit sich bringt", vgl. ELIADE, Mircea (1953), 152.

[540]ASSMANN, Jan (1992b), 43, 51.

[541]ASSMANN, Jan (1992a), 76f.

[542]ASSMANN, Jan (1994a), 178.

Kollektive, deren fundierende Mythomotorik 'absolute' Vergangenheit beinhaltet, sind von Mythen bestimmt, welche das Selbstbild und Wirklichkeitsverständnis einer 'kalten' Gesellschaft generieren: Die Vergegenwärtigung 'absoluter' Vergangenheit ist nur "im Modus zyklischer Wiederholung", als "Reproduktion" möglich.[543] 'Kalte' Gesellschaften können zwar nicht den durch das Moment der 'strukturellen Amnesie' verursachten schleichenden Wandel ausschalten, ihre Mythomotorik vermag es allerdings, im Sinne einer regelmäßigen "Wiederholung der Kosmogonie"[544] bzw. einer bruchlosen "Kontinuierung kultureller Muster," die eigene Sinnwelt gegenüber einer rationalisierenden "Entwicklung" zu immunisieren.[545] Das Neue beschränkt sich dann, wie im Beispiel Ägyptens darauf, "nichts anderes als das Alte in erneuerter Gestalt", nichts anderes, als die *Wiederholung* des 'Ersten Mals' zu sein.[546]

Mythen, die von 'historischer' Vergangenheit bestimmt sind, generieren das Selbstverständnis einer 'heißen' Gesellschaft: Diese Gesellschaften haben ihr geschichtliches *Werden* verinnerlicht und nähern sich dieser Vergangenheit deshalb im 'Modus linear fortschreitender Erinnerung', als "Rekonstruktion". 'Heiße' Gesellschaften suchen, neben der Erfahrung unbemerkter, unreflektierter 'struktureller Amnesie', dem Geschichtsverlauf einen expliziten Sinn zuzusprechen und übertragen diesen Akt der 'Semiotisierung' von Geschichte auf ihr eigenes Selbstbild.[547] Das Neue kann sich hier als das erweisen, was in je einmaliger Weise über den Kontinuitätsbruch, der zwischen Vergangenheit und Gegenwart in der Geschichte wahrgenommen wird, hinaus, in Anbindung (nicht bruchloser Kontinuität) zum Ursprünglichen, als 'je Neues' rekonstruierbar bleibt.[548] Für Israel ist entscheidend, "dass die Beziehung zwischen Israel und Jahwe in einer konkreten geschichtlichen Situation zustande kam."[549] Deshalb ist jeder nachfolgenden Geschichtserfahrung ein (neu) offenbarender Gehalt in der *Geschichte* Gottes mit Israel offen zu halten.[550]

4.4   Medien und Prozesse des kulturellen Gedächtnisses

Die im Alltag angesiedelte Konfrontation mit dem Tod ist im bisherigen Gedankengang als Begründung der Zweizeitigkeit menschlichen Lebens begegnet. Schon der Ablauf und die Ausgestaltung dieser Erfahrung machen auf die entscheidenden Merkmale des kulturellen Gedächtnisses aufmerksam: die Struktur dieses Gedächtnisses transzendiert die Alltagswelt hin zu einer 'anderen Zeit', und der Inhalt der Erinnerung begründet

---

[543] ASSMANN, Jan (1992a), 78 und ASSMANN, Aleida und Jan (1994), 115.

[544] ELIADE, Mircea (1953), 31.

[545] ASSMANN, Aleida und Jan (1994), 151, 131.

[546] ASSMANN, Jan (1994a), 182.

[547] Zur Semiotisierung von Geschichte vgl. ASSMANN, Jan (1992a), 78.

[548] Zur bewussten Wahrnehmung des Kontinuitätsbruches vgl. ASSMANN, Aleida und Jan (1994), 115.

[549] THEISSEN, Gerd (1988), 176f.

[550] Zur Entdeckung der 'Offenbarung in der Zeit' durch Israel vgl. ELIADE, Mircea (1953), 153 (149-163).

nichts geringeres als die im Alltag unthematisierte, kollektiv begründete Identität. Diese umfassende Alltagsenthobenheit darf wohl als Ursache dafür erkannt werden, "dass kulturelle Zeit niemals als etwas Gegebenes verstanden wurde, sondern [als] etwas, das geschaffen, geformt und in Gang gehalten werden muss."[551] Bedingung und Konsequenz eines derart unselbstverständlich gegebenen Gedächtnisses ist die Institutionalisierung von Erinnerung: Erinnerungen werden in kulturelle Mnemotechniken überführt, die als Speicher-Medien Erinnerungsräume und -anlässe bieten. So lässt sich an der unterschiedlichen Ausgestaltung der Medien, als der "Bedingung der Möglichkeit dafür, dass spätere Generationen zu Zeugen eines längst vergangenen und in seinen Einzelheiten vergessenen Geschehens werden können",[552] das kulturelle Gedächtnis der jeweiligen Gesellschaft nachzeichnen.

4.4.1 Die ursprünglichen Medien des kulturellen Gedächtnisses: Ritus, Fest, Landschaft

Das Fest wurde als Inbegriff der 'anderen Zeit' bezeichnet,[553] weil es das ursprüngliche Medium kultureller Erinnerung darstellte. In schriftlosen Stammesgesellschaften bildet es zumeist den einzigen, auf jeden Fall aber den zentralen Ort der Besinnung auf die eigene Identität aus den Ursprüngen des Kollektivs.[554] Es beschreibt den Kommunikationsraum, in welchem kultureller Sinn generiert und kontinuiert bzw. zirkuliert wird. Dies geschieht in mündlichen Gesellschaften geradezu in einer "Multimedialität" von "symbolischen Formen"[555] des kulturellen Gedächtnisses: in Ritualen, Tänzen, Mythen, Kleidung, Landschaften und anderen Formen. In diesen Gesellschaften fungiert das Fest, als Anlass rituellen und zeremoniellen Handelns, gar als "primäre Organisationsform des kulturellen Gedächtnisses,"[556] weil Feste "den kulturellen Charakter der Wirklichkeit [dramatisieren], indem sie in der Inszenierung des Anderen ihr Auch-anders-Möglichsein aufzeigen":[557] (1) Feste gliedern die Zeit in Alltags- und Festzeit, in Vergangenheit und Gegenwart, weil sie den identitätsrelevanten Teil der Zeit inszenieren. Gegenüber der Kontingenzerfahrung alltäglicher Lebensabläufe organisieren bzw. konstruieren sie eine Welt des Nicht-Zufälligen, des *Notwendigen*, des *Nicht-Beliebigen*, des Festgelegten, des Geformten, des Strukturierten und des Sinnhaften.[558] (2) Feste leuchten den im Alltag ausgeblendeten Horizont der Existenz aus, wenn sie gegen die alltagsgebundene Erfahrung des ökonomischen wie des sozialen und ethischen Mangels eine inszenierte

---

[551] ASSMANN, Jan (1994a), 177.

[552] ASSMANN, Aleida und Jan (1994), 120.

[553] Vgl. S. 119 (Anm. 472).

[554] ASSMANN, Jan (1991a), 13; vgl auch ASSMANN, Jan (1991b), 343.

[555] ASSMANN, Jan (1991b), 343.

[556] ASSMANN, Jan (1992a), 56 (Überschrift) (56ff).

[557] ASSMANN, Jan (1991a), 27.

[558] ASSMANN, Jan (1991a), 15.

utopische Fülle der Möglichkeiten und Bedingungen setzen.[559] (3) Feste laden die im Alltag als in sich sinnfreie bzw. unter 'pragmatischen' Kriterien beurteilte Zeit normativ auf, wenn sie gegenüber der die Alltagshandlung bestimmenden Routine sowohl zu einer *Besinnung* auf die Zusammenhänge, das Grundlegende und das Grundsätzliche als auch zu *"Efferveszenz"*, d.h. ausgelebten Emotionen und Erregungen, einladen.[560] Zeit wird hier zu heiliger, heiligender Zeit.

Das Fest ist das institutionalisierte Medium einer Transzendenz des Alltags, entweder als Ort der re-orientierenden Besinnung *für* das Leben in einem für deformiert eingeschätzten Alltag oder als Ort der Befreiung *von* einem Leben in einem für formierend und normierend betrachteten Alltag.[561] Die hier aufgestoßene 'andere Zeit' "verdankt ihre Konstitution den *Institutionen von Ungleichzeitigkeit*, die sicherstellen, dass sich die menschliche Welt nicht zur Eindimensionalität verkürzt."[562] Diese Institutionen sind in schriftlosen Gesellschaften v.a. im 'Mythos' und 'Ritus' vertreten. In eine 'ewige Gleichzeitigkeit des Alltags' hinein *verkünden* die Mythen eine ungleichzeitig strukturierte 'andere Ordnung', welche ihrerseits durch die rituellen Handlungen *verwirklicht* wird.[563] Indem Riten eine Welt 'anderer Ordnung' in Gang setzen bzw. halten, konstituieren sie ein Bewusstsein von Sinn und Zusammenhang dieser Welt, d.h. sie generieren für jene Gruppen, die Anteil an dem Wissen um diese Welt haben, Identität.[564] In schriftlosen Gesellschaften bilden Riten die Infrastruktur für das Identitätssystem, sie stellen die Bahnen bereit, auf denen eine alltagsferne, inszenierte und zeremoniell geformte Kommunikation zirkulieren kann.

Die Medien der 'anderen Zeit', allen voran das Fest, verweisen auf die Relevanz eines konkret imaginierten Raumes für jede Form kollektiver Erinnerung: Wer sich an die alltagsenthobene Zeit erinnert, gedenkt der Zugehörigkeit zu einer räumlich tatsächlich erfahrenen oder imaginierten Gruppe, wer feiert, kommt an einen konkreten Ort, um mit anderen zusammen zu erinnern, wer sich als Gruppe konstituiert, lokalisiert und monumentalisiert seine Erinnerungen auf spezifische Weise. Es kommt zur Konzeptionierung und Ausgestaltung sakraler Landschaften und Raumordnungen.[565] Israel, das einst 'nur' verheißene, wird zum bedeutungsbeladenen Land als "Mnemotop", in welchem zwischenzeitlich gesammelte Erfahrungen zu konkret verorteten Erinnerungen wurden.[566]

---

[559] ASSMANN, Jan (1991a), 14f.

[560] ASSMANN, Jan (1991a), 14ff beschreibt allerdings nur die Phänomene 'Besinnung' und 'Efferveszenz' und äußert sich nicht zu den hier angeführten Konsequenzen dieser Phänomene für das kulturelle Gedächtnis.

[561] Zur Kontroverse um die Bewertung der alltagsenthobenen Zeit vgl. ASSMANN, Jan (1991a), 17.

[562] ASSMANN, Jan (1991a), 19.

[563] Die Feststellung, dass 'die Mythen die Ordnung aussprechen, die die Mythen herstellen' rührt von G.Balandier, vgl. ASSMANN, Jan (1991a), 24; ASSMANN, Jan (1992a), 143.

[564] ASSMANN, Jan (1991a), 24; ASSMANN, Jan (1992a), 143.

[565] ASSMANN, Jan (1991a), 25f.

[566] Halbwachs spürte der Metamorphose der Landschaft Palästinas zum 'Mnemotop' bzw. Heiligen Land der Christenheit nach, vgl. Halbwachs, Maurice (1941). Vgl. ASSMANN, Jan (1992a), 60.

Feste sind für Israel Gedächtnisfeste, "Memorialfeste", bei denen jeder Jude der Taten Gottes gedenkt und so Teil des Heilsgeschehens wird. Das Gedenken ist der Grund, warum Israels Feiern die Gesamtzeit repräsentieren, indem "Heilsvergangenheit, Heilsgegenwart und Heilszukunft eine unlösliche Verbindung" eingehen.[567]

4.4.2   Die Erfindung der Schrift - Schrift als 'Medium ersten Grades'

Mit der Erfindung der Schrift vollzieht sich ein entscheidender Einschnitt in die Geschichte des kulturellen Gedächtnisses. Wie die anderen 'Medien ersten Grades' dient die Schrift als 'Dokument' der Kodifikation und Speicherung von Information, doch innerhalb dieser Funktion ergeben sich jetzt völlig neue Bedingungen und Möglichkeiten einer Vergangenheitsrepräsentation.[568]

Das schriftgestützte Gedächtnis ist unweigerlich von einem (Traditions-)*Bruch* gekennzeichnet, welcher sich nicht erst mit der individuellen Rezeption bzw. Lektüre der entstandenen Texte einstellt, sondern schon als integraler Bestandteil mit der Fixierung bzw. Niederschrift von Gedächtnisinhalten gegeben ist.[569] Dieser Bruch ist die Voraussetzung dafür, sich mit einer kritischen Distanz der eigenen Vergangenheit zuzuwenden und so im Sinne eines Reflexions- und Innovationsschubs an der eigenen Tradition arbeiten zu können.[570] Im Horizont der Erfahrung dieses Bruchs hält die Schrift Potentiale bereit, welche in ihrer Ausfaltung die scharfe Grenze gegenüber der Oralkultur bzw. die tiefgreifende Veränderung der Struktur kulturellen Gedächtnisses in Literalgesellschaften markieren:[571] Die Verwendung von Schrift eröffnet die Möglichkeit, kulturellen Sinn außerhalb der bisherigen Speicherbedingungen zu fixieren. Gedächtnis-Inhalte können nun jenseits lebendiger Träger und unabhängig von den zeremoniellen Anlässen ihrer Aktualisierung gespeichert werden.[572] Durch die so bestimmte *"Situationsentbundenheit"* der Schrift kann Kommunikation zum "virtuell ad infinitum fortwährenden Kommunikationsakt[es]" zerdehnt und die "Partizipationsgrenzen ins virtuell Unendliche" ausgeweitet werden.[573] Die Loslösung des Gedächtnisses von lebenden Trägern, die

---

[567]MUßNER, Franz (1979), 161f; leider führt Mußner hier nicht aus, worin Entwicklung und Konsistenz spezifisch israelitischer Feiern liegen.

[568]Zur Kennzeichnung von Dokumenten vgl. ASSMANN, Aleida und Jan (1994), 121: "Medien ersten Grades", "Dokumente", sind Datenspeicher; "Medien zweiten Grades", "Monumente", speichern Daten und deren Erinnerungswert. Für die Bewertung der Schrifterfindung vgl. ASSMANN, Aleida und Jan (1994), 121, 132f.

[569]ASSMANN, Aleida und Jan (1983), 272.

[570]ASSMANN, Aleida und Jan (1988), 46.

[571]Dabei bleibt zu beachten, dass es sich bei dem Übergang von Oral- zu Literalkulturen um ein "Kontinuum schleichender Übergänge" handelt, vgl. ASSMANN, Aleida und Jan (1983).

[572]ASSMANN, Jan (1992a), 98; ASSMANN, Aleida und Jan (1994), 121.

[573]ASSMANN, Aleida und Jan (1983), 275. 'Zerdehnte Kommunikationsgeschehen' werden hier von Assmann im inschriftlichen (= situationsgebundenen) und handschriftlichen (= situationsentbundenen) Kontext genannt. Zum Wandel der Partizipationsstruktur beim Übergang von ritueller zu textueller Kohärenz vgl. ASSMANN, Jan (2000), 151.

das, was sie wissen, leben (und entsprechend das, was sie nicht leben, nicht wissen), begründet darüber hinaus die Möglichkeit tendenziell unbegrenzter Akkumulation von Speicherdaten und deren Kodifizierung in unbelebten Trägern.[574] Diese *Kodifikation* verdeutlicht die radikale Umgestaltung von Struktur und Substanz des kulturellen Gedächtnisses durch den Schriftgebrauch, denn mit der Kodifizierung vollzieht sich ein doppelter Prozess: die *Materialisierung* des Gedächtnisses durch seine Überführung auf gegenständliche Träger und die *Abstraktion* des Gedenkens und Kommunizierens durch den Austausch symbolischer, sich-selbst-erklärender Medien durch formale, stumme Zeichen.[575] Im Rahmen derartiger medialer Bedingungen bahnt sich eine Ideenevolution bzw. strukturelle Revolution an, die das kulturelle Gedächtnis nach Maßgabe eines zunehmenden 'Modernisierungsdrucks', 'Stiftungsbewusstseins', 'Reflexions-' und 'Verbindlichkeitsgrades' ausgestaltet.[576] "Heiße Gesellschaften" sind deshalb durchweg Schriftkulturen.[577]

Doch es handelt sich bei den bisher genannten Merkmalen nur um *'Potentiale'*, deren konkrete Aktivierung und Nutzung alles andere als durch die gesellschaftliche Existenz von Schrift determiniert wird. "Schriftlichkeit (...) stellt an sich noch keine Kontinuität dar. Im Gegenteil: sie birgt Risiken des Vergessens und Verschwindens, Veraltens und Verstaubens, die der mündlichen Überlieferung fremd sind, und bedeutet oft eher Bruch als Kontinuität."[578] Texte garantieren von sich aus noch keine Situationsentbundenheit, wie die orts- und situationsgebundenen (Tempel-)Inschriften belegen; vielmehr droht der Verlust jeglicher unmittelbarer Bedeutsamkeit und Autorität der Texte, dem nur mit der spezifisch literalen Legitimationsinstanz, der 'Autorenschaft', begegnet werden kann.[579] Schriftkulturen sind also ihrerseits auf keinen Fall eo ipso "heiße Kulturen" oder, wie entgegen einer mediendeterministischen Perspektive formuliert werden kann, Schrift stellt die notwendige, nicht aber die hinreichende Bedingung zur Entstehung 'Großer Traditionen' und der ihnen zugrundeliegenden sozio-kulturellen Evolution dar.[580] Erst wenn in die Bewertung der Schriftpotentiale die Würdigung der *kulturellen Rahmenbedingungen des Schreibens* bzw. des Umgangs mit Texten eingeht,[581] lassen sich die Mechanismen aufzeigen, die die Ausbildung unterschiedlicher kultureller Gedächtnisformen in Schriftgesellschaften bedingen. Die Ebene, auf welcher diese Mechanismen bzw. Institutionen der Überlieferung bestimmt werden, ist jene der das kulturelle

---

[574]ASSMANN, Aleida und Jan (1994), 121f, 134. Zur Verbindung von Wissen und gelebter Inszenierung in Oralkulturen vgl. ASSMANN, Aleida und Jan (1994), 133.

[575]ASSMANN, Aleida und Jan (1994), 134.

[576]ASSMANN, Aleida und Jan (1988), 41-45.

[577]ASSMANN, Aleida und Jan (1988), 34.

[578]ASSMANN, Jan (1992a), 101; diese Skepsis gegenüber den Speichereigenschaften der Schrift geht bis auf Platon zurück, vgl. HERZOG, Reiner (1993), 6.

[579]ASSMANN, Aleida und Jan (1983), 275f.

[580]ASSMANN, Aleida und Jan (1987), 10; ASSMANN, Aleida und Jan (1988), 36.

[581]ASSMANN, Aleida und Jan (1988), 36; ASSMANN, Jan (1992a), 291.

Gedächtnis spezifizierenden Mnemotechniken.[582] Die Schrift bleibt Instrument des kulturellen Gedächtnisses. Dieses Instrument kann mit gleicher Berechtigung und Effizienz, wie das Beispiel Israel zeigt, zur *Traditionsbewahrung* durch Sakralisierung, Kanonisierung und "hieratische Stillstellung"[583] des kulturellen Sinns oder, wie am Beispiel Griechenlands ersichtlich, zur *Traditionserneuerung* durch Säkularisierung, Klassiker-Bildung und kritische Veränderung genutzt werden.[584] Beide Prinzipien der Tradierung, der israelitisch-jüdische "'Einklang' (*symphonoi*) und der griechische 'Widerspruch' (*diaphoniai*), stehen der Struktur mündlicher Überlieferung gleichermaßen fern,"[585] beide Prinzipien beruhen auf einer Schriftgestütztheit des kulturellen Gedächtnisses.

Unter einer solch funktionalen, nicht evolutionistisch-deterministischen Perspektive, ist der Horizont dafür geweitet, neben Israel und Griechenland auch das Alte Ägypten als *eine* Form von Schriftkultur in den Blick zu nehmen.[586] Dort wird Schrift verwendet, um "Identität durch Einheitlichkeit im Raum und Stillstellung in der Zeit"[587] zu stiften. Die Schrift ist hier mit dem griechischen Begriff 'Hieroglyphe', im Ägyptischen mit der Bedeutung "Schrift der Gottesworte"[588] bezeichnet. Hieroglyphen stellen als Monumental- und Inschriften-Schrift eine Gattung der Kunst und damit ein komplexes Abbildungssystem dar, welches sich durch einen zweifachen Charakter auszeichnet:[589] Ihre Elementarteile dienen sowohl als *Zeichen* für das Sprachliche, als auch als *Bild* für die Formen der Welt. Die kristalline Form, die diese Schrift im Zuge der Ausbildung und Fixierung von Selbstthematisierung wählt, entspricht nicht der Form griechischer Texte, sondern begründet einen viel umfassenderen, multimedial ausgerichteten "monumentalen Diskurs", der sich in Pyramiden, Tempeln, Mastabas, Felsgräbern, Obelisken, Säulenhallen etc. abbildet.[590] Dass die Kultur Ägyptens im Sinne eines Gesellschaftstyps der Traditionsbewahrung, von Fixierung, Vereinheitlichung und Stillstellung bestimmt wird, beruht nicht auf der Tatsache der Existenz oder Nichtexistenz von Schrift, auch nicht auf dem Vorhandensein eines bestimmten Schrift*typs*.[591] Vielmehr ist es die spezifische Verwendungsweise dieses Schriftmediums, also die kunstverwobene,

---

[582]ASSMANN, Jan (1992a), 292.

[583]Dieser Begriff wurde von Jacob Burckhardt geprägt, vgl. ASSMANN, Jan (1992a), 172.

[584]ASSMANN, Aleida und Jan (1988), 33f, 36.

[585]ASSMANN, Jan (1992a), 271.

[586]ASSMANN, Aleida und Jan (1988), 41 sprechen von Ägypten und Griechenland als "zwei Pole von Schriftkultur, in denen identische Schriftpotentiale in gegensätzlicher Richtung ausgebeutet werden."

[587]ASSMANN, Aleida und Jan (1988), 37.

[588]ASSMANN, Jan (1992a), 170.

[589]ASSMANN, Aleida und Jan (1988), 38; ASSMANN, Jan (1992a), 174.

[590]ASSMANN, Aleida und Jan (1988), 38; ASSMANN, Jan (1992a), 170.

[591]Assmann lehnt auch diese Variante von Determination durch Schrifttypen ab, wenn er mit dem unterschiedlichen Gebrauch von Mnemotechniken kulturelle Unterschiede zu erklären versucht, vgl. ASSMANN, Aleida und Jan (1988), 40f (40-45) und ASSMANN, Jan (1992a), 173.

"schriftartige Verbindung von Signifikant und Signifikat", nicht eine strukturelle "Unfähigkeit zu Fortschritt und Entwicklung", die den Weg kultureller Entwicklung in Ägypten prägt:[592] Das hieroglyphische Schriftsystem zeichnet sich durch eine Offenheit der Entwicklung aus, die andere Schriftsysteme entbehren. "Stillgestellt, kanonisiert wurde nicht der Bestand, sondern das generative Prinzip, nämlich das Prinzip der Bildhaftigkeit."[593]

Die Kennzeichnung der Schrift als 'Medium ersten Grades', dem als Dokument jenseits der Speicherfähigkeit die Fixierung und Aktualisierungsmöglichkeit des Erinnerungs-*wertes* fehlt,[594] erscheint auch dann stringent, wenn der Kontext der Entstehung der Schrift in Rechnung gezogen wird. Diese entwickelt sich aus entsprechenden Vorformen von Notationssystemen in Mesopotamien im Bereich der Alltagskommunikation, genauer in jenen Sektoren des alltäglichen Lebens, die ihrerseits auf gedehnte Kommunikation und damit notwendigerweise auf Zwischenspeicherung hin angelegt sind.[595] Als typische und ursprüngliche Felder derartiger Alltagskommunikation begegnen die Funktionsbereiche 'Wirtschaft' und 'Verwaltung' bzw. die politische Macht.[596] In den entsprechenden Verwendungszusammenhängen, die für die Zeit von ca. 8500 v.Chr. bis ins 4. Jahrtausend nachweisbar sind, zeigt sich, dass die ursprünglichen Funktionen der Schrift nicht in der (identitätssichernden) Tradierung, sondern in einer auf reduktionistisch ausgerichteten Kriterien beruhenden *Identifizierbarkeit* bzw. Identifizierungsleistung bestehen.[597] Die kulturgeschichtlich später anzusiedelnde Adaption dieses Mediums für Belange des kulturellen Sinns ist nicht evolutionstheoretisch, sondern kulturell, im Sinne einer bewussten Leistung spezifisch ausgebildeter Mnemotechniken, zu erklären. Der Grund für die Verwerfung eines 'Medienautomatismus' kann darin gesehen werden, dass dieses Medium strukturbedingt für die Abbildung sowohl des multimedial angelegten "komplexe[n] Ausdrucksspektrum[s] eines oralen Gesamtkunstwerks", wie auch für den des "rein sprachlichen Befund[es]"[598] ein letztlich unangemessenes, weil engführendes und verkürzendes Notationssystem aufzuweisen hat. Im Rahmen der Adaption wird mit der Schrift ein neues, artifizielles Medium für die Generierung und Zirkulierung kulturellen Sinns dienstbar gemacht, ein Medium, welches als 'Vermittlung', 'Übersetzung'

---

[592]ASSMANN, Jan (1992a), 173.

[593]ASSMANN, Jan (1992a), 173.

[594]ASSMANN, Aleida und Jan (1994), 120f.

[595]ASSMANN, Jan (1992a), 22, 91.

[596]ASSMANN, Jan (1992a), 22 führt aus dem australischen Kontext ein drittes Feld an, welches hier aber aus dem Grund der Fokussierung auf den Orient außen vor gelassen wird, vgl. auch ASSMANN, Aleida und Jan (1983), 271.

[597]ASSMANN, Aleida und Jan (1983), 271, ASSMANN, Aleida und Jan (1988), 26.

[598]ASSMANN, Aleida und Jan (1983), 271.

und 'Überleitung' zwischen das Abzubildende und den Rezipienten tritt und damit neue Kommunikationsstrukturen ermöglicht.[599]

4.4.3   Der Wandel der Gedenkstruktur: von 'ritueller' zu 'textueller Kohärenz'

Wurde bisher schon festgestellt, dass kulturelle Identität bzw. ein kulturelles Gedächtnis von allen Gesellschaften als Produkt einer zu erbringenden Leistung betrachtet wird, so kann darüber hinaus darauf hingewiesen werden, dass die frühen Hochkulturen auch den Gedanken der *'Kohärenz'* kennen.[600] Dieser Gedanke steht für die Vorstellung einer Verbindung von kollektiver Identität der Gemeinschaft und 'Identität der Welt', von 'Gedenken der eigenen Ursprünge' und einhergehender Bestandssicherung bzw. Erneuerung der Welt. Die Rekapitulation und Speicherung des 'Wissens um die Ursprünge' und Entwicklungsstufen oder Entstehungsprinzipien sowohl der Gruppe als auch der Welt sichern 'Kohärenz' oder, um mit den Worten Peter Schäfers zu sprechen, "die Harmonie zwischen Himmel und Erde".[601] Im Zuge der Schriftverwendung ist dann das Phänomen zu beobachten, dass Kulturen zum Ort dieses (Welt-)erhaltenden Wissens nicht mehr primär ihre Riten, sondern die Auslegung fundierender Texte bestimmen. Diese in einzelnen Kulturen anzutreffende Verlagerung kann als "Übergang von *ritueller* zu *textueller Kohärenz*"[602] bezeichnet werden.

Die im kulturellen Gedächtnis zum Zweck des Aufweises der Kontinuität einer Gruppe imaginierte Vergangenheit konstituiert sich nicht von selbst. Sie ist vielmehr, wie Maurice Halbwachs erkannt hat, Produkt eines sozialen *(Re-)Konstruktionsprozesses*, welcher mittels kollektiv formulierter Erinnerungsfiguren das 'Gesicht' dieser Geschichte entsprechend 'sozialer Rahmenbedingungen der Gegenwart', also aktueller Bedürfnisse des Kollektivs, bestimmt. Gemäß der artifiziellen Struktur von Geschichte bedarf sowohl die Entstehung kultureller Erinnerungen wie auch deren aktuelle Rekapitulation und generationsübergreifende Kontinuierung, kurz die *'Zirkulation'* des kulturellen Gedächtnisses, der Anbindung an kulturelle Mnemotechniken.[603] Diese Mnemotechniken, welche funktional die Kontinuität bzw. Identität von Gemeinschaft und Welt garantieren, bedingen die kulturell unterschiedlichen Formen der Erinnerung:

---

[599]Zum intermediären Charakter des neuen Mediums vgl. ASSMANN, Aleida und Jan (1994), 134. Zusätzlich kommt es im Verlauf der Adaption mit fortschreitender Textproduktion zum Auseinanderdriften des kulturellen Gedächtnisses in seine zwei Modi. Diese sind zum einen der Modus der *Potentialität* als Archiv und zum anderen der Modus der *Aktualität* als der von der jeweiligen Gegenwart realisierte Bestand kulturellen Sinns. Diese beiden Modi finden sich bei Assmann auch als *Speicher-* und *Funktionsgedächtnis.* Da diese Unterscheidung, wie Jan Assmann in einem Gespräch anmerkte, ausschließlich von seiner Frau stammt, wurde sie hier aus formalen Gründen nicht weiter ausgeführt. Vgl. zur Trennung der beiden Modi ASSMANN, Jan (1988), 13 und ASSMANN, Jan (1992a), 96.

[600]ASSMANN, Jan (1992a), 87.

[601]ASSMANN, Jan (1992a), 87.

[602]ASSMANN, Jan (1992a), 87f.

[603]ASSMANN, Jan (1992a), 89.

Solange das kulturelle Gedächtnis an Symbole geknüpft bleibt, die als Konkretionen und Bestandteile des Ritus und des Festes genutzt werden, wird die zugrundeliegende Kultur von Formen der Kohärenz und Kontinuität bestimmt, die aus der Natur entlehnt sind. Unabhängig davon, ob Gesellschaften als *schriftlose* keine andere Formen der Kristallisation kulturellen Sinns kennen können oder als *schriftgeprägte* Kulturen - wie das Alte Ägypten - Schrift nicht zur situationsentbundenen Auslagerung kultureller Identität gebrauchen, gilt als Kennzeichen dieser Kulturen die *'rituelle Kohärenz'*:[604] "Durch das den Riten zugrundeliegende Prinzip der strikten Wiederholung passt sich der Mensch der zyklischen Struktur natürlicher Regenerationsprozesse an und hat auf diese Weise Anteil an dem göttlich und ewig verehrten kosmischen Leben."[605] Dabei intendiert das Prinzip einer Reproduktion, d.h. einer möglichst abwandlungsfreien Wiederholung, seinerseits die Vorstellung einer *kreisläufigen Zeit*, in welcher Schöpfung und Erneuerung stets von neuem relevant werden und so für die rituelle Zirkulation kulturellen Sinns einen *"Wiederholungszwang"* eröffnen.[606] Repetition bestimmt im Horizont kreisläufiger Zeit die Form des zu bewahrenden Sinns über eine "Ornamentalisierung der Zeit" hinaus als 'Vergegenwärtigung' des in der Vergangenheit liegenden Sinns; die Grenze zwischen Ritus und ritualisierter Routine lässt sich entsprechend durch den in der rituellen Vergegenwärtigung begründeten Aspekt einer *"sakramentalen Ausdeutung"* von Geschichte markieren.[607]

Rudimente einer solch strukturierten 'rituellen Kohärenz' finden sich in Israel im Ritus des Seder-Mahls, dessen Name gleichzeitig Programm ist. In feststehender liturgischer 'Ordnung' (סדר) wird am ersten Abend des Pessachfestes eine Hauszeremonie begangen, die sich jedes Jahr in identischer Weise wiederholt.[608] Jedes Element dieser Liturgie *verweist* als Lied, Gebet, Homilie oder Anekdote in der Form der Erinnerung (זיכרן) auf den Auszug aus Ägypten.[609] Die Bestandteile des rituellen Mahles, wie z.B. das Salzwasser, die Matzah (מצה), das Bitterkraut (מרור), das Charosset (חרוסת) etc., 'wiederholt auf der Genussebene' die Tränen, Bitterkeiten und Entbehrungen Ägyptens und der Wüstenwanderung. Dank ritueller Handlungen *wird* so die Geschichte im Akt der Erinnerung *Gegenwart*, die erinnernde Gemeinde geht in der Zeit zurück und wird Teil der damaligen Geschehnisse.[610]

---

[604]ASSMANN, Jan (1992a), 143f.

[605]ASSMANN, Jan (1992a), 102; vgl. auch ASSMANN, Jan (1994a), 183.

[606]ASSMANN, Jan (1992a), 89.

[607]ASSMANN, Jan (1992a), 90.

[608]Die existenzielle Bedeutung von 'Ordnung' für den Kultus wird im Judentum bis heute explizit formuliert, vgl. die Bezeichnung des Gebetbuches als סידור / Sidur / Ordnung. Zur traditionellen Gliederung der liturgischen Ordnung des Seder-Abends vgl. JACOBS, Louis (1972), 167f.

[609]ASSMANN, Jan (1992a), 90.

[610]Assmann selbst führt nicht eine derartige 'Richtungsbeschreibung der Gedenkbewegung' im Pessachfest aus, sie legt sich aber sowohl vor dem Hintergrund der Struktur 'ritueller Kohärenz' als auch aufgrund von Leitmotiven der Pessach-Haggadah nahe, vgl. "... wie es heißt: 'Du sollst deinem Kinde an jenem Tage erzählen und ihm sagen; Um dieses willen hat es der Ewige mir getan, als ich aus Ägypten zog.'"; Ex 13,8; vgl. GÜNS, Josef/ SCHLESINGER, Philipp (1976), 9f.

Die zugrundeliegende Struktur einer festgefügten Ordnung, die ihrerseits auf einen transzendenten Sinn verweist, welcher nur durch *wiederholtes Tun* gesichert werden kann, entspricht der Zirkulation im Rahmen 'ritueller Kohärenz'. Sie findet sich in kulturdominierender Weise in Ägypten als die "zyklische Zeit der Erneuerung" *Neheh*.[611] Die 'Heilsgeschichte' konstituiert sich hier nach den Prinzipien und *im Raum* der 'absoluten Vergangenheit'.[612] Die in Israel gefundenen Rudimente eines in der 'relativen Vergangenheit' verwurzelten zyklischen Zeitbewusstseins erreichen kulturgeschichtlich keinen entsprechend bestimmenden Rang, weil Israel die Generierung und Kontinuierung des kulturellen Sinns zunehmend zur Sache "von Texten normativen und formativen Anspruchs"[613] macht und so die Gesellschaft mittels 'textueller Kohärenz' stabilisiert.

In dem Maße, in welchem eine Gesellschaft unter der Voraussetzung des Schriftgebrauchs von ritueller zu textueller Kohärenz übergeht, befreit sie sich von dem 'Wiederholungszwang', weil mit der Schrift die Bedingung dafür geschaffen wurde, dass der kulturelle Sinn jenseits der Riten ein neues Medium finden kann.[614] Zwingt der Ritus noch kompromisslos in das binäre Schema 'Leben im Alltag' oder 'Leben in der anderen Zeit', so bietet einzig die Schrift "die gleichzeitige Präsenz von obsolet gewordener Vergangenheit und aktueller Gegenwart."[615] Allerdings ist, wie die Kultur Ägyptens zeigt, mit dem Schriftgebrauch noch keineswegs die Zirkulation der aus ihr hervorgehenden, funktional offenen Texte gesichert; Texte bergen neben der Möglichkeit, kulturellen Sinn zu transportieren, vielmehr die Gefahr des Verlustes, des Verdrängens und Alterns von kulturellem Sinn in sich.[616] Das Phänomen der "'unwahrscheinlichen' Zeitresistenz"[617] entspricht vielmehr der Leistung kulturell unterschiedlich ausgebildeter Mnemotechniken und Institutionen, die im Umfeld der Kanonbildung anzusiedeln sind. Erst mit der "gesellschaftliche[n] Institutionalisierung von Permanenz"[618] in der Form der *Kanonisierung* fundierender Texte "gewinnt der kulturelle Sinn jene kernhafte Verfestigung,"[619] und verbindliche Stillstellung, die es benötigt, dass eine Kultur Texte zum Fundament ihrer Identität bzw. Kohärenz macht und so den Wandel von der 'rituellen' zur 'textuellen Kohärenz' vollzieht.[620] Dieser Wandel markiert den allmählichen Übergang von der Dominanz der Wiederholung zur *Dominanz der Vergegenwärtigung,*

---

[611] ASSMANN, Jan (1994a), 179f.

[612] ASSMANN, Jan (1992a), 90; ASSMANN, Jan (1994a), 183.

[613] ASSMANN, Jan (1992a), 92. Normative Texte antworten auf die Frage: "Was sollen wir tun?", formative Texte auf die Frage: "Wer sind wir?", vgl. ASSMANN, Jan (1992a), 142.

[614] ASSMANN, Jan (1992a), 89, 91.

[615] ASSMANN, Aleida und Jan (1983), 278.

[616] Entsprechend spricht Assmann von der Möglichkeit, dass Texte "eher zu einem Grab" des kulturellen Sinns werden. Vgl. ASSMANN, Jan (1992a), 91. Zu Ägypten vgl. ASSMANN, Aleida und Jan (1987), 10.

[617] ASSMANN, Aleida und Jan (1987), 11.

[618] ASSMANN, Aleida und Jan (1987), 15.

[619] ASSMANN, Aleida und Jan (1990), 30f.

[620] ASSMANN, Jan (1992a), 93.

welche gegenüber der rituell fundierten Wiederholung eine neue konnektive Struktur darstellt. Die konnektive Struktur der Vergegenwärtigung gewährleistet den "Beziehungshorizont" Vergangenheit - Gegenwart über den der Schrift inhärenten, wahrgenommenen Bruch hinweg:[621] Die Erfahrung des (Traditions-)Bruches und die Kanongestützte Zirkulation kulturellen Sinns in 'situationsentbundener Verfügbarkeit' ermöglicht und verlangt für die Sicherung zeitresistenter Überlieferungszusammenhänge nicht mehr die Ausbildung von Institutionen der geregelten Wiederholung, sondern von Institutionen der geordneten *Interpretation*.[622] Interpretationen bedarf es, weil Gesellschaften 'textueller Kohärenz' mit dem Traditionsbruch um den Selektions- und Konstruktionscharakter der Tradition wissen und so "das 'Altern' von Texten, ihr[en] Zuwachs an Zeit, Kostbarkeit und Autorität von solchen Selektionsprozessen"[623] abhängig machen, deren Handhabung über die zukünftige Kontinuität und Konsistenz der eigenen Identität bestimmt. "Nicht schon der heilige, sondern erst der kanonische Text erfordert die Deutung und wird so zum Ausgangspunkt von Auslegungskulturen", denn die Wahrung des heiligen Textes erfolgt durch rituelle Rezitation im Rahmen der Beachtung zeremonieller Vorschriften zu Ort, Zeit und Reinheit, wohingegen der kanonische Text die normative und formative 'Wahrheit' einer Gemeinschaft proklamiert.[624] Die kanonischen "Texte wollen beherzigt, befolgt und in gelebte Wirklichkeit umgesetzt werden. Dafür bedarf es weniger der Rezitation als der Deutung. (...) Kanonische Texte können nur in der Dreiecksbeziehung von Text, Deuter und Hörer ihren Sinn entfalten."[625]

Wird die mögliche und nötige Auslegung zum zentralen Prinzip kultureller Kohärenz und Identität, kommt der Steuerung und Reglementierung der selektiven Vorgehensweise der Tradition, der Ausformung der Interpretation bzw. Variation und der Festschreibung eines tabuisierten Kerns existenzielle Bedeutung zu. Diese Funktion übernehmen kulturell unterschiedlich ausgeprägte *"Wächter der Überlieferung"*, die sich als Institutionen der Zensur, Institutionen der Textpflege und Institutionen der Sinnpflege beschreiben lassen.[626] Im Dienste des kulturellen Gedächtnisses garantieren diese Wächter die Zeitresistenz der imaginierten Vergangenheit durch die Wahrung ihrer textgestützten *Anschlussfähigkeit* an die Fragestellungen der Gegenwart. Dabei lassen sich dreierlei Formen intertextuellen Anschlusses innerhalb der Kulturgeschichte ausmachen:[627] Kanonische Texte erfahren mittels *Kommentierung*, klassische Texte mittels *Imitierung* und wissenschaftlich orientierte Texte über ihre *Kritisierung* ('Hypolepse') eine Fortschreibung.

---

[621]ASSMANN, Jan (1992a), 18, 101.

[622]ASSMANN, Jan (1992a), 88 (Überschrift), 93ff, 97.

[623]ASSMANN, Jan (1992a), 101.

[624]Zu Zitat und Befund vgl. ASSMANN, Jan (1992a), 93f.

[625]ASSMANN, Jan (1992a), 94f.

[626]ASSMANN, Aleida und Jan (1987), 11. Hervorhebung nicht im Original. 'Textpflege' erfolgt durch Erneuerung des Sinns und 'Sinnpflege' durch Neuformulierung des Textes, vgl. ASSMANN, Aleida und Jan (1983), 279.

[627]Auch für das Folgende vgl. ASSMANN, Jan (1992a), 101f.

4.4.3.1   Der Wandel der Zeitsignatur: von 'Diachorie' zu Diachronie

Der Übergang von 'ritueller' zu 'textueller Kohärenz' impliziert, wie erwähnt, einen Wandel der Zeitvorstellung. Für die Wahrnehmung von Zeit, im Sinne kulturell, *kohärent zu deutender* Zeit, können Ägypten und Israel paradigmatisch gegenübergestellt werden.[628] Beide Kulturen vertreten mit ihrer Zeiterfahrung zwei polar entgegengesetzte Sinnbildungsweisen und explizieren so zwei unterschiedliche Programme und Ziele von Zeitresistenz.[629]

Die Kultur Ägyptens wird in ihrer Erneuerung bzw. in ihrer 'Entwicklung' von der zyklischen Zeit *Neheh* und in ihrer Konstanz bzw. in ihrem 'Zustand' durch die nicht-zyklische Zeit *Djet* bestimmt.[630] Die "ägyptische Heilsgeschichte" spielt sich im Funktionsbereich der Riten und Mythen, in der Zeit *Neheh* ab; als zyklisch wiederholbare Erneuerungszeit basiert sie strukturell "auf den kleinen Zyklen Tag, Mondphasen und Jahr, allenfalls ausdehnbar bis zum 5-Jahr-Zyklus des römischen Lustrum, zum 30-Jahr-Zyklus des ägyptischen Sed-Festes oder gar bis zum 50-Jahr-Zyklus des israelitischen Jobel-Jahres".[631] Der Erfahrungs- und Gedenkraum eines in seinem Ablauf vorstrukturierten Regenerations-Zyklus' wird ergänzt durch die "Resultativität"[632] der Handlung, welche im lebenszeitlich orientierten Horizont der Ägypter in der *Ma'at*, der Wahrheit-Gerechtigkeit, und letztlich im Grab bzw. im Tod des Individuums besteht.[633]

Im Gegensatz zur *kreisläufigen Zeitvorstellung* Ägyptens, innerhalb welcher die erinnerte Vergangenheit nicht auf der Ebene 'historisch definierter' Gegenwart, Vergangenheit und Zukunft, sondern in einem 'Raum anderer Ordnung' (*Diachorie*[634]) imagi-

---

[628]ASSMANN, Jan (1994a), 179. Assmann verweist zu Recht darauf, dass phänomenologisch in allen Gesellschaften eine 'Zweizeitigkeit' zu erkennen ist, d.h. sowohl von einer *linear* als auch von einer *zyklisch* konstruierten Zeit auszugehen ist, welche jedoch aufgrund der jeweiligen Kohärenzfundierung durch Riten oder Texte eine Dominanzverschiebung erfährt, vgl. ASSMANN, Jan (1994), 173, 187. Mit dem Verweis auf eine derartige Differenzierung wendet sich Assmann auch gegen die Prädikation Griechenlands als eine Kultur zyklischen Zeitverständnisses, vgl. ASSMANN, Jan (1994a), 190, (oder die Ausführungen zur Entstehung der Geschichtsschreibung:) 193.

[629]ASSMANN, Jan (1994a), 177, 179.

[630]ASSMANN, Jan (1994a), 181f.

[631]ASSMANN, Jan (1994a), 183, 178.

[632]ASSMANN, Jan (1994a), 184.

[633]ASSMANN, Jan (1994a), 177, 185f.

[634]Assmann spricht im Zusammenhang von *Djet* von der *linearen* Zeit Ägyptens. Da diese aber nach seiner Meinung keine lineare Diachronie darstellt, "sondern [als] Raum das Gegenteil der Linie bildet" und darüber hinaus *Neheh* die Funktion des Wachstums übernimmt, wurde die Assmannsche Akzentuierung in der vorliegenden Arbeit zum Begriff der 'Diachorie' zugespitzt. Der Begriff der *Diachorie* will nicht die Wahrnehmung und Möglichkeit von 'Entwicklungsprozessen' ausschließen, sondern soll auf den Unterschied zu linear-historischen Zeitverständnissen aufmerksam machen; dies wird in Anbetracht der verwirrend scheinenden Feststellung Assmanns formuliert, dass Geschichte keine Kategorie der ägyptischen Zeit ist, nur im *Neheh* Bewegung existiert, andererseits aber die *Djet* eine lineare Zeitauf-

niert wird, strukturiert sich das Zeitverständnis Israels. Indem Israel kanonisierte Texte zum Fundament seiner kollektiven Identität bestimmt, ist es "die erste Gesellschaft, die das Dominanzverhältnis von zyklischer und linearer, mythischer und geschichtlicher, Erneuerungs- und Verantwortungszeit umgekehrt hat."[635] Wohl in keiner weiteren Religion spielt die Heiligung des Festtages und damit die Einhaltung der zyklischen Zeit eine so entscheidende Rolle wie in Israel bzw. im Judentum, doch die Funktion dieser zyklischen Zeit hat sich gewandelt, sie dient nur noch der *Kompensation* der identitätsbestimmenden *linearen Zeit*. Die Heilsgeschichte gründet in einem, in der 'relativen Vergangenheit' ergangenen *Bundesschluss*, der den Verlauf zukünftiger Geschichte von Verheißung und Erfüllung, von Versprechen und Treue, von Vergessen und Abfall zweier Vertragspartner abhängig macht. Heil kann nicht durch vordergründiges Ritual als 'Meta-Geschichte', d.h. als Fortsetzung urzeitlicher Prinzipien, 'prozessual erzwungen' werden, sondern nur in wiederholten Akten des Erinnerns, des Eingedenkens jenes Bundesschlusses und dem Leben der daraus resultierenden Verpflichtungen in *dieser* Geschichte antizipiert werden. Dass unter der Perspektive der Würdigung historischer Geschichte als "Verantwortungszeit" das Ziel der Heilsgeschichte Israels sich nicht auf innerweltliche bzw. innergeschichtliche Antizipation reduzieren lässt, sondern in einem finalen, 'transgeschichtlichen' *Zustand* anvisiert wird, widerspricht sich nicht, sondern bedingt sich vielmehr. Die Erfüllung der in der Vergangenheit ergangenen Verheißung bleibt für Israel zwar abhängig von seiner Treue, doch sie entzieht sich letztlich der Verfügungsgewalt Israels, sie ist Sache des Bündnispartners.[636] Die Zyklen-gestützte, Anteil nehmende Vorwegnahme dieser Verheißung bleibt als gesellschaftliches Gegengewicht geboten und erscheint, sofern es sich um das Schabbat-Gebot handelt, als einzig explizites "Erinnerungsgebot" unter den 613 Geboten Israels.[637]

Das lineare Zeitverständnis Israels ist geprägt von einem Bewusstsein der Faktizität von Handlung und Geschichte, hinter die nicht mehr zurückgegangen und die nicht mehr ungeschehen gemacht werden kann im Sinne eines neu zu durchlaufenden Zyklus'. Das Erlangen von Ganzheit kann deshalb tendenziell kein Ereignis der Gegenwart sein,

---

fassung voraussetzt, vgl. ASSMANN, Jan (1994), 181f, 184. Zur kontrastiven Gegenüberstellung von Diachronie und Diachorie vgl. das Diagramm im Anhang, Seite 304ff.

[635]ASSMANN, Jan (1994a), 187.

[636]Eliade spricht hier davon, dass in Israel "die Geschichte (...) *in der Zukunft* vernichtet" wird, vgl. ELIADE, Mircea (1953), 162f. Assmann verweist auf die in dem Bundesschluss gründende und in der Gerechtigkeit sich ausdrückenden 'Verantwortungszeit' Israels, doch wird im Zusammenhang einer komparativen Gegenüberstellung von Ägypten und Israel eine Würdigung der Heilsgeschichte Israels vermisst; vgl. ASSMANN, Jan (1994a), 187-190. Die mit der prophetischen Wurzel des 'Ritual-kritischen Anspruchs' in Israel begründete und von Assmann konstatierte Bedingung der zyklischen und linearen "Zweizeitigkeit" von Kultur wird als durchgängiges Charakteristikum jüdischer Zeitvorstellungen untermauert, wenn die 'Doppelwertigkeit' rabbinischer Theologie in Betracht gezogen wird. Rabbinische Theologie weist neben aller Betonung der Relevanz des *Glaubens* des Einzelnen und der *Unverfügbarkeit* des Heilsplanes Gottes Rudimente eines ritualistischen Heilergehens auf, wenn sie z.B. davon ausgeht, dass das Ende der Zeit unmittelbar eingeläutet wird, sobald ganz Israel auch nur einen Schabbat heilig hält.

[637]Zum "Erinnerungsgebot" vgl. ASSMANN, Jan (1994a), 190.

sondern wird "in der Geschichtszeit (...) in Vergangenheit und Zukunft entrückt." Entwicklung ist nicht mehr Teil natürlicher, zyklischer Prozesse, sondern Konsequenz des Zusammenspiels von Glaube und Handeln 'Jakobs' und der rechtfertigenden Antwort Gottes: "an die Stelle der Erneuerung tritt die Erlösung",[638] und die Aktualisierung mythischer Ereignisse wird abgelöst durch die Herausbildung von Geschichtsbewusstsein und Geschichtsschreibung.[639]

4.4.4   Die Verfestigung von Texten zum Kanon - der Textkanon als 'Medium zweiten Grades'

Wurde im Zusammenhang des Übergangs von 'ritueller' zu 'textueller Kohärenz' die Repetition von Mythen und Riten sowie die Interpretation von Texten als das "funktionell äquivalente Verfahren in der Herstellung kultureller Kohärenz"[640] vorgestellt, so erfolgte dies für die 'textuelle Kohärenz' unter der Prämisse einer Verfestigung kulturellen Sinns in der Form des Kanons. Kanon als Bezeichnung für "jene Form der Tradition, in der sie ihre höchste inhaltliche Verbindlichkeit und äußerste formale Festlegung erreicht" hat, indem nichts "hinzugefügt, nichts weggenommen, nichts verändert werden"[641] darf, begegnet im Verlauf der Kulturgeschichte in unterschiedlichen sozialen Kontexten und Ausformungen. So umfasst der Begriff mit seiner Verwendungsweise als wahrheitsgetreue, sinngetreue, wortlautgetreue und buchstabengetreue Wiedergabebeschreibung einen breiten Horizont verschiedener Prinzipien, die mit der Veränderung einer Reihe von Steigerungen und Einschränkungen des ursprünglichen instrumentellen Begriffspotentials einhergehen.[642] Der gemeinsame Nenner des 'Kanonprinzips' innerhalb der Begriffsgeschichte besteht in dem impliziten Nexus von "Wiedergabe" und "Treue" bzw. "Rezeption" und "Wertsetzung"; der Kanon steht für "das Ideal der Null-Abweichung in der Sequenz der Wiederholungen".[643] Deshalb kann er innerhalb der auf Interpretation ausgerichteten Funktion der Kohärenzerzeugung als die Fortführung 'ritueller Kohärenz' im Medium und unter den Bedingungen der Schriftlichkeit beschrieben werden.

---

[638]ASSMANN, Jan (1994a), 194. Entsprechend der angeführten 'Doppelwertigkeit' jüdischer Heilserwartung darf das im Schabbat gründende Verständnis der Antizipation hier allerdings nicht unterschätzt werden.

[639]ASSMANN, Jan (1992a), 249.

[640]ASSMANN, Jan (1992a), 89. Vgl. die Ausführungen zu Traditionsbruch und Kanon auf Seite 140f.

[641]ASSMANN, Jan (1992a), 103. Assmann verweist auf den 39. Osterbrief des Athanasius als dem locus classicus des christlichen Kanons. Die früheste Bezeugung der "Wortlautformel" in der Hethitischen Geschichtsschreibung um 1300 v.Chr. übernimmt Assmann von Cancik, vgl. ASSMANN, Jan (1992a), 236.

[642]ASSMANN, Jan (1992a), 103f, 121f.

[643]ASSMANN, Jan (1992a), 105, 120.

Jenseits dieser universalgültigen Beschreibung des Phänomens 'Kanon' unterscheidet Assmann einen weiteren und einen engeren Begriff von Kanon, deren Verwendungsweise sich jeweils im Anschluss an zwei kulturgeschichtlich entscheidende 'Schwellenübergänge' erschließt:[644] Dem ersten Schwellenübergang liegt die "Übertragung eines in der Rechtssphäre verwurzelten Ideals der Verbindlichkeit und Befolgungstreue auf den gesamten Zentralbereich schriftlicher Überlieferung" zugrunde. Die zweite Schwelle besteht in der Wandlung der "Einschätzung des Ausgegrenzten", von der Nichtbeachtung hin zur Diskriminierung bzw. Verfolgung und entsprechend in der Aufwertung des für verbindlich Erklärten vom *geheiligten* zum *heiligenden Bestand*.

In dem weiten Begriffsverständnis steht *'Kanon'* als Komplementärbegriff zunächst der *Tradition* gegenüber, wobei "für die Unterscheidung zwischen Tradition und Kanon (...) das entscheidende Kriterium die Ausgrenzung von Alternativen und die Einzäunung des Auserwählten"[645] ist. Ausgangsbasis dieses Verständnisses ist die antike Verwendungsweise des Begriffs, welche sich in allen Fällen zunächst an der konkreten, dann abstrahierten Bedeutung orientiert, die dem Kanon als 'Richtscheit', d.h. als 'Maßstab', im Dienste exakter Planung, Berechnung und Verwirklichung in der Baukunst zukommt.[646] Der Kanon, der damit von Anfang an als Instrument verwendet wird, behält in seiner Übertragung in andere Verwendungsbereiche diesen Charakter als *normatives Instrument* bei. Der Kanon gibt Antwort auf die Frage: "Wonach können und sollen wir uns richten?" indem er Orientierung, Reinheit und Harmoniegefüge veranschaulicht. Er ermöglicht richtliniengemäßes, normgemäßes Handeln, indem er Handlungsweisen von anderen unterscheidet, Maßstäbe aus der Menge von Entwürfen selektiert, separiert und in ihrer Bedeutung über andere stellt und damit als alles umgreifende Wertorientierung, als *heiligendes Prinzip* fungiert.[647] Der Begriff bezeichnet damit in der Antike eine abstrakte Größe der Regelhaftigkeit, welche als konkrete Norm immer die einzelne Norm, nicht eine Gruppe von Normen, Klassikern oder Listen umfasst; im Kontext des kirchlichen Sprachgebrauchs des 4. Jahrhunderts kommt es gleichwohl zu einer Verschiebung der metaphorischen Basis und damit zu einem Bedeutungswandel, der das heutige Verständnis des Kanons als konkrete Größe eines bestimmten inhaltlich bereits feststehenden und Allgemeinverbindlichkeit beanspruchenden Bestandes (von Normen) prägt.[648] Nicht mehr die Regelhaftigkeit des zu Verwirklichenden, sondern die Wertbezogenheit des Verwirklichten ist nun der Bezug des Kanonbegriffs. Die Bedeutungsverschiebung entspricht einer Stabilisierung und Fixierung des entscheidenden Schritts

---

[644]ASSMANN, Jan (1992a), 120. Die folgenden Charakterisierung der von Assmann nicht als solche gekennzeichneten 'Schwellen' versteht sich als Zusammenfassung der unterschiedlichen Zugangsweisen Assmanns zur Begriffsgeschichte, vgl. dazu ASSMANN, Jan (1992a), (103-121 u.v.a.) 106, 119, 121.

[645]ASSMANN, Jan (1992a), 121.

[646]ASSMANN, Jan (1992a), 109, 112f.

[647]Zum Begriff des 'heiligenden Prinzips' vgl. ASSMANN, Jan (1992a), 115, 119.

[648]ASSMANN, Jan (1992a), 114ff.

der Kanonbildung, dem "Akt der Schließung"[649], weil es zur Verschmelzung bisher getrennter Kanonbereiche und damit zur normativen Aufladung des mit dem Begriff bezeichneten kommt. Als "Norm der Normen" beschreibt der Kanon nun einen *geheiligten Bestand*, der als 'vorbildliche Liste' im Sinne des 'Klassikerkanons' oder als 'normative Liste' im Sinne des 'Textkanons' die heutige, konkrete Bedeutung des Wortes erschließt.[650]

Wird das Prinzip der (Unter-)Scheidung, das bisher schon bei der Begriffsbestimmung von Tradition und Kanon Anwendung fand, noch einmal rekursiv innerhalb des so bestimmten Kanons angewandt, so lässt sich der engere Begriff von *Kanon* destillieren, der als Komplementärbegriff zu *'Klassik'* steht.[651] Der 'Klassikerkanon' hält auf eigene Weise an seiner antiken Begriffswurzel fest. Er bewahrt den instrumentellen Charakter von Wertmaßstäben und Kriterien für die Beurteilung von Handlungen und für die Herstellung und Bewertung von Artefakten, wenn er auf Werke verweist, welche die als schön, groß oder bedeutsam definierten Maßstäbe in *exemplarischer* Weise verkörpern. Aufgrund der Vorbildfunktion des Kanonischen bezieht sich der Klassikbegriff "nicht nur rückwärts gewandt auf die Rezeption eines als maßgeblich ausgewählten Bestands, sondern auch vorwärtsgewandt auf einen sich von daher eröffnenden Möglichkeitshorizont legitimer Anknüpfungen"[652] und fördert so als "Prinzip kultureller Ausdifferenzierung, (...) die Ausdifferenzierung spezifischer Diskurse aus dem Gesamtzusammenhang der Kultur."[653] Der 'Klassikerkanon' teilt mit dem 'Textkanon' die Vorstellung "eines *heiligen Traditionsgutes* - 'heilig' im Sinne sowohl der absoluten Autorität und Verbindlichkeit als auch der Unantastbarkeit."[654] Im Kontext der fundierenden 'Schließung' als Begrenzung des jeweiligen Bestandes sind damit auch beide Kanontypen von der "strukturellen Verkopplung von Kanon und Zensur" geprägt: "Der Kanon motiviert die Zensur, aber er kontrolliert sie auch, und jeder zensorische Akt im Schatten eines Kanons ist auch ein Akt der Selbstbeschränkung."[655] Die Selbstbeschränkung der Klassik besteht in einer Begrenzung auf die quasi funktionale Bedeutung des Kanons. Andere Kulturen und Epochen bestimmen andersartige Traditionsgehalte als Klassiker; Kanones bleiben grundsätzlich wandelbar bzw. ersetzbar, da die Zensur das Auszugrenzende nur entsprechend der Anschlussfähigkeit des momentan maßgeblichen Kanons ausblendet und nicht als absolut Auszuschließendes bzw. Widersprechendes unter ein generelles Tradierungsverbot stellt.[656] So entsteht eine neue Form intertextueller Bezugnahme, wenn der Text nicht nur Informationen transportiert, sondern "auch

[649]ASSMANN, Jan (1992a), 94. Vgl. auch ASSMANN, Aleida und Jan (1987), 11.

[650]ASSMANN, Jan (1992a), 115f (v.a. das Schaubild).

[651]ASSMANN, Jan (1992a), 120f.

[652]ASSMANN, Jan (1992a), 119.

[653]ASSMANN, Jan (1992a), 117.

[654]ASSMANN, Jan (1992a), 118. Hervorhebung nicht im Original.

[655]ASSMANN, Aleida und Jan (1987), 21.

[656]ASSMANN, Jan (1992a), 121.

bezugnehmend und in diesem Sinne *autoreferentiell* auf andere schriftliche Texte innerhalb des vom jeweiligen Diskurs gesteckten Rahmens [wirkt]. Eine neue Form kultureller Kontinuität und Kohärenz entsteht: die Bezugnahme auf Texte der Vergangenheit in der Form einer kontrollierten Variation,"[657] die als "Hypolepse" bezeichnet wird und welche den Diskursraum von Philosophie und Wissenschaft begründet.

Die Selbstbeschränkung des 'Textkanons', d.h. des 'Kanons' im engeren Sinne, kann demgegenüber in der Begrenzung der eigenen Anschlussfähigkeit und Wandelbarkeit gesehen werden. Bildete das 'heiligende Prinzip' ("Hypolepse") als das "Prinzip, nicht von vorn anzufangen, sondern sich in anknüpfender Aufnahme an Vergangenes anzuschließen und in ein laufendes Kommunikationsgeschehen einzuschalten"[658] noch für die *Klassik* den Garant der steten Möglichkeit einer enggeführten Fortschreibung, so wird im Textkanon dieses Prinzip aufgegeben bzw. in einem fixierten Corpus verdinglicht. Der *geheiligte*, weil vorbildliche, *Bestand* der Klassik scheint sich im (Text-) Kanon zum *heiligenden*, weil festgeschriebenen, *Bestand* zu verdichten: Die Zensur erfährt eine formative Radikalisierung, indem es gilt, aufgrund eines durch den Kanon neu formulierten normativen Anspruchs, alles Ausgegrenzte zu diskriminieren, um es möglichst aus dem kulturellen Speicher(-Gedächtnis) der Tradition ganz zu verdrängen und 'vergessen zu machen'.[659] Die Anschlussfähigkeit des 'Textkanons' kann nur mittels der Ausbildung des "Sekundärorganismus" *'Kommentar'*, einer nicht autarken Textgattung, gewährleistet werden.[660] Durch die fortlaufende Arbeit der Interpretation (Vermittlung des Lebenssinns mit dem Text) und der Applikation (Vermittlung des Textsinns mit dem Leben) transformiert er Identität in Kontinuität und rettet damit den Primärtext 'Kanon' über die Zeiten hinweg.[661]

Der Kanonbegriff im engeren Sinne bezeichnet keine anthropologische Universalie, sondern vielmehr einen kulturellen Sonderfall, da die gesellschaftliche Universalie 'Regelhaftigkeit der Kommunikation' an ein selektiv gewähltes und ad absolutum

---

[657] ASSMANN, Jan (1992a), 281.

[658] ASSMANN, Jan (1992a), 282f.

[659] Zur Diskriminierung des Zensierten vgl. ASSMANN, Jan (1992a), 121. Assmann verwendet seinerseits nicht den Begriff 'heiligender Bestand', der hier stellvertretend für die Verschmelzung von normativer Aufwertung und formaler Fixierung des Kanonbestandes steht. Ist der Klassik noch der Bestand aufgrund seiner vorbildlichen Normativität *heilig*, so ist der Bestand im Textkanon darüber hinaus *heiligend*, weil seine Beachtung nicht nur Normativität sondern transzendentale Entsprechung ('Heiligkeit') verheißt.

[660] ASSMANN, Aleida und Jan (1988), 47.

[661] ASSMANN, Aleida und Jan (1987), 14. ASSMANN, Aleida und Jan (1988), 47. Oder wie Scholem es ausdrückt, beginnt mit dem Kommentar jener schöpferische "Prozess, in dem nicht nur die Frage wichtig wird, wie die Offenbarung als konkrete Mitteilung bewahrt und von Geschlecht zu Geschlecht überliefert werden kann, sondern mit immer steigender Gewalt die Frage sich erhebt, ob und wie diese Offenbarung angewandt werden kann"; vgl. SCHOLEM, Gershom (1970), 93.

gesetztes Wertesystem gebunden und von diesem überformt wird.[662] Wenn es aber bei einem "Kanon (...) niemals um selbstverständliche Normen (...), sondern um die unselbstverständliche Norm einer spezifischen Vollkommenheit" geht, dann kann 'Kanon' auch als 'Regelhaftigkeit' bzw. "Norm zweiten Grades" bezeichnet werden.[663] Im Rahmen des kulturellen Gedächtnisses bleibt so der Kanon als 'Monument' bzw. 'Medium zweiten Grades' zu thematisieren, d.h. als Medium, das sich nicht nur durch die Kodifikation und Speicherung von kollektiv relevanter *Information*, sondern auch durch die Speicherung des kulturell festgelegten und praktizierten *Erinnerungswertes* dieser Information auszeichnet.[664]

Hinter dem in der Begriffsgeschichte nicht erst seit der Neuzeit mit der christlichen *Bibel* assoziierten Kanonbegriff lässt sich die Geschichte eines Mediums des kulturellen Gedächtnisses erkennen, welche sich als Folge unterschiedlicher *Steigerung* und *Begrenzung* des ursprünglichen Begriffspotentials bzw. der mit dem Begriff verbundenen instrumentellen und universalistischen Prinzipien beschreiben lässt:[665]

(1) Als ein Akt der *Begrenzung* ist zunächst die *"Bändigung der Varianz"*, d.h. die Einschränkung der Anknüpfungs- und Veränderungs*möglichkeiten* von Tradition, anzuführen. Der Kanon hilft in der Situation der Orientierungslosigkeit und der Konflikterfahrung. D.h. er antwortet auf die Frage, wonach sich das Individuum ausrichten kann, wenn die Wirklichkeit die traditionelle und selbstverständliche Semiotisierung zu übersteigen oder zu konterkarieren scheint. Der Kanon vermittelt im Kontext schriftgestützter, also die Infragestellung der Tradition offenhaltender, Gesellschaften eine Orientierungskompetenz, die sich nicht nur aus situativ oder zeitlich-übergreifend begründeten *Inhalten*, sondern abstrahierend, die sich aus *Prinzipien* und *Perspektiven* eines bestimmten Weltbildes aufbaut. Die Kanonisierung fundierender Texte kann entsprechend als Versuch bezeichnet werden, in der gesellschaftlichen Erfahrung von Krisen(-zeiten), das kollektive Handeln und Kommunizieren nicht an beliebigen Inhalten und Strukturen, sondern an Kategorien und Autoritäten einer systematisch, in diesem Sinne 'vernünftig', selektierenden Weltsicht auszurichten. Entsprechend der Bindung und Verbindlichkeit spezifisch grundgelegter 'Vernunft-Entwürfe' kommt es in Israel zu einem Traditionsschub und in Griechenland zu einem Innovationsschub.[666]

---

[662]ASSMANN, Jan (1992a), 115f. Vgl. ASSMANN, Aleida und Jan (1987), 13: Kanon insofern als Sonderfall verstanden, als damit die Kombination von Tabuisierung der Texte und Bewahrung von Sinn gefordert ist.

[663]ASSMANN, Jan (1992a), 116. Assmann rezipiert den Begriff der "Norm zweiten Grades" von Dieter Conrad.

[664]Zur Charakterisierung von 'Medien zweiten Grades' vgl. ASSMANN, Aleida und Jan (1994), 121.

[665]ASSMANN, Jan (1992a), 119, 121f. Für die folgende Beschreibung dieser Differenzierungsprozesse vgl. ASSMANN, Jan (1992a), 122-129.

[666]Assmann beschreibt die "Bändigung der Varianz" lediglich im Kontext des derart begründeten Innovationsschubs in *Griechenland*, vgl. ASSMANN, Jan (1992a), 123f. Dass der Mechanismus der Anbindung an ein Vernunftsystem nicht nur für die Gesellschaft Griechenlands bzw. die abendländisch hellenistisch begründete Vorstellung von Vernunft gilt, kann aus dem Theorem Metz' von der "anamnetischen *Vernunft* Israels" als der Verbindung von "Ratio und Memoria" geschlossen werden, vgl. METZ,

(2) Mit dieser Begrenzung der Orientierung an abstrakten Prinzipien oder exemplarischen, vertexteten Biographien geht ein Prozess der *Steigerung der Invarianz von der Klassifizierung zur Heiligung* einher. Die in Konfliktzeiten mit dem Rückzug auf kanonisiertes Wissen intendierte 'Unveränderlichkeit' einer ehemals sicheren Identität lässt sich kulturgeschichtlich in zwei Richtungen systematisieren: Kollektive streben nach Invarianz durch Genauigkeit oder durch Verfestigung. *Genauigkeit* entspricht dem Verlangen des kanonisierenden Rekurses in der griechischen Aufklärung des fünften Jahrhunderts und im kaiserzeitlichen Klassizismus, wenn der Kanon zum Inbegriff rechtlicher Kontinuität oder maßgebender Tradition gebraucht wird. *Verfestigung* bleibt die Aufgabe der Kanonisierung im Kontext des Judentums und der frühchristlichen Kirche, wo der Kanon als Inbegriff eines abgeschlossenen, invarianten Bestandes von absoluter, transzendent begründeter Autorität und Authentizität gebraucht wird. "Im ersten Falle ist der Rekurs auf rationalistische Normen gefordert, im zweiten Falle ist er unterbunden. Der dezisionistische Charakter einer autoritativen Entscheidung (...) bürgt dann für Invarianz, die nur bestehen kann, wenn die Inhalte, um die es geht, tabu, unantastbar und also jeder weiteren Prüfung und Entscheidung entzogen sind."[667] Invarianz bedeutet im Sinne der Genauigkeit Klassifizierung, im Sinne der Verfestigung *Heiligung*, und entsprechend verlagert sich im Prozess der Steigerung die Bedeutung des Kanonischen von *richtig* auf *sakrosankt*.[668]

(3) Das zentrale Kennzeichen der Kanonisierung, die im Akt der Schließung des Traditionsgutes funktional begründete, binär strukturierende Grenzziehung, dient als Ausgangspunkt der *Steigerung der Grenzziehung zur Polarisierung*. "Die Grenze, die der Kanon im Geistigen zieht, hat ihre Entsprechung in der sozialen und geschichtlichen Wirklichkeit",[669] und so zeitigt der Prozess der Radikalisierung dieser Grenzziehung sozial relevante Auswirkungen. Kanonbildung fällt, wie das Beispiel des hebräischen Bibelkanons zeigt, in eine Zeit ausgeprägter, tiefgreifender kultureller Krisenerfahrungen, die sich nicht nur durch interkulturelle, sondern auch durch intrakulturelle Konfliktfronten auszeichnen. So entsteht neben der primären interkulturellen Konfliktfront 'Judentum gegen Hellenismus' als Fortführung der alten Scheidung Israels von 'den Völkern' (Ägyptens, Assyriens, Babyloniens) die intrakulturelle Konfliktfront zwischen den Sadduzäern und Pharisäern, Samaritanern, Essenern und später den Christen. Diese intrakulturelle schismatische Polarisierung verlangt nach kanongestützter Stillstellung und Radikalisierung der Tradition und ermöglicht, "eine historische Linie aufzuzeigen, die von der Scheidung zwischen dem Kanonischen und dem Apokryphen (zunächst nur ein Wertakzent zwischen dem Wesentlichen und dem Unwesentlichen) zur Trennung zwischen Orthodoxie und Häresie, also nicht nur Eigenem und Fremdem, sondern

---

Johann B. (1989), 734ff; METZ, Johann B. (1992a), 314.

[667] ASSMANN, Jan (1992a), 122f.

[668] ASSMANN, Jan (1992a), 123. Invarianz im Sinne der Genauigkeit beruht wesentlich auf der *Schönheit* der zu fixierenden Texte, vgl. ASSMANN, Aleida und Jan (1987), 12.

[669] ASSMANN, Jan (1992a), 125.

Freund und Feind geführt hat."[670] In ihrer radikalisierten Zuspitzung kommt es zur Modellierung von Feindbildern, denen die Vorstellung eines "absoluten Feindes" zugrunde liegt und die "primär zur Verstärkung von Gruppenkohäsion und Mobilisierung von Gefolgschaft" dienen.[671]

(4) Schließlich ist mit der Begriffsentwicklung im vorherrschend jüdisch-christlichen Verständnis die Entwicklung hin zu einer *Steigerung der Wertperspektive von Gewohnheit und Nutzenrechnung zu Identitätsstiftung* beobachtbar. Diese Steigerung knüpft an dem Umstand an, dass ein Kanon nicht nur strukturell als Grenzziehung, sondern auch inhaltlich als normative und formative Polarisierung des als unbedingt erstrebenswert Selektierten fungiert.[672] Als Bestandteil religiöser Kommunikation zirkuliert er damit zugleich eine Motivationsstruktur, die als Legitimierung die Einhaltung aller normativen Ansprüche einfordert und sicherstellt. Dabei besteht ein Abhängigkeitsverhältnis zwischen der Breite der durch den Kanon erfolgenden Generalisierung und den Anforderungen aktuell erlebter Situationen: je höher der Generalisierungsgrad, d.h. je umfassender der Horizont der vom Kanon erfassten lebensweltlichen Themen, desto größer gestaltet sich der Abstand zwischen den generalisierten Normen und den kontingent, aktuell zu bestehenden Handlungs- und Kommunikationssituationen. Je umfassender und anspruchsvoller die Normen, desto größer ist der zu leistende Verzicht, desto umfassender und anspruchsvoller muss die im Kanon projektierte Motivationsstruktur sein. Der Textkanon thematisiert das Präferenzsystem einer selektiven Wertperspektive eines Kollektivs, er fundiert und formt damit Identitäten. Er gilt als "Prinzip kollektiver Identitätsstiftung und -Stabilisierung", "denn die Heiligung einer bestimmten Tradition läuft immer auf die Heiligung einer bestimmten Gemeinschaft hinaus. Aus dem neutralen Orientierungsmuster Kanon wird dann eine Überlebensstrategie kultureller Identität. Die Juden, die sich der Strenge ihres Gesetzes beugen, tun dies im Bewusstsein, ein 'heiliges Volk' zu sein."[673] Die Heiligung der Gemeinschaft gerinnt hier zur Ausformulierung eines "*Heilsanspruch[s]*, der sich auch mit anderen Werten und Inhalten verbinden"[674] könnte, dies durch die kanongestützte Fixierung aber nicht wird. Das "normative Bewusstsein einer ganzen Bevölkerung"[675], die kulturelle Identität, dient ihrerseits im Zusammenhang der Sozialisation, d.h. im Zusammenhang der Individuation durch Vergesellschaftung, als Fundament für die Ausbildung von Ich-Identitäten. Damit wird der Textkanon als ein "Prinzip einer neuen Form kultureller Kohärenz" verwendet, welches darauf beruht, dass der 'Kanon' "das Ganze einer Gesellschaft und zugleich ein

---

[670] ASSMANN, Jan (1992a), 125.

[671] Assmann beschreibt diese Polarisierung von Freund - Feind in der Auseinandersetzung mit Carl Schmitt, vgl. ASSMANN, Aleida und Jan (1990), 21.

[672] Zum normativen und formativen Gehalt von Texten bzw. Kanon vgl. Anm. 613.

[673] ASSMANN, Jan (1992a), 127. Zum Faktum der Verkopplung der Identifikation mit dem ausgewählten Traditions*gut* und einer entsprechenden Traditions*gemeinschaft* vgl.: Die "kanonisierende Rückkehr [beinhaltet] immer einen *Akt der Identifikation*"; ASSMANN, Aleida und Jan (1987), 19.

[674] ASSMANN, Aleida und Jan (1987), 21.

[675] HABERMAS, Jürgen (1982), 107.

Deutungs- und Wertsystem [repräsentiert], im Bekenntnis zu dem sich der Einzelne der Gesellschaft eingliedert und als deren Mitglied seine Identität aufbaut."[676]

4.5   Das Spektrum kultureller Identitäten: von Integration bis Distinktion

Im kulturtypologischen Vergleich Ägyptens, Griechenlands und Israels oszillieren die sie begründenden und repräsentierenden Identitäten zwischen Formen der Integration und der Distinktion. Gemeinsam ist allen Kulturen die sie konstituierende Grenzziehung bzw. Abgrenzung gegenüber der Umwelt, sie verbindet ferner die Erfahrung der Fragilität und "Inkongruenz zwischen ethnischen, kulturellen und politischen Formationen"[677], welche den Kollektiven in der einsetzenden Reflexivität ihre Selbstverständlichkeit nimmt und die aus diesem Prozess entstehende Identität zur Steigerungsform kollektiver Identität werden lässt. Begrenzt werden diese beiden mit Integration und Distinktion bestimmten "Pole kultureller Distinktionsbildung"[678] durch zwei unterschiedlich soziopolitische Bedingungslagen.

Die Pole führen in dem einen Fall, wie das Beispiel Ägyptens zeigt, zur Gleichsetzung der eigenen Lebensform mit 'Kultur' schlechthin. Kollektive Identität fungiert hier als Abgrenzung der Kultur gegen das kulturlose *'Chaos'*. Und sie motivieren im anderen Fall, wie das Beispiel Israels veranschaulicht, zur Identitätsbildung als Emanzipationsbewegung und Überlebensstrategie gegen eine als dominant erfahrene Kultur. Kultur steht dann für die Aktualisierung der Abgrenzung gegen eine *andere Kultur*. Griechenland ist mit der Ausbildung eines kollektiven, panhellenischen Bewusstseins im Kontext interkultureller Konflikterfahrung zunächst auf der Seite Israels anzusiedeln, doch stellt der Panhellenismus als distinkte Kultur nicht wie Israel der situativ dominanten (Fremd-) Kultur ein seinerseits distinktives, sondern ein integratives Selbstbild entgegen, womit es nun dem Typus der ägyptischen Selbstwahrnehmung entspricht. Insofern kann gegenüber der kulturellen Identität Griechenlands nicht kulturgeschichtlich oder evolu-

---

[676]ASSMANN, Jan (1992a), 127.

[677]ASSMANN, Jan (1992a), 144.

[678]ASSMANN, Aleida und Jan (1990), 28. In der hier vorliegenden Arbeit wird zur Erläuterung des Terminus "Pole kultureller Distinktionsbildung" das Begriffspaar *'Relationierung* und *Relativierung'* vorgeschlagen. Diese Begriffe finden Verwendung sowohl aus dem formalen Grund, dass "Distinktion" begrifflich bereits für einen der zu beschreibenden Pole belegt ist, als auch aus dem inhaltlichen Grund, dass das Axiom der Identitätsbildung (die "Erzeugung von Identität bedeutet notwendig zugleich die Erzeugung von Alterität", vgl. ASSMANN, Aleida und Jan (1990), 27) auf eine tiefergehende Fragestellung und Relevanz kollektiver Identität verweist. Für diese Fragestellung bleibt entscheidend: "Identität ist ein Kompensativ für Kontingenz, ist das, was immer die Funktion erfüllt, das Dissoziationsrisiko aller Selektivität zu neutralisieren" (LUHMANN, Niklas (1979), 322). Kollektive Identitäten sind demnach zu unterscheiden in ihrer Relationierung und Relativierung: In der *Ausgestaltung* und *Aktualisierung* ihrer Verhältnisbestimmung zum 'Alter', in ihrer jeweils unterschiedlichen Form und Praxis der Schmittschen *conditio humana* (ASSMANN, Aleida und Jan (1990), 21). Das Begriffspaar der Relationierung und Relativierung kann über das Beziehungsgefüge hinaus die Vorläufigkeit und Fragilität aller Distinktionsbildung veranschaulichen.

tionistisch, aber kulturtypologisch, von einer 'Zwischenform der Relationierung und Relativierung' gesprochen werden.

4.5.1 Ägypten als Prototyp integrativer Identität

In *Ägypten* ist die auslösende Problematik des kulturgeschichtlich einmalig anzutreffenden Typs kultureller, 'integrativer' Steigerung in der Entstehung eines größeren, disparaten 'Ethnokonglomerats' auszumachen. Die infolge von Wanderung oder Eroberung entstandene Situation der Überlappung ethnopolitischer Verbände lässt hier die Integration bzw. Akkulturation der beteiligten Ethnien zum Problem werden. Unter dieser sozio-politischen Konstellation erhält "die dominierende Kultur - die kulturelle Formation der dominierenden Ethnie - (...) nun transethnische Geltung und wird zur Hochkultur gesteigert, die die überlagerten kulturellen Formationen marginalisiert."[679] Symbolische Sinnwelten in solcherart gesteigerten Kulturen gewährleisten und regulieren nicht mehr nur Kommunikation und Interaktion, sondern sie werden zum Faktor artifizieller politischer Macht, indem sie die Aufgabe übernehmen, "die hochgradig instabile politische Formation zu stabilisieren und eine Vielzahl mehr oder weniger heterogener soziokultureller Formationen zu integrieren."[680] Entsprechend steht die ägyptische Mythomotorik "nun eindeutig im Dienst nicht der Abgrenzung nach außen, sondern der Herstellung von Einheit nach Innen."[681] Um Zusammenleben, Identifikation und Integration in der Scheidung von dem *'Chaos'* zu ermöglichen, "vereindeutigt" der König in seiner (Gewalt-)Herrschaft die Welt;[682] um die Individuen auf das nicht abschließbare Prinzip der Integration einzuschwören, kristallisiert der Gründungsmythos des Staates das Selbstbild in dem Symbol der "Vereinigung der beiden Länder" Ober- und Unterägyptens.[683]

Das Prinzip, welches die kulturelle Identität Ägyptens bestimmt, wird zum normativen und formativen Modell für das Kollektiv und jedes Individuum: Die zweigeteilte Welt kann nur durch kontinuierliche Versöhnung der antagonistischen Prinzipien in Gang gehalten werden; Versöhnung bedeutet allerdings nichts anderes als die Unterwerfung, in diesem Sinne die *Integration*, des Chaos unter die Ordnung. Die Herstellung der Einheit, der Vereinigung, bleibt als bestimmendes Prinzip umfassend zu denken, sowohl was die Seite seines handlungsleitenden Anspruchs als auch was die Seite seines soziopolitischen Geltungsbereiches anbelangt. "Die Grenzen der imaginierten Gemeinschaft fallen mit den Grenzen des Menschseins und der geordneten Welt zusammen",[684] d.h.

---

[679] ASSMANN, Jan (1992a), 145.

[680] ASSMANN, Jan (1992a), 145.

[681] ASSMANN, Jan (1992b), 45.

[682] ASSMANN, Aleida und Jan (1990), 19.

[683] ASSMANN, Jan (1992b), 44. Der Gründungsmythos erzählt von dem Brüderpaar Horus (der die Zivilisation und die Ordnung repräsentiert) und Seth (der die Wildnis und das Chaos verkörpert).

[684] ASSMANN, Jan (1992b), 45. Ähnlich ASSMANN, Jan (1992a), 169. Der Einzigartigkeitsanspruch der Ägypter besteht gerade darin, dass an einem integrativen Weltbild über die 'Alteritätserfahrung' hinweg

das ägyptische Selbstbild hält *integrativ* allen Interessierten 'der Völker' einen *gleichberechtigten* Zugang zur ägyptischen Identität offen. Das entspricht der kulturgeschichtlich universalgültigen Beobachtung, dass "integrativ gesteigerte kulturelle Formationen, deren Integrationskraft nach innen ein Reich zusammenhält, (...) auch nach außen eine außergewöhnliche Assimilationskraft zu entwickeln"[685] pflegen.

4.5.2   Israel als Prototyp distinktiver Identität

In *Israel* begründet die gänzlich andere sozio-politische Konstellation der Erfahrung von Fremdbestimmung, Unterdrückung, Verfolgung und Marginalisierung die Ausbildung einer kulturellen Identität im Rahmen fortschreitender Kanonisierung. Als Respons auf eine kollektiv erfahrene 'Katastrophengeschichte' assyrischer Abhängigkeit, babylonischer Verschleppung und einhergehenden Verlusts nationaler und kultisch-religiöser Selbstständigkeit formuliert eine ethnische Minderheit die distinktiv gesteigerte Identität einer Widerstandsbewegung als kulturelle "Gegen-Identität" und dies nicht wie in Ägypten als Abgrenzung gegen eine "Wildnis".[686] Der Verlust eigener Kontinuität und Einheit droht darüber hinaus aber auch aus den eigenen Reihen, sobald herrschende Gruppen Versatzstücke der Umwelt-Identitäten bzw. der bedrohenden Identität rezipieren.[687] In einer derartigen Situation "eines innerkulturellen Antagonismus oder Dualismus" bedarf die distinktive Steigerung kultureller Identität in Israel der gesteigerten Aufrüstung ihrer "limitischen Struktur".[688] Das Prinzip der Distinktion Israels gegenüber 'den Völkern' wird in einer Reihe nicht endender intrakultureller Sezessionen, Spaltungen und Spannungen zur abgrenzenden Kategorie des 'wahren Israels' verinnerlicht und bildet so das Fundament und die Relevanz der einsetzenden Kanonisierung.[689] *Rekursiv* verwendete Motive der Trennung und Abgrenzung stehen somit strukturierend im Zentrum des israelitischen Selbstbildes und werden in Form eines enggefassten Zyklus zentraler Erinnerungsfiguren von einer dissidenten Minorität innerhalb der Gemeinschaft thematisiert und tradiert.[690] Innerhalb dieses Zyklus, der die Vätergeschichten, den

---

festgehalten wird bzw. darin, ein derartiges Weltbild trotz dieser Erfahrung weiterhin als schlechthinnige Weltordnung zu betrachten, vgl. ASSMANN, Jan (1992a), 194.

[685] ASSMANN, Jan (1992a), 151. Diese Feststellung mag ein Hinweis dafür sein, dass die von Assmann erwähnte Reziprozität von gesteigerter Einheit nach innen bzw. gesteigerter Distinktion nach außen und ihre Auswirkungen nach außen bzw. innen (vgl. ASSMANN, Jan (1992a), 152) entsprechend 'integrativer' und 'distinktiver' Steigerungsformen zu differenzieren bleibt.

[686] ASSMANN, Aleida und Jan (1990), 30; ASSMANN, Jan (1992a), 154.

[687] THEISSEN, Gerd (1988), 170.

[688] ASSMANN, Jan (1992a), 155. Assmann übernimmt den Begriff der "limitischen Struktur" von E. Mühlmann, vgl. ASSMANN, Jan (1992a), 153.

[689] ASSMANN, Jan (1992a), 295. Assmann unterscheidet hier zwischen der Binnen- und Außenperspektive des Kanonisierungsprozesses bzw. zwischen den grundlegenden soziopolitischen und theologischen Abhängigkeitsverhältnissen.

[690] ASSMANN, Jan (1992b), 46f, 50.

Aufenthalt in Ägypten und v.a. den Exodus, die Sinaioffenbarung und die Landnahme umfasst und als solches inhaltlich die Mythomotorik Israels darstellt, bildet die Exoduserzählung die zentrale Wesensformel dieser Minderheitengruppe und in Folge des Babylonischen Exils auch ganz Israels.[691] Ihre Stellung als Distinktionsformel ist dabei äquivalent zur Stellung der Integrationsformel der "Vereinigung der beiden Länder" in Ägypten. Die Exodusüberlieferung ist die denkbar geeignetste und dichteste Geschichte, um den Überlebenswillen eines angefeindeten Volkes gegen alle Krisenerfahrungen über die Jahrhunderte hin wachzuhalten, denn sie ist von den Motiven und Mechanismen einer 'doppelt distinktiven Aufrüstung' "limitischer Strukturen" bestimmt. In diesem Aggregatzustand nimmt die distinktiv gesteigerte Identität den Charakter des Religiösen an, der in der Formulierung eines "Ausschließlichkeitsanspruch[s besteht], mit dem dieses Wir-Bewusstsein durchgesetzt wird: Es will *alle* erfassen, und jeden Einzelnen *ganz*."[692]

Im Rahmen der Tradierung dieser Überlieferung wird kulturgeschichtlich erstmalig und paradigmatisch die Konsequenz dieser "Aufrüstung" bzw. Transformation vor Augen geführt. Die Josijanische Kultreform (2Kön 22f) bzw. das Deuteronomium gibt als "Manifest und Verfassungsurkunde" Zeugnis von dem Wirken einer ethnischen Widerstandsbewegung, deren Agieren von dem Prinzip "Distinktion (...) durch Sakralisierung" bzw. durch die Sakralisierung alles normativ und formativ Relevanten beherrscht ist.[693] Die mit dem Sakralen konstituierte letztinstanzliche Hochverbindlichkeit und Unantastbarkeit kultureller Identität führt zur unauflöslichen, artifiziellen Verschmelzung von Religion und Ethnizität, welche sich in einem besonders ausgeprägten Zugehörigkeitsbewusstsein manifestiert.[694]

4.5.3 Griechenland als Kombination von integrativer und distinktiver Identität

So wie Israel seine einmalige Integrationskraft durch die nach außen aufrechterhaltene und nach innen bereitgehaltene Distinktion gewinnt, so generiert sich in *Griechenland* die nationale Identitätsbildung durch die nach außen aufgebaute Distinktion und die nach innen gerichtete Integration. Im Zusammenhang der identitätsbedrohenden Erfahrung der Perserkriege vollzieht sich in Griechenland ein Wandel der Erinnerungskultur, welcher sich in der Entstehung von Geschichtsschreibung und einem panhellenischen Bewusstsein als kollektive "Gegen-Identität" niederschlägt.[695] Die zentrale Erinnerungsfigur, welche in Israel die Geschichte einer Sezession, einer Befreiung aus der Fremde ist, ist in Griechenland die Geschichte einer *Koalition gegen* den Feind, die Geschichte einer Aufrechterhaltung der eigenen Identität durch die Integration zerstreuter Gruppen

---

[691] ASSMANN, Jan (1992b), 47f.

[692] ASSMANN, Jan (1992a), 157.

[693] ASSMANN, Jan (1992a), 159.

[694] ASSMANN, Jan (1992a), 156, 158. Zur Verbindung von Religion und Ethnie vgl. auch YERUSHALMI, Yosef H. (1988), 12.

[695] ASSMANN, Jan (1992a), 299; ASSMANN, Jan (1992b), 49f.

innerhalb eines zu bildenden Gemeinwesens.[696] Die derart analytisch beschriebene Mythomotorik Griechenlands kristallisiert sich als zentrale Wesensformel in Homers *Ilias*, womit kulturelle Identität in Griechenland nicht wie in Israel das Ergebnis einer sich durchsetzenden Tradition, sondern im Wesentlichen das Werk eines einzigen Textes aus dem Fundus der Troja-Überlieferung und Heldenverehrung sowie dessen Kanonisierung ist.[697]

Die kulturgeschichtlich relevanten Unterschiede zwischen Israel und Griechenland lassen sich aber im Kontext der Frage nach der Struktur kollektiven Gedächtnisses auch noch aus einem anderen Blickwinkel beschreiben: So wie in Israel das Prinzip der reflexiv gewendeten Distinktion auf dem Fundament der *Erinnerung* des in der Geschichte die Gemeinschaft (auch mit Gott) Trennenden beruht, kann für Griechenland festgehalten werden, dass das Prinzip der reflexiv verankerten Integration auf dem Fundament des kollektiv organisierten *Vergessens* des die Gemeinschaft in der Geschichte Trennenden beruht.[698] Integration bzw. "der innere Frieden wird (...) gedacht als Folge des *Sieges* über den inneren Feind,"[699] der in der Heraufbeschwörung der Erinnerung bzw. der Vergangenheit Widerstand zu leisten versucht. Doch bleiben neben diesen Differenzen zwischen beiden Kulturbereichen auch auffallende Strukturäquivalente wahrzunehmen. Sowohl in Israel als auch in Griechenland kommt es im Rahmen der Thematisierung von (linearstrukturierter) Zeit mit der Ausbildung eines Selbstverständnisses als 'Gottesvolk' oder als panhellenische Nation zur "Konstitution eines verantwortlichen Zurechnungssubjekts von Vergangenheit".[700] Beide Ethnien vollziehen mit diesem Schritt einen Akt der (Steigerung der) Selbst-Distanzierung gegenüber der Vergangenheit und der Gegenwart, indem sie ein historisches Bewusstsein entwickeln, welches zulässt, "die eigene Kultur auch mit den Augen anderer zu sehen, die eigene Epoche auch aus der Perspektive künftiger Generationen zu betrachten".[701]

---

[696]ASSMANN, Jan (1992b), 51.

[697]ASSMANN, Jan (1992a), 79, 273; ASSMANN, Jan (1992b), 51. Die Rückführung des panhellenischen Bewusstseins auf die *Ilias* als "das Geheimnis, das Hellas zur Nation macht" rezipiert Assmann von R. Pfeiffer, vgl. ASSMANN, Jan (1992a), 273 (Anm. 13); ASSMANN, Jan (1992b), 50.

[698]Dieser von Assmann nicht formulierte Aspekt scheint gerade auch in Fortführung der Beobachtungen E. Flaigs geboten. Dieser geht dem Faktum nach, dass ein (Selbst-)Mord am Anfang des politischen Bündnisses in Griechenland steht. Im Sinne einer Tabuisierung der eigenen Ursprünge kommt es in Griechenland zu einem kollektiv verordneten, politisch organisierten Vergessen dieses Tatbestandes, was darin gründet, die Heraufbeschwörung von Rache in der Erinnerung, die das Fundament der Allianz in Frage stellen würde, zu verhindern. Vgl. FLAIG, Egon (1991), 136-144.

[699]FLAIG, Egon (1991), 139.

[700]ASSMANN, Jan (1994a), 193.

[701]THEISSEN, Gerd (1988), 173f.

4.6 Die Erfindung der Religion im emphatischen Sinne

Der bisherige Gedankengang zeichnet sich durch den Aufweis verschiedener Steigerungsprozesse sozio-anthropologischer Konstanten zu kulturellen Identitäten aus. Entsprechend kulturell unterschiedlich funktionalisierter mnemotechnischer Optionen kommt es in Griechenland zur 'Erfindung' eines spezifisch gesteigerten politischen und rationalen Bewusstseins bzw. Denkens und in Israel zur 'Erfindung der Religion' in einem eigentlichen, "prägnanten Sinne".[702] Diese 'eigentliche Religion' unterscheidet sich als "sekundäre Religion" von "primärer Religion" als der Grundbedingung menschlicher Existenz dadurch, dass das Motiv der Reflexivwerdung und der kritischen Beurteilung anderer Religionen zunehmend die Form der Gottesverehrung bestimmt.[703] In Israel bildet sich ein neuer Religionstyp aus, jener der "Gegenreligion".[704] Hier wird die "interkulturelle Übersetzbarkeit"[705] beliebig religiöser Erfahrungen und Namen verworfen zu Gunsten der abgrenzenden Vorstellung des Einen, des Wahren, das alles frühere und andere als Heidentum verwirft.

Die einzigartige Errungenschaft Israels, die Ausbildung einer derart dezidierten Religion, führt zur Entstehung und Verankerung einer Religion, die unabhängig wird von der sie umgebenden, allgemeinen Kultur und die ihre Existenz jenseits aller geschichtlichen Infragestellungen, kulturellen Wandlungen, Brüchen und Assimilationen zu sichern vermag.[706] Dabei ist sowohl was die Seite des von Religion thematisierten Horizonts als auch was die Seite der begrifflichen Prägnanz des entstandenen Religionssystems anbelangt, von einem Steigerungsprozess auszugehen; die vollständige Ausdifferenzierung und kernhafte Verfestigung der Religion Israels stellt sich also erst im

---

[702]In Griechenland kristallisiert sich der kulturgeschichtliche Wandel zur πόλις (Polis) und φιλοσοφία (Philosophia) und in Israel zum עם ישׂראל (Volk Gottes), welches sich von seiner und Gottes אמונ(ה) (Treue / Glaube / Religion) getragen weiß. Assmann kennzeichnet das 'Phänomen Israel' als "Entstehung von Religion im prägnanten Sinne", vgl. ASSMANN, Jan (1992c), 35ff.

[703]ASSMANN, Jan (1992c), 37. Assmann knüpft dabei nicht in der Begrifflichkeit aber in der dichotomen Systematisierung an die Darstellung der innerhalb der religionsgeschichtlichen Forschung gebräuchlichen Religionstypen bei Theo Sundermeier an, vgl dazu SUNDERMEIER, Theo (1987), 414ff.

[704]ASSMANN, Jan (1998), passim, vgl. 47f. Indem Assmann hier nachzeichnet, dass nicht Moses, sondern Pharao Amenophis IV. (Echnaton, 1338 v.Chr.) mit seiner monotheistischen Revolution historisch für den ersten und radikalsten Ausbruch einer 'Gegenreligion' steht, wird die sozial-kulturelle, funktionale Dimension des Gedächtnisses umspielt. Entscheidend bleibt, für welche individuell-sozialen Leistungen Medien und Ideen in Israel gebraucht und kulturell verankert werden konnten. Wenn die 'Gegenreligion' nicht in Ägypten aber in Israel ein Tradition ausbilden kann, dann deshalb, weil ihr hier dauerhaft eine Funktion zugesprochen werden kann.

[705]ASSMANN, Jan (1998), 19.

[706]ASSMANN, Jan (1992a), 196. Entsprechend der durch die kulturtheoretische Perspektive Assmanns begründeten Scheidung von Binnen- und Außenperspektive, kann der Terminus der "sekundären Religion", den Assmann von Sundermeier rezipiert (vgl. ASSMANN, Jan (1992c), 37), als deskriptiv signifikanter gestützt werden: Israel kennt weder die Selbstprädikation als 'Religion', noch eine begriffliche, inhaltliche Systematik und Spekulation vergleichbar christlich-gnostischer Traditionen, da "nicht die Lehre, sondern die Tat die Hauptsache" (Abot 1,17) im Selbstverständnis dieser Religion darstellt; gleichwohl lässt sich Lehre und Struktur von außen (als gesteigerte) analysieren.

Verlauf der durch die Erfahrung von Babylonischem Exil, der Zerstörung des Zweiten Tempels und der *galut* (Diaspora) eingeläuteten "Großmetamorphose Israels" zum Judentum, ein.[707] Das kulturgeschichtlich neue Phänomen 'Religion' besteht dann in "einer ausdifferenzierten Wert-, Sinn- und Handlungssphäre, die begrifflich scharf abgesondert ist gegen die Bereiche der Kultur und der Politik."[708] Die Aufspaltung der "überall sonst in der Welt nur als Einheit denkbaren Verbindung von Herrschaft und Gemeinschaft bildet den eigentlichen Durchbruch Israels,"[709] indem dieses Modell "einer politisch-ökonomisch-religiösen Territorialeinheit" durch eine Gesellschaft ersetzt wird, die "sich durch *Hypostasierung einer besonderen Funktion* definiert".[710] Im Sinne einer, gegenüber dem u.a. in Ägypten gebräuchlichen *Repräsentationsmodell* korrelierender politischer und religiöser Herrschaft, riskanten Problemlösung, thematisiert sich Israel über das pars-pro-toto Argument 'Religion' bzw. 'religiöse Herrschaft' und vernetzt in diesem Akt die verschiedenen Gesellschaftsbereiche in Abhängigkeit von dem Primat der Religion.[711] In Form einer durch alle drei Phasen der Staatlichkeit Israels durchgängig virulent gehaltenen Herrschaftskritik kommt es zu einer "programmatischen Schwäche" politischer Herrschaft.[712] Entsprechend dem Primat der 'Funktion Religion' steht Israel "für die Trennung von Herrschaft und Heil, entweder im *theokratischen Sinne*, der menschliche Herrschaft nur in untergeordneten Formen zulässt, oder im *dualistischen Sinne*, der in der Zwei-Reiche-Lehre gipfelt."[713] Selbst in Zeiten nationalstaatlicher Selbstverwaltung und der Präsenz entsprechender Herrschaftsinstitutionen (eines Königtums), bleibt diese herrschaftsaversive Perspektive, innerhalb der jegliche 'Herrschaft von Menschen über Menschen' unter einen prinzipiellen Vorbehalt gerückt wird, bestehen; d.h., selbst in Zeiten der tendenziellen Ausbildung eines Repräsentationsmodells in Israel, bleibt die Unverfügbarkeit religiösen Anspruchs und damit die

---

[707]ASSMANN, Jan (1992a), 196. Zum Begriff der "Großmetamorphose Israels" vgl. CRÜSEMANN, Frank (1987), 76, welcher den Begriff seinerseits für den Übergang von der 'Religion des Kultus' zur 'Religion des Gebets und Buches' verwendet, vgl. WEINFELD, Moshe (1972), 292.

[708]ASSMANN, Jan (1992a), 204 (zur Trennung von Religion, Kultur und Politik vgl. 205).

[709]ASSMANN, Jan (1992c), 76.

[710]LUHMANN, Niklas (1979), 337.

[711]Zum Mechanismus des 'pars-pro-toto Arguments' vgl. LUHMANN, Niklas (1979), 338; Zum Repräsentationsmodell Ägyptens vgl. ASSMANN, Jan (1992c), 34, 48-53.

[712]ASSMANN, Jan (1992c), 71. Assmann rezipiert hier v.a. Norbert Lohfink, wenn er als Phasen die antistaatliche, die staatliche und die substaatliche nennt, wobei er, das Lohfinksche Motiv der 'Kontrastgesellschaft' Israels aufgreifend, diesem auch darin folgt, die antistaatliche Phase nicht als vorstaatliche Stufe, sondern als "Gegenmodell" zu kennzeichnen; vgl. ASSMANN, Jan (1992c), 71f. Von Crüsemann übernimmt Assmann die Feststellung, dass die schärfsten herrschaftskritischen Passagen der Bibel als Zeugnisse einer Oppositionsbewegung nicht der antistaatlichen, sondern der staatlichen Periode zu verstehen sind, vgl. ASSMANN, Jan (1992c), 72.

[713]ASSMANN, Jan (1992c), 111; Hervorhebung nicht im Original. Zur *Theokratie* als Unterordnung der politischen Herrschaft unter die religiöse Herrschaft eines Gottesstaates bzw. zum *Dualismus* als Form der strikten Separation von politischen und religiösen Herrschaftsbereichen vgl. ASSMANN, Jan (1992c), 33f.

Hierarchie der (Sub-)Systeme gewahrt: "die Thora ist kein Königsrecht. Sie bestimmt ihn, nicht er sie."[714]

4.6.1   Die Transformation der Erinnerung zur Religion

Unter der (medien-)kommunikativen Perspektive wurde bisher der Akt der Hypostasierung als ein Prozess der Verinnerlichung und Vergeistigung im Kontext von Verschriftlichung und Kanonbildung beschrieben, dessen Ergebnis in einer neuen Form von Religion beruht, einer Religion, deren Rahmenbedingungen im Geistigen und Imaginären angesiedelt sind.[715] Wird die Herkunft der diese neue Form von Religion tragenden Mythomotorik unter die Lupe genommen, so fällt ins Auge, dass sowohl der *Gehalt* bzw. das Thema der einsetzenden Vergeistigung als auch die konnektive *Struktur* der darüber konstituierten Beziehung aus der sozio-politischen Sphäre bzw. aus dem Politischen und Rechtlichen stammt.[716] Jan Assmann spitzt diese Beobachtung in Fortführung und Umkehrung des Schmittschen Diktums von der neuzeitlichen 'Geburt des Politischen aus dem Geist der Theologie' zu der These zu, dass die Religion ihrerseits kulturgeschichtlich aus dem Geist des Politischen geboren wurde.[717]

Dass die Geburt der Religion in Israel nicht ein analoges bzw. gleichberechtigtes Verhältnis von Religion und Politik bzw. Recht, sondern eine Transformation des Politischen begründet, wird in der Thematisierung von *'Gerechtigkeit'* deutlich. In Ägypten, einem Staat, der seinerseits eine vorausgesetzte Gottesferne kompensiert, wird Recht und Gerechtigkeit ausschließlich eine soziale Relevanz zugesprochen, da Riten und Symbole, nicht aber soziales Verhalten, Auswirkungen auf die Gestaltung der Gottesbeziehung zeigen.[718]

Auch in Israel werden Begriffe, die eben dieser sozio-politischen Ordnung entstammen, thematisiert, jedoch geschieht es in einem gänzlich anderen Rahmen, sie werden theologisiert: Die mit der Idee der Gerechtigkeit verbundene Vorstellung und Erfahrung des *Zornes*, d.h. der extrovertierten Enttäuschung des Richters oder Königs über den Vertragsbruch des Vasallen, dient in Israel als Boden für den Gedanken des

---

[714]CRÜSEMANN, Frank (1987), 69. Zur prinzipiellen Herrschaftskritik in Israel vgl. ASSMANN, Jan (1992c), 73, 75.

[715]ASSMANN, Jan (1992a), 213.

[716]ASSMANN, Jan (1992a), 296. Zur Funktion der 'konnektiven Struktur' vgl. Anm. 433.

[717]Mit dem 1922 eingeführten Begriff der Politischen Theologie kennzeichnet Carl Schmitt die Dynamik und den Gehalt des Politischen als 'das Totale', wenn er schreibt: "Alle prägnanten Begriffe der modernen Staatslehre sind theologisierte politische Begriffe. Nicht nur ihrer historischen Entwicklung nach, weil sie aus der Theologie auf die Staatslehre übertragen wurden, (...) sondern auch in ihrer systematischen Struktur" (zitiert nach ASSMANN, Jan (1992c), 26). Entsprechend bleibt mit Assmann für Israel (bzw. für die kulturgeschichtlichen Ursprünge von Politik im Abendland) die 'Religion als das Totale' zu proklamieren, denn "alle prägnanten Begriffe - (...) [bzw.] einige zentrale Begriffe - der Theologie sind politische Begriffe", vgl. ASSMANN, Jan (1992c), 35.

[718]ASSMANN, Jan (1992c), 59, 61, 64.

Zornes Gottes.[719] Auch das ursprünglich aus der Erfüllung von Vasallenverträgen und Loyalitätseiden resultierende *Liebesgebot* wird in Israel im Zusammenhang der Vergeistigung und Verallgemeinerung von Gerechtigkeit aus der politischen in die religiöse, heilige Sphäre umgebucht.[720] So wird die "konnektive Gerechtigkeit", die bisher die 'Vergeltung' im Sinne eines Nexus von Tun und Ergehen als Prinzip beschrieb, welches die (soziale) Folge an die Tat bindet, in ein gänzlich neues Relevanzsystem gestellt.[721] Die Gerechtigkeit als "Kern der altorientalischen Weisheit, der es vor allem darauf ankommt, die Menschen daran zu hindern, sich auf eigene Faust zu rächen und aus eigener Kraft nach ihrem privaten Glück zu streben,"[722] wird in Israel umgebucht zur *heilsrelevanten*, in diesem Sinne nicht nur sozial relevanten, Norm, deren Verwirklichungsgrad das Ausmaß sowohl der mitmenschlichen Solidarität und Anerkennung als auch der Gottesnähe bestimmt.[723] Gerechtigkeit ist nicht mehr ausschließlich die Aufgabe des Staates oder Bezugspunkt für die Einschätzung von Wert und Würdigkeit des Individuums aus der Perspektive eines fortdauernden *sozialen* Gedächtnisses.[724] Vielmehr bestimmt Gerechtigkeit, als eine Kategorie, die im Willen und Bewusstsein, d.h. in der Allmacht und Allwissenheit, Gottes gründet,[725] formativ wie normativ Handlung und Haltung des Individuums, womit jeglicher Vorbehalt des Individuums gegenüber dem Anspruch der Gerechtigkeit ausgeschlossen wird. Nicht mehr Opfer, Kult und Feste als ausgesonderte Momente einer 'anderen Zeit', sondern Ethos und gerecht-caritative Lebensführung 'rund um die Uhr' markieren die Umbuchung der Heilsinvestition.[726] 'Vergeltung' bleibt unter dieser Prämisse dem Automatismus vordergründig sozial orientierter Handlung entzogen und ganz der Autonomie und dem Willen Gottes unterstellt.[727] Vor dem Hintergrund einer durch die Übernahme rechtlich-politischer Motive und Strukturen in die Sphäre des Religiösen erfolgenden Verrechtlichung der konnektiven Struktur wird für Israel die Geschichte als Sinn des Zusammenhangs von Tun und Ergehen lesbar.[728] Über die Adaption der Struktur des Politischen hinaus wird dieser Akt

---

[719]ASSMANN, Jan (1992c), 85.

[720]Zur Herkunft des Liebesgebotes vgl. ASSMANN, Jan (1992c), 100.

[721]ASSMANN, Jan (1992c), 106f.

[722]ASSMANN, Jan (1992a), 232.

[723]ASSMANN, Jan (1992c), 69.

[724]Dafür steht das Konzept der *Ma'at* (Wahrheit-Gerechtigkeit, Mitmenschlichkeit) in Ägypten; vgl. ASSMANN, Jan (1992a), 234 und ASSMANN, Jan (1994b), 186f; ASSMANN, Jan (2000), 111f.

[725]ASSMANN, Jan (1992c), 107.

[726]ASSMANN, Jan (1992c), 65. Diese Gegenüberstellung verweist auf den klassischen Gehalt prophetischer Kritik in der hebräischen Bibel.

[727]ASSMANN, Jan (1992a), 234 und ASSMANN, Jan (1992c), 65. Den Gedankengang fortführend bleibt zu fragen, ob nicht erst vor dem Hintergrund und Fundament einer solch transzendenten Verortung von Gerechtigkeit, dann "die Frage nach der Rettung der ungerecht Leidenden", die Theodizeefrage zum "wichtigste[n] Movens, das die Rede von Gott in Bewegung hält", wird, vgl. HABERMAS, Jürgen (1994b), 57, der von einer anthropologischen Universalie auszugehen scheint.

[728]ASSMANN, Jan (1992a), 297.

der Transformation "in einer Form vollzogen und kodifiziert, die ihrerseits rechtlichen Charakter hat: in der Form eines Rechts-Vertrages,"[729] als ברית, διαθήκη, *testamentum*, Bund. Getragen von einem Sinnsystem rechtlicher Provenienz und religiöser Relevanz, wird für Israel der Vertragsbruch zum "Urmodell der Sünde", die nationale(-n) Katastrophe(-n) zur 'Vergeltung' für frühere Schuld und der Fortgang der Geschichte als Heilsgeschichte erkannt.[730]

Der entscheidende Schritt *Israels*, der in der Transformation der Gerechtigkeit aus der sozio-politischen in die religiös-theologische Sphäre besteht, wird durch einen sich anschließenden, in Israel erstmalig formulierten, Gedanken komplementiert: "Das Novum und das definierende Merkmal sekundärer Religion ist der *gesetzgebende Gott*."[731] Gott selbst tritt in der Funktion des Gesetzgebers an die Stelle bisheriger Herrscher und bleibt nicht nur in der Rolle eines Schutzpatrons als Zeuge politischer Verträge anzurufen, sondern wird selbst zum 'politisch handelnden' Vertragspartner.[732] Mit dieser Idee werden die bisherigen Modelle, die von der zweiseitigen Vermittler- bzw. Repräsentationsinstanz des Herrschers gegenüber dem Gott auf der einen und dem Volk auf der anderen Seite ausgingen, durch zwei völlig neue Größen ersetzt: *Gott* wird zum direkten Herrn und "Befehlssender" und ersetzt Pharao gegenüber dem Volk. Das *Volk* wird zum 'direkt von Gott Erwählten', zum unmittelbaren Vertragspartner, zum Subjekt der Geschichte und löst Pharao gegenüber Gott ab.[733]

Diese entscheidende inhaltliche Beziehungsumbuchung, verbunden mit dem politischen Vertrag als Modell eines neuartigen Beziehungsgeflechtes von Gott und Mensch, setzt allen bisherigen Modellen von "Analogie-Beziehungen zwischen Himmel und Erde ein Ende."[734] Es entsteht eine neue (Form von) Religion, indem sowohl nach dem Muster politischer Bindungen ein *Vertragstext* aufgesetzt, ausdrücklich und feierlich angenommen und regelmäßig in Erinnerung gerufen wird als auch diese Beziehung *nicht mit rechtlich-politischen Beziehungen verglichen*, analog, gesetzt wird. Die alltäglichen rechtlich-politischen Beziehungen werden durch diese neue religiöse Beziehung dahingehend ersetzt, dass beide Sphären in eins fallen, wobei für eine eigenständige Position rechtlich-politischer Beziehungen innerhalb der kollektiven Identität keine Legitimation mehr existiert.[735]

Für die Analyse der in der Theologisierung des Politischen gründenden Ursprungs- und Transformationsthese bleibt daran festzuhalten, dass bei der Entstehung von Traditionen, deren religiöse Muster von einer derartigen Theologisierung des Politischen bestimmt

---

[729] ASSMANN, Jan (1992c), 65.

[730] ASSMANN, Jan (1992a), 256 (254, 257).

[731] ASSMANN, Jan (1992c), 64. Hervorhebung nicht im Original.

[732] ASSMANN, Jan (1992a), 256., ASSMANN, Jan (1992c), 93.

[733] ASSMANN, Jan (1992c), 64f, 75f. Vgl. auch ASSMANN, Jan (1992a), 256f.

[734] ASSMANN, Jan (1992c), 81.

[735] ASSMANN, Jan (1992c), 81f. Vgl. Anm. 710.

sind, diese Vorstellungen noch keine ausgefeilte und differenzierte Begrifflichkeit aufweisen.[736] Der historische Ort der einsetzenden Transformation ist Israel bzw. das frühe Israel zur Zeit seiner Sesshaftwerdung, in welcher Nomadengruppen und ehemals abhängige Gruppen ein ambivalentes Verhältnis zum Kulturland begründen.[737] Eine ausformulierte Bundestheologie ist erst die Frucht "eines zweiten Schritts, der von der deuteronomistischen Schule vollzogen wird und in die Jahre von Josia und Esra fällt."[738] Hier wird der Terminus des (politischen) Bündnisses, auf dem sinngemäß auch schon die früheren Traditionen fußen, explizit verwendet und die Voraussetzung geschaffen, die Transformation zur Religion bzw. zum עם ישראל (Volk Gottes) in der Erinnerungsfigur des *Exodus* über Jahrtausende hinweg lebendig zu halten.[739]

4.6.2   Exodus als kontrapräsentische Erinnerungsfigur

Handelt es sich bei der Umbuchung des Politischen zur Religion bzw. zum Religiösen um eine Transformation individueller und gesellschaftlicher Fragestellungen auf "die Ebene letzter Wahrheiten", so geht damit eine Steigerung sowohl von Konfliktpotentialen als auch von Gefolgs- und Opferbereitschaft einher.[740] Als entscheidender sozialgeschichtlicher Hintergrund dieser Prozesse wurde bereits der Ausnahmefall einer Ergänzung interkultureller durch intrakultureller Spannungen, Sezessionen und Schismen in Israel erkannt.[741] Entsprechend nimmt die Überlieferung dieses Kollektivs in der Schilderung einer gesellschaftlichen Ausnahmesituation ihren Ausgangspunkt und fixiert mit dieser Tradition die Exodusüberlieferung als zentrale Erinnerungsfigur einer distinktiv angelegten kollektiven Identität.[742] So sind mit der Thematisierung der kulturspezifischen Konstanten 'Verknüpfung von äußerer und innerer Opposition' (Distinktionserfahrung) und 'unmittelbarer Gottesbeziehung' (Bundesschluss) "alle entscheidenden Elemente der späteren israelitischen Geschichte, die zu einer einzigartigen Verfestigung der Tradition geführt haben, (...) bereits in diesem Identitätsstiftungsakt [des Exodus] präfiguriert":[743]

Mit der Herausführung einer Gruppe versprengter Israeliten unter der Führung des Mose ist zunächst die Figur der *Befreiung* bzw. des Widerstands gegen die von einer

---

[736]Vgl. zur grundsätzlichen Unterscheidung von Binnen- und Außenperspektive Anm. 706.

[737]ASSMANN, Jan (1992c), 110. Zum ambivalenten Verhältnis der Nomaden und abhängigen Gruppen vgl. THEISSEN, Gerd (1988), 177.

[738]ASSMANN, Jan (1992c), 80.

[739]ASSMANN, Jan (1992c), 80, 110.

[740]Zum Verknüpfung der Transformation "letzter Wahrheiten" und den Auswirkungen derart bestimmter Identitäten vgl. ASSMANN, Aleida und Jan (1990), 25.

[741]Vgl. S. 148 (Kennzeichen der Kanonisierung), 150 (Spektrum) und 152f (distinktive Identität) sowie ASSMANN, Jan (1992a), 200.

[742]ASSMANN, Jan (1992a), 210.

[743]ASSMANN, Jan (1992a), 200f, 210.

dominant erfahrenen Kultur geforderte Assimilation, begründet.[744] Die am Anfang eigener Ethnizität stehende Herausführung aus einer feindlichen Kultur wird zur zusätzlich intrakulturellen, d.h. doppelten, Distinktion gesteigert, indem nicht nur Ägypter um Israels Willen zurückgeworfen und vernichtet werden, sondern auch ein Teil des eigenen Volkes aufgrund seines Unverständnisses und aufgrund erfolgter Assimilation von dem 'wahren Israel' geschieden und auf dem Weg zu einer neuen Identität jenseits der Wüstenwanderung hart bestraft wird.[745] Eine durch das Prinzip 'befreiende Distinktion' fundierte und in der Erinnerungsfigur des Exodus transportierte kulturelle Identität stellt von Anfang an klar, "dass Zugehörigkeit nicht nur Sache des Blutes, der Abstammung, angeborener Rechte ist. Zwischen der ethnischen Identität und der religiösen Identität, d.h. zwischen 'Israel' und dem *wahren* Israel, wird scharf unterschieden."[746]

Die durch die Wüstenwanderung begründete und schließlich in der Sinaioffenbarung vollständig vollzogene Beziehungsumbuchung, welche Pharao durch den Gott Israels und die kultisch-zyklische Götterverehrung durch die 'linear-rechtliche Heilsgeschichte' ersetzt, legt das Fundament für die Form der *Extraterritorialität* und *Kontrapräsenz*, welche als zweites Prinzip die Identität Israels durch die folgende Zeit hindurch bestimmt.[747] Eine Erinnerungsfigur 'Exodus', die als identitätsentscheidend einen Vertrag, ein Bündnis nennt, das geschlossen wird "zwischen einem überweltlichen, fremden Gott, der auf Erden keinen Tempel und keinen Kultort hat, und einem Volk, das sich auf der Wanderung zwischen dem einen Land, Ägypten, und dem anderen Land, Kanaan, im Niemandsland der sinaitischen Wüste befindet",[748] knüpft diese Identität seit allem Anfang an eine neuartige raum-zeitliche Bedingung. Der Vertrag geht der Landnahme voraus, er ist *extraterritorial* und daher von keinem Land(-besitz) abhängig,[749] die Landgabe bleibt vielmehr umgekehrt Folge des extraterritorialen Vertragsabschlusses. Am Vertrag bzw. Bund bleibt festzuhalten, unabhängig davon, wo man sich befindet, auch unabhängig davon, wie lange die Trennung vom Land andauert, d.h. wie sehr die äußeren Bedingungen der *Gegenwart* zu den Bedingungen des Vertrages *konträr* zu stehen scheinen. Insofern wird in der Exodusüberlieferung, gegen die zeitgenössisch allgemein verbreitete Überzeugung von der territorialen Integrität als Bedingung des Konstituierens und Überlebens von Kollektiven, ein Gegenmodell formuliert, das auf der Trennung von identitätsfundierender, primär geistig konstituierter Heimat und relativiertem, zwischenzeitlichem 'Wohnort', das auf der Trennung von Landverheißung und nachgeordneten, die 'eigentlichen Lebensgewohnheiten' nicht berührenden, Lebensbedingungen beruht.[750]

---

[744] ASSMANN, Jan (1992a), 200f.

[745] ASSMANN, Jan (1992a), 211.

[746] ASSMANN, Jan (1992a), 211.

[747] Zum Begriff der Extraterritorialität vgl. ASSMANN, Jan (1992a), 201.

[748] ASSMANN, Jan (1992a), 201.

[749] ASSMANN, Jan (1992a), 201.

[750] Die Begriffe 'Heimat' und 'Wohnort' werden hier in einem heuristischen Sinne gebraucht, um die Entstehung eines komplementären Verhältnisses von 'geistiger Beheimatung mit Verwirklichungs- bzw.

Eine solch angelegte 'identitätsformative Analyse' der Exodus-Überlieferung wahrt ihren Aussagegehalt unabhängig von der Frage der Historizität des Exodus-Geschehens, denn die Funktion als *Erinnerungsfigur* kommt dieser Tradition aufgrund ihrer historisch konstanten *Bedeutung* als (Gründungs-)Mythos in der israelitischen Rückerinnerung zu, nicht aufgrund ihrer präzisen historischen Verortung.[751] Auch für den Fall, dass die Exodus-Überlieferung als exilische oder nachexilische Rückprojektion betrachtet wird, bleibt daran festzuhalten, "dass im Lichte dieser Konstruktion des politischen Gottesbündnisses die Zeit sich zur Geraden streckt und das Gott gegebene Versprechen die alles beherrschende Sinnquelle darstellt".[752] Dies gilt, weil der Mythos den entscheidenden Charakter, d.h. die Identität, aller beteiligten Seiten beleuchtet und durch seine kanonische Fixierung die Grenzen zwischen ihnen im geistigen, omnipräsenten Raum zieht: Gott offenbart sich als der Befreier Israels, als der Erwählende.[753] Israel bleibt als Volk von Anfang an durch die Auswanderung, Ausgrenzung und Erwählung bestimmt, insofern exemplifiziert der Exodus seinen Gründungsakt und sein Kontinuierungsprinzip.[754] Ägypten symbolisiert demgegenüber "die als solche zeitlose, metahistorische Gegenposition zu der in Israel, im Licht der zu einem archimedischen Punkt gesteigerten Religion, gefundenen Trennung von Herrschaft und Heil."[755]

Israel symbolisiert Wahrheit und Leben, Ägypten hingegen Lüge und Finsternis, "alles, was Israel überwunden und hinter sich gelassen hat."[756] Die Exodusüberlieferung

---

Verheißungsperspektive' und 'akut irdischen Lebensbedingungen mit Überwindungsperspektive' zu veranschaulichen. Vgl. in der nachfolgenden Geschichte Israels als Beispiel der Konzentration auf die geistige Heimat die Ausrichtung des Deuterojesaja am 'Willen Gottes' (LOHFINK, Norbert (1987), 66f) oder als Beispiel kritischer Infragestellung der Verwirklichungsperspektive bzw. einer vergeistigten Zionssehnsucht im jüdischen Selbstverständnis die Anfrage des Königs von Kusar (JEHUDA HALEVI (1990), 143-147).

[751]Zur Betonung der Bedeutung bzw. der Semiotisierung gegenüber einer historischen Faktizität vgl. ASSMANN, Jan (1992a), 201f.

[752]ASSMANN, Jan (1994a), 188. Zur nachfolgenden Begründung und Offenbarung der Identität Gottes und Israels im Gründungsakt vgl. ASSMANN, Jan (1992a), 202, 214.

[753]Zu beachten bleibt, dass dieser geschichtliche Mythos, wie die gesamte Tradition der Geschichtsoffenbarung in Israel, gerade nicht im Sinne einer ausgefeilten, abstrakten Ontologie das 'Wesen' Gottes zu bestimmen sucht, sondern in der Wahrung der Begrenztheit geschichtlicher Beziehungswahrnehmung aktuell eine *funktionale* Bestimmung der Identitäten, also *relational-relative* Aussagen, Beziehungsaussagen in Annäherung trifft, vgl. die geschilderte 'Taten-Zentrierung' der Offenbarung bei YERUSHALMI, Yosef H. (1988), 21f und die Primärdefinition von Identität als *Relatio* bei LUHMANN, Niklas (1979), 316-325.

[754]METZ, Johann B. (1992c), 73f spricht im Rahmen der Identitätsbegründung von der "Subjektwerdung Israels im Exodus", die in der Geschichte der Subjektwerdung des Menschen durch und in der Religion steht.

[755]ASSMANN, Jan (1992c), 110.

[756]ASSMANN, Jan (1998), 24; auch für das folgende Zitat.

zementiert diese Konstellation als "konstellativer Mythos": Israel und Ägypten bleiben dauerhaft einander entgegengesetzte, unversöhnliche Welten.[757]

4.6.3 Das Deuteronomium als 'Paradigma kultureller Mnemotechnik'

Entsprechend der angelegten deskriptiven (Außen-)Perspektive wurde bisher zwischen der Genese der Erinnerungs*figur* 'Exodus' und der erst mittels deuteronomistischer Kreise erreichten begrifflichen Ausgefeiltheit bzw. der gesellschaftlichen Durchsetzung dieser Erinnerungsfigur in Form einer feststehenden Exodus-*Überlieferung* unterschieden.[758] Wird das Deuteronomium, welches ganz von Struktur, Motiven und der Theologie des Exodus-Geschehens getragen und bestimmt ist, erst mit der gesellschaftlichen Durchsetzung der zugrundeliegenden Tradition kultur- bzw. religionsbestimmend, so bleibt entsprechend der Halbwachsschen sozialen Rahmenanalyse des Erinnerns sowohl nach den Trägern dieser Erinnerungen zu fragen als auch nach den gesellschaftlichen Wandlungsprozessen zu forschen, welche zu einem Kommunizieren und Fixieren dieses Wissens führten. Mit anderen Worten: es ist die Gruppe zu eruieren, welche aufgrund bestimmter sozio-politischer Machtverhältnisse in die Lage versetzt wurde, ihr Selbstverständnis in die Form eines Kanons zu bringen bzw. diesen Kanon für die Gesamtgesellschaft als verbindlich zu erklären.[759] Erst vor dem Hintergrund dieser sozio-historischen Verortung wird sich erweisen, warum ein solch abgrenzendes Gedächtnis selektierter Vergangenheit geeignet ist, der erfahrenen Gegenwart Sinn zu verleihen, die Kontinuierung der Identität Israels zu gewährleisten und fortan als 'Generalschlüssel' der Semiotisierung von Geschichte zu fungieren.

4.6.3.1 Die 'JHWH-allein-Bewegung' als Träger kulturellen Gedächtnisses

Wird das Motiv der Exodus-Überlieferung im Prisma einer soziologischen Verortung gebrochen, so verbindet sich als erste Assoziation mit dieser Tradition die gesellschaftliche Situation der *galut* (Exil). Die paradigmatische Fremde 'Ägypten' ist überall anzutreffen, oder genauer, sie steht hier als Chiffre für die aktuellen Lebensbedingungen in Babylon. Überall können entsprechend der Exodus-Überlieferung die Bedingungen

---

[757]Gerade wenn der Exodus als *Erinnerungs*figur und als Erinnerungsfigur auch *des Geistes* erkannt wird, kann hinter den Ausführungen Assmanns die grundlegende relational-relative Struktur und Funktion der Generierung von Identität erkanntwerden. Auch wenn mit einem "konstellativen Mythos" *im Bewusstsein* eine dauerhaft unversöhnliche Welt begründet wird, so gelingt dies doch nur im Aufzeigen von Beziehungsmomenten (Relationierung) und in der aktuellen Realisierung (Relativierung) von Verhältnisbestimmungen.

[758]Vgl. Anm. 738.

[759]ASSMANN, Jan (1992a), 204 schildert, wie dieser Prozess der Kanonisierung aus der Binnenperspektive der majorisierten Gesellschaft heraus als Ursprung, nicht Folge, gesellschaftlicher Schismatisierung im Deuteronomium beschrieben wird, weshalb diese Chronologie nicht für die Genese, sondern nur für die nachexilische Fortentwicklung der kanonisierten Bindung an die Erinnerungsfigur als historisch treffend erachtet werden kann.

des befreienden Vertrages eingehalten werden, denn das omnipräsente, weil ortsunabhängige, Gesetz der Treue gegenüber Gott eröffnet jederzeit im gelebten Vollzug die Befreiung aus Knechtschaft und Verfolgung. Allerdings sind die sozialgeschichtlichen Ursprünge der Exodus-Tradition, deren Essenz von Beginn an in einem monotheistischen Bekenntnis und der Erinnerungsfigur des Stiftungsaktes und des Kontinuierungsprinzips liegt, geschichtlich früher zu suchen. Andernfalls hätte diese Tradition, dank derer das Kollektiv das Babylonische Exil ohne Identitätsverlust überstand, in dieser Krisensituation der Verbannung weder als ausgebildetes Motiv, noch als potentiell gesellschaftlich tragfähiges Konzept zur Verfügung stehen können.[760] Entsprechend der damit postulierten Virulenz, die für die Exodus-Tradition innerhalb der israelitischen Gesellschaft vor dem Zeitpunkt ihrer transethnischen Bedeutung angenommen werden muss, ist von der 'Exodus-und-Sinai-Überlieferung' als dem Zentrum eines Selbstbildes einer gesellschaftlichen Minorität, einer kleinen Gruppe von Dissidenten, der *JHWH-allein-Bewegung* auszugehen.[761]

Diese Bewegung konstituiert sich als Widerstandsbewegung gegen das Selbstverständnis der Majorität in Israel zur Zeit der Eigenstaatlichkeit, d.h. zur Zeit der Könige ab dem 9. Jahrhundert. Sie setzt sich zusammen aus Mitgliedern der 'Mittelschicht', kleinen unabhängigen Bauern, Priestern, Kultpersonal, Beamten, Schriftgelehrten und Schreibern, die alle in einem gewissen Gegensatz zum jeweiligen Hof und dessen traditioneller Oberschicht stehen.[762] Was aus der subjektiven Retrospektive der später momenthaft überwundenen Sezessionsprozesse "die Texte [der Bibel] als den unaufhörlichen Konflikt des notorisch abtrünnigen und vergesslichen Volkes Israel mit den Forderungen seiner eigenen Religion darstellen, hat sich in der historischen Wirklichkeit als der Konflikt einer monotheistischen Minderheit mit der polytheistisch-synkretistischen Mehrheit abgespielt".[763] Nach siegreich überwundener Widerstandszeit wird mit der schriftlichen Fixierung der Tradition die ehemals 'machtlose' Untergrundsituation der eigenen Gruppe zum Abfall anderer Gruppen von einem zurückdatierten Kanon transformiert, womit ehemals dominant-mehrheitliche Gegner zu verachtungswürdigen Renegaten werden.

Unter König Asa (König Judas; 908-867 v. Chr.), seinem Sohn Jehosaphat (König Judas; ca. 871-852 v.Chr.) und dem (unter Ahab, König Israels; ca. 874-852 v.Chr. auftretenden) Propheten Elija kommt es erstmals zu den Ansätzen einer Kultreform gegen den bis ins 7. Jahrhundert vorherrschenden jahwistischen Staats-"Summodeismus"[764]. Der Glaube an JHWH verbindet das ganze Volk, jedoch ist die Mehrheit von einem Glauben bestimmt, dem JHWH zwar als der höchste, d.h. als der Staatsgott,

---

[760]ASSMANN, Jan (1992a), 202, der allerdings nur das Faktum der Frühdatierung, nicht deren Begründung nennt.

[761]ASSMANN, Jan (1992a), 202. Assmann übernimmt hier das Konzept des Althistorikers Morton Smith.

[762]CRÜSEMANN, Frank (1987), 65, 69. Crüsemann, einer der Gewährsmänner Assmanns, konstatiert, dass es der alttestamentlichen Wissenschaft bis heute erst in Ansätzen gelungen ist, die exakten sozialen Kreise, die hinter dieser Tradition stehen, zu rekonstruieren.

[763]ASSMANN, Jan (1992a), 203.

[764]Assmann übernimmt den Begriff von E. Voegelin, vgl. ASSMANN, Jan (1992a), 203.

nicht aber als der einzig zu verehrende Gott gilt. In dieser Relativierung des monotheistischen Anspruchs, welche die vorherrschende Religion zu einer regionalen Spielart allgemein-vorderasiatischer Kulte und Mysterienvorstellungen degradiert, liegt für den Propheten der Tatbestand der Apostasie vor.[765]

Das durch einen exklusiven Vertrag (בְּרִית) konstituierte und fixierte elitäre Selbstverständnis einer *Untergrundbewegung* sichert die Motivation, den Widerstand gegen kulturinterne religiös-politische Mehrheitsverhältnisse nicht aufzugeben. Das durch den Vertrag bestimmte Selbstverständnis begründet so eine Tradition der Selbstabgrenzung aus dem Gesamt der Gesellschaft in Israel, die, vergleichbar unabgegoltener Potentiale des Speichergedächtnisses eines Kollektivs,[766] als Gegenentwurf zu herrschaftspositivistischen Anwandlungen der Königszeit, die aktuellen Verhältnisse eines religiösen Laxismus dauerhaft in Frage stellt.

Die in der Erinnerungsfigur des Exodus symbolisierte 'doppelte Distinktion' gegenüber Nicht-Israel und dem abtrünnigen Teil Israels zieht eine Mauer zwischen die sie tragenden JHWH-allein-Bewegung und dem 'profanen Rest', welche in bisher unbekanntem Ausmaß eine reflektierend ausgerichtete Identität herausbildet, fixiert und nach außen schützt.[767] Identität wird nach der Vorstellung jener Gruppe tendenziell dann zum Thema des Alltags, wenn die Form der Lebensvollzüge von einer distinktiv begründeten Gesetzgebung bestimmt ist. Mit ihrer Unselbstverständlichkeit, weil nicht selbst- bzw. Natur-, sondern Gott-Gesetztheit, verdichtet diese Gesetzgebung das Leben zu einer Angelegenheit kontinuierlichen Lernens und Reflektierens. Religion wird derart zur Sache von Profession bzw. zur "professionellen Kunst" eines ganzen Kollektivs gesteigert, womit das Prinzip der priesterlichen Absonderung, welches als solches auch in anderen altorientalischen Kulturen anzutreffen ist, auf ein ganzes 'Volk', auf das ganze 'wahre Israel' transformiert wird.[768]

Einen mittelfristig stabilen, über Generationen hinweg anhaltenden, gesellschaftlich dominanten Einfluss erfährt diese dissidente Gruppe erst am Ende eines sozialgeschichtlichen Prozesses der Fundierung der Tradition und Verbreiterung der oppositionellen Anhängerschaft bis zum 6. Jahrhundert. Diese Entwicklung führt, ausgehend von einzelnen, als verrückt diffamierten Gerichtspropheten im 9./8. Jahrhundert, über eine breitere Akzeptanz aufgrund des Niedergangs des Nordreiches im Juda der Manassezeit (698-643 v.Chr.) zu einer ersten radikal durchgeführten und kurzfristig erfolgreichen Umsetzung unter Joschija (König von Juda; 640-609 v.Chr.) und schließlich zu einem in der Form des Deuteronomiums vorliegenden, ausladenden theologischen Gesamtentwurf, der zur Zeit des Babylonischen Exils schließlich jene dauerhafte gesellschaftsbestimmende Stellung einnimmt.[769] Als dominante Tradition wird hier nach dem Schei-

---

[765] ASSMANN, Jan (1992a), 203.

[766] Zu Begriff und Funktion des Speichergedächtnisses vgl. Anm. 599.

[767] ASSMANN, Jan (1992a), 205f.

[768] ASSMANN, Jan (1992a), 206. Vgl. Dtn 14,2.21 ("Denn du bist ein dem Herrn, deinem Gott geweihtes Volk"). Vgl. zu der mit Dtn 6-8 proklamierten Identität als Gegenstand von Alltagskommunikation das verneinende Diktum Luhmanns, vgl. Anm. 469, 738.

[769] CRÜSEMANN, Frank (1987), 67f.

tern des eigenen Königtums das Distinktionskonzept zur Bedingung dafür, das Exil als ethnische Einheit in Anknüpfung an die eigenen Wurzeln zu überstehen.[770] Die 'Hoffähigkeit' der ehemaligen Untergrundbewegung ist gewährleistet, weil sich die Machtverhältnisse seit der Vernichtung Jerusalems radikal verändert haben. Verbannt aus dem kulturellen Kontext Zions, der für die streng monotheistische Gruppe jahrhundertelang nichts als Konflikt, Verfolgung und Widerstand bedeutete, formiert sich Israel als die Exilsgemeinde unter dem Deutungsmonopol und -anspruch jener Gruppe: Die ehemalige "Deutungskonkurrenz" ist allen politischen Einflusses beraubt, und die Schicksalsschläge der vergangenen Katastrophen bestätigen die für den Fall der Nichtbeachtung des Bundes und seiner Verpflichtungen von der JHWH-allein-Bewegung ausgesprochene Unheilsprophezeiung.[771] Die Syntax der 'Anbindung der Folgen an das Verhalten' und der im Anschluss an die Erinnerungsfigur 'Exodus' formulierte Gehalt des Vertrages bilden die letzte Basis für eine Semiotisierung der Geschichte unter den Bedingungen einer derartigen Ausnahmesituation. Der mit der Tradition der doppelten Distinktion begründete Zaun um die Überlieferung und Identität erweist sich in dieser Situation erstmals als Schutzschild und Schutzwall, der es Israel als einzige der von Assur und Babylon verschleppten Ethnien ermöglicht, an der eigenen Identität über 50 Jahre der Infragestellung und Bedrohung hinweg festzuhalten und schließlich wieder in das angestammte Land heimkehren zu können.[772]

Mit der zur Zeit des Babylonischen Exils vorliegenden und hier auch von der Majorität als verbindlich akzeptierten sowie gelebten Überlieferung hat Israel kulturgeschichtlich das Fundament einer einzigartigen kulturellen Mnemotechnik gelegt. Seine Erinnerungskunst zeichnet sich dadurch aus, "dass sie eine Erinnerung festhält, die in den Bezugsrahmen der jeweiligen Wirklichkeit nicht nur keine Bestätigung findet, sondern zu ihr in krassestem Widerspruch steht: die Wüste im Gegensatz zum Gelobten Land, Jerusalem im Gegensatz zu Babylon."[773] Das Deuteronomium gibt als Manifest dieser für das

---

[770]CRÜSEMANN, Frank (1987), 70.

[771]ASSMANN, Jan (1992a), 207.

[772]ASSMANN, Jan (1992a), 207.

[773]ASSMANN, Jan (1992a), 227. Gegenüber Assmanns Projektierung einer 'Erinnerung ohne Bezugsrahmen' (ASSMANN, Jan (1992a), 225) bleibt eingedenk und in Fortführung des Halbwachsschen Diktums (keine Erinnerung bei fehlendem sozialen Bezugsrahmen; vgl. Anm. 370) zu prüfen, ob nicht besser von einer Komplexitätssteigerung im Hinblick auf den *Umgang* Israels mit sozialen Bezugsrahmen zu sprechen sei. Assmanns Frage nach den Leistungen und Funktionen kultureller Kommunikation legt selbst nahe, auf tieferliegende Funktions- und Strukturprämissen kulturellen Handelns und Verhaltens zu achten. Das bei Assmann *implizit* beschriebene Relationierungs- und Relativierungsgeschehen (vgl. Anm. 678) bietet die Chance, vor dem Hintergrund der Konstanten kultureller Wahrnehmung das Profil Israels zu schärfen.
Israel geht es in der Situation, in welcher Erinnerungen im Widerspruch zur Wirklichkeit stehen, darum, diesen Widerspruch in und an dem sozialen Bezugsrahmen erfahrbar zu halten bzw. die als entscheidend erkannte *Beziehung* von Erinnerung zur Gegenwart zu *kommunizieren*. Nur so kann das Gedächtnis vor dem Vergessen gerettet werden.
Unter dieser Perspektive kann dann nach wie vor von der Thematisierung eines Rahmens (in diesem Falle in negativer, kontrapräsentischer und geistiger Form) gesprochen werden, wobei Rahmen und

kulturelle Gedächtnis zentralen Gruppe von JHWH-allein-Anhängern Zeugnis von einer neuen vergeistigten Form von Identität, von einem 'Volk' im emphatischen Sinne, das sein Selbstverständnis von dem vordergründigen Bezug auf (national charakterisierte) Territorien und Institutionen gelöst und auf das fixierte und kommunizierte kulturelle Gedächtnis der raum-zeitunabhängig gültigen "Weisung" (תורה) bzw. des Gesetzes und der Propheten als dem "portativen Vaterland" gebaut hat.[774] Unter veränderten 'weltpolitischen Bedingungen', dem Niedergang Babylons, entfaltet sich das Gesetzbuch zum umfassenden Kanon des Pentateuchs, der das Ende der Prophetie, das Ende des Zugangs immer neuen verbindlichen Sinns bedeutet und damit einen Schritt der Vergeistigung und Entpolitisierung des Religiösen in der Metamorphose Israels abschließt.[775] Die Fixierung und Kontinuierung dieser vergeistigten Beziehung zu Gott und seiner Weisung wird in Israel zur Sache der Anbindung an den Kanon, d.h. zur Aufgabe eines jeden sowie speziell der Schriftgelehrten, und kann im Sinne des damit erfolgenden Endes der charismatischen Propheten-Figuren auch als beginnende (Re-)Demokratisierung des kulturellen Gedächtnisses und des Religiösen gedeutet werden.

4.6.3.2   Der 'Fund des Buches' als Gründungslegende der Mnemotechnik

Bleibt von einer deuteronomistischen *Schule* spätestens zu Ende des Exils als festumrissener und etablierter Traditionsgemeinschaft auszugehen, so gilt das Deuteronomium, der Verfassungstext dieser Bewegung, "als Gründungstext einer Form kollektiver Mnemotechnik, die in der damaligen Welt etwas vollkommen Neuartiges darstellte und mit einer neuen Form von Religion zugleich auch eine neue [vergeistigte] Form kultureller Erinnerung und Identität fundierte."[776] Für die Typologisierung als kommunikativer Grundlagentext bedarf er freilich, um die für die Generierung und Kontinuierung einer kollektiven Identität nötige Mythomotorik sicherzustellen, des Aufweises eines fundierenden Mythos bzw. einer Gründungslegende, die Ort und Zeitpunkt sowie Relevanz der

---

Thematisierungsweise ihrerseits Aufschluss darüber geben müssten und könnten, warum sich das Konzept des Deuteronomiums nach der Rückkehr ins Gelobte Land nicht langfristig durchsetzen konnte. Zum Faktum des Scheiterns des allgemeinverbindlichen pädagogischen Anspruchs des Deuteronomiums in nachexilischer Zeit vgl. ASSMANN, Jan (1992a), 298f und LOHFINK, Norbert (1989), 153, 161.

[774]ASSMANN, Jan (1992a), 213f (159, 209). Mit dem Begriff "portatives Vaterland" hat Heinrich Heine die hebräische Bibel gekennzeichnet, vgl. CRÜSEMANN, Frank (1987), 63.

[775]ASSMANN, Jan (1992a), 208f; Assmann weist auf die persische Repristinationspolitik im Kulturbereich hin, die sich in Palästina mit Esra als Förderung der Kanonisierung monotheistischer Identität konkretisiert. Der konstatierte kulturgeschichtliche Schwellenabschluss intendiert keine finale Entwicklungsstufe, in der Geschichte Israels kommt es selbstredend auch später zu unterschiedlichen Phasen der Ent- und Repolitisierung des Politischen. Zum Pentateuch als Folge des Exils vgl. CRÜSEMANN, Frank (1987), 70.

[776]ASSMANN, Jan (1992a), 212.

Akzeptanz dieses Textes und seines Anspruchs in legitimierender Absicht dokumen-
tiert.[777]

Die Gründungslegende israelitischer Erinnerungskunst handelt von der Geschichte des
überraschenden Fundes des Verfassungstextes bzw. des (Ur-)Deuteronomiums und der
darauf aufbauenden Joschijanischen Kultreform.[778] So "findet" der Hohepriester Hilkija
gemäß 2Kön 22,2-13 im Zuge einer wegen Reparaturarbeiten durchgeführten Revision
im Tempel zu Jerusalem das offenbar längst vergessene 'Buch der Torah' (ספר התורה)
(VV. 8. 11) bzw. das 'Buch des Bündnisvertrages' (ספר הברית) (23,21). Als es dem König
schließlich vorgelesen worden war, packt diesen Trauer und Entsetzen - er zerreißt seine
Kleider (22,11) - sowie Aktionismus - er verschafft sich Gewissheit (V. 13), klärt ganz
Israel auf (23,1f) und setzt das Vernommene in die Tat um, indem er die kultischen
Abweichungen beseitigt (23,3-24). Der Grund, warum das Buch und seine Botschaft für
Joschija, gemäß 2Kön, als tragisch-dramatischer Kairos erlebt wird, liegt darin, dass das
Buch nicht nur als Vertragscodex alle Gebote, Zeugnisse und Satzungen (23,3) des
Bundes enthält, sondern auch für den Fall der Nichtbeachtung dieser Bedingungen
schwerste Verwünschungen androht (Dtn 8,19f; 29, 11.13.18f). Damit werden die
Katastrophen der jüngsten Zeit, werden die "Drangsale und Schicksalsschläge der
Vergangenheit und Gegenwart (...) als göttliches Strafgericht offenbar. Denn die religiö-
se und politische Praxis des Landes stand im krassesten Gegensatz zu dem, was in
diesem Vertrag gefordert wird."[779]

    Das aus dieser Wirklichkeitswahrnehmung entstehende deuteronomistische Ge-
schichtswerk kommt einer "gewaltigen Apologie, aber nicht Israels, sondern Gottes"[780]
gleich, die, auf dem Prinzip der Schuld fußend, kollektive Erinnerung kodifiziert. Nur
solange und insofern die Katastrophen als *gerechte* Strafen Gottes für eine *tatsächliche*
Vergesslichkeit und Kleingläubigkeit Israels aufgezeigt werden können, lässt sich an der
Geschichte als Heilsgeschichte, d.h. an dem gegenwärtigen und gerechten Handeln
Gottes, und an dem Gedanken der Erwählung festhalten.[781] Zu diesem Zweck werden in
dem 'wiedergefundenen' Buch einerseits *kollektive Erinnerungen* kodifiziert, die, bis
zum Auszug aus Ägypten und zur Weltschöpfung zurückreichend, Geschichte unter dem

---

[777]Dies in Anknüpfung an die Kapitel 4.3.2 (S. 127f) und 4.3.3 (S. 128f). Vgl. parallel dazu die Gründungslegende hellenistisch-abendländischer Mnemotechnik, die bei Cicero über den Dichter Simonides
zu finden ist, welcher mit dem Akt der gedächtnisgestützten Identifikation von Überlebenden einer
Katastrophe die Kunst der Verräumlichung von Daten als *Gedächtniskunst* im abendländischen Kulturbereich begründet, vgl. Assmann, Jan (1991b), 337 / Assmann, Jan (1992a), 215.

[778]Assmann, Jan (1992a), 215. Crüsemann weist auf den Umstand der im Wissenschaftsraum nach wie
vor nicht einheitlich vollzogenen Identifikation des Deuteronomiums mit dem gefundenen Buch hin, vgl.
Crüsemann, Frank (1987), 67. Mit der funktionalen Kennzeichnung der Fund- und Reformgeschichte
als Gründungslegende tritt die Frage der Historizität der geschilderten Geschehnisse zunächst in den
Hintergrund, vgl. Assmann, Jan (1992a), 216 bzw. Kapitel 4.3.2, S. 127f.

[779]Assmann, Jan (1991b), 338.

[780]Assmann, Jan (1994a), 188. Das aus der deuteronomistischen Schule hervorgehende *deuteronomistische Geschichtswerk* umfasst die Bücher Dtn, Jos, 1+2Sam, 1+2Kön.

[781]Assmann, Jan (1992a), 216 und Assmann, Jan (1994a), 188.

Gesichtspunkt *Treue und Schuld* erfassen. Andererseits werden in diesem Buch die *Gesetze* des Bundes fixiert, die in ihrem universal-absoluten Anspruch die Schuld Israels vor Gott generieren, welche ihrerseits die Existenz der Geschichte bedingt.[782]

Aus dieser Katastrophen-Geschichte Israels gibt es keine 'Erlösung' bei halbherziger Gesinnung, weshalb es der Radikalität eines revolutionären Aktes bedarf, mit welchem Joschija 'ganz Israel' auf den Monotheismus einschwört, der in dieser Situation einzig Perspektive bieten kann. Als "Revolution von oben" wird für das Kollektiv eine Tradition verbindlich, die sich als schockartiger Rückgriff auf Altbewährtes und Ursprüngliches gibt, dabei keinerlei Relativierungen und Alternativen in Kult, individueller Lebensführung und Gesinnung duldet und deshalb jede Form polytheistisch-synkretistischer Religion zugunsten eines "radikalen Monotheismus" auszulöschen trachtet.[783] Die mit der Revolution angestrebte Radikalität, Geschlossenheit und konkrete Eingrenzung des Proklamierten ist es darüber hinaus, die in der Gründungslegende nicht nur zufällig das Bild des 'Auffindens eines verlorenen *Buches*' erscheinen lässt.[784] Denn die im 'Kanon-Buch' vorliegende kernhafte Verfestigung von Sinn vereinigt gleichzeitig die Potentiale gesteigerter Schrift und gesteigerter Tradition in sich, indem sich dieses Werk nicht nur durch seine einmalige "Gestaltqualität" (seine "Kanonarchitektur"), sondern auch durch "das Destillat einer kontrafaktischen Wahrheit" auszeichnet.[785] Letztere begründet mit ihrem immanenten Befolgungs-Imperativ ('Richte dein Leben nach *dieser* Überlieferung aus!') ein dynamisches Wechselspiel von 'Abkehr' von dieser Tradition und 'Rückkehr' zu ihr, in welchem sich sowohl eine polarisierende Verfestigung des transportierten Sinns als auch eine polemisch-radikalisierte Vehemenz der Auseinandersetzung mit externen Alternativansprüchen entwickelt.[786]

Entsprechend der intendierten (konter-)revolutionären Dynamik von Abkehr und Rückkehr ist der Inhalt des nach 2Kön gefundenen Buches, des Deuteronomiums, von den Motiven 'Vergessen' und 'Erinnern' bestimmt,[787] und dies so eingehend, dass in diesen Leitmotiven gerade das Spezifikum des Deuteronomiums gegenüber anderen biblischen

---

[782]ASSMANN, Jan (1992a), 254. Der universal-absolute Anspruch ergibt sich aus der proklamierten Gültigkeit des im Gesetz formulierten ethischen Konzeptes für *alle* Lebenslagen *ohne* jegliche *Relativierung*.

[783]ASSMANN, Jan (1992a), 225f. Assmann weist auf die strukturelle Parallele bzw. das kulturgeschichtliche 'Vorbild' der Einführung des revolutionären Offenbarungsmonotheismus unter dem König Echnaton (1360-40 v.Chr.) im alten Ägypten hin. Das Maß der Radikalität und Gewaltanwendung bei diesem religiösen Umsturz, der am Anfang der ersten gestifteten Religion steht, lässt die gewaltsamen Auswirkungen der 700 Jahre später erfolgenden Kultreform Joschijas weit hinter sich, vgl. ASSMANN, Jan (1994b), 79f. Zum "radikalen Monotheismus" vgl. CRÜSEMANN, Frank (1987), 68.

[784]ASSMANN, Aleida und Jan (1987), 17f. Vgl. auch CRÜSEMANN, Frank (1987), 68 und 77 Anm.8.

[785]ASSMANN, Aleida und Jan (1987), 18.

[786]ASSMANN, Aleida und Jan (1987), 18.

[787]ASSMANN, Jan (1991b), 338.

Büchern gesehen werden kann.[788] Seine inhaltlich signifikante Prägung erfährt der Text dadurch, dass auch Textstellen, die nicht explizit von Erinnern sprechen, "auf das Gedenken Gottes an sein Volk [verweisen], so dass sich die ganze Geschichte Israels mit seinem Gott auch als Gedächtnisgeschichte beschreiben lässt."[789]

4.6.3.3   Die Aufgabenstellung des Buches: Erinnerung in Anbetracht des Wechsels sozialer Rahmen

Umgesetzt und exemplifiziert werden die Motive der Abkehr und Rückkehr als 'theologisierte Formen altorientalischer Weisheit'[790] in der Darstellung des Deuteronomiums anhand der israelitischen Urszene des Erinnerung-bedrohenden Rahmenwechsels. Diesen paradigmatischen Rahmenwechsel, der am *Ende des Exodus*, im Bild der Landnahme vorgeführt, einen denkbar radikalen Einschnitt in die Lebensgewohnheiten und Umweltbedingungen Israels darstellt, erachtet das Deuteronomium als strukturell passende Situationsbeschreibung seiner ca. vier Jahrhunderte später lebenden Adressaten, um ihnen nachfolgend das "Vermächtnis des Mose" nahezubringen.[791] Die im Buch beschriebene Szene spielt am Ostufer des Jordans, die Überschreitung der Grenze steht noch aus, erst muss noch Mose, der (letzte) Vertreter jener Generation, die noch aus dem ägyptischen Exil stammt, sterben. Alle Elemente der Überlieferung bleiben entscheidend. Der Tod Mose nach 40 Jahren der Wanderung durch die Wüste steht für das Aussterben der Zeitzeugen des Auszuges aus Ägypten. Mit seinem Tod bzw. mit dem Tod derer, die 'Zeugen der Theophanie' am Sinai waren, droht die lebendige Erinnerung an den Auszug, die Wüstenwanderung und den Bundesschluss für immer verloren zu gehen.[792]

Die Grenze des Jordan, als Schwelle zwischen Wüste und dem Land "wo Milch und Honig fließen" (u.a. Dtn 6,3), markiert die Infragestellung aller früheren Erlebnisse und der Erinnerung an jene Begebenheiten, denn das Leben in diesem Land steht unter völlig veränderten Bedingungen. Die Erinnerung an die das Volk konstituierende Wüstenzeit ist nach der Überquerung des Jordans sogar unwahrscheinlich, denn die neuen Rahmen-

---

[788]Nach YERUSHALMI, Yosef H. (1988), 22 zeichnen sich gegenüber den anderen Teilen der Bibel gerade das Dtn und die Propheten durch die Stellung des an das Kollektiv gerichteten religiösen Imperativs ('Erinnere dich!') aus. Schottroff hat gezeigt, dass das Dtn neben dem Adressaten Israel in Sachen geforderten Erinnerns auch Gott nennt (vgl. SCHOTTROFF, Willy (1964), 339), entsprechend korrespondiert mit dem Gedenken Israels an seinen 'Herrn, den einzigen' und an dessen Heilshandeln das Gedenken von JHWH an sein erwähltes Volk und seine Gnadengaben bzw. Verheißungen. Als grundlegende Untersuchung der Wurzel *zkr* (זכר) ist auch heute noch neben Schottroffs Werk von 1964 CHILDS, Brevard S. (1962) zu nennen. Assmanns Interesse liegt allerdings in einer Darstellung des Dtn als Einheit, weshalb er die Problematik alttestamentlicher Textschichten- und Quellenanalyse außen vor lässt; vgl. ASSMANN, Jan (1991b), 350 Anm. 6.

[789]SCHOBERTH, Ingrid (1992), 264.

[790]ASSMANN, Jan (1992c), 108.

[791]ASSMANN, Jan (1991b), 338; ASSMANN, Jan (1992a), 223.

[792]Vgl. ASSMANN, Jan (1991b), 338f.

bedingungen widersprechen in einer doppelten Weise den Lebenserfahrungen aus der Einöde: Sie lassen an der Vergangenheit zweifeln, denn das neue Leben in einem Land mit "Bächen, Quellen, Grundwasser (...), mit Weizen und Gerste, mit Weinstock, Feigenbaum und Granatbaum, ein Land mit Ölbaum und Honig, ein Land, in dem du nicht armselig dein Brot essen musst, in dem es dir an nichts fehlt, ein Land, dessen Steine aus Eisen sind, aus dessen Bergen du Erz gewinnst" (Dtn 8,7-9), steht als paradiesischer Zustand im *Kontrast* zu den früheren kargen Lebensbedingungen einer Flucht durch die Wüste und zeigt von sich aus keine Relevanz für Erinnerung, sondern vielmehr deren Unglaubwürdigkeit auf (Dtn 6,20). Darüber hinaus werden die neuen äußeren Bedingungen Israel *verführen* (Dtn 4,19; 7,14), es den anderen Volksgruppen in diesem Land gleichzutun und das Wohlergehen und -befinden der eigenen Produktivität und Phantasie zuzuschreiben, sowie die, das eigene Leben wenig verpflichtende, Gewohnheit anzunehmen, nur okkasionell und dann polytheistisch-zielgerichtet Kontakt zu verschiedenen 'transzendenten Wesen' aufzunehmen.[793]

Um diese Gefährdung der Erinnerung durch den Wandel der Lebensbedingungen und der sozialen Verhältnisse abzuwenden, wendet sich das Deuteronomium als 'einzigartiges Wort' (Dtn 4,32ff), als (festgehaltene) Rede Mose an das Volk (Dtn 1,1-5). Es wendet sich an die letzten Augenzeugen der Wunder und Zeichen des Auszuges bzw. der Wüstenwanderung. Diese sollen ihre Zeugenschaft als Amt verstehen, ihre Erinnerung bewahren und weitergeben, sie sollen mithelfen, dass das Gedächtnis der Volkswerdung nicht vergeht, sondern "aus der biographischen in kulturelle Erinnerung transformiert"[794] wird (Dtn 4,9f).

Mit dem Versuch einer derart erfolgenden Bewahrung von Erinnerung in Anbetracht veränderter sozialer Rahmen formuliert das Deuteronomium, am Beispiel der gesellschaftlichen Krisensituation vom Ende der Wüstenwanderung, eine doppelte Antwort auf die Anfragen des 7. und 6. Jahrhunderts v.Chr.:[795] Der Erinnerungsimperativ bindet die aktuellen Lebensverhältnisse ihrer Ursache nach an ein früheres Geschehen (Bundesschluss) jenseits der eigentlichen Erfahrbarkeit der Nachgeborenen. Gleichzeitig erfolgt mit dieser inhaltlich kontrapräsentischen und extraterritorialen *Rückbindung* eine strukturelle Weitung bzw. *Transformation* des Begründungshorizontes momentanen Lebens. Die identitätsrelevanten Faktoren des Lebensgehaltes, so die vorgestellte Perspektive des Deuteronomiums, entstammen nicht der vordergründigen, materiellen (Um-)Welt, sondern v.a. einer *geistig* zugänglichen Welt von Verpflichtungsrahmen (Bundesschluss) und konkretem Verpflichtungsinhalt (Gesetz).[796]

---

[793]Entsprechend der Gefahr der Verführung warnt das Dtn davor, den Herrn und sein Heilshandeln zu vergessen, seine Gesetze zu missachten und anderen Göttern nachzulaufen, vgl. Dtn 6,12; 8,10-19. Zu "Kontrast" und "Verführung" als vom Dtn angeführte Gründe der Infragestellung von Erinnerung vgl. Assmann, Jan (1991b), 344.

[794]Assmann, Jan (1991b), 339, 343f.

[795]Dieser Gedankengang wird in Fortführung der Assmannschen Ausführungen zu den Prinzipen der Extraterritorialität und Vergeistigung formuliert.

[796]Als Zusammenfassung dieser beiden Akzente: "Heute sollst du erkennen und dir zu Herzen nehmen: JHWH ist der Gott im Himmel droben und auf der Erde unten, keiner sonst. Daher sollst du auf seine

Als ein der Alltagswelt entstammendes Beispiel und Symbol einer derartigen Weitung und Fundierung der neuen Wirklichkeit Israels im Geistigen stellt das Deuteronomium das 'Essen' vor.[797] So sehr die Relevanz einer gesicherten Ernährung außer Frage steht,[798] so bildet sie doch keine hinreichende Fundierung der menschlichen Existenz und keinen genügsamen Selbstzweck. Sie dient im Rahmen einer "Erziehung" der intendierten "Erkenntnis" (Dtn 6,5f), dass die Identitätsfundierung über eine 'Metaebene des Materiellen', in der Sprache des Deuteronomiums: "der Mensch lebt nicht nur vom Brot" (Dtn 8,3), erfolgt, also Folge eines geistig begründeten Anhangens, dem Befolgen relativ abstrakter Gebote ist.[799]

Diese geistige Weitung bzw. Fundierung und kontrapräsentische bzw. extraterritoriale Füllung der israelitischen Identität hat das Deuteronomium "narrativ entfaltet und zu einer bildkräftigen Erinnerungsfigur gehärtet",[800] indem es das Prinzip religiöser Identität als Rückbindung, Erinnerung und bewahrendes Gedenken beschreibt. Hier wird eine konnektive Struktur der geschichtlichen Offenheit dargelegt, die, indem das Neu-Land als Bundesgabe an ein raum-zeitlich enthobenes Geschehen, an die Erinnerung daran und die Befolgung der aus dem Geschehen resultierenden Selbstverpflichtung geknüpft wird, die Semiotisierung der Gegenwart als fortgesetzte Vergangenheit und eröffnete Zukunft ermöglicht.[801]

4.6.3.4   Acht pädagogische Mnemotechniken als Antwort auf Rahmenwechsel

Wurde das Deuteronomium als eine in der Krise der Staatlichkeit ausgebildete Überlieferung vorgestellt, welche als Paradigma der Bewältigung von gesellschaftlichen Krisensituationen in Folge des Wechsels sozialer Rahmen die Situation des Exodus und der Sesshaftwerdung Israels thematisiert, so entwirft diese Überlieferung das Projekt der Transformation von Identität als ein *pädagogisches Projekt*. Mit der durch den Niedergang des Nordreiches und durch die Fragilität der Staatlichkeit im Südreich geschaffenen geschichtlichen Konstellation der Infragestellung und Bedrohung der eigenen Lebensbedingungen als Gottesvolk, ist die "Plausibilitätskrise des ganzen Systems, vor

---

Gesetze und seine Gebote, auf die ich dich heute verpflichte, achten, damit es dir und später deinen Nachkommen gut geht und du lange lebst in dem Land, das der Herr, dein Gott dir gibt für alle Zeit." (Dtn 4,39f).

[797]Zum Essen als Inbegriff und Symbol einer neuen Wirklichkeit vgl. ASSMANN, Jan (1991b), 345.

[798]Vgl. die Erwähnung bei der Schilderung der Heilstaten Gottes in der Wüste (Dtn 8,3f.15f) als auch bei der Kennzeichnung des verheißenen Landes (Dtn 6,10f; 8,7-13).

[799]Das gesamte geschichtliche Handeln Gottes dient der Gottes- und Selbsterkenntnis, vgl. den Gebrauch des Erkennens im Dtn (4, 36.39; 7,9; 8,2f; 9,3-6; 11,2/7; 13,4; 18,21; 29,5). Vgl. Anm. 753. Lohfink weist darauf hin, dass die "Erkenntnis Jahwes" primär kein theoretisches Wissen intendiert, sondern für die *Praxis* des Gottesvolkes steht, vgl. LOHFINK, Norbert (1989), 144ff.

[800]ASSMANN, Jan (1991b), 349.

[801] In diesem Nexus von Vergangenheit und Zukunft muss Schoberths Feststellung verstanden werden, dass "im erinnernden Bekenntnis (...) die Heilsgeschichte Gottes mit den Menschen als Verheißungs-geschichte" thematisiert wird, vgl. SCHOBERTH, Ingrid (1992), 258.

allem aber auch des Jahweglaubens"[802] und der bisher identitätsgenerierenden und - kontinuierenden Institutionen in der Gesellschaft aufgezeigt.[803] Hier setzt die Botschaft des Deuteronomiums an, um erstmals in der Kulturgeschichte Identität bzw. (Selbst-) Erkenntnis zum Gegenstand kollektiv verankerten *Lernens von Erinnern* zu machen.[804] Wird das Buch als Lerneinheit betrachtet, so lassen sich in ihm nicht weniger als acht multimediale Verfahren kulturellen Erinnerns erkennen, die eine tragfähige Sozialisation des Individuums in ein klar umzirkeltes und monotheistisch ausgerichtetes Selbstverständnis garantieren:[805]

1   Die Ebene der Reflexion besteht in einer Bewusstmachung und gesinnungsmäßigen Beherzigung des Bundes und seiner Gebote (Dtn 6,6; 11,18). Erinnert wird im individuellen kognitiven Medium (Denken, Geist, Bewusstsein).

2   Die Ebene der Tradierung besteht in einer bewussten Erziehung der nachfolgenden Generationen durch geregeltes Kommunizieren und Repetieren (Dtn 6,7; 11,19). Erinnert wird v.a. im Medium 'Sprache'.

3   Die Ebene des Bekenntnisses umfasst neben Gesinnung und entsprechendem Handeln auch die körpergestützte Sichtbarmachung nach außen, indem Körpermarkierungen als Distinktions- und Erinnerungsmerkmale dienen (Dtn 6,8; 11,18). Erinnert wird im Medium 'Körpersprache'.

4   Die Ebene des distinktiven Bekenntnisses umfasst auch "limitische"[806] Symbole in der Lebenswelt, indem die Grenzen des Eigenen markiert werden (Dtn 6,9; 11,20). Erinnert wird im Medium 'Mnemotop Lebenswelt'.

5   Die Ebene der Erinnerungsanlässe, Speichermedien und Veröffentlichungen umfasst Denkmäler, wenn die Vertragsbedingungen auf gekalkten Steinen festgehalten wird (Dtn 27,2-8). Erinnert wird im Medium 'Mnemotop Umwelt'.

6   Die Ebene der Erinnerungsanlässe und 'Erziehungsweisen' umfasst zentrale Feste kollektiver Erinnerung: die drei Wallfahrtsfeste Pessach, Schawuot und Sukkot,

---

[802]LOHFINK, Norbert (1989), 151.

[803]Lohfink nennt als die beiden zentralen Institutionen die Familie und die Schule, die beide zur Zeit der Staatlichkeit nicht mehr die religiös fundierte Identität der Gesellschaftsmitglieder sichern können, vgl. LOHFINK, Norbert (1989), 150.

[804]LOHFINK, Norbert (1989), 150 spricht hier von 'Glaube' als Gegenstand des pädagogischen Versuchs. Auf die bibeltheologische Verzahnung von Glaube, Erkenntnis und Identität wurde bereits hingewiesen.

[805]Vgl. für das Folgende ASSMANN, Jan (1991b), 339ff.

[806]Assmann rezipiert diesen Begriff von W.E.Mühlmann, vgl. ASSMANN, Jan (1991b), 350 Anm. 10.

an denen das gesamte Volk die Bundesgeschichte rekapituliert (Dtn 16,3.12; 26,5-9). Erinnert wird im Medium 'Fest'.

7   Die Ebene der Tradierung umfasst die mündliche Überlieferung, in welcher die Poesie zur Stütze der Kodifikation eingesetzt wird, wenn z.B. das Buch mit einem Lied abschließt (Dtn 31,19-21). Erinnert wird im Medium 'Sprache' und 'Text'.

8   Die Ebene der Fixierung und Kodifizierung veranlasst die Kanonisierung des Vertragstextes als Grundlage einer neuen Form 'buchstäblicher' Einhaltung[807] (Dtn 31,9-13; 4,2; 13,1). Erinnert wird im Medium 'Textkanon'.

Als die ausschlaggebende Methode kultureller Mnemotechnik ist für die Ausbildung einer kohärenten kulturellen Identität von dieser Liste die letzte, die Kanonisierung zu nennen. Der hiermit vollzogene Schritt kommt einem Quantensprung in der Geschichte schriftgestützter Tradition gleich, denn der Fluss der Entstehung neuer Überlieferungen wird unterbrochen zugunsten einer kernhaften Stillstellung und Verfestigung sowie einer sakralen Aufwertung der Verbindlichkeit des kollektiv Selektierten.[808] Die religiöse Identität rechts-politischer Provenienz (Vertrag) wird hier zur distinkten religiösen Identität auf vergeistigt-kanonisiertem Fundament, deren Fortleben zukünftig von der kollektiven Erinnerung sowohl einer konnektiven *Geschichte* Gottes mit den Menschen als auch der entsprechend obligaten *Gesetze* Gottes gegenüber den Menschen abhängt. Diese Erinnerung des Nexus von Geschichte und (durch die Gesetze veranlasstem) Lebenswandel bindet das Kollektiv in einem raum-zeitübergreifenden Selbstverständnis als "Volk Gottes" zusammen. "Gesetz und Geschichte bilden zusammen den normativen und formativen Komplex, der das Judentum bis heute prägt."[809]

4.7   Das kulturtheoretische Konzept Assmanns auf dem Prüfstand

Soll dem in der Einführung zu dieser Arbeit formulierten Anspruch eines gegenstands- *und* forschungskritischen Beitrags Genüge getan werden, so ist auch die Darstellung der Assmannschen Thesen einer kritischen Würdigung zu unterziehen. Neben einer nachgestellten, eigenen Kommentierung wurden als externe Bezugspunkte des angestrebten "Querlesens" Beiträge des Wiener Alttestamentlers Georg Braulik gewählt. Brauliks Kritiker-Kompetenz wird dabei einerseits in dem formalen Umstand gesehen, dass er einer der ersten katholischen Theologen war, welche die Gedächtnisbeiträge Assmanns

---

[807]Die neuartige Form besteht in der Kombination von Vertrags- und Tradentenformel, die verlangt, den Vertrag in seinen *Einzelheiten* 'buchstäblich' einzuhalten und ihn auch in seiner *Vertragsgestalt* nicht anzutasten, vgl. ASSMANN, Jan (1992a), 221 Anm. 56.

[808]ASSMANN, Jan (1991b), 341.

[809]ASSMANN, Jan (1991b), 342.

kritisch rezipierten. Andererseits weist sein Œuvre, unabhängig von dieser jüngsten Bezugnahme auf Assmann, eine bereits länger währende eigenständige Auseinandersetzung mit dem Phänomen der Generierung und Kontinuierung eines kollektiven Bewusstseins im Israel der Heiligen Schrift auf.[810]

4.7.1 Das Lehr-, Lernkonzept des Deuteronomiums aus der Sicht Brauliks

Auf dem Fundament eines konzeptuell unterschiedlichen Zugangs (1) lassen sich mit Braulik einige inhaltliche Differenzierungen, Konkretisierungen und Fortführungen der Überlegungen Assmanns zur Kennzeichnung des Deuteronomiums als Paradigma einer gänzlich neuen Religion und Identität (2) sowie zur sozialen Funktion und zum religiös-theologischen Selbstverständnis des Deuteronomiums (3) und schließlich zur Rolle des Monotheismus bei der Entstehung eines kollektiv verankerten Bewusstseins (4) formulieren.

(1) Geht es Assmann im Rahmen einer Kulturtheorie um eine weiträumig angelegte, komparative Darstellung der kulturellen Wesenszüge Ägyptens, Israels und Griechenlands, welche jenseits einer v.a. raumzeitlich übergreifend orientierten Untersuchung kommunikativer Institutionen mikrohistorische Veränderungen in der zentralen sozialen "Terminologie" und den "wissensvermittelnden Institutionen" tendenziell aus dem Blick verliert, so versucht Braulik gerade, dieses Defizit für das Israel der deuteronomisch-deuteronomistischen Periode aufzuarbeiten.[811] Entsprechend analysiert er das vorliegende Deuteronomium nicht wie Assmann als statisches Opus auf der Buchebene, sondern versucht mittels einer modifizierten bibelwissenschaftlichen Herangehensweise, "literarhistorisch differenziert und soziologisch geortet"[812], innerbiblische Brüche zum Aufweis der Genese und inhaltlichen Zielsetzung deuteronomischer Aussagen zu nutzen. Brauliks Ansinnen, unter Ausblendung des interkulturellen Horizontes Einzelaussagen dieser Kulturtheorie bezüglich Israel innerkulturell differenziert nachzugehen, wird von der Einsicht getragen, dass sich die sozio-politischen "Erfahrungen und Bedürfnisse der Gesellschaft der auslaufenden judäischen Monarchie grundlegend von denen der Exulanten in Babylon unterscheiden"[813] und infolgedessen weder das Selbstverständnis noch das Konzept deuteronomisch-deuteronomistischer Kreise jeweils unverändert geblieben ist. Als inhaltlichen Anknüpfungspunkt übernimmt Braulik

---

[810]Braulik formuliert seinen Beitrag zur Assmannschen Theorie als Antwort auf dessen zusammenfassende Darstellung seiner Gedankengänge in ASSMANN, Jan (1992a), vgl. BRAULIK, Georg (1993). Braulik selbst entwickelt sich in seinem Œuvre v.a. im Dialog mit Norbert Lohfink zum Deuteronomium-Spezialisten mit sozial-historischer Perspektive. Aus pragmatischen und inhaltlichen Gründen (vgl. die ihm zugeschriebene Kompetenz) bleiben sowohl Ausführungen zu diesem Dialog als auch eigenständige Positionen Lohfinks außen vor. Zu den für die Position Brauliks herangezogenen Texten vgl. das Literaturverzeichnis, S. 307ff.

[811]BRAULIK, Georg (1993), 10.

[812]BRAULIK, Georg (1993), 10.

[813]BRAULIK, Georg (1993), 10.

Assmanns Befund einer letztendlich *vergeistigten, artifiziell gesteigerten, extraterritorial und kontrapräsentisch strukturierten Identität Israels*, welche ihren kulturgeschichtlich und religionspolitisch fixierten Ursprung im *Deuteronomium* nimmt.[814]

(2) Unter der literarhistorisch-redaktionsgeschichtlichen Perspektive Brauliks rückt dann zunächst die *Entstehungsgeschichte* des Deuteronomiums, an deren Ende eine erzählerische Gesamtgestalt steht, in das Zentrum der Untersuchung. Diese Entstehungsgeschichte ist gleichermaßen langwierig und komplex, so dass bis heute unterschiedliche Hypothesen die Diskussion innerhalb der Exegese bestimmen.[815]

Im Sinne einer Abgrenzung von *vordeuteronomistischen Traditionen*, wie dem 'Bundesbuch' (Ex 20,22 - 23,33), den alten Pentateuchquellen, dem 'kultischen Dekalog' (Ex 34, 10-26) und dem 'ethischen Dekalog' (in Dtn 5,6-21 zitiert), spricht Braulik "vom Dtn (...) zum erstenmal (...), als das alte Privilegrecht des 'kultischen Dekalogs' mit der Forderung verbunden wurde, den Opferkult für Jahwe auf einen einzigen Ort zu beschränken, die 'Stätte, die Jahwe auswählen wird'."[816] Die *Kultzentralisation* als Proprium und Konstitutivum deuteronomisch-deuteronomistischer Theologie gründet auf einer ersten Opferzentralisation unter König Hiskija und auf einer weiteren Zentralisation unmittelbar vor König Joschija, welche schließlich unter Joschija zur völligen Zerstörung der JHWH-Heiligtümer außerhalb Jerusalems ausgeweitet wird.

Zur Zeit assyrischer Oberherrschaft oder erst unter *König Joschija* werden die unterschiedlichen Traditionen Israels in der *Bundestheologie* systematisch unter dem Begriff des Gottes-Vertrages vereint.[817] Die Funktion jener Systematik besteht darin, unter Verwendung der in der dominanten assyrischen Kultur hochgeschätzten Vertragskategorie, dieser Kultur bzw. dem durch sie ausgelösten Kulturschock in Israel zu begegnen. Zu diesem Zweck erhebt Joschija im Rahmen einer feierlichen Verpflichtungszeremonie das damalige Dtn zum 'Grundlagentext Israels', zur Torah, zum *Staatsgesetz*. Das Dtn wird dadurch zur *Bundesurkunde* einer neuen Ordnung, die durch ein (neu gestaltetes Pascha-)Fest eingeläutet wird (2Kön 23,21ff). Noch in *vorexilischer Zeit* entsteht aus demselben Anliegen der Proklamation und Vorbereitung kultureller und sozio-politischer Autonomie die erste Version des *deuteronomistischen Geschichtswerkes*, welches als *"josijanische Landeroberungserzählung"*[818] (den Grundstock von Dtn

---

[814]BRAULIK, Georg (1993), 9.

[815]BRAULIK, Georg (1986), 9 nennt diesen Umstand divergierender literarkritischer Theorien, möchte aber an dem eigenen Theorieansatz festhalten (vgl. auch BRAULIK, Georg (1993), 11), um die Genese folgender Gedankengänge und Hypothesen offenlegen zu können.

[816]BRAULIK, Georg (1986), 10. Vgl. für das Folgende BRAULIK, Georg (1986), 10-13.

[817]Braulik trifft sich in dieser zeitlichen Einschätzung mit Assmann, der ebenfalls für eine Frühdatierung, d.h. noch innerhalb der Endphase der Königtums, plädiert. Assmann kommt wohl zur Vorverlegung der Wurzeln des israelitischen Bundesdenkens in die antistaatliche Zeit durch die Rezeption einer für Braulik vertrauten Quelle: Norbert Lohfink. Vgl. ASSMANN, Jan (1992c), 71ff, 78 Anm. 106)

[818]Der Begriff der '*Deuteronomistischen* Landeroberungserzählung' wurde von N. Lohfink geprägt, um die erste deuteronomistische Redigierung der joschijanischen Ausgabe des Deuteronomiums zu markie-

1 - Jos 22 bildend) sowohl den Autonomieanspruch historisch legitimiert als auch die Verpflichtung auf das Gesetz in die Urzeit zurückprojiziert. Hier in der vorexilischen Zeit wird die Bundesurkunde, welche wohl ursprünglich unter Joschija als JHWH-Rede (vgl. 2 Kön 22,19) vorgestellt wurde, stilistisch zur Moserede umgeformt. Hier ist ebenfalls der historische Ort, wo das Deuteronomium zum hermeneutischen Schlüssel für die Geschichtsschau Israels wird.

Bedeutet der Tod Joschijas vor Meggido zunächst das Ende all seiner religiös-kultischen und sozial-politischen Reformen, so verleiht die Niederlage Judas und die Zerstörung Jerusalems 587 v.Chr. durch die Babylonier der deuteronomistischen Literatur fast zwangsläufig wieder höchste, neuakzentuierte Brisanz. So ist die *exilische Neubearbeitung* des deuteronomistischen Geschichtswerkes von der Einsicht gekennzeichnet, dass Israel die Katastrophe selbst verschuldet hatte, weil es sich nicht an die im Bundesschluss geschworene soziale und spirituelle Ordnung gehalten hat. Es kommt nun zu einer Betonung der Schuld Israels (Dtn 29,21-27) und zu einer Reformulierung der Bundestheologie, in welcher die Bundeszusagen des JHWH nicht mehr an den Gehorsam Israels, sondern nur mehr an die Gnade seines Herrn geknüpft werden (Dtn 4,31; 7,9; 9,5; 30,6). Diese Reformulierung bleibt unabdingbar, weil das Vertragsdenken des Deuteronomiums nach der eingetretenen Katastrophe keinen Ansatz für einen möglichen Neuanfang des in Schuld gegenüber JHWH verstrickten Israels bietet.[819] Es entsteht ein neuer, gewaltenteiliger Verfassungsentwurf (Dtn 16,18 - 18,22), der später sogar durch ein Israelbild ergänzt wird, welches gänzlich ohne Staat und Tempel auskommt (Dtn 4,1-40; 30,1-10).

Die soziale Situation der Gemeinden des fortgeschrittenen Exils bzw. der *nachexilischen Zeit* führt dann zu einer Ausweitung des legislativen Materials (Dtn 19-25), welches nun den Charakter des Buches als 'Gesetzbuch' im engeren Sinne festschreibt. Zu Beginn des 4. Jahrhunderts v.Chr. wird schließlich das Dtn aus dem deuteronomistischen Geschichtswerk herausgelöst und mit dem Tetrateuch zum Pentateuch zusammengefügt. Im Rahmen dieser redaktionellen Bearbeitung kommt es des Weiteren zur Einfügung des alten Mosesegens (Dtn 33) und des gliedernden Überschriftensystems.

Diese in groben Zügen nachgezeichnete Genese des Bundesbuches über zumindest vier unterschiedliche Epochen bleibt an den Text anzulegen, soll der genaue Gehalt und die Struktur des Deuteronomiums als *Zeugnis kultureller Mnemotechnik* nachgezeichnet werden. Entsprechend der Feststellung Lohfinks, dass sich mit König Joschija der historische Ort verbindet, "wo zum erstenmal in der Geschichte Israels zugunsten des Jahweglaubens geradezu technokratisch zum 'Lernen' gegriffen wurde",[820] analysiert Braulik Genese und Gehalt dieses im Deuteronomium anzutreffenden 'Lern-Konzeptes' im Rahmen des Schlüsselbegriffs למד (q./pi.; lernen/lehren).[821] Nach dem vorgestellten

---

ren, vgl. BRAULIK, Georg (1993), 13.

[819]BRAULIK, Georg (1985), 132.

[820]LOHFINK, Norbert (1989), 153.

[821]Braulik stellt למד als das entscheidende Verb für 'Lernen' und 'Lehren' in diesem Text vor, demgegenüber andere Verben wie יסר, ירה und ידע nur eine untergeordnete Rolle spielen. Keine andere Schrift der

'Epochen-Raster' lassen sich die 'mnemotechnischen למד-Befunde' in vier Schichten gliedern: in einen vordeuteronomistischen Text (Dtn 6,6-9, ohne Promulgationssatz in 6,6), in ein deuteronomistisch vorexilisches Gut (Dtn 5,31; 6,1; später 5,1; 11,18-21; 31,9-13), in einen deuteronomistisch exilischen Bestand (Dtn 14,23; 17,19; 18,9) und in ein deuteronomistisch spätexilisches Gut (Dtn 4,1.5.10.14):

So gibt die Kennzeichnung des im Tempel gefundenen Buches als ספר התורה (2 Kön 22,8) Aufschluss über die Tradition, dieses Gesetzbuch von Beginn seiner Existenz an als Lehrbuch bzw. als "Lehrbuch des Jahwe-Rechts" zu bezeichnen.[822] Diesen Charakter behält es bei, als es im Rahmen eines Selbstverpflichtungsrituals zum ספר הברית (2 Kön 23,2) wird. Dabei folgt auf den wahrscheinlichen Anfang des josijanischen Deuteronomiums (Dtn 6,4f) mit Dtn 6,6-9 die älteste, vordeuteronomistische Paränese über Lehren und Lernen im Deuteronomium. In ihr finden sich mit der 'Einschreibung der Worte auf dem Herzen' (V. 6), dem 'Wiederholen dieser Worte gegenüber der nachfolgenden Generation in allen Lebenslagen' (V. 7), der 'figürlichen Erinnerung und Sichtbarmachung am eigenen Körper' (V. 8) und der 'visuellen Markierung der Umwelt' (V. 9) bereits die Hälfte der von Assmann für das Deuteronomium aufgezeigten kollektiven Mnemotechniken.[823] Dafür, dass die literarisch (bis auf den Promulgationssatz) einheitliche Perikope schon *vordeuteronomistisch* zur josijanischen Vertragsurkunde gehört, spricht der unterschiedliche Wortgebrauch für 'lehren' in 6,7 (שנן pi.) und in 5,31/6,1 (למד pi.) (deuteronomisch vorexilisch)[824] sowie der Umstand, dass Dtn 6,6-9 noch nicht die für 5,31/6,1 charakteristische Verknüpfung von Land und Gesetz kennt, welche für die spätere "Deuteronomistische Landeroberungserzählung" typisch wird. Eingerahmt wird Dtn 6,6-9, "diese Keimzelle der dtn Systematik des Lehrens und Lernens", thematisch stringent von 6,4f, "dem Grunddogma und der Grundnorm des Gottesbundes" sowie von 6,17, "der Mahnung zum Gesetzesgehorsam".[825] Fortgeführt wird diese Perikope von der etwas jüngeren 'Katecheteninstruktion' in 6,20-25, welche ursprünglich auf 6,17 folgte. Findet sich hier auch kein למד-Beleg, so komplettiert sie die familienkatechetische Belehrung von 6,6-9 aber dennoch, wenn sie als Glaubensbekenntnis "Kurzformeln des Glaubens"[826] für außerordentliche Situationen des Identitätsaufweises bereitstellt und damit neben die textgestützte, memorative Pädagogik von 6,6-9 jetzt eine rationale, d.h.

Hebräischen Bibel, außer dem Psalter, verwendet למד häufiger. Innerhalb des Pentateuchs ist das Dtn gar das einzige Buch, das seine Verwendung aufweist. Auch wenn sich die dtn Lern-Konzeption nicht auf למד-Verwendungsweisen reduzieren lässt, so kommt der Analyse jenes Terminus doch eine zentrale Bedeutung zu. Vgl. BRAULIK, Georg (1993), 10 (Anm. 8).

[822]BRAULIK, Georg (1993), 11f.

[823]BRAULIK, Georg (1993), 12; vgl. zu Assmann S. 173f.

[824]BRAULIK, Georg (1993), 14 betont, dass beide Verben semantisch aber äquivalent gebraucht werden: beide bezeichnen eine für die Schule typische Vermittlungsweise von Texten, die hier allerdings den Eltern überantwortet wird.

[825]BRAULIK, Georg (1993), 15.

[826]BRAULIK, Georg (1986), 15.

situationsbezogene, Pädagogik rückt.[827] Die memorative Pädagogik von 6,6-9 geht allerdings weit über jede übliche Lerntechnik hinaus: Im Sinne einer "Theologie des Lehrens und Lernens" bezweckt diese Paränese anstatt der Ausbildung einer Bildungs-Elite, durch das allgegenwärtige Rezitieren bzw. Meditieren, das *ganze Volk* in eine *neue Gesellschaftsordnung*, in die deuteronomische Sozialordnung, zu sozialisieren.[828] Der Ort dieser Sozialisation ist schon zu Zeiten Joschijas nicht mehr die Schule, sondern die *Familie*, deren Funktion und Gehalt durch regelmäßige, neu bestimmte Feste bestätigt wird.[829]

Kann in Dtn 6,6-9, der ältesten Lernparänese, so etwas wie die Grundlegung einer Theologie des Lehrens und Lernens in vordeuteronomistischer Zeit gesehen werden, so geht es in *vorexilischer Zeit* (im Anschluss an Joschija) um die generelle Fundierung, Fixierung und Konkretion dieses Sozialisations- und Lebensprinzips. Mit 5,31 und 6,1 wird die Vollmacht des Mose in Bezug auf die Promulgation von Gesetzen theologisch geklärt und damit sowohl die lehrenden Eltern in eine Traditionskette gestellt, deren archetypischer Lehrer Moses und deren Initiator JHWH heißt, als auch der praktische Zweck des Lehrens in der juristisch festgelegten *Gesetzesobservanz* (Festlegung der Dauer und des Personenkreises der Gültigkeit) aufgezeigt.[830] Die später ergänzte Einleitung (5,1) "akzentuiert das dtn Gesetz als *Lernprogramm und Handlungsprinzip.*"[831] Dtn 11,18-21, eine eventuell auch erst in der Exilszeit formulierte Parallele zu 6,6-9, ruft nicht nur, wie ihre Vorlage, die Ermahnung zur Vergegenwärtigung des Gesetzes in Erinnerung, sondern nennt als neue zentrale Akzente die *Kinderbelehrung* und die *Zukunftsverheißungen*.[832] Wie schon bei der juristischen Festlegung des Geltungsbereiches des Gesetzes, lässt auch hier die Verbindung von Lehr-/Lernaufruf und Landverheißung die Perikope zu einem "paränetischen Schema" werden. Doch gilt in diesem Falle nicht erst der Gebotsbeachtung, sondern vielmehr schon der Belehrung der Kinder, welche mit dem allgegenwärtigen Rezitieren zu einem einzigen Vorgang des Lehrens und Lernens verschmilzt, der "Segen". War bisher das Volk als ganzes der Adressat der 'Theologie des Lehrens und Lernens', so richtet sich Dtn 31,10-13 zunächst an die Autoritäten des Volkes. Ihnen, den levitischen Priestern und den Ältesten Israels, wurde die Torah zur Aufbewahrung und Vermittlung anvertraut. Zum Zwecke dieser Glaubensweitergabe sind sie aufgefordert, am Laubhüttenfest eines jeden Brachjahres, wenn durch Schuldenerlass die ursprünglich egalitäre Situation des Volkes wiederhergestellt ist, die Torah vor dem versammelten Israel vorzutragen und somit ein *"festliches Lernri-*

---

[827]BRAULIK, Georg (1993), 15f. Braulik nimmt mit dieser Zuordnung auf Lohfink Bezug, der von "situationsorientiertem" und "situationsreflektierendem Lernen des Glaubens" spricht, vgl. BRAULIK, Georg (1993), 15 Anm. 41.

[828]BRAULIK, Georg (1993), 16.

[829]BRAULIK, Georg (1993), 16, 28.

[830]BRAULIK, Georg (1993), 16f.

[831]BRAULIK, Georg (1993), 28.

[832]BRAULIK, Georg (1993), 19f, 28.

tual" zu begründen.[833] Die Besonderheit dieses Lernrituales besteht neben der kollektiven Zuspitzung des Lernvorgangs in seiner Prägung durch die *JHWH-Furcht*. Dieses mystische Element 'JHWH-Furcht', das über die Erfahrung alltäglicher Rezitation des Gesetzes im Familienkreis strukturell und inhaltlich hinausgeht, wird als "Grundhaltung" erachtet, welche "die Kinder zuerst und noch vor dem (Auswendig-)Lernen der Gesetze 'lernen' müssen", eine Grundhaltung, welche die Alltags-gestützte Lernpraxis und Glaubenserfahrung ganz Israels voraussetzt und ihrerseits dann den Kindern ein Lernen des Glaubens unmittelbar aus dem "Hören" ermöglicht.[834] Das "Wiederholen" eines vorgetragen Textes führt in der außeralltäglichen, kultischen Versammlung das Individuum in die unmittelbare, schaudernd-faszinierende Begegnung mit JHWH. Hier verdichtet sich das Festverständnis, das sich schon zu Zeiten Joschijas zur Durchsetzung der Kultreform auszubilden begann, zu einer neuen *"Theorie des Festes"*,[835] in deren Zusammenhang das *Fest* zum zweiten Ort kultureller Mnemotechnik neben der Familie bestimmt wird. Das kollektive Lernen ist nun zum Generalschlüssel der Verkündigung der deuteronomischen Torah geworden.

Von den Textbefunden aus der *Exilszeit* konkretisieren Dtn 14,23; 17,19; 18,9 und 20,18 das erste Gebot, indem die ersten beiden Belege an der *JHWH-Furcht* anknüpfen und die letzten beiden vom drohenden *Abfall von JHWH* zu anderen Göttern berichten. Entsprechend entspringt die למד (q.)-Bedeutung in 14,12 und 17,19 einer konkreten Praxis im Umfeld der Liturgie des zentral gefeierten Laubhüttenfestes, die auf die mystische Erfahrung der Gottesfurcht im Opfer des Festes und in der alltäglichen Torah-Meditation zielt; die למד (q./p.)-Bedeutung in 18,9 und 20,18 bezieht sich auf allgemeine, verbotene Praktiken, wie Magie und Orakel, die Gräueltaten der Landesbewohner, wogegen das Festhalten am Gott Israels eingefordert wird.[836] In Dtn 31,19.22 erhält Mose den Auftrag, Israel ein Lied zu lehren. Dieses *Moseslied*, von Assmann mit dem mnemotechnischen Kennzeichen "mündliche Überlieferung, d.h. Poesie als Kodifikation der Geschichtserinnerung",[837] zu den Verfahren kulturell geprägter Erinnerung gezählt, möchte Braulik nicht als "Warnung vor den fürchterlichen Folgen der Untreue und Vergesslichkeit (...) in poetisch verdichteter Form",[838] sondern, aufgrund der Zeugenschaft des Liedes gegen Israel (V.21), eher als "Theodizee"[839] verstehen. Aus der Sicht der Mosezeit nehmen damit diese למד-Belege die äußerste Zukunft vorweg. Aus der Perspektive der Exilszeit, in welcher die Belege eingefügt wurden, wird dagegen die

---

[833]BRAULIK, Georg (1986), 15 und BRAULIK, Georg (1993), 21. Auch für die Formulierung "festliches Lernritual" bleibt auf Lohfink zu verweisen, vgl. BRAULIK, Georg (1993), 21 Anm. 70.

[834]BRAULIK, Georg (1993), 23.

[835]BRAULIK, Georg (1993), 16 und (zur qualitativen Zuspitzung:) 22f.

[836]BRAULIK, Georg (1993), 24f.

[837]ASSMANN, Jan (1992a), 220.

[838]ASSMANN, Jan (1992a), 220.

[839]BRAULIK, Georg (1993), 25. Über diese konkrete Stelle hinaus geht Braulik, wie Assmann, davon aus, dass das Dtn bzw. das Dtr als Apologie Gottes zu verstehen ist, allerdings sieht Braulik, im Gegensatz zu Assmann, in dieser exilischen Apologie auch den ersten Schritt hin zu einem 'Freispruch des Menschen', vgl. ASSMANN, Jan (1994a), 188 und BRAULIK, Georg (1985), 134 Anm. 74.

Deutung der Gegenwart in einen auf Erinnerung rekurrierenden 'Theologieentwurf des Lehrens und Lernens' hineingenommen, der in diesem historischen Stadium nun seinen ausgreifendsten Rahmen um die Gesetzesverkündigung des Mose ausgebildet hat.[840]

Der Textabschnitt Dtn 4,1-40, der in der *ausgehenden Exilszeit* der Mosetorah (4,44) als Interpretament vorangestellt wurde, greift im Wesentlichen auf bereits erwähnte Elemente des theologisch-pädagogischen Entwurfs der deuteronomischen Tradition zurück, um ihnen neue Akzente zu verleihen: Die Belege 4,1.5.14 betonen gegenüber der vorexilisch deuteronomistischen Auffassung die Rolle des Mose als *'Lehrer'* sowie das Faktum der mosaischen Gesetzeslehre und reduzieren demgegenüber die Funktion Israels auf die Rolle des *'Hörens der Gesetze'*, was allerdings die Bereitschaft zur Gesetzesobservanz miteinschließt.[841] Demgegenüber thematisiert 4,10 das Lernen Israels unmittelbar durch Gott, dessen Lernziel nicht der erst später gegebene Dekalog (V. 13), sondern vielmehr die *Grundhaltung lebenslanger JHWH-Furcht* (V. 10b) darstellt. Steht hier auch למד für die Weitergabe dessen, was man selbst gelernt hat, so bleiben doch einerseits die näheren Umstände dieses Vermittlungsaktes im Dunkeln und andererseits die eigenen Glaubenserfahrungen neben aller Gesetzesverkündigung als Vervollständigung einer lebendigen Tradition unverzichtbar.[842] Erst dieser Entwicklungsschwelle, der späten Exilszeit, bleibt dann - gemäß Braulik - die von Assmann formulierte Charakterisierung der deuteronomischen Gedächtniskultur als Paradigma einer neuen Form von Religion und kultureller Identität im engeren Sinne vorbehalten, denn hier wird festgehalten, dass "die einzigartige Gottesnähe und die unvergleichliche soziale Gerechtigkeit, die Israel durch die Beobachtung der Torah erfährt, (...) seine Identität als 'große Nation' (V. 6-8)"[843] bestimmen und hier kommt es zu jener kanonischen Stillstellung der Tradition (V. 2), deren Verbindlichkeit nach Assmann die entscheidende Form kollektiver Mnemotechnik darstellt.[844]

(3) Das Deuteronomium bleibt durch die Elemente 'Sammlung von Reden des Mose' (Dtn 1-4) - die 'Torah' / Weisung (Dtn 5-28) - 'Texte und Notizen aus dem zugrundeliegenden Vertragsabschluss' (Dtn 29-32) - 'Segen des Mose' (Dtn 33) strukturiert, womit das Buch als ganzes weder ausschließlich auf das Modell eines Gesetzeskodex, eines Bundesfestes, eines Vasallenvertrages oder einer Abschlussrede reduziert werden kann.[845] So ist der längste und gewichtigste Teil 'der Abschiedsrede des Mose', die Torah

---

[840]Zum Umstand der fortgeschrittensten Ausbildung eines Rahmens um die Moseverkündigung vgl. BRAULIK, Georg (1993), 26.

[841]BRAULIK, Georg (1993), 26f.

[842]BRAULIK, Georg (1993), 28.

[843]BRAULIK, Georg (1993), 26.

[844]Vgl. ASSMANN, Jan (1992a), 222.

[845]BRAULIK, Georg (1986), 5f weist auf diese Gliederung hin, welche innerhalb der Exegese lange unbeachtet geblieben sei. Die Ausdifferenzierung und Verschmelzung literarischer Gattungen innerhalb des Dtns entspricht und weitet den Assmannschen Versuch, die Wurzeln der Theologie in der Transformation rechtlich-politischer Strukturen und Inhalte zu finden, vgl. Kapitel 4.6.1, S. 157ff.

(Dtn 5-28 bei Auslassung von 27), sowohl als Gesetzeskodex als auch als Vertrag lesbar:[846]

Die mit 'Prolog' (Dtn 5-11), 'Gesetzeskorpus' (Dtn 12-26: Privilegrecht des JHWH; Verfassungsentwurf für Israel; Straf- und Zivilrecht) und 'Epilog' (Dtn 28) gegebenen Gliederungsaspekte eines *Gesetzeskodex* werden inhaltlich durch gattungsspezifische Ordnungsprinzipien, wie thematische Einheiten, Leitworte, Formspiele und Rahmungen, ergänzt. Dieser Aufbau dient der Erleichterung der Memorierung des Gesetzestextes für den Rezitator wie auch die Rezipienten im öffentlichen Vortrag.

Der öffentliche Vortrag im Rahmen einer kultischen Versammlung markiert auch die soziale Verortung des Modells eines *Vertragstextes*, welcher in Dtn 5-28 mit den Gliederungsaspekten 'historischer Prolog' und 'Grundsatzerklärung' (Dtn 5-11), 'Einzelbestimmungen' (Dtn 12-26) sowie 'Segen und Fluch' (Dtn 28) lediglich der 'Präambel' und der 'Götterzeugenliste' aus dem traditionellen Vertragsformular entbehrt. Der Textcharakter 'Vertrag' weist Dtn 5-28 als Dokument des "Bundes Jahwes mit Israel" aus.

Sowohl die Strukturierung als Gesetzeskodex *und* Vertragstext als auch die altorientalischen Vertragstexten angemessene Sprache einer hochrhetorischen Kunstprosa geben Auskunft über die Verfasser des Deuteronomiums, welche in juristisch, literarisch und theologisch gebildeten Kreisen des Hofs und der Beamtenschaft in Jerusalem zu suchen sind.[847] Sie entwerfen das Deuteronomium als Programm einer emanzipatorischen "konstruktiven Restauration",[848] deren Reformen durchweg vom Motiv der Rückkehr zum Bundesschluss, zum Ursprung Israels als das JHWH-Volk getragen sind. Im Sinne einer systematischen Bedingung wird die ergangene JHWH-Offenbarung und die proklamierte gesellschaftliche Erneuerung in einer unauflöslichen Verklammerung vorgestellt: die Theologie des Deuteronomiums ist gleichermaßen Lebens- und Sozialordnung.[849] Die Wiederherstellung der Ursprungssituation betreibt das Deuteronomium freilich weniger mit alten, gescheiterten, als vielmehr mit zwei neuen 'Instrumenten': das nicht nur strukturell Neue der Gottesbeziehung ist nun die Interpretation als Bund, der in einen Gesetzeskodex und einen Vertragstext eingebettet ist.[850] Das nicht nur inhaltlich Neue besteht in der erstmalig vollzogenen Synthese der Forderung nach Kultreinheit

---

[846]Auch für das Folgende: BRAULIK, Georg (1986), 6ff.

[847]BRAULIK, Georg (1985), 8. Assmann geht demgegenüber, die Thesen Morton Smith' aufnehmend, eher von einer dem Jerusalemer Hofe oppositionell gesinnten Verfasserschaft des Dtns bzw. der monotheistischen Idee aus, vgl. ASSMANN, Jan (1992a), 226.

[848]Braulik übernimmt diesen Begriff von Siegfried Herrmann, vgl. BRAULIK, Georg (1985), 115.

[849]BRAULIK, Georg (1985), 115 spricht hier (und in BRAULIK, Georg (1986), 14) von "Ekklesiologie". Dieser Terminus scheint aber trotz der Herleitung des Begriffs 'Ekklesia' aus der Septuaginta im Spiegel einer durch die "Theologie nach Auschwitz" gewonnenen Sensibilität gegenüber der Eigenständigkeit jüdischer Tradition und Theologie jenseits christlicher Adaptionen sowohl bibeltheologisch als auch dogmatisch so viele Ungereimtheiten aufzuweisen, dass er nicht übernommen wird.

[850]Zur Anknüpfung an Befunde Lohfinks vgl. BRAULIK, Georg (1985), 118.

(JHWH-allein-Verehrung) und Kulteinheit (Kultzentralisation) in der Bundestheologie.[851]

Versteht sich das Deuteronomium, wie aufgezeigt, von Anfang an als Torah, als 'Unterweisung' (durch JHWH bzw. durch Mose), dann konzipiert es 'Israel als Gottesvolk' von seinem Wesen her als *Lerngemeinde*, die "aus dem Hören auf das Wort Gottes zum Glauben (z.B. 6,1-3) und Lieben (z.B. 6,4f)",[852] also aus und in der Erinnerung an die ergangene Gottesoffenbarung als Gesellschaft ersteht. Doch der vorherrschende Pluralismus im Juda der ausgehenden Königszeit nimmt als Kulturschock der kollektiven Erinnerung ihre Selbstverständlichkeit, die Identität Israels muss (wieder) in das Stadium einer reflektierten, explizit angeeigneten und weitergegebenen gehoben werden. Der Identität generierende und kollektiv geteilte Glaube muss erst wieder gelernt und gelehrt werden. Als zentrale Orte der ausstehenden Sozialisation kennzeichnet das Deuteronomium die *Familie* und die *Volksversammlung* (d.h. kollektiv begangene Feste wie z.B. das Pessach und das Laubhüttenfest innerhalb des Schabbatjahres[853]). Bedingung und Zweck dieser Sozialisation bleibt die Existenz Israels als gesellschaftliche Größe, deren Kontinuierung daran geknüpft bleibt, dass Israel "durch ständiges Lehren und Lernen lebendige Anrede in jedem 'Heute' ist."[854] Die Selbsterfahrung und Selbstdarstellung als eine solche 'kontinuierliche und kollektive Lerngemeinschaft' findet Israel im Fest, denn das Fest ist "die Geburtsstätte der richtigen Gesellschaft."[855] Über die sozialisierende Bedeutung des Festes und der Festgemeinde entwickelt erstmalig in der Hebräischen Schrift das Deuteronomium einen systematischen Entwurf und stellt in einer zweigeteilten 'Theorie einer Volksliturgie' den Festtypus "Leidensgedächtnisfeier" (Pessach) neben den Typus "Erntedankfeste" (das Wochen- und das Laubhüttenfest).[856] Ein durchgängig anzutreffendes Merkmal der Festtheorie bleibt dabei, dass beide Grundtypen im Rahmen

---

[851]BRAULIK, Georg (1985), 115f. Braulik weist darauf hin, dass thematisch die Kultreinheit / JHWH-allein-Verehrung im Gegensatz zu Kulteinheit / Kultzentralisation *kein* Eigengut des Deuteronomiums darstellt.

[852]BRAULIK, Georg (1986), 14.

[853]BRAULIK, Georg (1986), 15f.

[854]BRAULIK, Georg (1986), 15.

[855]BRAULIK, Georg (1991), 66 bezieht diese Aussage zunächst auf Pessach, da aber auch die 'Volksversammlung am Laubhüttenfest des Schabbatjahres' die Gesellschaft (wieder) in diese 'Entstehungssituation' hineinstellt, kann von einer generellen, bewusstseinserneuernden Qualifizierung des dtn Lernrituals ausgegangen werden (vgl. BRAULIK, Georg (1991), 67).

[856]BRAULIK, Georg (1991), 67. Die Zweiteilung Brauliks scheint strukturell richtig, in ihrer inhaltlichen Begründung allerdings prüfungsbedürftig, da er doch einerseits anerkennt, dass "Freude das Leitwort der dtn Festtheorie" ist (BRAULIK, Georg (1991), 72), was der Charakterisierung des Pessach-Festes als 'Leidensgedächtnisfeier' zuwiderzulaufen scheint und andererseits die Vollversammlung am Laubhüttenfest im Schabbathjahr Fest-dramatisch v.a. von der JHWH-Furcht bestimmt ist, was der Kennzeichnung dieses Festes als 'Freudenfest' zu widersprechen scheint (vgl. BRAULIK, Georg (1991), 72f). Auch scheint der Charakter von Pessach eher darin zu liegen, des Leidens nur deshalb zu gedenken, um die Befreiungstat JHWHs zu qualifizieren, d.h. das Gedenken des Leidens hätte eher eine funktionale Bedeutung als eine substantielle, wie der Begriff 'Leidensgedächtnisfeier' suggerieren kann.

der deuteronomischen Kultreform eine gesellschaftspolitische bzw. religionspolitische Neubestimmung erfahren und jetzt im Vergleich zu ihrer Stellung im alten 'Kultkalender' (Ex 34,18-23) zu ausgezeichneten Orten der Sozialisation und Geschichtsdeutung Israels stilisiert werden.[857] Dem *Pessach-Fest* wird im gesellschaftspolitischen Leben eine tagespolitische und eine grundsätzliche, bewusstseinsbildende Funktion zugesprochen. Tagespolitisch markiert es als 'Gründungsveranstaltung' (2 Kön 23,21-24) einen politisch-kultischen Akt der Initiation bzw. Einführung einer letztlich neuen Epoche, der Einsetzung des Bundesvertrages als nationale Befreiungsbewegung des Königs Joschija.[858] Die neue bewusstseinsbildende Funktion erhält dieses Fest, indem es zur "Befreiungsliturgie" gesteigert wird:[859] Erst das Deuteronomium institutionalisiert Pessach als kollektiv begangenen Ritus, der durch seinen Mitvollzug bzw. als Konsequenz seiner Begehung ein verändertes Bewusstsein in der Folgezeit evoziert.[860] Dies geschieht dadurch, dass die Erinnerung an den Auszug aus Ägypten im Pessach-Fest zum kultsymbolisch mitvollzogenen Exodus in der Gegenwart wird. Erinnerungssymbole, wie z.B. die Matzah (מצה), erinnern zunächst an den einmaligen fluchtartigen Zug in die Freiheit, dann begleiten sie die aktuelle Erfahrung umfassender Einheit mit allen Teilen Israels sowie mit JHWH im Festmahl, und schließlich versinnbildlichen sie als Wegzehrung auf dem Rückweg von dem Wallfahrtsfest in Jerusalem das anhaltende Unterwegssein ('Ausziehen') Israels.[861] Damit ist die theologische Mitte des Pessach-Festes umrissen, der Exodus endgültig zum befreiend-erlösenden Muster geworden, dessen rituelle Begehung der israelitischen Gesellschaft, trotz des mittlerweile etablierten Lebens im Land der Verheißung, eine kontinuierliche Erneuerung aus der Gnade des Exodusgeschehens gewährt. Das Erntefest kurz nach der Jahreswende, das *Laubhüttenfest*, und das Erntefest der Erstlingsfrüchte, das *Wochenfest*, erhalten eine gesellschaftspolitische Neubestimmung, indem die Erinnerung an 'Ägypten und den Exodus' als Bedingung des Feierns dieser Feste bestimmt wird und so schon im Vorfeld bzw. unmittelbar im Festvollzug die Veränderung des kollektiven Bewusstseins wirkt.[862] Die theologische Mitte dieser Erntefeste liegt hier in der Zielvorstellung, alle Klassenschranken niederzureißen und ganz Israel in Freude zu vereinen.[863]

---

[857]BRAULIK, Georg (1991), 72.

[858]BRAULIK, Georg (1991), 68f.

[859]Vgl. auch für das Folgende BRAULIK, Georg (1991), 69f sowie für den kollektiv begangenen Ritus BRAULIK, Georg (1986), 16.

[860]BRAULIK, Georg (1991), 71.

[861]BRAULIK, Georg (1991), 69f.

[862]BRAULIK, Georg (1991), 71 nennt hier zwar nur das Wochenfest, doch die von ihm angeführte Begründung durch die Integration aller sozialen Schichten in die (Fest-)Gemeinde gilt ebenfalls für das Laubhüttenfest (vgl. Dtn 16,14).

[863]BRAULIK, Georg (1991), 73. Braulik weist darauf hin, dass im Zusammenhang des dtn Anliegens, gegen eine Aufsprengung des Volkes Israel in z.B. unterschiedliche soziale Schichten zu arbeiten, auch die Demokratisierung der Opferkompetenz gehört, d.h. neben der Zurückweisung weitgehender priesterlicher Privilegien auch die Befreiung der Frau zur vollen Teilnahmemöglichkeit am Opferritus zu beachten bleibt, vgl. BRAULIK, Georg (1991), 73f.

(4) Kann das Deuteronomium aufgrund der dargestellten Theologie einer verknüpften Lebens- und Sozialordnung als "Mitte des AT"[864] qualifiziert werden, so bleibt als letzter Akt der intendierten Überprüfung des Assmannschen Postulats einer im Deuteronomium erfolgenden 'Transformation der Erinnerung zur Religion', die deuteronomische Verschmelzung alter Traditionen mit eigenen Aussagen zu einer neuen Theologie von einem weiteren Blickwinkel her auszuloten. Dieser wird in dem *monotheistischen Bekenntnis* des endredigierten Deuteronomiums ausgemacht. Auch hier bleibt die Genese und Funktion dieses Bekenntnisses über die unterschiedlichen gesellschaftlichen Rahmenbedingungen hinweg zu verfolgen, um die Möglichkeitsbedingungen einer neuen kollektiven Identität Israels näher in den Blick bekommen zu können.

Gegen die bei Assmann anzutreffende bzw. von ihm rezipierte Vorstellung einer von Anfang an *monotheistisch* bestimmten JHWH-allein-Bewegung,[865] setzt Braulik das Modell "eine[r] kontinuierliche[n] Entwicklung der Gotteslehre"[866] in den Texten des Deuteronomiums. Dementsprechend ist nicht von einer bekenntnismäßig fixierten Widerstandsbewegung auszugehen, deren erstes Hindernis für eine Israel-weite Durchsetzung ihrer eigenen Theologie die bis zum Exil andauernde übermächtige Deutungskonkurrenz nicht-monotheistischer Kreise, d.h. ihre Verdammung als 'Untergrundbewegung', darstellt. Vielmehr ist von einem, auch die Trägerschichten der Reform umfassenden, inhaltlichen Reifungsprozess auszugehen, an dessen Ende - erst nach einer "Götterdämmerung"[867] - von einem dezidierten Monotheismus gesprochen werden kann. Eine machtpolitische, revolutionäre Deutung lässt Braulik eher für das exklusiv deuteronomische Theologumenon "Kulteinheit" / Zentralisation offen, wohingegen er die Forderung nach "Kultreinheit" / Monotheismus letztlich einerseits an strukturelle Voraussetzungen des traditionellen israelitischen JHWH-Glaubens knüpft und andererseits die Geburt des Monotheismus, d.h. seine konkrete Ausformulierung, in Abhängigkeit von einer bestimmten gesellschaftspolitischen Situation sieht.[868] Zu den strukturellen Bedingungen jahwistischer Traditionen ist ein charakteristisches, von Israel nicht weiter immanent begründbares, Geschichts- und Wirklichkeitsverständnis zu zählen und zu der sozial-politischen Verortung der Umstand, dass die "monotheistische Formulierung (...) sich aber erst unter dem Druck des babylonischen Exils" entwickelt.[869]

---

[864]BRAULIK, Georg (1986), 14.

[865]Assmann rezipiert v.a. die Befunde von Smith und Crüsemann, vgl. ASSMANN, Jan (1992a), 202-204, 206f, 226 für die Darstellung der JHWH-allein-Bewegung.

[866]BRAULIK, Georg (1985), 147.

[867]BRAULIK, Georg (1985), 141.

[868]Braulik selbst formuliert diese abstrahierte Zweiteilung seiner Argumentation nicht, sie wird aber aus den nachfolgenden Beiträgen gefolgert. Vgl. hierzu BRAULIK, Georg (1985), 116, 131f, 148f.

[869]Braulik spricht im Zusammenhang mit Israels Selbsteinschätzung der Realitätswahrnehmung (Dtn 4,34f) von 'gnadenhafter Gewährung', vgl. BRAULIK, Georg (1985), 145. Inhaltlich bliebe mit dieser jahwistischen Tradition dann die Vorstellung eines in der Geschichte sich offenbarenden, personalen Gottes (vgl. Tetragram, 'Heilsgeschichte') sowie des Nexus' von Tun-Ergehen und in jüngerer, dtn Zeit auch das Vertragsmodell verbunden. Zum Zitat als Beleg einer aktuellen Krisenbewältigung vgl.

Wird der kontinuierlichen Entwicklung der Gotteslehre innerhalb der chronologisch geordneten Texte des Deuteronomiums nachgespürt, so fordert die jahwistische Tradition in vorexilischer Zeit innerhalb der *Bundestheologie* zunächst eine *monolatrische Praxis* ein.[870] Die Existenz anderer Götter wird nicht bestritten, aber *Israels* Bestimmung wird darin gesehen, sich allein auf JHWH als seinen Gott zu verpflichten. Im Sinne einer reflektierten Theologie wird hier ein Ausschließlichkeitsanspruch unter dem Referenzsystem 'Polytheismus' formuliert, welcher sich dadurch von anderen Spielarten des Polytheismus unterscheidet, dass die typisch polytheistische Vorstellung, dass "jeder Gott ein Element einer göttlichen Konstellation ist"[871] aufgegeben wurde. Entsprechend bleibt Dtn 6,4, die "Kurzformel der Jahwereligion",[872] ursprünglich ohne die erst später redaktionell vorgestellte 'monotheistische Lesehilfe' in Dtn 4 einer "monojahwistische[n] Auslegung"[873] offen. Gegen eine Entwicklung der Aufspaltung des Jahweglaubens in verschiedene Jahwegestalten in lokalen Jahweheiligtümern mit deren unterschiedlicher Ausprägung in Ritus und Glaubensinhalt, stellt 6,4 die Konzeption der Einheit *dieses* JHWH ("JHWH ist ein einziger"). Wie im gesamten Deuteronomium, so liegt auch hier der Nachdruck nicht auf (ontologischen) Gottesaussagen, sondern auf dem Liebesgebot, d.h. auf einem (JHWH-gemäßen) Handeln Israels.[874] So findet sich hier in 6,4f nicht das Bekenntnis zu dem einen Gott des Monotheismus, sondern die Aufforderung der ausschließlichen Liebe Israels zu *seinem* Gott, JHWH, oder doch ontologisch gewendet: "Nur als der Gott Israels ist Jahwe 'einzig', nur als der von Israel geliebte Gott ist Jahwe einzigartig. Dtn 6,4f impliziert also einen theoretischen Polytheismus".[875] Diese theoretische Aussage über JHWH wird in vorexilischer Zeit nur durch einen spezifischen Gebrauch der אל-Prädikationen ergänzt.[876] Die Prädikation als 'eifersüchtiger Gott' (קנא אל, vgl. Dtn 5,9; 6,15 und exilisch: 4,24) bezeichnet beide Aspekte der 'Eifersucht des JHWH': seine "glühende Zuneigung zu Israel und seinen Zorn gegenüber Israel wegen der Verehrung anderer Götter", wobei sich dieser Wesenszug zunehmend zur Drohung gegenüber Israel steigert.[877]

Die 'Eifersucht des JHWH' liefert auch den inhaltlichen Anknüpfungspunkt in der *Exilszeit*. Gleich einer ontologischen Verfestigung erkennt Israel (Dtn 4,24), dass die Eifersucht des JHWH nicht nur einen okkasionellen, emotionalen Zornesausbruch darstellt, sondern sein innerstes Wesen beschreibt. Eine weitere jahwistische Tradition

---

BRAULIK, Georg (1985), 117.

[870]BRAULIK, Georg (1985), 116f.

[871]BRAULIK, Georg (1985), 117.

[872]BRAULIK, Georg (1986), 55.

[873]Braulik übernimmt die "monojawistische" Qualifizierung von Bade, vgl. BRAULIK, Georg (1985), 119 Anm. 18.

[874]BRAULIK, Georg (1986), 121.

[875]BRAULIK, Georg (1985), 122.

[876]BRAULIK, Georg (1985), 118 (Anm. 14) engt diese Gottes-Prädikationen in Anlehnung an Lohfink auf die älteste Gottes-Prädikation, אל קנא, ein.

[877]BRAULIK, Georg (1985), 124.

(Dtn 3,24) beschreibt in der Exilszeit, eventuell auch schon seit der Spätzeit Joschijas, die *Einzigartigkeit*, nicht aber seine *Einzigkeit* als Gott.[878] Alle ontologischen Aussagen bleiben zu dieser Zeit erfahrungsfundiert und sogar erfahrungsverortet: "Jahwes Unvergleichlichkeit und Einzigartigkeit als *'el* erweisen sich in seinem Geschichtshandeln für Israel, konkret und vor allem in der machtvollen Herausführung aus Ägypten".[879] Die Feststellung, dass Gottes Heilshandeln noch nicht zu der Erkenntnis seiner Einzigkeit führt, formuliert in zugespitzter Weise Dtn 10,17, indem JHWH hier nicht nur "aus der gesamten Götterwelt herausgehoben, sondern [auch] an die Stelle Els, des Schöpfergottes und Götterkönigs im kanaanäischen Pantheon, gesetzt" wird.[880] So qualifiziert der hymnische Dreiklang der JHWH-Prädikation als El, als göttlicher Krieger und als Held (10,17b) JHWH zwar als ausgezeichneten, 'einzigartigen' Gott, doch impliziert diese Qualifizierung durch die Superlative (z.B. "Gott der Götter"; 10,17a) gerade umgekehrt die Existenz bzw. Annahme mehrerer Götter.

Die Katastrophe des Exils führt das Vertragsdenken, wie bereits erwähnt, aber auch strukturlogisch an sein Ende: die Verstrickung Israels in 'endlose' Schuld. Eine Perspektive kann in dieser Situation einzig noch der Gott Israels, der 'schuldlose' Vertragspartner, bieten, weshalb in der *fortgeschrittenen Exilszeit* mit einer "Doppelstrategie" die bisherige Tradition überarbeitet wird.[881] Bleibt Israel erstens auch weiterhin der Bundesidee verbunden, so wird in der neuen Bundetheologie doch der enge Nexus von Tun und Ergehen aufgesprengt, wenn das Bundesverhältnis neu unter die konstitutive Gnade von JHWH, welche über jeden Abfall Israels erhaben ist, gestellt wird. Zweitens wird eine Klärung des Umstandes angestrebt, wie Israel überhaupt schuldig werden konnte, indem es sich anderen Göttern zuwandte, d.h. das Verhältnis der anderen Götter zu JHWH, welches bisher ausgeklammert wurde, gilt es jetzt neben dem Verhältnis Israels zu JHWH in Augenschein zu nehmen. Im Rahmen *dieser* letzten Fragerichtung "erfolgt dann - nicht nur juristisch stringent, sondern auch rational logisch - der Durchbruch zum Monotheismus".[882] Zunächst widmet sich Dtn 7 (v.a. 7,8-11) dem Aufweis des Wesens seines JHWH aus der Geschichte Israels und wird in diesem Zusammenhang zur *"Schwelle des Monotheismus"*.[883] Im historischen Aufweis wird die alte Prädikation קנא אל (*ein* eifersüchtiger Gott, Ex 34,14; Dtn 4,24) durch האל הנאמן (*der* treue Gott, Dtn 7,9) ersetzt, und die Parallelität von Tun-Ergehen, von Bestrafung und Treue Gottes, wird aufgehoben. Die Gnadentreue wird mit dem Begriff ברית (7,9) verknüpft, der nun nicht mehr die Vertragsverpflichtungen Israels, sondern die Eidesleistung von JHWH gegenüber den Patriarchen und die Wirksamkeit dieses Bundes markiert (7,8), dabei wird erst

---

[878]BRAULIK, Georg (1985), 126f.

[879]BRAULIK, Georg (1985), 127f.

[880]BRAULIK, Georg (1985), 128, 130.

[881]Auch für das Folgende BRAULIK, Georg (1985), 132.

[882]BRAULIK, Georg (1985), 133.

[883]BRAULIK, Georg (1985), 136. Hervorhebung nicht im Original.

hier der bisherige Väter*schwur* des JHWH vor den Patriarchen zum Väter*bund* umformuliert.[884]

Der Gott Israels wird also aufgrund der Geschichte mit Recht als 'der treue Gott' bezeichnet, doch das Verhältnis zu anderen Göttern bleibt ungeklärt, denn diese werden nicht eigens erwähnt, was entsprechend auch für das Fehlen der Leugnung ihrer Existenz gilt. Ebenfalls in der *fortgeschrittenen Exilszeit* entsteht dann Dtn 4,1-40 als "eine eigenständige Synthese deuteronomischer Theologie zum Thema: Jahwes Gottsein und Israels Gottesverhältnis mittels seiner Torah."[885] Im Verlaufe dieses Kapitels kommt es zum endgültigen Durchbruch bzw. zur *"Geburt des Monotheismus"*, wobei sich die zugrundeliegende Gotteslehre nicht nur über eine differenzierte Gottesterminologie bildet, sondern auch dadurch, dass jene Formensprache weiterentwickelt wird, welche in älteren Texten der Darstellung der Einzigartigkeit von JHWH diente.[886] Im Rahmen einer neuen Gottesterminologie werden die Begriffe יהוה, אלוהים und אל theologisch genau definiert und halten so die Perikope trotz des vorgegebenen polytheistischen Kontextes des Deuteronomiums in einer konsequent monotheistischen Sprache.[887] Auf diesem begrifflichen Fundament ereignet sich nun, was Braulik "eine kontinuierliche Götterdämmerung"[888] nennt und als schrittweise Bedeutungsentfaltung von אלוהים skizziert:[889] In Vers 7f erfolgt ein Vergleich Israels mit anderen Nationen, woraus hervorgeht, dass Israel um seines Gottes willen einzigartig ist. Das Verhältnis der anderen Götter zu JHWH, zu ihren jeweiligen Völkern und die Macht jener Götter bleibt damit allerdings unbestimmt. Die Verse 19 und 28 nähern sich dieser Auseinandersetzung, indem diese 'anderen Götter' auf ihre vordergründige Profanität als Mond, Sonne u.s.w. reduziert werden und ihre Funktion als Kultobjekte für die Völker auf die Bestimmung durch den Gott Israels, auf JHWH, zurückgeführt wird. Schließlich qualifizieren die Verse 33 und 34 das Wesen der Kultobjekte dieser Völker endgültig durch den Aufweis ihrer "Wirkohnmacht" in der Geschichte. Die Existenz anderer Götter wird nun ausdrücklich negiert. Keines dieser Kultobjekte ist zu einer Befreiungstat in der Lage, wie sie einzig JHWH seinem Volk gegenüber immer wieder erweist. Keines der anderen Völker kann eine derartige außerordentliche Erfahrung von *Heils*geschichte bezeugen. Die theologische Terminologie ist auf ihrem monotheistischen Höhepunkt: "Jahwe allein ist האלוהים, ist *der* Gott, keiner sonst außer ihm" (Dtn 4,35). Mit Vers 35 ist "tatsächlich der Monotheismus bereits im Deuteronomium geboren"[890], denn hier wird eine Unvergleichlichkeit formuliert, welche nicht mehr bloß Unerreichtes, sondern nun Exzptionelles zum Gegenstand hat und zur Gänze aus dem polytheistischen Referenzsystem entwachsen ist. Vers 40 legt schließlich die Funktion dieser 'theologischen Läuterung'

---

[884]BRAULIK, Georg (1985), 133f.

[885]BRAULIK, Georg (1985), 138.

[886]BRAULIK, Georg (1985), 138f, 143, 146, 153f, 159.

[887]BRAULIK, Georg (1985), 139f.

[888]BRAULIK, Georg (1985), 141.

[889]Vgl. auch für das Folgende BRAULIK, Georg (1985), 141-149.

[890]BRAULIK, Georg (1985), 146.

offen: der Monotheismus stellt keinen Selbstzweck dar, sondern "bildet (...) die Voraussetzung dafür, dass Israel wieder seine Gesellschaftsordnung praktizieren und so glücklich und dann auch lange im Verheißungsland leben kann."[891]

Am Beispiel der למד-Konzeption und der Herausbildung eines monotheistischen Bekenntnisses aus einem polytheistischen Bezugssystem wurde Gehalt und Charakter des Deuteronomiums als situativ fortschreitender, von Reflexion zeugender und zu Reflexion auffordernder Reifungsprozess bestimmt. In diesem Sinne kann in dem Deuteronomium heute nicht nur ein (einmaliges) "*Manifest* einer Art nationale[n] Erweckungsbewegung am Ende jahrhundertelanger assyrischer Unterdrückung"[892] gesehen werden, sondern dieses Werk darüber hinaus als '*Tagebuch*' einer über *viele Jahrhunderte mannigfaltiger sozio-politischer Brüche* andauernden Geschichte einer nationalen Erweckungsbewegung bezeichnet werden.

4.7.2 Anmerkungen und Ausblicke zur kulturtheoretischen Konzeption Jan Assmanns

Das herausragende Verdienst Jan Assmanns bleibt es, den methodisch wie inhaltlich noch in Kinderschuhen steckenden Forschungsansatz Maurice Halbwachs' aufgegriffen und zu einem eigenständigen Forschungsauftrag fortentwickelt zu haben. Die bisher veröffentlichten Ergebnisse kulturgeschichtlich verorteter Analysen kollektiver Gedächtnisphänomene zeichnen sich durch ein hohes Maß sowohl an kultureller Differenziertheit als auch an begrifflicher Exaktheit aus. Die Rückbindung eigener Überlegungen an die gewählte deskriptive, sozial-konstruktivistische Perspektive verdeutlicht den Anspruch, einem intendierten kultur*theoretischen* Beitrag gerecht zu werden sowie durch die eingeschlagene Arbeitsweise, Genese und Gehalt der einzelnen Aussagen offen zu legen und einer interdisziplinären Diskussion zugänglich zu halten. Steht diese Diskussion zweifelsfrei v.a. für das weite Feld der deutschsprachigen Religionssoziologie und katholischen Theologie noch aus, so werden nachfolgend eigene Rückfragen an das Konzept von Assmann im Hinblick auf eine Rezeption für ein 'religiös-kulturelles Gedächtnis' im Christentum formuliert. Diese Anfragen wollen zur Auseinandersetzung mit den Thesen Assmanns ermuntern. Sie können nicht mehr, als eine Tür aufzustoßen und kommen deshalb notwendigerweise nicht über einen fragmentarischen Charakter hinaus. Die eigenen Anmerkungen plädieren zunächst für eine Differenzierung des Modells einer "konnektiven Gerechtigkeit" in Israel (1), versuchen anschließend eine Einordnung des Phänomens 'Religion' im konstatierten Prozess unterschiedlich gesteigerter kultureller Medien (2) und treten zusammenfassend für die Weiterentwicklung des Konzeptes eines 'kulturellen Gedächtnisses' im Zusammenhang der Differenzierung von Gedächtnis, Erinnern und Vergessen ein (3).

---

[891]BRAULIK, Georg (1985), 147.

[892]ASSMANN, Jan (1992a), 298. Hervorhebung nicht mit dem Original übereinstimmend.

4.7.2.1   Sonderfall 'konnektive Gerechtigkeit' in Israel

Die "konnektive Gerechtigkeit" wurde als "Zusammenhang von Tun und Ergehen"[893] eingeführt, deren Kennzeichen in der Erscheinungsweise als "religiöse Gerechtigkeit"[894] grundsätzlich darin besteht, den 'Nexus' in die Sphäre der Götter auszulagern und ihn so der unmittelbaren Regulierung durch Menschenhand zu entziehen. In der speziellen kulturellen Ausprägung einer "religiösen Gerechtigkeit" *Israels* entwickelt sich als Funktion dieser "iustitia connectiva" die 'Geschichte' bzw. eine spezifische Geschichtsschreibung.[895] Die zeitgebundene Existenz des Individuums wie des Kollektivs wird hier in einen religiös-transzendent verorteten, final ausgerichteten und raum-zeitübergreifenden Horizont, in die *Heils-Geschichte*, hineingestellt. Dieser Horizont wird in Israel begründet, indem sich die Zeitwahrnehmung im Zusammenhang "textueller Kohärenz" zur linearen "Verantwortungszeit" dehnt, deren normativer und formativer Anspruch im Kanon ein Höchstmaß an Verbindlichkeit und Fixierung erfährt.[896] Der Ursprung der "konnektive[n] Gerechtigkeit" wurde darüber hinaus im Rechtlich-Politischen situiert, d.h. das Modell des ברית stellt eine Transformation des Politischen in den Raum des Religiösen dar, wobei sowohl Denkstrukturen als auch Denkinhalte des politischen Ursprungs Eingang in die Sphäre der Religion finden.[897] Das Faktum der Heilsrelevanz der Lebensführung und der Umstand, in JHWH einen unmittelbaren Vertragspartner zu kennen, qualifiziert jede Vertragsverletzung Israels als 'Sünde'.[898]

Die Herkunft aus dem Rechtlich-Politischen eröffnet nun - *entgegen* Braulik - die Möglichkeit, mit der Schulderfahrung zu leben, d.h. Vertrags*verletzungen*, 'Sündenfälle' zu regeln.[899] So wie die Zuordnung Israels gegenüber seinem Bündnisgeber in "Liebe" und "Furcht" aus der Sprache der Vasallenverträge und Loyalitätsvereidigungen entwickelt wird,[900] bleibt auch die Bandbreite möglichen Verhaltens des Vertragsgebers JHWH typologisch aus demselben rechtlich-politischen Kontext zu bestimmen. Diese Bandbreite erstreckt sich dabei von "Zorn" bis zu "Huld-" bzw. "Gnadenerweisen".[901]

---

[893]ASSMANN, Jan (1992a), 297.

[894]ASSMANN, Jan (1992a), 234.

[895]ASSMANN, Jan (1992a), 229, 255 u.v.a. 257. Vgl. auch Anm. 500.

[896]Zur 'Zerdehnung' der kreisläufigen Zeit zur linearen vgl. die Kapitel 4.4.3. und 4.4.3.1 (S. 137 - 143) und v.a. S. 142; zur entscheidenden Radikalisierung linearer Zeitvorstellungen im Kanon vgl. Kapitel 4.4.4, v.a. S. 143f (Anm. 641) und S. 147 Anm. 663f (für ein entsprechendes Verständnis des Begriffs "Medium zweiten Grades").

[897]Vgl. Kapitel 4.6.1, S. 157ff.

[898]Zum Vertragsbruch als "Urmodell der Sünde" vgl. S. 159f.

[899]Dieser Ansatz wendet sich gegen Braulik, solange dessen Aussage, "die Logik eines Vertrages bot keinen Ansatz zu einem Neubeginn durch das schuldig gewordene Israel" als grundsätzliche, situationsunabhängige und damit typologische Feststellung begriffen wird. Auch vor dem Hintergrund seiner historischen Einordnung führt Braulik seine Feststellung nicht argumentativ aus; vgl. Anm. 819.

[900]ASSMANN, Jan (1992c), 100, 103.

[901]Assmann weist konkret nur für den göttlichen "Zorn" die Genese aus dem Politischen nach, vgl. ASSMANN, Jan (1992c), 83-99. Er fasst seine Beobachtungen allerdings dahingehend zusammen, dass

Akte der "Gnade" und des "Erbarmens" stellen strukturell die Ansatzpunkte dar, um ein Bündnis, einen Vertrags- und Rechtskodex über den Hiatus des einmaligen oder zumindest die Ausnahme bleibenden Vertragsbruches hinweg retten zu können.

Die Geschichtsdeutung Israels führt jedoch dieses Denken zu einem bestimmten Zeitpunkt an sein logisches Ende. Damit wird in der nachfolgenden Deutung nun doch der *von* Braulik formulierte Einwand fortgeführt: Mit der Konstruktion der Geschichte Israels als *andauernder* Katastrophengeschichte, als anhaltende Geschichte *einseitiger* Verletzungen *elementarer* Vertragsbedingungen, scheint das 'Kontinuierungs-' und 'Vergebungsprinzip' "Gnade" ausgereizt, weil überfordert, zu sein. Das Hoffen auf "Erbarmen" erscheint unangemessen angesichts der Schwere und der Häufigkeit des Vergehens (Idolatrie und unsoziales Leben als wahrgenommener 'roter Faden' für die Zeit vom Horeb bis ins Land Kanaan; vgl. Dtn 9,12; 31,16). Der rechts-politische Erfahrungsraum kann unter dieser Perspektive, so die These, nicht als Requisite für ausstehende Analogie- bzw. Transformationsschlüsse fungieren, weil jegliche Verhältnismäßigkeit zwischen Vertragsbedingung und konkreter Vertragserfüllung angezweifelt werden muss, deren relative Wahrung doch Bedingung für eine 'gnadenhaft gewährte Vertragsverlängerung' bleibt. Das Festhalten Israels bzw. die in der fortgeschrittenen Exilszeit entworfene Vorstellung eines אל הנאמן, eines *treuen* Gottes (Dtn 7,9) und eines אל רחום, eines *barmherzigen* Gottes (Dtn 4,31) stellt eine Weiterentwicklung des Vertragsdenkens dar, welche durch einen qualitativen, nicht nur quantitativen, Sprung der konnektiven Gerechtigkeit gekennzeichnet ist.

Dieser qualitative Sprung in der Konzeption eines Nexus von Tun und Ergehen muss zum Problem werden, dem *inner*biblisch, d.h. sozial-politisch und theologisch, nachzuspüren bleibt, denn 'unselbstverständlich', in diesem Sinne 'unlogisch', erscheint, wie es in einer *solchen Situation* zur Transformation 'okkasioneller Gnadenakte' zu einem 'huldvollen Wesenszug' kommt. Mit anderen Worten: Es bleibt im Detail zu klären, warum Israel auch unter diesen Bedingungen über die Bekräftigung der Erhabenheit Gottes (Theodizee) und nicht umgekehrt durch die Anklage Gottes (Theodizeefrage) für sich selbst eine katastrophenfreie Zukunft erkennt. Es darf angenommen werden, dass gerade in der Exilszeit ein zusätzlicher entscheidender Aspekt der Transformation kultureller Identität im Verlauf der Geschichte Israels zu verorten ist, in dessen Rahmen ein weiteres Mal an der Torah und damit an den Weisungen und Verheißungen der Vergangenheit festgehalten wird und sich dieses Festhalten nicht als unrealistische Utopie erweist.

"Zorn, Liebe und Erbarmen (...) Attribute des göttlichen Richteramtes" sind, vgl. ASSMANN, Jan (1992c), 86. Der Charakter israelitischer Gottesbeziehung wird dann dadurch bestimmt, dass Gehalt und Struktur der rechtspolitischen Bindung auf Gott "umgebucht" werden, vgl. ASSMANN, Jan (1992c), 104. Zur Gegenüberstellung von Zorn und Gnade in der Ausgestaltung rechtspolitischer Beziehungen vgl. ASSMANN, Jan (1992c), 103.

4.7.2.2   Hypostasierung und pädagogische Modulation als Kennzeichen des 'Medium dritten Grades'

Der innerbiblische Befund bestätigt grundsätzlich die These Assmanns, dass mit dem Deuteronomium in Israel eine kulturgeschichtlich neue Form kultureller Mnemotechnik, kulturellen Gedächtnisses und damit auch eine neue Form kollektiver Identität entsteht.[902] Um den damit verbundenen qualitativen Sprung gegenüber anderen religiösen Systemen zu markieren, wurde in der vorliegenden Arbeit von der 'Erfindung der Religion im emphatischen Sinne' gesprochen.[903] Ein solch dezidiertes Religionssystem scheint aber im Horizont einer mediengestützten Analyse der abschließenden typologischen Einordnung in das Gesamt einer Kulturtheorie des kulturellen Gedächtnisses erst noch zu bedürfen. Die Relevanz für diese ausstehende Relationierung wird darin gesehen, dass mit den "Medien ersten -" und "zweiten Grades" (Schrift und Textkanon) zwar die medialen Potentiale und die für Israel realisierte kulturspezifische Aktualisierung dieser Potentiale nachgezeichnet werden konnte, damit allerdings nur die einzelnen Voraussetzungen für die letztendlich entscheidende Transformation zur Religion offengelegt wurden. Die Charakterzüge des eigentlichen Transformationsschrittes und Transformationsproduktes konnten damit aber nicht hinreichend geklärt werden. Mit anderen Worten: Es ist zu vermuten, dass die Generierung eines kulturellen Gedächtnisses im Rahmen einer (monotheistischen) Religion - wie auch im Rahmen von Philosophie bzw. Politik (wie in Griechenland) - nicht auf die bloße Addition "Medien ersten -" und "zweiten Grades" reduziert werden kann. Vielmehr bedarf die charakteristische Transformationsleistung eines religionsgestützten Gedächtnisses einer eigenen typologischen Qualifizierung.

Die nachfolgend begründete Hypothese, im 'ungekündigten Bund' bzw. in der Religionsform des deuteronomistischen Israels ein *"Medium dritten Grades"* zu erkennen, ist durch das Proprium jener Religion motiviert.[904] So wird das Spezifikum der 'prägnanten Religion' deuteronomischer Provenienz in der Symbiose von Gesellschaftsentwurf und spirituellem Lebensentwurf unter den Bedingungen der Hypostasierung der Funktion des Religiösen ausgemacht, wobei ein entscheidender Modus dieser Hypostasierung im 'Lernen kulturellen Erinnerns' liegt.

Im Assmannschen Sinne einer "sekundären Religion", ist Religion dann aus drei Gründen als ein weiteres, umfassendes "Medium kulturellen Gedächtnisses" neben Schrift und Textkanon zu bezeichnen: Der 'dritte Grad des Mediums (monotheistische) Religion' zeichnet sich durch eine Multimedialität der Speicher-, Reproduktions- sowie Kommunikationsebenen aus (1). In diesem Medium erfolgt eine Problematisierung des

---

[902]Zur These Assmanns vgl. ASSMANN, Jan (1992a), 212.

[903]Vgl. Kapitel 4.6.1, S. 159ff.

[904]Im Sinne der auf S. 189 formulierten Fragen für eine ausstehende Auseinandersetzung mit den Thesen Assmanns wird die Aufgabe dieser Arbeit nicht darin gesehen, die nachfolgenden Einzelhypothesen an dieser Stelle durch ihre bibeltheologischen wie kulturtheoretischen Argumente zu untermauern.

gespeicherten Erinnerungswertes (2), und das Medium 'Religion' thematisiert und organisiert schließlich auf spezifische Weise das Erinnern *und* das Vergessen (3).[905]

(1)   Sind die "Medien ersten -" und "zweiten Grades" noch von der Selektion und Konzentration auf eine einzige (oder zumindest einzelne) Kommunikationsebene(-n) geprägt, so besticht das 'Medium dritten Grade' durch seine *Multimedialität*.[906] Dieses Medium stellt den Ort dar, an welchem ein nahezu vollständiges Spektrum menschlicher Wahrnehmungsebenen - wie unter einem Brennglas - vereint wird.
Die einzelnen Charakteristika der Medien "ersten" und "zweiten Grades" werden in ein umfassendes Gesamtkonzept eingebunden. Dabei umfasst das derart aufgebaute Spektrum sowohl Belange der Rezeption und der Kommunikation als auch des Handelns, wenn das Individuum in dem Medium 'Religion' einer Welt voller rationaler wie irrationaler, logischer wie mystischer, abstrakter wie konkreter, audio-visuell wie schriftgestützt-kognitiv vermittelter Denkfiguren begegnet. Diese Welt umgreift dabei die beiden Zeitregister 'kanonisierendes Erinnern an Erinnerung' und 'kommentierendes Fortschreiben in die Zukunft', welche sich in den beiden Erlebnisräumen der Gegenwart eröffnen: in der Konkretion der kultisch-rituellen Symbolhandlung und in der sozialpolitischen Realisation des gesellschaftlichen Lebens. Die gesamte Lebenswelt des Individuums bleibt in ihrer Wahrnehmungsvielfalt eingebettet in dieses Medium 'Religion'.

(2)   Gegenüber der Speicherung von Daten (Schrift diente als Beispiel für ein Dokument) und zusätzlich zu dem Erinnerungswert (Textkanon begegnete als Beispiel für ein Monument) wird auf der dritten Ebene kultureller Medien (Religion) der Erinnerungswert *problematisiert* bzw. die *Ambivalenz dieses Erinnerungswertes* zum Thema. Über die Speicherung von Daten und deren (Re-)Aktivierungswerte hinaus werden in diesem Medium auch die grundsätzlichen Konfliktfronten der Abwägung jener Erinnerungswerte und damit ein Wissen um die Kontingenz des Ausgewählten gespeichert.[907] Die aktuelle Begründung und Ausgestaltung des ursprünglich Gespeicherten und Bewerteten wird zum expliziten Gegenstand der Auseinandersetzung erklärt, sobald sich, im Zuge einer zunehmenden Selbstbeobachtung und Reflexion, die Wirklichkeitswahrnehmung eines raumzeitübergreifenden Kollektivs von einem zyklischen zu einem linearen Denken hinwendet. Vor dem Hintergrund eines linearen Zeitbewusstseins bleibt Erinnerung fortan in doppelter Weise problematisch: Sie wird einerseits bedrängt von der

---

[905]Der Hinweis auf Prozesse kulturellen Erinnern *und* solche kulturellen Vergessens wird in einem eigenen Kapitel nachfolgend vertieft, vgl. S. 196.

[906]Als Medien, die von einer solchen Reduktion der Kommunikationsformen betroffen sind, bleiben die Mündlichkeit, die Landschaft, die Schrift, in modifizierter Weise dann auch der Textkanon und der "Tempel-Kanon" Ägyptens zu nennen; vgl. den schematischen Überblick im Anhang S. 304. Das Fest, in dessen Zusammenhang Assmann von Multimedialität spricht, bildet hier ursprünglich nur einen graduellen Unterschied, der erst durch die Einbettung in das 'Medium dritten Grades' zu einem qualitativen wird.

[907]Zur Unterteilung der kulturellen Medien in Medien "ersten" und "zweiten Grades" vgl. ASSMANN, Aleida und Jan (1994), 120f.

Fraglichkeit der Relevanz und Adäquanz der kontrapräsentischen Erinnerung zur Bewältigung dieser aktuellen Situation und bleibt andererseits gebunden an die *Fraglichkeit des Gelingens* kontrapräsentischer Erinnerung bzw. des Gelingens von (Re-) Konstruktion (statt unmöglicher Reproduktion) in dieser Situation.[908] Erinnerung ist entsprechend fortan an den Aufweis einer zweifachen Bezogenheit gekoppelt: Es müssen die Kontexte umfassend wahrgenommen werden, welche die Gegenwart auf Erinnerung angewiesen erscheinen lassen (Relationierungen) und es muss die Möglichkeit gesehen werden, die eigene Stellung gegenüber diesen Kontexten aktiv verändern zu können (Relativierungen).

(3)   Die Religion als 'Medium dritten Grades' ist von einem Erinnerungsimperativ geprägt, dessen Geschehen und Inhalt nicht nur von einem *'positiven Erinnern'*, dem Aufruf, eine bestimmte Lehre der Vergangenheit nicht zu vergessen, bestimmt ist. Dieser Imperativ geht vielmehr auch mit einem *'positiven Vergessen'* einher, nämlich dem Aufruf, immer wieder einen kulturell zu bestimmenden Aspekt der Vergangenheit (organisiert) zu vergessen. 'Medien dritten Grades' generieren und stabilisieren unter diesem Gesichtspunkt betrachtet kulturelle Identität nicht nur durch Prozesse kulturellen Erinnerns, sondern auch über Prozesse eines kulturell geformten und gefüllten sowie individuell vollzogenen Vergessens. Das kulturelle Gedächtnis steigert die Komplexität kultureller Identität nicht nur in ihrem Gehalt (durch die Inklusion von Kontingenzerfahrung) sondern auch in ihren Prozessen. Im Rahmen der 'Erfindung der Religion im eigentlichen Sinne' entlastet und belastet das kulturelle Gedächtnis die Herausforderungen der Gegenwart auf einer religiös-transzendenten Ebene sowohl durch Prozesse des Erinnerns als auch durch solche des Vergessens.[909]

Aufgrund der attestierten eigenen Qualität des im jüdischen Kontext entwickelten Religionssystems für eine Kulturtheorie des Gedächtnisses wird diese Religion als ein spezifisches kulturelles 'Medium dritten Grades' eingeordnet. In Fortführung der Assmannschen Systematik, das "Medium ersten Grades" als "Dokument" und das "Medium zweiten Grades " als "Monument" zu bezeichnen, wird hier das 'Medium dritten Grades' mit dem Terminus 'transzendenes Sinnsystem' bzw. 'Ideologie'[910] gekennzeichnet. Die 'Erfindung der Religion' steht dann für die von einem speziell zu qualifizierenden kulturellen Gedächtnis ausgebildete Identität innerhalb eines religiös-transzendenten

---

[908] Die Thematisierung eines Lehr- / Lernkonzeptes wird als Versuch des Deuteronomiums gedeutet, gerade diesen beiden Anfragen zu begegnen. Diese doppelte Fraglichkeit wird gerade im Beitrag Vorgrimlers zu 'Anamnese' vermisst, der zwar auf die Relevanzebene eines Erinnerungsgeschehens hinweist aber trotz eines Hinweises auf die Zusammenhang von Sakramententheologie und Liturgie nicht auf die Generierungsebene eingeht, vgl. VORGRIMLER, Herbert (2000), 38.

[909] Ausführungen zu dem Nexus von Erinnern und Vergessen im nachfolgenden Kapitel 4.7.2.3.

[910] Der Ideologiebegriff wird hier in einem heuristischen Sinne verwandt. Mit dieser Einschränkung soll ausdrücklich auf die unterschiedlich analytisch enge Verwendungsweise innerhalb der Begriffsgeschichte hingewiesen werden. Der Begriff wird in dieser Arbeit in Anlehnung an Max Weber als entscheidende Kategorie zur Bestimmung des grundsätzlichen Zusammenhangs von Bewusstsein und sozial-politischer Macht, von menschlichem Geist und Gesellschaft, erachtet.

Sinnsystems. Das kulturelle Gedächtnis in Israel entwickelt seine multimediale, Kontingenz thematisierende, Prozesse des Erinnerns wie solche des Vergessens nutzende Leistungsfähigkeit durch die Hypostasierung des Religiösen. Die Transformation aller sozio-politischen Beziehungsmodelle und Beziehungsmomente ins religiös-theologische veranschaulicht die semantische Verschiebung *dieses* kulturellen Gedächtnisses. Neben der von Gott geoffenbarten Beziehungslogik kann keine zweite Anspruch auf Einsicht und Befolgung erheben, soll eine religiös-kulturelle Identität möglich bleiben. Die Sozialitätsfunktion und die Individualitätsfunktion eines kulturellen Gedächtnisses gehen in der Hypostasierung der Funktion der Religion ein symbiotisches Verhältnis ein, weil sich die religiöse Identität auf alle Bereiche menschlichen Lebens bezieht. Der religionspädagogischen Modulation der Erinnerungsfigur kommt unter der Bedingung der Hypostasierung des Religiösen eine besondere Bedeutung zu. Diese religionspädagogische Erschließung von gedächtnisbezogenen Räumen, Themen, Anlässen und Operationskompetenzen eröffnet, sichert und kultiviert Zugangsmöglichkeiten zur kollektiv geteilten Identität. Derart kann das kulturelle Gedächtnis 'portativ', d.h. unabhängig von konkret kollektiv geteilten Orten, Anlässen und Lebenslagen, zur Generierung und Sicherung kultureller Identität genutzt werden.

Ziel der Bestimmung des 'Medium dritten Grades' als transzendentes Sinnsystem ist es, den Religionsbegriff innerhalb einer Gedächtnistheorie für eine komparative Kulturtheorie anschlussfähig zu halten. Im Zusammenhang eines solchen Vergleichs könnten die drei angeführten Kriterien des 'Medium dritten Grades' an das zweite System einer zeitüberdauernd verankerten, kulturellen Identität angelegt werden. Am politisch-philosophischen System Griechenlands (dort erfolgt eine Transformation der Erinnerung zum "panhellenischen Bewusstsein") bleibt nachzuweisen, ob und inwiefern die drei Kriterien 'Multimedialität', 'Problematisierung' sowie 'Organisation von Erinnern und Vergessen' auch im Rahmen der Hypostasierung des Politischen anzutreffen sind. Sofern auch hier eine eigenständige und eigensemantische Steigerung des Komplexitäts- und Reflexionsgrades kultureller Identität festzustellen ist, lohnt es sich, an einem verbindenden Begriff dieser Transformations- und Institutionalisierungsstufe festzuhalten ('Medium dritten Grades').

Neben der letztgenannten kontrastiven Annäherungsweise an den Gehalt dieser Medien-Hypothese kann die idealtypisch ausgerichtete Kulturtheorie Assmanns aber auch innerhalb der einzelnen Kulturräume und Epochen weiterverfolgt werden. Von besonderem Interesse bleibt im Rahmen der Erfindung eines kulturellen Gedächtnisses im Medium 'Religion' die Frage, inwiefern eine solch artifiziell gesteigerte kollektive Identitätsform mit dem Erreichen einer bestimmten Abstraktions- und Institutionalisierungsebene eine 'Identitätsformel' ausbildet.[911]

Als solche bleibt das שמע ישראל (Dtn 6,4) in den Blick zu nehmen. Dieses kann im Gegensatz zu den *situationsgebundenen* Bekentisformeln des "kleinen geschichtlichen

---

[911]Diese Fragerichtung führt die Assmannsche Suche nach einem "Paradigma" einer neuen kulturellen Identität und die Braulicksche Bezeichnung von Dtn 6,4f als "Grunddogma und Grundnorm" fort.

Credos"[912] ab einem historisch aufweisbaren Grad der Ausdifferenzierung von Reli-
gionsinhalten und Religionsinstitutionen die Funktion einer *situations-* und *institutions-
unabhängigen* 'Identiätsformel' übernommen haben. Als Bekenntnisformel einer gemeinsamen Identität wäre das שמע ישראל gleichermaßen 'Identifikationsformel' wie auch
'Identitätsgenerierungsformel', weil es sich um eine Abbreviatur des spezifisch (religiös-
)kulturellen Gedächtnisses in Israel handelt. Als 'Identitätsgenerierungsformel' fasst
diese Abkürzung der Strukturen und Funktionen des kulturellen Gedächtnisses die
gedächtnisspezifische Wahrnehmung von Wirklichkeit wie auch die pädagogische
Modulation von Gedächtnisprozessen zusammen. Die Bekenntnisformel orientiert in
erkenntnisleitender Hinsicht, indem der Einzelne auf eine 'konnektive Struktur' verpflichtet wird. Die mit dem Motiv des 'Hörens' verbundene und auf dieses Leitmotiv
zugespitzte 'deuteronomische Pädagogik' veranschaulicht und erschließt den erkenntnisleitenden Anspruch des vorgestellten Weltbildes. Mit dem *'was'* des Glaubens wird
auch das *'wie'* der Welt vermittelt. Der Fortbestand Israels in der Welt ist nicht nur von
dem baren Überleben des Kollektivs, sondern von einer normativen Aufladung und
Ausgestaltung dieses (Über-)Lebens abhängig.[913] Als 'Identifikationsformel' verkörpert
das שמע ישראל die Gemeinsamkeit des Geglaubten. Damit generiert und sichert sie nicht
nur die Zugehörigkeit zu einem bestimmten sozial erfahrbaren Kollektiv, sondern
markiert auch das limitische Verhältnis gegenüber anderen Kollektiven.

4.7.2.3   Gedächtnistheorie als Theorie 'kulturellen Erinnerns' *und* 'kulturellen Ver-
gessens'

Jan Assmann führt den Begriff des "kulturellen Gedächtnisses" als einen Oberbegriff für
die Phänomene "Traditionsbildung", Vergangenheitsbezug" und "politische Identität"
ein, um den in einer Gruppe zirkulierten Sinn zu beschreiben.[914] Dieser Sinn ist davon
geprägt, dass er über die Zeitspanne der jeweiligen Epoche hinaus tradiert wird und in
vielfältigeren Formen innerhalb der Gruppe gespeichert ist, als es die aktualisierten
Kommunikations- und Handlungsmuster der momentanen Akteure erkennen lassen. Das
kulturelle Gedächtnis entspricht hier einer Instanz, in welcher alle kollektiven und
individuellen Gedächtnisformen zusammenfließen, um mittels der Aktualisierung und
Reservoirbildung von übergreifenden Gedächtnisformen eine dauerhafte "konnektive
Struktur" auszubilden. Die Analyse des Gedächtnisses im kulturellen Horizont betreibt
Assmann anhand der Sichtung der Transformationen und Steigerungen medialer Potentiale, auf welche die jeweilige Gesellschaft zur Bewältigung sozial-politischer Krisen
zurückgreift.

---

[912]Dtn 6,20-24; 26,5-9; Jos 24,2-13.

[913] Zum prinzipiell erkenntnisleitenden Anspruch vgl. Dtn 4,1: "Und nun, Israel, höre ... damit ihr lebt";
und zur normativen Qualifizierung zusätzlich die Auslassung: "... die Gesetze und Rechtsvorschriften,
die ich euch lehre zu tun, ...".

[914]Vgl. für die Rekapitulation des Gedächtnisbegriffs ASSMANN, Jan (1992a), 21-24.

Um so mehr verwundert, dass Assmann unter einer derartigen strukturellen Ausrichtung letztlich Gedächtnis anscheinend nur als Frage der Speicherung und Aktualisierung von positiv bestimmten Gedächtnisformationen, d.h. das kulturelle Gedächtnis ausschließlich unter dem Vorzeichen von Erinnerungs*geboten* und Vergessens*verboten*, thematisiert. Dagegen kann jedoch schon die konstruktivistische, strukturell-funktionale Rahmenanalyse Halbwachs' dahingehend gelesen werden, nach einem Gedächtnisbegriff zu forschen, der Prozesse des Erinnerns *und* Prozesse des Vergessens problematisiert. Dann ist fraglich, ob es in Kollektiven nicht auch bewusst aufrechterhaltene Rahmenbedingungen des *Vergessens* gibt, d.h. ob und inwiefern Vergessen nicht nur unter defizitären Aspekten (des 'Nichtmehrwissens' oder der machtbegründeten Unterdrückung oppositioneller Erinnerung) zu behandeln ist, sondern das Vergessen auch als eigenständig organisierte Vergessens*leistung* in reflexiv gesteigerten kulturellen Identitäten thematisiert wird.[915] Gerade die neuartige Konzeption eines in unmittelbarer Beziehung stehenden, unverfügbaren Gottes bzw. die später ausformulierte Bundestheologie[916] sollte Ansatzpunkte bieten, in einer differenzierten Theorie des kulturellen Gedächtnisses neben dem kulturellen Erinnern auch die Themen, Prozesse und Orte des kulturellen Vergessens nachweisen zu können.

Die Darstellung dieses Gedankengangs lässt sich in einer zweifachen Hypothese zusammenfassen. Zunächst: dem Vergessen kommt im Raum des Kollektivs eine eigene Relevanz zu, die im Verlauf eines kulturellen Steigerungsprozesses von eben diesem Kollektiv thematisiert, organisiert und kultiviert wird. Dann: die kulturell different ausgestaltete Einbindung des kulturellen Vergessens in die "kulturelle Identität" ist in systematischer wie praktischer Hinsicht Aufgabe des "kulturellen Gedächtnisses".

Dieser Hypothese liegt auf der kollektiv-kulturellen Ebene eine systematische Vorstellung der Verhältnisbestimmung von Erinnern und Vergessen *innerhalb* des Gedächtnisses zugrunde. Der bei Assmann wahlweise anzutreffende Begriff 'kulturelles Erinnern' bzw. 'kulturelles Gedächtnis' kann in einem engeren und in einem weiteren Sinne verwendet werden, indem jene durch die Prozesse des kulturellen Gedächtnisses vollzogene kulturelle Abgrenzung rekursiv wiederholt wird und so innerhalb des zunächst Abgegrenzten eine weitere Unterscheidung ermöglicht.[917] Das 'kulturelle Gedächtnis' kann damit als eine Organisationsinstanz verstanden werden, welche die kulturelle Selbstwahrnehmung mittels *unterschiedlicher* Gedächtnisprozesse (Erinnerung oder

---

[915]Assmann kommt zwar durchaus auf "Vergessen", "Vertragsbruch", "Schuld" und "Strafe" zu sprechen. Doch behält das Vergessen seine negative Konnotation des zu überwindenden Status eines 'Nichtgedächtnisses' bei (vgl. ASSMANN, Jan (1992a), 65, 67, 72f, 160 und 215ff). Vgl. zur anfänglichen Aufnahme von 'Erinnern' und 'Vergessen' als erklärungsbedürftigen Phänomenen und zur anschließenden Reduktion auf das Erinnern ASSMANN, Jan (1992a), 34, 67.

[916]Vgl. zum Beziehungsgeflecht bzw. zur Beziehungsumbuchung von Gott - Volk in Israel S. 159f.

[917]Damit wird eine Unterscheidungsstruktur von Jan Assmann aufgegriffen, welche dieser im Zusammenhang der Unterscheidung eines auf zwei Ebenen angesiedelten Kanonbegriffs gebraucht, vgl. ASSMANN, Jan (1992a), 120f.

Vergessen) auf *unterschiedlichen* Ebenen kultureller Semiotisierung (Zuweisung einer fundierenden Relevanz oder gar einer linear-fundierenden Relevanz) ordnet.

Infolge dieser doppelten Distinktion steht das 'kulturelle Erinnern' zunächst als Beispiel für *jede Form* diachroner Gedächtnisprozesse gegen die 'kulturelle Diachorie' (fundierende Vergangenheit als 'Raum anderer Ordnung'). In einem engeren Verständnis steht das 'kulturelle Erinnern' dann als *spezifischer Prozess* des kulturellen Gedächtnisses gegen das 'kulturelle Vergessen'.

Die weitere Begriffsbestimmung zwischen 'Diachorie' und 'Erinnern' wird an das Kriterium der *Reflexionsstruktur* kollektiver Zeitwahrnehmung geknüpft. Hier steht das 'kulturelle Erinnern' bzw. das kulturelle Gedächtnis im Ganzen für gesellschaftlich gesteuerte Reflexionsprozesse, welche eine Selbstverortung im Kontext einer *linear-kausalen Reihung* unterschiedlicher *Zeitsignaturen* erstreben. Dieses 'kulturelle Erinnern' stellt als willentlich-reflexive Haltung der Selbstwahrnehmung die Voraussetzung und Bedingung für die Generierung jener Inhalte eines "kulturellen Gedächtnisses" dar, wie sie sich als raumzeitüberdauernde Identität in Israel und Griechenland ausbilden konnten. Demgegenüber markiert die 'kulturelle Diachorie' all jene Kulturen, deren Gegenwartswahrnehmung ohne eine linear-kausale *Reihung* der Vergangenheit erfolgt. Die Leistung diachorer Gedächtnisprozesse besteht darin, die Unterschiedlichkeit zurückliegender *Zeitintervalle* selbst nicht identitätsrelevant werden zu lassen. Die Verschiedenheit der durchlebten Zeitintervalle kann durchaus wahrgenommen werden, führt aber zu keiner reflexiv-semiotisierenden Verknüpfung der Gegenwart mit ihrer (unmittelbaren) Vergangenheit.

Die engere Begriffsbestimmung zwischen 'Erinnern' und 'Vergessen' entscheidet sich an dem Kriterium der *Bewertung des Reflektierten*. Hier zeigt 'kulturelles Erinnern' als spezifische Form des kulturellen Gedächtnisses all jene Gehalte der reflektierten Geschichte an, die als solche immer wieder neu für erinnerungswürdig erachtet werden. Gespeicherte Erfahrungen und soziale Prozesse werden infolge einer entsprechenden Vergangenheitsbewertung in einem positiven Sinne als beispielhaft erachtet und bleiben daher zu rekapitulieren. 'Kulturelles Erinnern' markiert die 'kulturelle Anamnese' und konkretisiert sich in dem, was Assmann paradigmatisch an Israel als "Verfahren kultureller Mnemotechnik" vorstellt. Im Gegensatz dazu verbirgt sich hinter dem 'kulturellen Vergessen' eine vom kulturellen Gedächtnis organisierte negative Bewertung des Reflektierten. Erfahrungen der Vergangenheit werden hier als traumatisch oder zumindest als schädlich empfunden. Sie werden als Negativbeispiele in Gedächtnisprozessen wachgehalten und bleiben als solche vom Kollektiv zu vergegenwärtigen. Das 'kulturelle Vergessen' nimmt die Funktion einer 'kulturellen Amnestie' wahr, indem kulturell geformt und kontrolliert, in regelmäßigen Abständen all das ausgeblendet wird, was eine kohärente, raumzeitübergreifende kollektive Identität in Frage stellt.[918] Im Kontext der Religion Israels konkretisiert sich dieses Vergessen, vergleichbar den Verfahren kultu-

---

[918]Kontingente Erscheinungen des Erinnerns und des Vergessens sowohl auf der Ebene des Individuums als auch auf der des Kollektivs sind damit nicht Teil dieser Unterscheidung, deren verbindendes Element das Fundament reflektierten 'kulturellen Erinnerns' im "kulturellen Gedächtnis" ist.

rellen Erinnerns, in Mustern 'kultureller Amnestie'. Diese Muster werden entsprechend dem transzendent legitimierten und legitimierenden Medium 'Religion' in den normativ aufgeladenen Horizont von Sündenvergebung und Erlösung gestellt. Analog zum individuellen ethischen Schuldverständnis ist nach dem Verständnis Israels immer wieder in organisierter Weise eine bestimmte, als 'kollektiver Sündenfall' empfundene Geschichte bzw. diese Wahrnehmung von Geschichte auszublenden: Israel weiß darum, dass die Wahrnehmung der eigenen Gegenwart und Geschichte als unentrinnbare Situation sowie als einförmige Entwicklung zunehmender Abhängigkeit und ungetilgter Verschuldungserinnerung die Ausbildung einer religiös-kulturellen Identität verhindern würde; *diese* Erinnerung wäre 'Sünde' gegenüber dem Heilshandeln Gottes und dem Bundesschwur Israels. Will das 'kulturelle Gedächtnis' in Erinnerungsprozessen die religiös-kulturelle Identität sichern, muss *durch* das 'kulturelle Gedächtnis' auch der kulturellen Umgang mit dieser Wahrnehmung geregelt werden. Wenn es wirklich die Organisationsinstanz kultureller Identität darstellt, so muss es auch Prozesse 'kulturellen Vergessens' strukturieren.

Die Muster 'kultureller Amnestie' verdichten sich im Medium 'Religion' in erster Linie in Gedenkjahren bzw. -tagen, Festen und Festwochen, *Fast*tagen und einzelnen kultisch-rituellen Handlungen zu gesellschaftlichen Strukturen des Vergessens. Diese Strukturen des Vergessens beinhalten ihrerseits sowohl kollektiv begangene als auch kollektiv geformte, aber individuell erfahrene Akte des Vergessens.[919] Dabei weisen die Ausführungen zum Jobeljahr (Lev 25,8-54; Jes 61,1f), zum Schabbatjahr / Brachejahr (Ex 23,10f; Lev 25,2-7; Dtn 15,1-11; 31,9-13), zum Laubhüttenfest und zum Jom Kippur (Dtn 16,13-15; 31,9-13 Lev 16; 25,9), zum Schabbat (Ex 23,12), zum sozialen Verhalten (v.a. das Freilassung von Sklaven, Ex 21,2-6; 22,24; Lev 25,32-55; Dtn 15,12-18; Jer 34,8-22) und zu einmaligen Anlässen (Neh 5) auch ohne eine detaillierte Analyse auf das verbindende Proprium des Entwurfs eines kulturellen Gedächtnisses in Israel hin: auf die enge Verknüpfung von Sozialität und Spiritualität, von sozialer Lebensgemeinschaft und individueller Religiosität.[920] Wie für das 'kulturelle Erinnern' gilt auch für das 'kulturelle Vergessen', dass die Konsequenzen jener vom kulturellen Gedächtnis organisierten Prozesse in fundamentalen ökonomischen und sozial-politischen Veränderungen und nicht nur in individuell psychologischen bestehen. Im Unterschied zu den Verfahren "kultureller Mnemotechniken" ist allerdings bei den Mustern 'kultureller Amnestie' der

---

[919]Diese Konzeptionierung des 'kulturellen Vergessens' sowohl für Israel als auch im kulturtheoretischen Vergleich quellenkritisch nachzuweisen, geht über den in dieser Arbeit abgesteckten Rahmen hinaus.

[920]Zur möglichen Erhärtung dieser Position bleibt in Anlehnung an Braulik eine innerbiblisch textkritische Analyse einzufordern, welche die ideengeschichtliche Untersuchung des 'Vergessens' sozial und historisch fundiert. Erst mittels einer solch detaillierten Zugangsweise lässt sich dann der Bezug einer jeden Perikope zur Erinnerungsfigur "Exodus" und "Landnahme" ergründen und damit die mögliche Stellung einzelner 'Vergessensmuster' innerhalb eines historisch verankerten Konzepts eines "kulturellen Gedächtnisses" aufzeigen. Unabhängig von diesem konzeptionellen Forschungsauftrag stammt von Christoph Hardmeier ein Beitrag zur umstrittenen Verhältnisbestimmung der sozialen Verhaltensregelungen (die 'personae miserae' und die Sklavenfreilassung betreffend) gegenüber der Erinnerungsfigur "Ägypten / Exodus", vgl. HARDMEIER, Christoph (1992), v.a. 142ff, 147ff.

Grad der Institutionalisierung und der Ausdifferenzierung unterschiedlich hoch. Akribisch genau wird häufig der Adressatenkreis (z.B. Dtn 16,14) sowie die eingeforderte Konsequenz des 'Vergessens' bestimmt (z.B. Dtn 15,12-18), doch scheinen diese Muster nicht jene Multimedialität und Verfestigung der Mnemotechniken zu kennen, weil sie keine vergleichbare Verdinglichung in den gesellschaftlichen Alltag hinein kennen (vgl. dagegen Dtn 6,6-9). Unklar bleibt in weit höherem Maße als bei den erinnerungsspezifischen Mnemotechniken, in welchem Umfang die gesellschaftsweit geltenden, aber vom Individuum zu vollziehenden Akte 'kulturellen Vergessens' tatsächlich regelmäßig angewandt wurden (z.B. Dtn 15,7-11). Schließlich bleiben auch die eigentlichen Akte des vom Gedächtnis organisierten Vergessens weitgehend im Dunkeln, weil die auf der Ebene bewusster Wahrnehmung anzusiedelnde Verbindung von kulturellem Gedächtnis bzw. von Reflexion über die Geschichte und einem sozialpolitischen Vollzug des 'Vergessens' jüngster Geschichte nicht näher beleuchtet wird. Das Phänomen des 'kulturellen Vergessens' ist Gegenstand kultureller Reflexion und Konkretion, deshalb ist auch dann an ihm festzuhalten, wenn nicht wie bei den Mnemotechniken ein ausgearbeitetes Konzept einzelner Verfahren, sondern vielmehr Mustern vorgefunden werden, bei denen die Handlung im Vordergrund steht.

'Kulturelles Vergessen' ist wie 'kulturelles Erinnern' Teil des 'kulturellen Gedächtnisses'. Ausschlaggebend für die jeweils zu treffende Bewertung des Reflektierten bleiben die Konstruktions- und Funktionsanforderungen der zu bewältigenden Gegenwart, vor der aus und auf die hin eine kulturelle Identität entworfen wird.

Wird das vorgestellte Zuordnungsverhältnis von Gedächtnis, Erinnern und Vergessen als Erweiterung und Abrundung des Konzepts des "kulturellen Gedächtnisses" erachtet, so geschieht dies nicht unter Ausblendung entscheidender Vorarbeiten. In diesem Zusammenhang kann vor allem auf Augustinus verwiesen werden. Augustinus ordnet das Vergessen dem Gedächtnis zu, wenn er anführt: "Sogar das Vergessen ist im Gedächtnis ... Wenn ich mich an das Gedächtnis erinnere, so ist das Gedächtnis sich selbst durch sich selbst gegenwärtig; erinnere ich mich aber an das Vergessen, so ist das Gedächtnis und Vergessen gegenwärtig, das Gedächtnis, kraft dessen ich mich erinnere, das Vergessen, an das ich mich erinnere."[921]

Trotz dieser prinzipiellen Übereinstimmung des Zuordnungsmotivs unterscheidet sich der Beitrag Augustinus' in entscheidendem Maße von der hier intendierten Weise einer umfassenden Verhältnisbestimmung von Vergessen und Erinnern im Zusammenhang unterschiedlicher Gedächtnisprozesse.

Die Systematik des Augustinus weist keine begrifflich systematische Unterscheidung von Gedächtnis, Erinnern und Vergessen auf. Damit bleibt die Verhältnisbestimmung von übergreifend organisierendem Gedächtnis und spezifischen Gedächtnisprozessen ungeklärt. So begegnet z.B. das Vergessen in der negativen Konnotation des 'Nicht-Erinnerns', eines zu überwindenden Zustandes, also als gegenüber dem Erinnern defizi-

---

[921]AUGUSTINUS, Aurelius (1914), 233 (10.16).

tärer kognitiver Status, dem auch auf der Ebene des individuellen Gedächtnisses keine eigene positive Relevanz zugesprochen wird.[922] Mit dieser defizitären Bestimmung ist aber das 'Erinnern des Vergessenen' doch nur ein Erinnern einer ehemals erfüllten Zeit, die nun vermisst wird und eben keine eigenständig zu erbringende Gedächtnisleistung.

Zwischen Augustinus und dem vorgestellten Entwurf divergiert allerdings auch die Ausgestaltung des Gedächtnisträgers. Augustinus bezieht sich auf einen Gedächtnisbegriff, der tendenziell auf ein isoliertes, individuelles Geschehen eines vererbten Organs begrenzt bleibt.[923] Der Grund dafür, warum Augustinus im isolierten Raum des Individuums verhaftet bleibt, kann darin vermutet werden, dass seine Gedächtnisüberlegungen im Rahmen eines "Gebetes" eher eine religionsphilosophische anstatt eine bibeltheologische Betrachtung darstellen. Das Leitthema dieser Überlegungen, die Erkennbarkeit Gottes, führt den Autor in Bereiche des menschlichen Lebens, die spätere Jahrhunderte als das Unbewusste thematisieren werden, aber es verweist ihn nicht auf den sozialen Lebensraum, der in der Heiligen Schrift (wie auch seit Halbwachs) als Bezugsrahmen für Gedächtnisleistungen gilt.

Mit der unterschiedlichen Hermeneutik (Religionsphilosophie contra textgestützte Reflexion der religiösen Tradition) und der unterschiedlichen Frageintention (Gotteserkenntnis contra Selbsterkenntnis Israels) sind gleichzeitig die entscheidenden Koordinaten der Gedächtnis-Entwürfe Augustinus' und des Deuteronomiums skizziert wie auch die Gründe dafür aufgezeigt, warum es auch nach Augustinus lohnt, das Potential des deuteronomischen Konzeptes eines kulturellen Gedächtnisses in den Blick zu nehmen.[924]

---

[922]"Aber was heißt vergessen anderes als des Gedächtnisses ermangeln?" und das "Vergessen [ist] nicht an sich selbst im Gedächtnis ..., sondern nur durch die Vorstellung von ihm", vgl. AUGUSTINUS, Aurelius (1914), 233 (10.16). "Hätte ich mich des Verlorenen (...) nicht mehr erinnert, so hätte ich, auch wenn man mir es gezeigt hätte, es doch nicht wiederfinden können, weil ich es nicht erkannt hätte", vgl. AUGUSTINUS, Aurelius (1914), 236 (10.18). Aufgrund dieser kognitiven und gleichzeitig 'substanzdefizitären' Beschreibung bleibt das Phänomen 'Vergessen' für Augustinus letztlich auch ein Mysterium, über dessen bloße Existenz hinaus er keine genauere Aussage machen kann: "... auf irgendeine Weise, mag sie auch unbegreiflich und unerklärlich sein, [erinnere] ich sogar des Vergessens"; AUGUSTINUS, Aurelius (1914), 234 (10.16).

[923]Vgl. zum individuellen Verständnis: *passim* u.v.a. AUGUSTINUS, Aurelius (1914), 223-227 (10.8f); "Ich bin es, der sich seiner erinnert, ich bin der Geist", AUGUSTINUS, Aurelius (1914), 234 (10.16) und zum vererbten Verständnis: AUGUSTINUS, Aurelius (1914), 228ff (10.11f).

[924]Systematische wie inhaltliche Vorbehalte können auch gegenüber einem zweiten philosophischen Beitrag zum Gedächtnisthema formuliert werden. Hans-Georg Gadamer sucht in seiner 1960 erstmalig erschienenen hermeneutischen Grundlegung für eine Theorie des Verstehens eine Verbindung von 'Erinnern' und 'Vergessen'. Der 'Grandseigneur der deutschen Philosophie' versucht zu diesem Zweck, die Annahme Nietzsches, im 'Vergessen' eine Bedingung menschlicher Wahrnehmung zu erkennen, mit der Position Helmholtz', der von dem 'Gedächtnis' als zentraler Instanz menschlicher Erkenntnis ausgeht, auszusöhnen. Auch wenn bei Gadamer eine überindividuelle, kulturelle Weitung des Gedächtnisphänomens sowie eine begrifflich abgesteckte Verhältnisbestimmung von 'Vergessen' und 'Gedächtnis' vermisst wird, so eröffnet er doch den Horizont für ein konstruktivistisches Verständnis von 'Vergessen' und 'Erinnern'. Vgl.: "Behalten und Vergessen und Wiedererinnern gehören der geschichtlichen Verfassung des Menschen an und bilden selbst ein Stück seiner Geschichte und seiner Bildung. (...) Das Gedächtnis muss gebildet werden. Denn Gedächtnis ist nicht Gedächtnis überhaupt. Man hat für

manches ein Gedächtnis, für anderes nicht, und man will etwas im Gedächtnis bewahren, wie man anderes aus ihm verbannt. Es wäre Zeit, das Phänomen des Gedächtnisses aus seiner vermögenspsychologischen Nivellierung zu befreien und als einen Wesenszug des endlich-geschichtlichen Seins des Menschen zu erkennen. Dem Verhältnis von Behalten und Sich-Erinnern gehört in einer lange nicht genug beachteten Weise das Vergessen zu"; GADAMER, Hans-Georg (1975), 13.

Teil II

Das
religiös-kulturelle Gedächtnis der Gegenwart
Modell für eine christliche Theologie der Relationierung und Relativierung

Vorbemerkung

Im ersten Hauptteil der Arbeit wurde unter der Überschrift KONSTRUKTIVISTISCHE THEORIEN FÜR EIN 'RELIGIÖS-KULTURELLES GEDÄCHTNIS' die Begegnung mit zwei Theorieansätzen der modernen Gedächtnisforschung gesucht. Trotz der unterschiedlichen Forschungsgebiete, in welchen die Frage nach Gedächtnis dort gestellt wird, legen beide Forschungstraditionen unabhängig voneinander konstruktivistische Modelle ihren Erkenntnisbedingungen und ihren inhaltlichen Erklärungen zugrunde.

Der nun folgende zweite Hauptteil widmet sich der Adaption der konstruktivistischen Forschung zum Gedächtnis für die (christliche) Theologie. Den gewählten Referenzwissenschaften bzw. Forschungstraditionen kann dabei für die Theologie der Status von Leitwissenschaften zugesprochen werden. Für die Reflexion menschlichen Lebens vor Gott (Theologie) ergibt sich eine solche Relevanz nicht nur aufgrund des inhaltlichen Beitrages jener Wissenschaften zur Erhellung des Gedächtnisphänomens. Die Relevanz ergibt sich darüber hinaus auch aufgrund ihrer erkenntnisleitenden Funktion, d.h. aufgrund der wissenschaftlichen wie gesellschaftlichen Reichweite ihrer Beiträge. Inhaltlich erweisen sich die Forschungserträge zum Gedächtnis als anschlussfähig an eine kritische Selbstvergewisserung des Christentums, wie sie innerhalb der zeitgenössischen Theologie bereits in der Auseinandersetzung mit der 'anthropologischen Wende' angeregt wurde. Diese Anregungen aufgreifend, werden die Erträge der vorgestellten Gedächtnisforschung der Theologie im Entwurf eines 'religiös-kulturellen Gedächtnisses der Gegenwart' zum Modell einer 'Theologie der Relationierung und Relativierung'. Im abschließenden Ausblick auf eine mögliche Umsetzung wird die gedächtnisfundierte 'Theologie der Relationierung und Relativierung' innerhalb der Religionspädagogik praktisch.

Ziel ist es, mit der Theorie eines 'religiös-kulturellen Gedächtnisses der Gegenwart' zu einer zeitgemäßen und strukturell-funktional angemessenen Erschließung des Offenbarungsgeschehens wie auch der Entstehung und Reflexion christlichen Glaubens beizutragen. Das Offenbarungsgeschehen sowie der christliche Glaube und die Theologie können im Rahmen der 'Theorie eines religiös-kulturellen Gedächtnisses' als ein Geschehen transzendierend kosmologischer Relationierung und Relativierung verstanden werden, welches sich unter den Organisationsbedingungen des Gedächtnisses vollzieht. Die Wahrnehmung der Komplexität und Dynamik dieses Geschehens vermag die individuelle Biographie und die Heilsgeschichte wechselseitig zu begründen und zu erhellen.
Der Entwurf eines Strukturmodells für eine christliche Theologie wird in vier Schritten entfaltet:

Das Kapitel ZWISCHEN BIO- UND SOZIO-THEOLOGIE? - BIOLOGIE UND SOZIOLOGIE ALS LEITWISSENSCHAFTEN DER THEOLOGIE führt in die gegenwärtige Verhältnisbestimmung von Theologie und den gewählten Referenzwissenschaften ein. Während die Soziologie und die Kulturwissenschaft im Alltag der Praktischen Theologie als Leitwissenschaft bereits verankert zu sein scheinen, ist die Situation hinsichtlich der Biologie bzw. den

Neurowissenschaften eine andere. Aus diesem Grund gewährt die kritische Darstellung eines 'Werkstattberichtes' nicht nur ausführlich Einblick in Kennzeichen und Herausforderungen einer 'bio-technologischen Wende', sondern veranschaulicht auch die Notwendigkeit, die neurowissenschaftlichen Forschungsergebnisse als Vertreter eines umfassenden und weitreichenden gesellschaftlichen wie wissenschaftlichen Leitbildwechsels ernst zu nehmen.

Diese erste formale Verhältnisbestimmung von Theologie und den gewählten Leitwissenschaften wird in den beiden nachfolgenden Kapiteln weiter vertieft. So verfolgt zunächst das Kapitel RELATIONIERUNG UND RELATIVIERUNG - FORSCHUNGSERTRÄGE VON RADIKALEM KONSTRUKTIVISMUS UND SOZIALKONSTRUKTIVISMUS eine theologie-*externe*, inhaltliche Fundierung des interdisziplinären Gesprächs. Die kontrastive Zusammenfassung zentraler Methoden und Befunde der beiden konstruktivistischen Forschungstraditionen profiliert nochmals die einzelnen Beiträge zur Gedächtnisforschung. Das Struktur- und Funktionsprinzip der 'Relationierung und Relativierung' dient dabei als Interpretament der im ersten Teil dargestellten Forschungsbeiträge und fokussiert auf das kontextuelle und dynamische Verständnis von Gedächtnis. Dadurch, dass in der konstruktivistischen Erschließung Gedächtnis als Thema der 'Organisation von Wahrnehmung in der Gegenwart' firmiert, zeichnen sich die Anforderungen und Möglichkeiten einer aufgeschlossen kritischen Begegnung für die Theologie ab. Die vorgestellten zeitgenössischen Forschungsbeiträge zum Menschen und zu den ihn bestimmenden Wahrnehmungsprozessen lassen Raum für theologisch geschulte Rückfragen. Gleichzeitig wird jedoch deutlich, dass der Übertrag der Forschungsergebnisse in das Feld der 'religiösen Wahrnehmung' bisher noch aussteht.

Im Anschluss daran antwortet das Kapitel DAS 'RELIGIÖS-KULTURELLE GEDÄCHTNIS' ALS ORGANISATIONSINSTANZ RELIGIÖSER WAHRNEHMUNG IM CHRISTENTUM aus einer theologie*internen* Perspektive. Karl Rahners Konzept, im Hinblick auf eine 'anthropologisch gewendete Theologie' nach einer 'theologischen Anthropologie' zu fragen, wird als prominenter, bisher uneingeholter Beitrag zeitgenössischer Theologie für die ausstehende Begegnung mit der konstruktivistischen Gedächtnisforschung verstanden. In Rahners Ansatz und Ausführungen können neben einer Begründung für die Auseinandersetzung mit den gewählten Humanwissenschaften im Allgemeinen und den rezipierten konstruktivistischen Ansätzen im Speziellen auch schon inhaltliche Befunde für eine konstruktivistisch gewendete Theologie der Relationierung und Relativierung erkannt werden. Mit einem ersten Ausblicken darauf, was und wie in einer solchen 'Theologie der Relationierung und Relativierung' von Gott, Mensch und Welt kommunikabel gehalten werden kann, gelingt ein Brückenschlag von der Frage, *ob* eine Rezeption konstruktivistischer Gedächtnistheorien im Raum von Theologie und Kirche möglich und geboten erscheint zur Frage, *wie* konstruktivistische Theorien der Humanwissenschaften zu einem vertieften und zeitgenössischen Verständnis der Struktur religiösen Wahrnehmens im Christentum beitragen können.

DIE ENTDECKUNG DES 'RELIGIÖS-KULTURELLEN GEDÄCHTNISSES' IN DER RELIGIONSPÄD-
AGOGIK gewährt einen Ausblick darauf, wie in der Theologie die Theorie eines 'religiös-
kulturellen Gedächtnisses' aufgegriffen und dabei auch praktisch werden kann. Konnten
mit dem 'Gedächtnis der Gegenwart' zentrale Bestandteile der Generierung und Sicherung religiöser Wahrnehmung offengelegt und in eine übergreifende Wahrnehmungs-
theorie eingebunden werden, so gilt es in der weiteren Entfaltung, dahinter nicht zurück-
zugehen. Die Organisationsinstanz 'Gedächtnis' zeichnet für den Konstruktionsverlauf
von Wahrnehmung verantwortlich. Die Struktur- und Funktionslogik gedächtnisverant-
worteter Prozesse, Medien und Inhalte wurde in das Begriffspaar der 'Relationierung
und Relativierung' gefasst. Eine Theologie, welche diese Organisationslogik menschlicher Wahrnehmung zum Ausgang ihres eigenen Fragens nach Gott, dem Menschen
und der Welt wählt, ist erst noch zu entfalten. Das 'Gedächtnis der Gegenwart' eröffnet
der Theologie Denkhorizonte. Das religionspädagogische Kapitel veranschaulicht
demgegenüber mit einem Forschungsfeld und einem Jugendprojekt, wie die Annäherung
an eine Theorie 'religiös-kultureller Wahrnehmung' als 'Theologie der Relationierung
und Relativierung' umgesetzt werden kann. Der Theologie stellt sich dann nicht nur die
Frage, wie unter den Bedingungen der Gegenwart, d.h. einer postchristlichen Gesellschaft, Möglichkeitsräume und tatsächliche Erfahrungsräume religiös-kultureller Vergemeinschaftung und Individualisierung gesichert werden können. Für eine praktisch
orientierte Theologie eröffnen sich neben derart angestrebten Zugängen zum Selbstvollzug von Christsein auch Möglichkeiten, innovativ auf die Entwicklung der binnen-
theologischen Reflexion einzuwirken.

Ein ANHANG rundet die Arbeit mit Hintergrundmaterialien zu den im ersten Teil vorgestellten konstruktivistischen Forschungsbeiträgen sowie zur 'bio-technologischen
Wende' im zweiten Teil ab. Die schematische Visualisierung der verschiedenen Gedächtnistheorien kann als Kommentierung und Zusammenfassung dieser Theorien
genutzt werden.

1   Zwischen Bio- und Sozio-Theologie? - Biologie und Soziologie als Leit-
     wissenschaften zeitgenössischer Theologie

Beiträge der Neurowissenschaft bzw. der (Neuro-)Biologie auf der einen sowie der
Soziologie und Kulturtheorie auf der anderen Seite wurden in der vorliegenden Arbeit
als Bezugspunkte für die Auseinandersetzung mit der Gedächtnisforschung gewählt.
Doch welche Wertschätzung wird diesen Wissenschaftstraditionen jenseits der eigenen
Fragestellung innerhalb der Theologie entgegengebracht?

    Die folgende Selbstvergewisserung veranschaulicht nicht nur jenen Stellenwert,
welcher in der Theologie den rezipierten Wissenschaftstraditionen gegenüber einer
Reflexion von Glaube und Kirche bereits heute zugemessen wird. Die Selbstvergewisserung verfolgt auch das Anliegen, in den Neurowissenschaften bzw. der (Neuro-)Biologie
eine neue und weitere Leitwissenschaft zu erkennen und diese Wissenschaft als weg-
weisend neue Herausforderung von Gesellschaft und Wissenschaft zu begreifen.

1.1   Zum Stellenwert der Referenzwissenschaften

Wird die Liste der Forschungsbeiträge und Publikationen in der Praktischen Theologie
betrachtet, so fällt der Befund hinsichtlich des Status von Neurowissenschaft bzw.
(Neuro-)Biologie und Soziologie sowie Kulturtheorie als Leitwissenschaft sehr unterschiedlich aus.

Generell gilt, dass die Praktische Theologie nicht mehr ohne den Bezug zu Humanwissenschaften auskommt. Doch im Einzelfall beschränkt sich die Wahl der Referenz-
wissenschaft(-en) meist ausschließlich auf die Sozialwissenschaften Pädagogik, Psychologie und / oder Soziologie.

    Für das Fach (Religions-)Soziologie kann bereits auf eine lange Geschichte wechsel-
seitiger Bezogenheit verwiesen werden. Die Desillusionierung einer im Rahmen der
'Kirchensoziologie' der 50er und 60er Jahre enggeführten Verhältnisbestimmung konnte
produktiv überwunden werden. Die 'neoklassische Religionssoziologie' emanzipierte mit
ihren substantial-funktionalen (Peter L. Berger; Thomas Luckmann) sowie systemtheoretischen (Niklas Luhmann) Fragestellungen[925] in den späten 70er und v.a. in den
80er Jahren des vergangenen Jahrhunderts nicht nur die Soziologie gegenüber einer
Fixierung auf ein kirchlich geprägtes Christentum. Die Weitung des Religions- und
Glaubensverständnisses durch die 'neoklassische Religionssoziologie' qualifizierte die
(Religions-)Soziologie für die Praktische Theologie im gleichen Atemzug als 'Innovat-
ionsressource'.

    Die zentralen Fragestellungen innerhalb der Religionspädagogik, der Pastoraltheolo-
gie und Liturgie werden gegenwärtig alle *auch* unter der Perspektive (religions-)soziolo-
gischer Fragestellungen diskutiert; fast jede religionspädagogische, pastoral- und litur-

---

[925]Zur inhaltlichen Profilierung der 'Kirchensoziologie' und der 'neoklassischen Religionssoziologie' vgl.
KNOBLAUCH, Hubert (1999), York, 81-143.

gietheologische Veröffentlichung bedient sich anscheinend völlig selbstverständlich (religions-)soziologischer Begriffe und Methoden. Kaum eine Monographie schließlich spart in ihrer Gliederung explizit (religions-)soziologische Abhandlungen aus.[926] Zum reflektiert-unreflektierten 'Common sense' scheint in der gegenwärtigen Praktischen Theologie die Einsicht zu zählen, dass die Thematisierung des Menschen unter der Perspektive seiner sozialen Wirklichkeit, d.h. seines Eingebundenseins in und seines Ausgerichtetseins auf Strukturen, Funktionen und Prozesse einer gesellschaftlich und kulturell gestalteten Welt, zur unverzichtbaren Dimension *theologischer* Reflexion des situativ je neuen Vollzugs von Christsein und Kirche gehört.

Teilt die (Praktische) Theologie faktisch den dieser Arbeit zugrundeliegenden Anspruch, der Soziologie den Status einer Leitwissenschaft zuzumessen, so gilt das für die Perspektive und die Forschungsergebnisse der Neurowissenschaften bzw. der (Neuro-)Biologie noch keineswegs. Der Bereich der praktisch theologischen Monographien weist noch keine deutschsprachige Veröffentlichung zu Fragestellungen auf, die sich aus den Neurowissenschaften oder zumindest aus der Begegnung mit ihnen ergeben.[927]

Das Postulat, die Neurowissenschaft(-en) als (kritische) Leitwissenschaft für die Theologie zu qualifizieren, ergibt sich für die vorliegende Arbeit nicht nur aus inhaltlichen, d.h. gedächtnisrelevanten, Gründen. Es ergibt sich auch aus 'formalen Beobachtungen', aus Beobachtungen auf der Ebene der Gesellschaftpolitik und der Forschungsstrategie sowie auf der Ebene jener Wissenschaften, welche der (Praktischen) Theologie bereits als humanwissenschaftliche Leitwissenschaften gelten: die Pädagogik, die Psychologie und die Soziologie.

Auf gesellschaftspolitisch-forschungspolitischer Ebene lassen sich konkrete politische Initiativen beobachten, mit den Neurowissenschaften ein neues 'gesellschaftliches Leitbild' einzuführen und dauerhaft zu verankern.[928]

---

[926]Jenseits von diesem allgemeinen Befund fällt allerdings auf, dass kein Beitrag auszumachen ist, der die Struktur und Funktion praktisch theologischer Rezeption soziologischer Methoden und Ergebnisse im katholisch theologischen Umfeld einmal analytisch nachzuzeichnen sucht und damit die hermeneutische Funktion der (Religions-)Soziologie für die Praktische Theologie zur Diskussion stellt. Dies bleibt als Desiderat festzuhalten, gerade weil auch der Tagungsbericht von Kohler nicht auf diese ausstehende hermeneutische Verhältnisbestimmung der "Nachbarschaft" von Theologie und Soziologie aufmerksam macht, vgl. KOHLER, Oskar (1993),210-212. Daiber beschränkt sich in seiner historisch-systematischen Verhältnisbestimmung von (Praktischer) Theologie und Humanwissenschaften auf den evangelischen Bereich, vgl. DAIBER, Karl-Fritz (1997), 47-51.

[927]Für den deutschsprachigen Raum finden sich zahlreiche fundamentaltheologische, moraltheologische, systematische und religionsphilosophische Veröffentlichungen im Bereich der Leib-Seele-Problematik bzw. im Bereich der Brain-Mind-Diskussion. Als erste theologische Zeitschrift, welche die Herausforderungen der Neurowissenschaften für die Theologie erkannt und zum Thema gemacht hat, ist die US-amerikanische *Zygon. Journal of religion and science*, Cambridge Massachusetts zu nennen. Zygon hat diesen Themenbereich 1996 zu seinem Schwerpunktthema gewählt, wobei James B. Ashbrook wegweisende Impulse und Beiträge zu verdanken sind.

[928]Der Begriff 'Leitbild' markiert gegenüber dem bisher verwendeten Begriff 'Leitwissenschaft' den Übergang und die Verbindung von wissenschafts*intern* akzeptierten Leitwissenschaften zu deren

So erklärte sich der US-amerikanische Congress zum prominenten Fürsprecher einer finanziell wie ideell politisch protegierten Forschungsoffensive und einer erhöhten öffentlichen Aufmerksamkeit gegenüber den Neurowissenschaften, indem er für das letzte Jahrzehnt des zwanzigsten Jahrhunderts eine *'Decade of the brain'* ausrufen ließ. Die gemeinsam vom Senat und Repräsentantenhaus verabschiedete und vom damaligen Präsidenten George Bush im Juli 1990 promulgierte *'Decade of the brain 1990-1999'* sichert den Neurowissenschaften den Status einer 'nation's determination'.[929] In einer gesellschaftspolitischen Fokussierung sind seither alle bundesstaatlichen und staatlichen Forschungseinrichtungen sowie die privaten Forschungsinstitutionen, aber auch die Gesundheits- und Sozialeinrichtungen, sowie die beteiligten Industriezweige auf das (sozial-)politische Ziel eingeschworen, das Wissen gerade über die Arbeitsweise des Gehirns zu vermehren und weitreichende Behandlungsmethoden für organisch und sozial sich auswirkende neurologische Beeinträchtigungen zu entwickeln.

Der formale Ausklang der *'Decade of the brain'* im Jahr 1999 darf dabei nicht als Ende der Funktion von Neurowissenschaften als Leitbild und Leitwissenschaft missverstanden werden. Ganz im Gegenteil handelt es sich mit der *'Decade'* bzw. mit der präsidialen *'Proclamation'* um einen sozialpolitischen-forschungsstrategischen *Start-schuss* in den Vereinigten Staaten mit globalen Auswirkungen: Jetzt ist das US-amerikanische Netzwerk zwischen den verschiedenen Neurowissenschaften, beteiligten Organisationen, Institutionen und der an *life sciences* interessierten Wirtschaft geknüpft, nach wie vor stehen Neuro-Projekte auf der Liste förderungswürdiger Forschung ganz oben und der interdisziplinäre Brückenschlag mit der *genetics* ist in vollem Gange. Die nicht-US-amerikanischen Staaten und Forschungseinrichtungen unterstützen die global ausgerichteten Forschungsanstrengungen indem sie, sich selbst unter Zugzwang fühlend, die eigene Forschung auf eben diesem Gebiet ausbauen[930] sowie die Brisanz dieses Leitbildwechsels für gesellschaftliche Veränderungen zu erkennen beginnen.[931]

Parallel zu dieser politischen und forschungsstrategischen Ebene rezipieren seit einigen Jahrzehnten auch die ersten Sozialwissenschaften die Methoden und Ergebnisse der Neurowissenschaften. Die Leitbildfunktion der Neurowissenschaften wurde hier erkannt, wenn das 'systemische Denken', welches seinerseits in der Kognitionswissen-

---

popularwissenschaftlichen und alltagspraktischen Verwendung und Rezeption. Die Neurowissenschaften stehen dann in der kulturgeschichtlichen Abfolge verschiedener wissenschaftlich verorteter und kollektiv getragener Leitbilder.

[929]Vgl. GOLDSTEIN, Murray (1990), 321; ROSENBERG, Roger/ROWLAND, Lewis (1990), 322; der Text der *Proclamation* findet sich im Anhang S. 295f.

[930]Während sich z.B. die Europäische Union für den Bau eines Hirnforschungszentrums entschieden hat, wird auch auf nationaler Ebene in Deutschland an der Errichtung einer eigenen zentralen Forschungseinrichtung festgehalten; vgl. REINKE, Otfried (1995), 12.

[931]So spricht z.B. der Abschlussbericht der 'Zukunftskommission Gesellschaft 2000' der Landesregierung Baden-Württemberg ausdrücklich von einer neuen Leitwissenschaft 'Biologie' und verweist in diesem Zusammenhang auf eine zukünftige 'superindustrielle Gesellschaft', deren 'Biologisierung' nicht nur alle Wissenschaftsbereiche, sondern auch die gesellschaftlich-menschlichen Grundwerte berühren wird; vgl. v.a. ZUKUNFTSKOMMISSION (1999), 33, 34, 43.

schaft entwickelt worden war (vgl. oben Maturana und Varela), längst Einzug hält in die Pädagogik, in die Psychologie und in die Soziologie. Dort führt dieses Denken jeweils zu einer 'disziplininternen Modernisierung', so dass mittlerweile das aktuelle Erscheinungsbild aller Disziplinen v.a. durch 'systemische Entwürfe' gekennzeichnet ist.[932] Pate steht bei all diesen intradisziplinären Modernisierungsbewegungen die Perspektive, den Menschen als entwicklungsoffenes *Lebe*wesen zu begreifen, welches auf der Grundlage interner[933] und / oder externer[934] Abhängigkeiten seine Einheit relational und relativ zu Wandlungen und Konstanten selbständig organisiert.

Versatzstücke neurobiologischer Theorien finden jenseits des sozialwissenschaftlichen Spektrums jedoch auch schon Eingang in andere Geisteswissenschaften,[935] in organisationstheoretische Modelle von Unternehmensberatungen, in das wirtschaftliche Denken und auch schon in die Alltagssprache einer technisierten Gesellschaft (z.B. bei der Beschreibung weltweiter Computerverbände und (Mobil-)Telefonverbunde als Netzwerke).[936]

1.2   Die Emanzipation des vom Menschen Geschaffenen

Worin besteht die signifikante Struktur *dieser* 'biologischen Wende'? Worin unterscheidet sie sich von früheren Beiträgen biologisch-naturwissenschaftlichen Forschens? Welches Modell von Wirklichkeitswahrnehmung und Handlungsstrukturen zieht sich durch all jene Disziplinen, welche sich vom 'neuronalen Denken' inspirieren und anstecken lassen? Welche Herausforderungen sind mit dem als Wechsel eines umfassenden Leitbildes apostrophierten Beitrag neurowissenschaftlichen Forschens für das gesellschaftlich-individuelle Handeln und für sozial bzw. existentiell begründete Wissenschaften gestellt?[937]

   Ein kurzer Blick auf die Strukturen und Konsequenzen *jener* Biologisierung scheint unerlässlich, um neben der forschungsgeschichtlich gegebenen Faktizität des Leitbildwechsels (s.o.) auch die grundsätzliche, d.h. vom Gedächtnisthema unabhängige,

---

[932]Stellvertretend kann auf die deutschsprachige Soziologie verwiesen werden, deren große Diskussionen der letzten Jahre sich alle um die Systemtheorie Niklas Luhmanns drehten oder sich zumindest gegenüber dieser ausweisen mussten.

[933]So in der vorliegenden Arbeit der Radikale Konstruktivismus.

[934]So in der vorliegenden Arbeit das sozialkonstruktivistische Denken bei Halbwachs und Assmann.

[935]Z.B. in die Geschichtswissenschaft, die sich auf ihrem 43. Deutschen Historikertag mit einer geschichtswissenschaftlichen Rezeption neurobiologischer Forschungsbeiträge auseinandersetzte; vgl. SINGER, Wolf (2000), 10.

[936]Als Beispiel ökonomischer Rezeption vgl. MÜLLER, Mokka (1999).

[937]Diese Arbeit konzentriert sich auf Fragestellungen, die für die christliche Theologie relevant erscheinen. Dabei geht es bei dem nachfolgenden Überblick weniger um die erkenntnistheoretisch-hermeneutischen Herausforderungen einzelner Wissenschaftszweige (wie noch bei der Darstellung des Radikalen Konstruktivismus) als vielmehr um jene des übergreifenden, popularisierbaren Leitbildes.

Herausforderung zu verdeutlichen, welche dieser Leitbildwechsel für das theologische Denken darstellt.

Auch wenn mittlerweile ein unendliches Feld der wissenschaftlichen Beiträge *zur* 'biologischen Wende' existiert, so finden sich doch erst in letzter Zeit vereinzelt solche *über* diese.[938] Deshalb rekurriert die nachfolgende Zusammenschau auf Kevin Kelly, dessen berufliche Tätigkeit ihm Einblick in alle führenden US-amerikanischen Entwicklungslabors ermöglichte.[939] Der Beitrag Kellys'[940] weist unter wissenschaftlichen Gesichtspunkten erhebliche Unzulänglichkeiten auf, wie z.B. eine begriffliche Unschärfe,[941] fehlende Begründung einzelner Argumente und Beweise[942] sowie eine für europäische Denktraditionen irritierende, weil naiv anmutende, Fortschrittsgläubigkeit.[943] Dennoch erfüllt sein populärwissenschaftlicher Beitrag gerade die Funktion eines wissenschaftsstrategischen und sozial-gesellschaftlichen Seismographen, der frühzeitig richtungsweisende Entwicklungen, deren Signatur und Chancen, erkennt. Mit 'Out of Control'[944] werden die visionären Kräfte und die strukturellen Weichenstellungen dieser 'biologisch-technologischen Wende' anschaulich.

---

[938]Vgl. Anm. 931, selbst die Zukunftskommission der Landesregierung Baden Württemberg begnügt sich in ihrem Abschlussbericht mit sehr knappen und allgemein gehaltenen Andeutungen zur (Konsequenz der) neuen Leitwissenschaft.

[939]Kevin Kelly, Jahrgang 1952, ehemaliger Chefredakteur von *Wired*, dem führenden US-amerikanischen Computermagazin aus San Francisco.

[940]KELLY, Kevin (1999) erschien in der amerikanischen Originalausgabe 1994 unter dem Titel 'Out of Control. The rise of Neo-Biological Civilisation' und 1997 in der deutschen Originalausgabe unter dem Titel 'Das Ende der Kontrolle: Die biologische Wende in Wirtschaft, Technik und Gesellschaft'.

[941]Z.B. bei der Gegenüberstellung der zentralen Begriffe 'Kontrolle' und 'Macht'.

[942]Z.B. bleibt unklar, wie Kelly bei der Wahrnehmung von Körper und Geist feststellen kann, dass des Menschen Zentrum sich "in Wirklichkeit" (sic!) nicht in dessen Kopf befinde; vgl. KELLY, Kevin (1999), 81.

[943]Zur Zukunftsvision Kellys vgl. KELLY, Kevin (1999), 433f.

[944]So der treffende Originaltitel.

1.2.1   Zur typologischen Verortung eines bio-technologischen Leitbildes

Die Neurobiologie hat als *das* Beispiel für die 'bio-technologische Wende'[945] der Gegenwart Eingang in die vorliegende Arbeit gefunden. Wesentliche Forschungsergebnisse wurden erst durch den technologischen Fortschritt ermöglicht[946] und gleichzeitig widmet sie sich der 'biologischen Grundlage' menschlichen Selbstverständnisses.[947]

Diese 'bio-technologische Wende' steht für eine Neudefinition von 'Biologie' und 'Leben' auf der einen und 'Technik' und 'Künstlichem' auf der anderen Seite.[948] In einer parallelen Transformation konvergieren Biologie und Technik und werden immer häufiger untrennbar verschmolzen. Es ist der Mensch, der, als 'Schöpfer und Gott',[949] die Zukunft des *Geborenen* nun ins Technische, ins Konstruierte legt. Und die Zukunft des *Gemachten* wird von ihm im Biologischen, im Lebenden gesucht.[950] Damit kommt es zu einer Wechselwirkung und Verschmelzung von Logiken, wobei die 'Logik des Bios' gegenüber der 'Logik des Technos' zum bestimmenden Wesensmerkmal, zur dominanten Eigenschaft dieser neuen Erfindungen des Menschen wird.[951] Künstlich geschaffene Systeme werden sich verhalten wie biologische Organismen: selbststeuernd, selbsterhaltend, selbstreproduzierend, kurz: überraschend und autonom; dabei werden eben diese biologischen Organismen wiederum 'künstlich definierten' Bestandteilen, Anpassungsprofilen und Zielen, kurz: dem schöpferischen Handeln von Menschen, ihre Entstehung verdanken.[952] Der einzelne Mensch wie auch die Gemeinschaft der Men-

---

[945]Im Gegensatz zu Kelly, der von einer 'biologischen Wende' und von 'Neo-Biologie' spricht, wird in der vorliegenden Arbeit von der 'bio-technologischen Wende' und der Bio-Technologie gesprochen, um die Signatur dieser neuen Entwicklung auch begrifflich durchzuhalten.

[946]So arbeitet die Neurobiologie mit den bildgebenden Verfahren Positronen-Emissions-Tomographie (PET), der Kernresonanz-Spektroskopie (NMR / MRI), dem Elektroenzephalogramm (EEG) und dem Magnetenzephalogramm (MEG); vgl. ROTH, Gerhard (1998), 223-228.

[947]Mit dem Forschungsgegenstand 'Gehirn' wählt die Neurobiologie jenes Organ zum Forschungsgegenstand, welches in der westlichen Kulturgeschichte zunehmend ins Zentrum menschlichen Selbstverständnisses getreten ist. Infolge von Demokrit, Platon und Descartes hatte sich gegen die cardiozentrische These die cephalozentrische durchgesetzt: nicht das Herz sondern das Gehirn gilt seither sowohl als zentrale Steuerungsinstanz des Menschen als auch als Entstehungsort seiner kognitiven Leistungen und damit der Entstehung individuellen Bewusstseins. Vgl. PRINZ, Wolfgang/ROTH, Gerhard/MAASEN, Sabine (1996), 5-7.

[948]KELLY, Kevin (1999), passim; v.a. 248, 488, 491, 598f.

[949]KELLY, Kevin (1999), 199, 352, 362, 385, 461, 464, 492f, 534, 594.

[950]KELLY, Kevin (1999), 7f.

[951]KELLY, Kevin (1999), 9, 254, 258. Die Tatsache des überlegenen Organisationspinzips des Organischen dürfte auch der Grund für Kellys' Präferenz des Begriffs 'Neo-Biologie' sein. Da es aber um die Begründungsstruktur des *vom Menschen* Geschaffenen geht, gilt es, auch dem rezessiven Strukturmerkmal (Technik) eine entscheidende Bedeutung zuzumessen.

[952]KELLY, Kevin (1999), 7-9, 156, 171, 183f, 479f, 488.

schen wird durch diese 'Vermählung des Geborenen mit dem Gemachten' Macht gegen Kontrolle tauschen:[953]

Das Vermögen an Macht wird zunehmen und damit der Reichtum, die Überlebensfähigkeit und die Kreativität der Menschheit. Das Ende der bisher für unverzichtbar und / oder wünschenswert erachteten Kontrolle der Menschheit über ihre eigenen Leistungen wird gleichzeitig der unvermeidliche Preis sein, der für diese Macht bezahlt werden muss. Der 'Motor des Lebens', die Evolution, "wird uns ins Jenseits unserer Planungsfähigkeit befördern. Die Evolution wird Dinge fertigen, die wir nicht fertigen können. Die Evolution wird sie fehlerfreier machen, als wir das können. Und die Evolution wird sie am Laufen halten, was wir nicht können."[954] Diese Evolution steht nicht völlig außerhalb unserer Kontrolle, aber sie entzieht sich doch unserer totalen Kontrolle, weil 'Leben' unkontrolliert verläuft - weder exakt noch berechenbar.[955] Das bisherige Spektrum menschlichen Gegenübers (Organismen oder Maschinen) wird zukünftig durch Verschmelzungsformen ergänzt werden (z.B. 'Cyborgs': halb Tier und halb Maschine)[956] und das Ausmaß der Kontrolle der Menschen gegenüber *diesen* Mischformen wird sich auf die geteilte Kontrolle einer Partnerschaft, auf *Ko-Kontrolle* beschränken.[957] Die Herrschaft des Menschen über das, was er selbst gemacht hat, ist an ihr Ende gelangt - sie ist *im künstlichen Leben 'außer Kontrolle' geraten*.[958]

---

[953]KELLY, Kevin (1999), passim; v.a. 432-434. Zur Verdeutlichung dieses Tauschprozesses spricht Kelly von einem 'Deal mit der Evolution'.

[954]KELLY, Kevin (1999), 431.

[955]KELLY, Kevin (1999), 433.

[956]KELLY, Kevin (1999), 256, 490. Neben den Verschmelzungsformen in Hybrid-Ökosystemen (bionische Systeme wie genmanipulierte Systeme, Computerviren, synthetische Mäuse usw.) wird es natürlich auch weiterhin sowohl rein natürliche Ökosysteme wie auch rein industrielle Systeme geben.

[957]KELLY, Kevin (1999), 244, 461f, 464. Kelly hebt einerseits als Konsequenz von lebenden Systemen ('Vivisystemen') deren externe Nicht-Kontrollierbarkeit hervor (und damit den daraus resultierenden Verlust menschlicher Kontrolle über diese), um andererseits aber auch die überzogene Vorstellung von einem 'totalen Kontrollverlust' des Menschen zu verwerfen. Wenn Kontrolle als Größe innerhalb eines Spektrums erkannt wird, so wird einsichtig, dass es zu einer entscheidenden qualitativen Verschiebung von Einfluss, jedoch nicht zu dessen Aufhebung schlechthin kommt. Für die Versprachlichung dieser Unterschiede fehlen ihm jedoch die treffenden Begriffe, weshalb er auf eine Vielzahl von Tätigkeitsformen ('hüten', 'managen', 'züchten') verweist, welche das neue Verhältnis seitens der Menschen kennzeichnen.

[958]Auch wenn nach Kelly sicher kein totaler Kontrollverlust droht, so liegt hierin doch die eigentliche Konsequenz der 'bio-technologischen Wende' für den Menschen, welche es in ihrer Unausweichlichkeit nicht nur auszuhalten, sondern anzunehmen gelte. Der Titel der amerikanischen Originalausgabe ('Out of Control') geht wohl auf den Titel eines Zeitschriftenbeitrags von Rodney Brooks und Anita Flynn aus dem Jahr 1989 zurück, die mit 'Fast, Cheap and Out of Control' die neue Technikphilosophie innerhalb der Robotronik umschreiben; vgl. KELLY, Kevin (1999), 60ff.

1.2.2   Leitbildwechsel in der Moderne: eine kulturgeschichtliche Verortung

Wie sehr dieses 'Ende der (Total-)Kontrolle' zwar nicht unserer faktischen Wirklichkeitserfahrung[959] aber zumindest dem bisherigen Anspruch menschlichen Handelns zuwider läuft, wird deutlich, wenn die 'bio-technologische Wende' innerhalb der Kultur- bzw. Technikgeschichte verortet wird, ohne die sie nicht denkbar wäre.

Das Ziel der bisherigen abendländischen Zivilisationsgeschichte besteht darin, durch Industrialisierung und Technisierung ein Höchstmaß an Autonomie gegenüber der Unbeständigkeit und dem Unbill der Natur zu erlangen, was nur in der begeisterten Zurückdrängung des Natürlichen zu Gunsten des Künstlichen erfolgen konnte.[960] Angesichts der dabei erreichten Komplexitätssteigerung ist der Mensch längst an den Grenzen seines eigenen Vermögens und der Logik des Technos angelangt.[961]

Das neue 'bio-technologische Zeitalter' steht nicht nur für die gegenteilige Einsicht, dass 'Technik' und 'Leben' zugleich bestehen können. Das neue 'bio-technologische Zeitalter' ist von der Perspektive bestimmt, dass mittlerweile die gefertigte Umwelt sogar um so biologischer werden muss, je mechanischer sie ausgestaltet wurde, soll sie überhaupt funktionieren: nur die Bio-Logik ist in der Lage, ein *funktionierendes* System von *beliebiger Größe* zusammenzusetzen und derart auf die konstruierte Komplexität des Menschen zu antworten.[962] Eine weitere Komplexitätssteigerung wird nur durch die Bio-Logik selbst möglich sein - oder scheitern. Der Mensch ist es, der die neuen Kreationen 'erschafft',[963] ihre (Aus-)Gestaltung überlässt er aber den Kreationen (und damit dem Organischen an ihnen) selbst.

Was als Form 'outgesourceten Krisen- bzw. Komplexitätsmanagements'[964] in Diskontinuität zur bisherigen Kultur- und Technikgeschichte in der Moderne zu stehen scheint, erweist sich unter dem Gesichtspunkt ihrer anthropologischen Konsequenzen sowie der Wahrnehmung wissenschaftlicher Revolution als durchaus anschlussfähig.

---

[959]Der Hinweis auf die Dimension der Kontroll-desillusionierten Alltagserfahrung findet sich zwar nicht bei Kelly, legt sich allerdings schon aus systemtheoretischer Sicht nahe. Der Umstand, dass menschliches Wirken und Erfinden immer im Raum des geschlossenen Systems 'Erde' erfolgt und damit den Wechselwirkungen innerhalb dieses Systems ausgesetzt ist, begründet, warum 'Kontrollverlust' auch bei bisher Selbstverantwortetem kein *prinzipiell* neues Phänomen darstellt.

[960]KELLY, Kevin (1999), 248, 598f.

[961]KELLY, Kevin (1999), 8.

[962]KELLY, Kevin (1999), 8, 11, 162.

[963]Kelly spricht ausdrücklich von einem Akt der Schöpfung seitens des Menschen (vgl. auch den deutschen Titel der Lizenzausgabe von 1999). Der Zoologe Richard Dawkins versucht, die Eigenheit dieses menschlichen Schöpfens zu umkreisen: Es handele sich dabei um einen wirklich schöpferischen Vorgang und doch wird dabei etwas nur *gefunden*, weil es in seinem mathematischen Sinne bereits existiert. Im unübersehbaren Raum des Unentdeckten verschwinde dabei der Unterschied der Kreativitätsgrade zwischen erfolgreichem Suchen und selbstständigem Schöpfen, vgl. KELLY, Kevin (1999), 367, 387.

[964]Diese Begrifflichkeit findet sich nicht bei Kelly.

Die Neurowissenschaften stehen stellvertretend für das neuzeitliche Zusammenwachsen von Biologie und Technik in der Molekularbiologie. Entsprechend veranschaulichen sie die Entdeckung, dass des Menschen Lebensprozesse nicht unerklärbar, sondern vielmehr gentechnisch projektier- bzw. reproduzierbar sind und dass aus der Integration von Mikrotechnik in die (Neuro-)Biologie dem Mensch eine neue Dimension von Konkurrenz bzw. Überlegenheit erwachsen kann. Im Sinne einer veränderten Verortung des Menschen im Gesamt des Kosmos[965] überwindet diese Entdeckung die Unterscheidung (Diskontinuität) zwischen dem Lebendigen bzw. gar dem Menschlichen und dem Maschinellen. Auf der Ebene der (Selbst-)Wahrnehmung des Menschen wird diese Diskontinuitätsnivellierung wesentlich als Kränkung seines 'Selbst' empfunden, weil sie die Sonderstellung des Menschen, *sowohl* gegenüber dem Maschinellen *als auch* gegenüber der Natur, aufhebt.

Mit ihren Auswirkungen auf die (wissenschaftliche) (Selbst-)Wahrnehmung des Menschen reiht sich die 'bio-technologische Wende' in eine Reihe zahlreicher wissenschaftlicher Revolutionen ein, deren verbindendes Kennzeichen eben darin besteht, "die Diskontinuitäten aus der Wahrnehmung unserer Rolle als Menschen zunehmend"[966] zu eliminieren. In der Wahrnehmung durch die Menschen bestehen die Konsequenzen dieser Revolutionen positiv in der Faszination eines jeweils neuen, kollektiv geteilten Leitbildes, welches gerade dadurch kulturgeschichtlich wirksam wird, dass es einzelne (neue) Wahrnehmungsbereiche gegenüber anderen (auf neue Weise) anschlussfähig hält.[967] In negativer Hinsicht ist mit jeder revolutionären Auflösung von Diskontinuitäten aus der Wahrnehmung des Menschen allerdings auch eine neue kollektive Kränkungserfahrung verbunden: Die wissenschaftlich begründete und kollektiv ersehnte Wahrnehmungsnivellierung dringt mit ihrer Verunsicherung dabei vom äußeren Rand des Welt- und Selbstbildes des Menschen zunehmend in den intimsten Kern individuellen, menschlichen Lebens vor.[968] Den vorläufigen Schlusspunkt markiert die 'bio-technologische Nivellierung': die operationelle Entdeckung der Gene und damit die Infragestellung bisher für unhintergehbar erachteter Individualität(-skriterien).[969]

---

[965]Diese Einordnung als 'anthropologische Konsequenz' findet sich nicht bei Kelly. Die neue 'kosmologische' Verortung des Menschen, angedeutet durch 'neuartige Gesellschaftsmitglieder' und durch eine veränderte Selbstwahrnehmung' des Menschen, dürfte auch der Grund dafür sein, dass ihr langfristig auch soziologisch ein erheblicher Stellenwert zuzumessen sein wird, weil sie als Signatur und Motor der sogenannten 'Postmoderne' erkannt wird: Wie zuletzt im Rahmen der sogenannten Modernisierung könnte mit der 'bio-technologischen Wende' eine Veränderung gesellschaftlicher Aneignungs- und Herstellungsstrukturen ('Industrialisierung'), Kommunikations- und Beteiligungsstrukturen ('Demokratisierung'), Strukturen der Güter- und Wertkonnotierung ('Kapitalisierung') sowie Ausdrucks- und Selbstthematisierungsstrukturen ('Ästhetisierung') einhergehen.

[966]KELLY, Kevin (1999), 171.

[967]Die Einordnung und Ausführung der 'positiven Konsequenz' findet sich nicht bei Kelly. Zum Begriff des 'Paradigmenwechsels' vgl. KUHN, Thomas (1967); zum Begriff des Leitbildes vgl. die Anm. 928.

[968]Der Hinweis auf eine Nivellierungstendenz in Richtung einer zunehmend intimen Diskontinuitätsauflösung findet sich nicht bei Kelly.

[969]Dass die Entdeckung der Gene neben dem Chromosom als Sinnbild der 'bio-technologischen Nivellierung' bezeichnet wird, widerspricht nicht jener Funktion, welche der Neurobiologie zum Verstehen der

Zu dieser Reihe wissenschaftsbegründeter Leitbildwechsel, die sowohl für ein Faszinosum als auch für ein Tremendum stehen, gehören:[970]

1   Die Entdeckung des Kopernikus, dass die Erde nicht Mittelpunkt des Weltalls ist, sondern sich an einer für sich genommen unbedeutenden Stelle ihrer Galaxie um irgendeine Sonne dreht. Sie eliminiert die Diskontinuität zwischen der Erde und dem Rest des physikalischen Universums.

2   Die Entdeckung Darwins, dass die Vorfahren des Menschen und die des Affen dieselben waren und der Mensch Teil eines zufallsbestimmten Evolutionsprozesses ist. Sie eliminiert die Diskontinuität zwischen menschlichen Wesen und der übrigen organischen Welt.

3   Die Entdeckung Comtes, Spencers und Marx', dass die konkrete Ordnung der Gesellschaft nicht einfach gottgewollt, sondern Folge unterschiedlich ausgeprägter 'menschlicher Gesetzmäßigkeiten', d.h. geschichtlich gewachsener und gegen-

---

bio-technologischen Wende zugewiesen wurde; vgl. S. 213. Diese von Kelly unabhängige Einordnung von Neurobiologie und Genetik kann wie folgt begründet werden:

An der Neurobiologie lassen sich nicht nur paradigmatisch Struktur und Funktion der bio-technologischen Wende, des technisierten Zugangs zum Leben beobachten. Neurobiologie steht auch für die Frage nach dem *Menschen* und für einen Zugang zur Komplexität des Menschen, der gleichermaßen sensomotorische (Wahrnehmung und Handeln) und kognitiv-emotionale (Wahrnehmung und Bewusstsein) Dimensionen berührt.

Demgegenüber nimmt das Chromosom wie das Gen im Zusammenhang der bio-technologischen Wende die Stellung einer civilreligiösen Ikone ein. Als kulturelle Ikone generiert und transportiert die Desoxyribonukleinsäure (DNS) in Medien, Wirtschaftszweigen und auf Produkten ein kulturell geteiltes und gegenüber der abstrakt wirkenden Neurobiologie ein materialisiert-visualisiertes Wissen. Sie ist das Sinnbild globalen Wachstums und Zukunft - auf 'natürlicher Grundlage'. Sie ist gleichzeitig Bild, Name und Garant für den reproduzierbaren Zusammenhang von Leben und bricht damit tendenziell aus der christlichen Ikonentheologie (verweisende Verehrung, nicht eigenständige Anbetung) aus.

Als religioide Ikone verbindet das Gen und Chromosom das Individuum mit dem übergreifenden Kosmos auf transzendierend-spiritualisierende Weise. Als 'Buch des Lebens' verweist die DNS auf das Geheimnis umfassenden Lebens. Sie dreht sich im Kreis, ohne darin zu verharren. Sie steht für Schöpfung, Offenbarung, Erlösung und Gericht. Sie existiert (bereits schon) ewig und scheint (in ihrer Wandlungsfähigkeit) allmächtig. Der Umgang mit ihr eröffnet nicht nur eine Teilhabe am Schöpfungswerk, sondern hebt die Beteiligten in einen von anderen Menschen bewundert-beäugten Stand elitären Wissens und konfrontiert schließlich mit dem Selbst bzw. mit dem, was im Rahmen der bio-technologischen Nivellierung als Kern von Individualität und Identität bestimmt wurde.

[970]Kelly übernimmt eine Kurzzusammenstellung dieser Wegmarken der Moderne von David Channel, vgl. KELLY, Kevin (1999), 171, auch 90, 574. Sie finden sich auch an anderer Stelle, vgl. EßBACH, Wolfgang (1996), 79. Dabei fällt allerdings auf, dass dabei nie auf die 'Entdeckung der Soziologie' eingegangen wird, was zwar an der im Vergleich zu anderen Wissenschaften problematischeren Personalisierung liegen kann (vgl. Anm. 971,was aber weder der 'Soziologisierung gesellschaftlicher Wahrnehmung' gerecht wird *noch* die in dieser Arbeit angedeutete Wahrnehmung einer 'zunehmenden intimen Dimension' der Kränkungserfahrung ermöglicht.

wärtig austarierter Wissens-, Macht- und Funktionsgegensätze, ist.[971] Sie eliminiert die Diskontinuität zwischen dem Individuum und den übrigen Menschen bzw. seinem sozio-kulturellen Rahmen.

4   Die Entdeckung Freuds, dass das 'Ich' nicht einmal Herr über sich selbst ist und gezwungen ist, sich mit Ausgeburten aus dem dunkel bleibenden Unbewussten in ihm selbst herumzuplagen. Sie eliminiert schließlich die Diskontinuität zwischen der rationalen Welt des Ich und der irrationalen Welt des Unbewussten.

1.2.3   Chaos hat Methode: Hermeneutische Herausforderungen

Hinter der als Kränkung des menschlichen Selbst erfahrenen 'bio-technologischen Wende' ist wissenschaftstheoretisch ein Wechsel methodischer und hermeneutischer Momente auszumachen - erst dadurch kann diese Wende ihre umfassende interdisziplinäre und außerwissenschaftliche Anziehungskraft entwickeln. Kelly leistet in seinem Beitrag keine systematische Zusammenstellung und Problematisierung dieser Methoden, sein narrativer Stil lässt eher nur ein vereinzeltes Nennen zu. Dennoch sollen hier einige zentrale Implikationen vorgestellt werden.

Insofern Leben als ein autonomer, sich selbst organisierender und überraschender Veränderungsprozess des Lernens[972] begegnet, kann wissenschaftliche Erkenntnis nicht mehr ein 'vollständiges Verständnis', ein Offenlegen der kausal-linearen Zusammenhänge anstreben. Statt dessen fragt sie nach dem inhärenten Ziel von Leben und organischer Entwicklung.[973] Weil man mit den Fragen nach Grund und Ursache von Entwicklung nicht die beobachtbaren Phänomene des Lebens[974] beschreiben kann, beschränkt man sich auf die Dimension der Funktionalität, welche durch die Beobachtung von Abläufen zugänglich wird.[975] Der operationale Erfolg und Veränderungen sind enthüllbar - un-

---

[971]Auguste Comte, Karl Marx und Herbert Spencer stehen hier nur stellvertretend für die 'Entdeckung der Soziologie'. Der Umstand, dass der fachinterne Streit um die historische Verortung der Anfänge der Soziologie nicht nur in vollem Gange ist sondern auch für unentscheidbar erachtet wird (vgl. TYRELL, Hartmann (1995), 79), mag Indiz für die spezifische Entdeckungsgeschichte dieses Leitbildes sein. Im Gegensatz zu den singulär genialen Entdeckern benachbarter Wissenschaften tat sich die Soziologie mit der kurzfristigen Markierung exklusiver Differenzen schwer: Einerseits *reagierten* zumindest ihre ersten Vertreter auf politische Wahrnehmungen, was die Differenzmarkierung gegenüber Früherem erschwerte. Andererseits setzte erst mit Marx eine gesellschaftliche und wissenschaftliche Breitenwirkung ein, was die Differenzverstärkung gegenüber Anderem hinauszögerte.

[972]Vgl. KELLY, Kevin (1999), 171, 182, 230; da bei Kelly unterschiedliche Verhältnisbestimmungen von 'lernen', 'anpassen' und 'sich entwickeln' vorzufinden sind, steht 'Lernen' hier als Sammelbegriff für das Selbsteinstellungsvermögen lebender Systeme; vgl. KELLY, Kevin (1999), 568.

[973]KELLY, Kevin (1999), 172.

[974]Z.B. das Phänomen der Emergenz und dessen Ergebnis 'Bewusstsein', vgl. KELLY, Kevin (1999), 70.

[975]Zur Funktionalitätsperspektive vgl. KELLY, Kevin (1999), 65, 69, 77, 190, 216, 230, 453, 475, 481, 498, 594 ('Funktionsprinzipien lebender Systeme', KELLY, Kevin (1999), 594).

abhängig von der Frage, ob ihr Zustandekommen auch bis ins Letzte hinein begriffen wurde. Die Autonomie des Lebens - das Funktionieren durch sich selbst - eröffnet keine weiteren Aussagemöglichkeiten. Sie formuliert auch keine anderen Aussagenotwendig-keiten, denn das verlässliche Funktionieren stellt das oberste Handlungskriterium des Organischen dar.[976] Die 'Beobachtung von Abläufen' markiert dabei eine andere Metho-de im wissenschaftlichen Erkenntnisvorgang: Statt Analyse, d.h. Reduktion des Lebens auf seine Bestandteile bzw. auf 'erste Ursachen', hilft nurmehr die Synthese, d.h. das praktische Zusammenfügen, von Lebendigem. Statt der theoretischen und / oder empiri-schen Annäherung an die Wirklichkeit, die das Leben letztlich unberührt lassen *kann*, eröffnet sich mit der Vermählung von Gemachtem und Geborenem erstmals eine alterna-tive Annäherung. Für diese Annäherungsweise finden sich bei Kelly verschiedene Bezeichnungen, je nach der Teildisziplin, in welcher sie begegnet: Simulation, Animati-on, Ablaufen, Evolvieren und v.a. Züchten.[977] Ihnen allen ist gemeinsam, dass eine derart betriebene Forschung nicht nur zugleich Theorie *und* Experiment darstellt, sondern als 'Praxis von Leben' auch immer Wirklichkeit unwiederbringlich *verändert*.[978] Diese Annäherungsweise betont, dass die bisherige Logik, deren sich unser Denken bedient hat, an seine Grenze gelangt ist und keine weitere Steigerung der Komplexitätsreduktion mehr leisten kann. Die klassisch lineare Logik der griechischen Philosophen und der Newtonschen Mathematik entspricht der Logik unseres Bewusstseins bzw. unserer (Selbst-)Wahrnehmung. Diese lineare Logik deckt sich jedoch nicht mit jener, wie lebende Systeme, der Mensch eingeschlossen, *funktionieren*.[979] Wo aber eine Reduktion, d.h. Abkürzung, wahrgenommener Komplexität lebender Systeme nicht mehr möglich erscheint, da ist deren "tatsächliche Darstellung" "die schnellste, kürzeste und einzig sichere Methode,"[980] um Aussagen bezüglich ihres Funktionierens treffen zu können. Eine nichtlineare Logik, die im Gegensatz zur linear kausalen Vorhersagbarkeit Un-vorhersagbares, Chaotisches, Verknüpftes bedenken kann, zeichnet sich allerdings erst in Umrissen ab; bei Kelly begegnet sie als 'Schwarmlogik', als 'zirkuläre und laterale Logik' und als 'Netzmathematik'.[981]

---

[976]KELLY, Kevin (1999), 282, 474, 498. Entsprechend ist auch das 'radikale Nicht-Funktionieren', der Tod, "der *einzige* Lehrer innerhalb der Evolution", vgl. KELLY, Kevin (1999), 422.

[977]KELLY, Kevin (1999), 25, 75, 109, 417, 420, 437, 443, 479, 517, 542, 550, 596.

[978]Veränderungen von Wirklichkeit beziehen sich dabei nicht nur auf Erkenntnismöglichkeiten (vgl. z.B. die erkenntnistheoretischen Prämissen des 'Radikalen Konstruktivismus'), sondern auf die Existenz und Ausgestaltung *organischen* Lebens direkt.

[979]KELLY, Kevin (1999), 115, 475f.

[980]KELLY, Kevin (1999), 25.

[981]KELLY, Kevin (1999), 42-44, 115, 129, 549f.

1.2.4   Leben: System - Netz - Selbstentwicklung

Die funktionale Annäherungsweise an eine zirkuläre Logik gewährt dennoch bereits heute weitreichende Einblicke in die Konstitutionsbedingungen lebender Systeme:

Die Organisations- und Entwicklungslogik von natürlichen und künstlichen Organismen, d.h. Hybridformen, unterscheiden sich *nicht*. Beide Formen sind durch die Kennzeichen 'Vivisystem'[982] und 'Evolution'[983] bestimmt. In beiden herrscht Leben: "derselbe lebendige Geist, der uns Insulin, Augenwimpern und Waschbären überhaupt erst gebracht hat",[984] jene "alte Kraft, die Materie und Energie neu organisiert."[985] Das "heißt nicht, dass organisches Leben und maschinelles Leben identisch wären; das sind sie nicht. [...] Aber organisches und künstliches Leben teilen sich eine Reihe von Eigenschaften, mit deren Bestimmung wir gerade erst begonnen haben."[986]

Natürliche wie künstliche Organismen sind 'Vivisysteme': selbstorganisierende, selbsterhaltende und selbstreproduzierende Systeme bzw. Netzwerke. Sie verbindet, dass es sich um parallel operierende Ganzheiten autonom agierender Glieder handelt. Die autonomen Untereinheiten bilden ein Netzwerk von Gleichen, indem sie auf der Ebene der Untereinheiten hochgradig vernetzt sind (1), ohne einer linearen Beeinflussung auf dieser Ebene zu unterliegen (2) und ohne eine Zentralsteuerung zu kennen (3).[987] Die hochgradige Vernetzung von Untereinheiten (1) generiert eine vernetzte Komplexität: eine, aus einem Haufen untereinander verbundener Punkte sich erhebende, eigene Einheit.[988] Ohne Anfang, ohne Ende und ohne Zentrum. Oder aber überall Anfang, überall Ende und überall Zentrum.[989] Eine Einheit, die "materiell geschlossen, hinsichtlich Energie und Information jedoch offen"[990] ist und deren Untereinheiten mit ihrer parallelen Verarbeitungsweise interne Kommunikation auf Umwegen und mit erheblicher Redundanz, dafür aber mit unübertrefflicher Genauigkeit gewährleistet.[991] Die nichtlineare Kausalität der Beeinflussung von Gleichen (2) gründet in diesem Operationsprinzip parallel arbeitender Netzwerke. "Im Reich rekursiver Reflexionen wird ein Ereignis nicht durch eine Kette von Dingen ausgelöst, sondern durch ein Feld von

---

[982]Kelly verwendet diesen Begriff zur Kennzeichnung lebender bzw. lebensähnlicher Systeme, vgl. KELLY, Kevin (1999), 10.

[983]KELLY, Kevin (1999), 414, 420.

[984]KELLY, Kevin (1999), 420.

[985]KELLY, Kevin (1999), 489.

[986]KELLY, Kevin (1999), 489f.

[987]KELLY, Kevin (1999), 38f.

[988]KELLY, Kevin (1999), 131.

[989]KELLY, Kevin (1999), 44.

[990]KELLY, Kevin (1999), 178.

[991]Vgl. KELLY, Kevin (1999), 282, 426, 455, 473, 475, 477, 499.

Ursachen, die sich wechselseitig"[992] verstärken und hemmen. Die zirkuläre, laterale[993] Kausalität diskontinuierlicher Netze ist der Schlüssel zum Verständnis von 'Emergenz', d.h. "der Hervorbringung einer höheren Materie [oder allgemein eines höheren Organisationsstatus] aus geringerwertigen Teilen"[994] Des Menschen Bewusstsein begegnet derart als ein Emergenzphänomen, das nichtlinear aus der Vernetzung von Interaktionen vieler, für sich betrachtet, bedeutungsloser Untereinheiten und Zustände entsteht,[995] und Leben wird als "ein emergentes Leistungspotential zur Organisation unbelebter Teile [verstehbar], ohne auf sie reduzierbar zu sein".[996] Diese linear nicht begründbare, spontane Komplexitätssteigerung von Organisationszuständen bzw. Leistungspotentialen veranschaulicht Kelly anhand des Schlagwortes 'Mehr ist anders' im Zusammenhang eines 'Gesetzes der großen Zahl'.[997] Emergenz braucht eine Masse, ein Kollektiv, denn dies ist es, was den erforderlichen Komplexitätswert für emergente Entitäten erzeugt: Massen verhalten sich *anders* als ein Teilelement. Jenseits der Emergenzsignatur gewährt die zirkuläre, laterale Kausalität lebender Systeme jedoch auch Einblick in ihre "ausbalancierte Instabilität". Leben befindet sich in einem "beständigen Ungleichgewicht" (Lovelock) zwischen Zementierung und Zusammenbruch, zwischen Starrheit und Chaos.[998] Das Ausbleiben systemischer Veränderung steht in einer Umwelt bzw. Natur beständiger Veränderung für den Systemtod, aber auch zu viel Wandel führt ein System mit begrenzten Möglichkeiten unweigerlich in diesen Tod.[999] Um ein System am Leben zu erhalten und es zu bereichern, bedarf es deshalb zeitlicher und örtlicher Schwankungen, die in "homöostatischen Rückkopplungsschleifen" vom System ausbalanciert werden. Diese ausbalancierte bzw. stabile Instabilität versetzt Systeme in die Lage, auf Veränderungen mit fortgesetzten Veränderungen, d.h. Veränderungen der Veränderungen, zu reagieren und derart geordnet "dynamische Komplexität zu bewältigen".[1000] Die dynamische Komplexitätsbewältigung ermöglicht lebenden Systemen einen Status der Organisationsüberlegenheit gegenüber Unorganischem, da sie Systeme anpassungsfähiger werden lässt, was sich als Zunahme an Attraktivität und Wiederstandsfähigkeit im Entwicklungsprozess äußert. Das Leben in einem 'beständigen

---

[992]KELLY, Kevin (1999), 115.

[993]KELLY, Kevin (1999), 41, 129.

[994]KELLY, Kevin (1999), 23. Kelly veranschaulicht den "qualitativen Richtungswechsel" (Morgan), welchen die Emergenzlogik anzeigt an dem Beispiel, dass "2 + 2 nicht 4" sondern "Äpfel" ergeben, KELLY, Kevin (1999), 23f.

[995]KELLY, Kevin (1999), 70, 580f.

[996]KELLY, Kevin (1999), 170. Zum Ausschluss linearen Reduktionismus vgl. auch KELLY, Kevin (1999), 36, 122.

[997]KELLY, Kevin (1999), 185, vgl. auch 36f.

[998]KELLY, Kevin (1999), 124, 567.

[999]KELLY, Kevin (1999), 146.

[1000]KELLY, Kevin (1999), 565; die Kunst der Evolution erkennt Kelly gerade in der geordneten Bewältigung dynamischer Komplexität; vgl. auch KELLY, Kevin (1999), 496. Dies entspricht seiner Definition von 'Koevolution' als einer Reaktion auf Veränderungen mit Veränderung der Veränderung selbst, vgl. KELLY, Kevin (1999), 140.

Ungleichgewichtszustand' wirkt sich auf die unbelebte Umwelt des Systems ansteckend aus; "Vivisysteme dehnen ihre ausbalancierte Instabilität auf alles aus, womit sie in Berührung kommen - und sie greifen nach allem."[1001] Damit verändern erfolgreiche Systeme ihre Systemumwelt dahingehend, mehr Leben[1002] hervorzubringen. Der sich selbst verstärkende Effekt positiver Rückkopplungsschleifen wird im "Gesetz der zunehmenden Erträge" greifbar: erfolgreiches Handeln erzeugt seine eigenen Erfolge.[1003] Die Ausdehnung der Organisationsform 'Leben' lässt Vivisysteme widerstandsfähiger werden, denn gemäß dem "Gesetz der großen Zahl" verhalten sich komplexe Ökosysteme 'anders': mit zunehmender Komplexität brauchen Vivisysteme um so länger, um den Zustand ausbalancierter Instabilität zu erreichen - einmal dort angekommen, behaupten sie sich allerdings hartnäckig.[1004] Zusammenfassend kann festgehalten werden, dass die überlegene Organisationsstruktur in dem höheren Komplexitätsgrad lebender Systeme gegenüber Unbelebtem und Lebensfeindlichem gründet.[1005] Dabei geht die Organisationsstruktur von Leben nicht einher mit einer zentralen Steuerungsinstanz des jeweiligen Systems (3). Statt einer Zentralsteuerung regiert vielmehr die verteilte Steuerung einer "Subsumtionsarchitektur"[1006] in lebenden Systemen. In Subsumtionshierarchien bewegen sich Informationen und Kontrollbereiche von unten nach oben und seitwärts ("Bottom-up-Kontrolle"), weshalb die Prozesse auf unteren Organisationsebenen schneller verlaufen, als auf höheren und auch der Hauptteil von Informations- und Kontrollleistungen von unten her geleistet wird.[1007] Vivisysteme organisieren ihre interne Ordnung selbst, ohne äußere Lenkung - auch deshalb erscheinen sie dem Beobachter unkontrollier- und unberechenbar;[1008] sie generieren Ordnung in dezentralen Interaktionsprozessen, "gratis",[1009] einzig mit dem Ziel, das Überleben des Systems und dessen Entwicklungsmöglichkeit sicherzustellen.[1010] Die Organisationslogik von Vivisystemen lässt sich auch in 'Grundprinzipien' zusammenfassen, die alle Systeme natürlichen und künstlichen Lebens miteinander teilen und die als Funktionsprinzipien die

---

[1001]KELLY, Kevin (1999), 126, vgl. auch 161f.

[1002]Mehr Leben bedeutet mehr Arten von Leben und komplexeren Lebensformen, vgl. KELLY, Kevin (1999), 574.

[1003]Kelly 107, 109, 595f.

[1004]KELLY, Kevin (1999), 161-163, 184f. Für Kelly zeigt sich die überlegene Widerstandsfähigkeit des Lebens auch darin, dass die "Abwehr von Zerstörung das primäre Merkmal von komplexen Systemen darstellt", vgl. KELLY, Kevin (1999), 163.

[1005]KELLY, Kevin (1999), 162.

[1006]KELLY, Kevin (1999), 67f.

[1007]KELLY, Kevin (1999), 73f. Vgl. auch KELLY, Kevin (1999), 78, 278, 453.

[1008]KELLY, Kevin 45, 161, 433.

[1009]Kelly verwendet den Begriff der 'Ordnung gratis' allerdings im Zusammenhang Stuart Kauffmans Frage nach den *kosmischen* bzw. *evolutionären* Entwicklungsgesetzen. Er will damit die gegenüber systemexternen Bedingungen "grundlose, spontane und unvermeidliche Entstehen von Ordnung kennzeichnen, vgl. KELLY, Kevin (1999), 547f, 561.

[1010]KELLY, Kevin (1999), 70f, 411, 568, 589, 597.

Entstehung und Entwicklung von Leben organisieren. Die von Kelly als "Neun Gesetze Gottes" apostrophierten Funktionsprinzipien sind:[1011] Verteile das Leben (1), Steuere von unten nach oben (2), Sorge für zunehmende Erträge (3), Züchte durch Ballung (4), Maximiere die Randzonen (5), Ehre deine Irrtümer (6), Strebe nicht nach Optimierung - setze dir vielfältige Ziele (7), Suche beständiges Ungleichgewicht (8), Verändere Veränderungen (9).

Neben dem Begriff 'Vivisystem' begegnet als verbindendes Kennzeichen natürlicher und künstlicher Organismen auch der Zentralbegriff 'Evolution'. Unter diesem Leitbegriff vereint Kelly Beiträge, welche zentrale Merkmale der *Organisations*struktur lebender Systeme eher vor dem Hintergrund derer langandauernder *Entwicklung* diskutieren.[1012] 'Netz' und 'System' haben bereits darauf aufmerksam gemacht, dass Leben immer für einen Plural, für vielfältige Verbindungen und Verflechtungen[1013] sowie deren Ausweitung steht. Doch lässt sich mit diesem Befund die These Darwins bzw. der Darwinisten aufrechterhalten, dass es in der Natur nichts gäbe, was nicht mit dem elementaren Prozess der natürlichen Selektion erklärbar wäre?[1014] Die Prämisse der Selektionisten, dass die Entstehung der Arten[1015] sich ausschließlich "einer ungebrochenen Linie gradueller, unabhängiger und zufälliger Variationen"[1016] und Selektionen verdanke, wird von Postdarwinisten in Abrede gestellt. Entsprechend der bereits aufgezeigten zirkulär lateralen Netzwerklogik verwirft Kelly die Vorstellung eines (linearen) Fortschrittsdenkens, um gleichzeitig aber an der Frage nach einer alternativen Evolutionstheorie festzuhalten.[1017] Sich von jedem Anflug metaphysisch-transzendenter Begründung oder einer positivistisch klaren Zielgerichtetheit abgrenzend, überprüft Kelly, ob nicht so etwas wie eine "zunehmende Strömung", eine "grundsätzliche Ausrichtung" mit "Richtungstrends" bzw. "grundlegende[n] Zwänge[n]"[1018] in der "Struktur

---

[1011]KELLY, Kevin (1999), 594-600. Kellys 'Gesetze Gottes' wollen die 'Erschaffung von etwas aus Nichts' regeln. Die *einzelnen 'Gesetze'* sind durchaus aus der Perspektive der beschriebenen Systeme, im Duktus der 'Gesetze Gottes' also aus der Perspektive der 'Geschöpfe', formuliert (dies in Übereinstimmung mit seinem perspektivischen Anspruch, vgl. KELLY, Kevin (1999), 455). Demgegenüber wendet sich die *Einführung* in die 'Gesetze' und deren Darstellung als *'Funktionsprinzipien'* nicht mehr an die beschriebenen Systeme, sondern an künstliches Leben generierende Menschen, im Duktus der 'Gesetze Gottes' also an den bzw. die Götter selbst.

[1012]Bei Kelly findet sich nicht ein einziger Hinweis auf die Begrifflichkeit Ontogenese und Phylogenese, im Gegenteil scheint ihm an der Unterscheidung gerade nicht zu liegen, wenn er die Möglichkeit einer wechselseitigen Beeinflussung von genetischem Bestand und z.B. kultureller Erfahrung offenhalten will bzw. mit Kauffman nach übergreifenden Trends des Lebens allgemein fragt, vgl. KELLY, Kevin (1999), 505, 508, 513, 560, 578f.

[1013]KELLY, Kevin (1999), 44, 160, 182.

[1014]KELLY, Kevin (1999), 514.

[1015]Dies war die Fragestellung Darwins, vgl. den Originaltitel *On the Origin of Species by Means of Natural Selection, or the Preservation of Favoured Races in the Struggle of Life.*

[1016]KELLY, Kevin (1999), 513.

[1017]KELLY, Kevin (1999), 576.

[1018]Vgl. KELLY, Kevin (1999), passim sowie v.a. 574, 576, 578f.

organisierten Wandels, die selbst Veränderungen und Neuordnungen durchmacht",[1019] zu erkennen ist.

Als zentralen, übergeordneten Rahmen aller Evolution ist für Kelly der 'Körper' zu nennen, weil Natur stets aus dem Dual "Information und Körper" besteht.[1020] Mit 'Körper' sind jeder Entwicklung unmittelbar 'Zeit' und 'Zwänge' vorgegeben. Zeit kommt ins Spiel der Evolution, weil die Entwicklung und Veränderung von Komplexität, d.h. das Werden von Leben, Zeit braucht; Natur kann nicht alles auf einmal heranwachsen lassen, sondern baut auf erreichten Entwicklungsstadien auf.[1021] Zwänge prägen die Evolution, weil der Körper die Entwicklungsmöglichkeiten und Notwendigkeiten positiv wie negativ vorgibt; Beschränkung und Stabilisierung sind die beiden Seiten einer Medaille, weil sie die Entwicklungskräfte generieren und kreativ halten.[1022] Auch mit dem Wissen um die Körpergeprägtheit von Evolution ist an der Beobachtung fest-zuhalten, dass Evolution *die* Kraft ist, "die Spielregeln legal zu verändern",[1023] also eine Fähigkeit selbstorganisierter, tiefgreifender sowie koordinierter Veränderung und Neuordnung darstellt,[1024] welche die Möglichkeit für sprunghafte Entwicklung und die Optimierung von Entwicklung beinhaltet.[1025] Eine sprunghaft sich in der Zeit verändern-de Komplexität kann aus sich selbst heraus Tendenzen und Ziele erstehen lassen, ohne dass hierfür systemexterne Begründungen gesucht werden müssen.[1026] Es liegt nahe, als letztendliche Tendenz von Evolution, die in einem sich selbst einstellenden, selbst-organisierenden System erfolgt, dessen zeitgebundene Körperlichkeit Entwicklung sowohl anspornt als auch begrenzt, die 'Evolution der Evolution' selbst anzunehmen.[1027] Die Gemeinsamkeit natürlichen wie künstlichen Lebens besteht dann im gemeinsamen Ziel, selbstevolutionär wachsender Evolutionsfähigkeit: Einem 'Mehr an realisierten Möglichkeiten', einem 'Werden werden', dem Erschließen neuer Möglichkeiten, Neues zu erfinden. Die Bestimmung einer übergreifenden und letztendlichen Ausrichtung ermutigt Kelly, die einzelnen Momente der beobachteten Entwicklungslogik lebender

---

[1019]Diese Definition von Evolution, vgl. KELLY, Kevin (1999), 509, ist auch schon in der Anm. 1000 angeklungen.

[1020]KELLY, Kevin (1999), 418; zum Stellenwert des Körpers vgl. KELLY, Kevin (1999), 86.

[1021]KELLY, Kevin (1999), 105, 176, 530, 596.

[1022]KELLY, Kevin (1999), 530, 539f; dabei weist Kelly jedoch darauf hin, dass die genaue Rolle der Beeinflussung von Beschränkungen auf die Selbstorganisation lebender Systeme noch nicht hinreichend erforscht wurde.

[1023]KELLY, Kevin (1999), 589.

[1024]Zur selbstorganisierten Veränderung von Veränderung vgl. KELLY, Kevin (1999), 470, 509, 591, 593, 589.

[1025]Kelly schließt sich mit der Möglichkeit sprunghafter Entwicklung der Kritik der Saltationisten gegenüber der Hauptthese Darwins von der Ausschließlichkeit 'natürlicher Selektion' an, vgl. KELLY, Kevin (1999), 534f, 537, 542, 545. Die Optimierung von Entwicklung diskutiert Kelly unter dem Begriff 'Lernen', dessen kleinste Einheit im Tod (Selektion) zu finden ist, vgl. KELLY, Kevin (1999), 422.

[1026]Kelly rekurriert hier nicht auf das naheliegende Emergenzphänomen komplexer Organisation, vgl. KELLY, Kevin (1999), 581.

[1027]Vgl. auch für das folgende KELLY, Kevin (1999), 172, 511, 568, 593.

Systeme in einer Übersicht einzelner Trends zusammenzufassen, welche die Evolution hin zu mehr Evolutionsfähigkeit begleiten. Auch wenn Kelly sich der umstrittenen Forschungslage bewusst ist, so nennt er neben der Tendenz hin zu mehr Evolution sechs weitere Tendenzen:[1028] Der Trend zu Irreversibilität (1), zu wachsender Komplexität (2), zu wachsender Vielfalt (3), zur wachsenden Zahl von Individuen (4), zur wachsenden Spezialisierung (5) und zu wachsender wechselseitiger Abhängigkeit (6).

1.2.5 Erste Konsequenzen der bio-technologischen Wende

Die Konsequenzen dieser vom Menschen betriebenen Vermählung des Gemachten mit dem Geborenen werden die Lebenswelt eines jeden Menschen prägen. Die Ergänzung der Natur durch künstlich lebende Systeme lässt eine Netzkultur erstehen, in der alles miteinander verbunden ist und in der gleichzeitig jedes (Teil-)System über ein begrenztes Maß an Selbstbestimmung verfügt. Diese Netzkultur wird die Natur verändern, weil 'Leben' unwiderruflich durch ein Spektrum von Hybrid-Systemen ergänzt wird, welche Ergebnis einer 'gesteuerten Evolution' sind.[1029] Neu in der Natur werden selbstorganisierende, selbststeuernde und selbstreproduzierende Maschinen sein, die mit anderen lebenden Systemen in Verbindung stehen werden. Darüber hinaus wird diese Netzkultur aber auch den Menschen verändern, sowohl hinsichtlich seines Verhältnisses gegenüber der (Außen-)Welt als auch die Wahrnehmung seiner Selbst.[1030] Das Verhältnis zur Natur wird seitens des Menschen vorwiegend von der Erfahrung versagter Kontrolldominanz und einer erweiterten Machtfülle geprägt sein. Die selbstorganisierten Operationen lebender Systeme entziehen sich in ihrem kausalen Verständnis dem Menschen,[1031] während gleichzeitig derselbe Mensch diese Systeme künstlich initiieren kann und ihm sogar immer weiter Möglichkeiten dafür zur Verfügung stehen werden. Diese Verbindung von Kontrollreduktion und Machtexpansion lässt den Menschen gleichzeitig zu einem 'Gott von Leben' und zu einer "Anstandsdame" werden:[1032] *Er* ist es, der die Macht hat, den Startschuss für Verschmelzung von Gemachtem und Geborenem abzugeben - *er* ist es aber auch, der keine Kontrolle darüber besitzt, wie die Ausgestaltung dieser Verschmelzung und die Organisation lebender Systeme im Einzelnen von statten geht. So 'spielt der Mensch Gott'. Er kommt dabei zwar nicht über ein 'auf-den-Weg-Bringen' hinaus, aber gerade in dieser machtvollen Selbstbeschränkung eigener

---

[1028]KELLY, Kevin (1999), 582-589.

[1029]Vgl. KELLY, Kevin (1999), 47, 160-162, 256, 420.

[1030]Diese systematische Unterscheidung von 'Funktion des Menschen in der Welt' und seinem Selbstverhältnis geht bereits über Kelly hinaus, versucht allerdings die Dimensionen der bio-technologischen Wende für den Menschen deutlich werden zu lassen und den wenigen von Kelly angeführten 'emotionalen' Konsequenzen einen Platz im Ganzen einzuräumen.

[1031]Vgl. KELLY, Kevin (1999), 261, 417, 585.

[1032]Kelly greift die Gott-Metapher für den Menschen regelmäßig auf, was auch aus der Selbstbeschreibung seiner Gesprächspartner herrührt, vgl. KELLY, Kevin (1999), 199, 325-352, 385, 413, 421, 492f, 511, 595. Zur 'Anstandsdame' vgl. KELLY, Kevin (1999), 209, 384, 414, 420, 493f.

Kontrolle erkennt Kelly die Signatur des Göttlichen. 'Gott' ist, wer einem lebenden System ein Schicksal auferlegen kann, ohne ihm die Freiheit zu nehmen.[1033]

Der Mensch als Gott führt das Schöpfungshandeln des jüdisch-christlichen Gottes auf seiner eigenen Ebene fort.[1034] Indem der Gott des Mose den Menschen als ein Modell Gottes eigener Imitation, als sein Simulakrum bestimmte, war auch dieses Modell mit freiem Willen und Kreativität ausgestattet. Wenn jetzt der Mensch daran geht, erstmals Modelle seiner selbst zu entwickeln, so wird er nicht nur eine Welt ohne Grenzen und mit offenem Ende sondern auch mit den Modellen *seiner* selbst eine Welt der Unvollkommenheit initiieren.

Dieses 'Gottes-Verhältnis' gegenüber künstlichem Leben - Schicksale zu eröffnen, ohne Freiheit zu nehmen - wird auch die konkrete Ausgestaltung der Rolle des Menschen gegenüber diesen Systemen prägen. Der Mensch wird sich darauf konzentrieren, Probleme zu definieren, nicht aber deren Lösungen; lebende Systeme werden die Lösungen ausgestalten.[1035]

Diese Arbeits- und Kompetenzverteilung wird auch das Selbstverständnis bzw. das Selbstverhältnis des Menschen beeinflussen. Der Verlust von Kontrolldominanz durch ein Netz autonomer, lebender Systeme bedingt die Möglichkeit direkter "nachteiliger Nebenwirkungen"[1036] für den Menschen, was sich als dauerhaft verunsichernd auf den Menschen auswirkt. Von der 'Funktionalität' des Verhältnisses zwischen (künstlich) lebenden Systemen und dem Menschen für den Menschen, d.h. von der praktikablen Ausgestaltung des Verhältnisses *durch* lebende Systeme, wird abhängen, ob sich der Grad der Verunsicherung bis zur Angst und Entfremdung verdichtet.[1037] Unabhängig davon wird das Leben als 'Schöpfergott' die "Seele" des Menschen nicht unberührt lassen,[1038] weil "die Arbeit des Modells, das sein eigenes Modell macht, [entweder] Sakrament oder Blasphemie" sein wird.[1039]

[1033]KELLY, Kevin (1999), 456. Dieses Verhältnis der 'ermöglichenden Freigabe' stellt den Hintergrund der Begriffe 'züchten', 'hüten', 'managen' dar, vgl. Anm. 957.

[1034]Kelly nimmt auf die Erschaffung des Menschen im ersten Schöpfungsbericht Bezug, vgl. auch zum folgenden KELLY, Kevin (1999), 350-352.

[1035]Vgl. zur Definition von Problemen bzw. Selektionsdruck durch den Menschen KELLY, Kevin (1999), 420, 429.

[1036]KELLY, Kevin (1999), 433. Diese nachteiligen Nebenwirkungen können auch in Phänomenen liegen, die ihre Existenz der Emergenz des neu entstandenen Hyper-Netzwerks verdanken, welche der Mensch eventuell aber noch nicht einmal wahrnehmen kann, vgl. KELLY, Kevin (1999), 48.

[1037]KELLY, Kevin (1999), 493.

[1038]KELLY, Kevin (1999), 512.

[1039]KELLY, Kevin (1999), 352; die religiös-theologische Begrifflichkeit, welche eigentlich die Existenz Gottes voraussetzt, muss nicht im Widerspruch zu Kellys Bemühungen stehen, Richtungstrends in der Entwicklung jenseits transdenzental-metaphysischer Argumentationsmuster nachzuweisen, wenn einerseits der narrative Charakter Kellys Ausführungen sowie der zivilreligiös geprägte US-amerikanische Kontext seiner Arbeit mitbedacht wird.

1.2.6   Rückfragen aus der Theologie an Kellys Richtungsanzeige

Allgemein wissenschaftliche Schwächen des Beitrags von Kelly wurden bereits in der Einführung zu diesem Kapitel genannt. Im Rahmen der daran anschließenden Entfaltung seiner Problemanzeige markieren eigene analytische Bemerkungen systematische Defizite. Darüber hinausreichende inhaltliche Kritikpunkte werden nachfolgend gesondert thematisiert. Diese aus der Perspektive christlicher Theologie formulierten Rückfragen weisen auf mögliche Anknüpfungspunkte für eine Beteiligung von Theologie an der wissenschaftlichen Diskussion wie an der populärwissenschaftlich-gesellschaftlichen Rezeption der bio-technologischen Wende hin. Die Rückfragen legen das Interesse der Theologie an dieser gesellschaftlich rezipierten Wende offen, ohne für sie die Position einer kommunikativen Letztinstanz zu reklamieren.

Dass die Darstellung des bio-technologischen Wandels explizit auf den ersten Schöpfungsbericht Bezug nimmt,[1040] fasziniert den theologisch interessierten Leser. Der vom Menschen zu verantwortenden Verschmelzung von Natur und Technik steckt ein enormes Potential an Kreativität, Neuartigkeit und unabsehbarer Möglichkeit inne, was sie tatsächlich als *Schöpfungsakt* erscheinen lässt, qualitativ verschoben gegenüber der bisherigen Reichweite menschlichen Handelns. Die Bezugnahme fasziniert allerdings auch aufgrund ihrer unbekümmert optimistischen Weise, in welcher die Parallelisierung des Handelns Gottes und des Menschen bei Kelly begegnet.[1041] Schließlich fasziniert, dass die Anknüpfung an den biblischen Schöpfungsbericht Hinweis auf eine generelle 'religioide Aufladung' bei Kelly und eventuell auch den von ihm vorgestellten Vordenkern sein kann. So bildet die Genesisreplik mit der wiederholt anzutreffenden Identifikation eigenen Handelns mit Gottes Handeln und der von Kelly eventuell als 'Schrumpfdekalog'[1042] konzipierten Zusammenfassung ein auffallendes Muster. Die religioide Aufladung kann unabhängig von einer Kontextualisierung Kellys im zivilreligiös geprägten, anglo-amerikanische Diskursrahmen als Hinweis darauf verstanden werden, dass Kelly zumindest um existentiell-transzendentale Dimensionen der bio-technologischen Wende weiß. Vor diesem Hintergrund erscheint dann allerdings als Defizit, dass Kelly in seinen Ausführungen jenseits der Markierung einer Kontrollreduktion bzw. eines Kontrollverlustes auf Seiten des Menschen nicht eigens auf diese Fragenkomplexe eingeht oder wenigsten hinweist. Die beiläufig eingestreuten, wertenden Einschätzungen

---

[1040]Vgl. KELLY, Kevin (1999), 350-352.

[1041]Kelly spricht gar von der Möglichkeit einer 'Vollendung' der Genesis durch schöpferisches Handeln des Menschen, vgl. KELLY, Kevin (1999), 352.

[1042]Kelly präsentiert seine Gesetzessammlung als Anleitung bzw. Regelwerk Gottes, um "aus nichts etwas zu machen" und rückt die Gesetzessammlung damit *funktional-inhaltlich* in die Nähe der Schöpfungsthematik, während der Titel "Die Neun Gesetze Gottes" und die apodiktische Formulierung der einzelnen Gesetze (vgl. KELLY, Kevin (1999), 594) gleichzeitig *formale* Assoziationen an den Dekalog wecken. Kelly thematisiert diese Assoziationen allerdings nicht, weder hinsichtlich des jüdisch-christlichen Selbstverständnisses des Dekalogs als 'lebenserhaltende Weisung Gottes auf der Grundlage seines befreienden Handelns' noch hinsichtlich einer eventuellen Beobachterperspektive auf den Dekalog als 'Funktionsprinzipien' einer konnektiv ausbalancierten Gesellschaft.

der Konsequenzen dieser Wende[1043] erscheinen unabhängig von ihrer optimistischen Ausgestaltung als unangemessen, gerade *weil* er mit der bio-technologischen Wende weitreichende Folgen für die Lebenswelt des Menschen proklamiert.[1044]

Das Fehlen jeglichen Markierens der Notwendigkeit einer ethischen und existentiell-transzendenten Problematisierung kann an verschiedenen Prämissen liegen, die seiner Schilderung zugrunde liegen:

So wird nirgends in den Auslassungen Kellys die Möglichkeit einer notwendigen Unterscheidung zwischen 'erstem' und 'zweitem Schöpfungsakt' angedeutet (1).[1045] Im Gegenteil scheint die Einführung der "Neun Gesetze Gottes" als Funktionsprinzipien einer *durch den Menschen* erfolgenden 'Schöpfung aus dem Nichts' vielmehr darauf hinzudeuten, dass Kelly die Möglichkeit und Notwendigkeit einer Unterscheidung zwischen einer *'creatio (ex nihilo et continua)'* und einer 'Evolution' gar nicht wahr-zunehmen scheint. Die fehlende Unterscheidung von *'creatio'*[1046] und 'Evolution' wiegt werkimmanent um so schwerer, weil ausgerechnet eine rekursiv gerichtete Fragerichtung Kellys Kritik an Darwin einläutet, ohne dass er dieses Muster 'erkenntniskritische Rückfrage' selbst einhält.[1047] So gelangt er mit der Aussage, dass dem Leben die kom-plexreduzierte Materie sowie die Evolution selbst vorausging, an die Grenze biologi-

---

[1043]Vgl. die Empfindung von 'Stolz', KELLY, Kevin (1999), 493; die Regulation 'unbegrenzten' Lebens, KELLY, Kevin (1999), 494; die Bewertung von 'Möglichkeiten', KELLY, Kevin (1999), 593.

[1044]Von der optimistischen Perspektive Kellys hebt sich der Beitrag Joys - JOY, Bill (2000) - entschieden ab. Dabei ist weniger die Reichweite und die Zuspitzung der Aussagen verwunderlich - Bill Joy gilt in der Computerbranche als Visionär und Vordenker -, als schlicht der Aussagegehalt. Joy will mit seinem Beitrag vor den bahnbrechenden Entwicklungen der Genetik, der Nanotechnik, der Robotik/KI ("GNR technologies") und speziell der Computertechnologie warnen. Hier fürchtet er die Möglichkeit, die Welt vollständig neu zu entwerfen. Das verbindende Merkmal dieser Technologien erkennt er in deren Fähigkeit zur Selbstreproduzierbarkeit (JOY, Bill (2000), 248), weshalb diese Technologien Gefahr laufen, als 'knowledge-enabled mass destruction' (KMD) den Menschen in seiner Existenz umfassend zu bedrohen. Bill Joy führt diese Gedanken nicht als Kulturkritiker aus, sondern als der bedeutendste Software-Entwickler der Gegenwart, dessen Entwicklungen (UNIX, Java, Jini etc.) nicht nur die elektronische Welt regelmäßig entscheidend verändert und vorangebracht haben, sondern der als Mitbegründer, Vizepräsident und Chefentwickler des Computerkonzerns Sun Microsystems auch über großen ökonomischen und politischen Einfluss innerhalb der Computerbranche verfügt.

[1045]Vgl. für die Konzeption bio-technologischen Erfindens als *Schöpfung*sakt Anm. 1042 sowie für die Vorstellung, dass die bio-technologische Wende den Schöpfungsakt Gottes in exklusiver Weise *wieder* aufnimmt, KELLY, Kevin (1999), 350-352 sowie den Titel der 1999 erschienen deutschen Lizenz-ausgabe.

[1046]Die klassische Theologie unterscheidet die *creatio ex nihilo* von der *creatio continua*: Gott ist die einzige Voraussetzung aller Weltwirklichkeit und Gott bleibt beständiger Grund dieser Wirklichkeit und dies, ohne in einer kausal-kategorialen, sondern in einer transzendentalen Ursachenkette zur Welt zu stehen.

[1047]Kelly kritisiert die These Darwins, dass ausschließlich *natürliche* Selektion und Variation' für die Entstehung neuer Arten verantwortlich sei, damit, dass derart der Ursprung von 'Angepasstheit' nicht aufgezeigt werden könne, vgl. KELLY, Kevin (1999), 520f.

schen Argumentierens, ohne dies allerdings als Grenzaussage zu markieren.[1048] Die Frage nach der Bedingung der Ermöglichung geordnet-radikaler Veränderung kann Biologie nicht beantworten *wollen*, weil sie eben bereits Materie in Raum und Zeit, also die *creatio (ex nihilo)*, voraussetzt. Mit dieser strukturellen Einschränkung ist noch kein Defizit der Biologie beschrieben, es wird auch nicht gegen die funktionale Perspektive der Moderne der Anspruch erhoben, dass diese Grenzmarkierung die *eigentliche* Erkenntnis darstellt. Vielmehr geht es darum, dass mit der Unterscheidung von *creatio ex nihilo* und einer fortdauernden, bereits auf Schöpfung aufbauenden, vom Menschen verantworteten, *Entwicklung* die Biologie eine offen bleibende Fragestellung benennt und als solche bestehen lässt, gerade *um* damit den Blick für die Signatur *menschlichen Handelns* zu schärfen.[1049] Die Naturwissenschaften profilieren ihren gesellschaftlichen wie wissenschaftlichen Beitrag zum Verständnis des Menschen gerade dort, wo sie ihre eigenen Rahmenbedingungen und Grenzen im Blick behalten und thematisieren.

[1048]Kelly grenzt Evolution gegenüber dem ungeordneten Wandel ('Revolution') ja gerade durch die "Struktur eines organisierten Wandels, die selbst Veränderungen und Neuordnungen durchmacht" ab, vgl. Anm. 1019 sowie KELLY, Kevin (1999), 496f; vgl. zu Materie und Evolution KELLY, Kevin (1999), 166, 591.

[1049]Dass die Theologie im Hinblick auf ein interdisziplinäres Gespräch über die Signatur des (bio-technologischen) Handelns des Menschen erst noch *eigene* Hausaufgaben zu erledigen hat, verdeutlicht Ulrich Lüke in seinem Versuch einer Verhältnisbestimmung von Theologie und (klassischer?) Evolutionsbiologie, vgl. LÜKE, Ulrich (1997). Als Herausforderung für die Theologie markiert Lüke, die Zeitlosigkeit göttlichen Wirkens mit der Zeithaftigkeit evolutiver Prozesse zu verbinden, vgl. LÜKE, Ulrich (1997), 149, 316. Die Verbindung von *creatio continua* und Evolution strebt Lüke seinerseits mit dem Begriff der "strengen Gegenwart" an, der durch eine "vertikale Dignität" einerseits sowie durch eine Nichtzugänglichkeit für naturwissenschaftliches Forschen andererseits ausgezeichnet ist, vgl. LÜKE, Ulrich (1997), 153-162, 316. Als Prämisse seines Vermittlungsversuches zwischen Evolution und *creatio continua* ist zu beachten, dass er Gottes Schöpfungshandeln als ein einziges und Gottes Schöpfung als eine einzige denkt, vgl. LÜKE, Ulrich (1997), 148-153, 317. Damit lehnt er die in der traditionellen Theologie mit *creatio ex nihilo* und *creatio continua* einhergehende Unterscheidung zweier erst noch zu komplettierender Kreationsformen ab. Diese Prämisse, welche gesetzt wurde, um der 'Schöpferwürde' Gottes, seiner Allgegenwart, gerecht zu werden, begründet einen (strengen) Gegenwartsbegriff wie auch eine Ewigkeitskonzeption in qualitativer, existentieller Hinsicht. Das Schöpfungs- und Erhaltungshandeln Gottes "überall (Raum) immer jetzt (Zeit) und in einem einzigen Geschehen, in einem einzigen Akt (Einheit der creatio)" - vgl. LÜKE, Ulrich (1997), 317 - scheint allerdings nicht wirklich die Zeitlosigkeit Gottes und die Zeitlichkeit evolutiver Prozesse *verbinden* zu können, da sie aus dem 'strengen Gegenwartsbegriff' die Wahrnehmung von Entwicklung und die Wahrnehmung präsentischer Veränderung verbannt (vgl. z.B. LÜKE, Ulrich (1997), 106). Hier engt einerseits die Suche nach der 'objektiven Gegenwart' (vgl. LÜKE, Ulrich (1997), 99-104) wie wohl auch eine theologische Gleichsetzung der Zeitlosigkeit (Evolutionslosigkeit) Gottes mit einer Veränderungslosigkeit (keine "horizontale Erstreckung") Gottes den Blick voreilig ein. Der Versuch, die Allgegenwart Gottes als raum-zeitlos-unverändertes Erschaffen und Erhalten von Materie darzustellen, droht, die von der Bio-Technologie heute auf brisante Weise neu gestellte Frage nach der Freiheit bzw. Selbststeuerungsfähigkeit (kreativ veranlagter) Geschöpflichkeit entweder zu verstellen oder sie auf eine andere schöpfungs-theologische Ebene zu verschieben. Diese Ebene beträfe dann die Frage, wie die hinter der Erfahrung radikaler Freiheit bzw. Eigengesetzlichkeit der Materie stehende Offenheit der Schöpfung theologischerseits mit der Geschlossenheit, also Einheit, des Schöpfers zu verbinden sei, ohne eine der Seiten aufzulösen. Eine gegenteilige Position, die den Eigenwert der *creatio ex nihilo* gegenüber der *creatio continua* zu bewahren versucht, formuliert COLDITZ, Jens Dietmar (1994), 215-257.

In den Richtungsanzeigen Kellys wird 'Leben' ausschließlich als abstrakte Größe verhandelt (2). Leben geht auf in einer vernetzten, dynamisch selbstorganisierten Organisationsform geordneten Wandels. Dabei stört nicht die funktionale Perspektive, sondern deren Reduktion auf gattungsübergreifende Merkmale. *Nie* begegnet die Gattung oder gar Individuen als Größe des Lebens.[1050] Es fehlt *neben* der gattungsübergreifenden Perspektive die Frage nach den Herausforderungen spezifisch menschlicher Organisationsstrukturen und -kompetenzen, die sich nicht zuletzt durch die Bewusstwerdung der Rekursivität und Komplexität eigener Strukturen auszeichnen.[1051] Als Konsequenz oder auch als Voraussetzung dieser Ausblendung ist in den Ausführungen Kellys auch keine Anthropologie zu erkennen, was einen Grund dafür darstellen dürfte, dass die im Hinblick auf die Lebenswelt des Menschen gebrauchten Begriffe 'Macht' und 'Kontrolle' bzw. 'Machtexpansion' und 'Kontrollredundanz' nicht genauer gegeneinander profiliert werden können bzw. müssen. Ohne diese anthropologische Grundlegung bleibt auch die in Aussicht gestellte Ablösung menschlicher Fixierung auf Wissensbestände und Wahrheitsfragen durch ein Interesse an Überlebensfähigkeit bzw. Haltbarkeit und Flexibilität abstrakt.[1052] Und die Frage nach dem zukünftigen Stellenwert des Menschen als "Durchgangsstadium" bzw. "Startrampe" im übergreifenden Prozess des Lebens scheint kaum angemessen formuliert zu sein, weil die Tatsache, dass der Mensch selbst von ihr und ihrer Beantwortung betroffen ist *und* der Mensch gleichzeitig als 'Gott' zum handelnden Subjekt in diesem Prozess wird, es nicht zulässt, diesen Prozess *ausschließlich* aus einer Beobachterperspektive zu behandeln. Hier bleibt kritisch rückzufragen, ob das, was nach jüdisch-christlicher Glaubenstradition menschliches Leben bestimmt, seine Personalität, nicht ein hilfreicher Beitrag zur Weitung einer gattungsübergreifenden Perspektive darstellen kann.[1053]

Mit der Fokussierung der wissenschaftlichen und kulturgeschichtlichen Wende auf ihr biologisches Moment[1054] kann das Handeln des Menschen und dessen Thematisierung tendenziell aus dem Blickfeld geraten (3). An der Problematisierung der Entscheidungs-

---

[1050]Auch die Darstellung der Ameisen erfolgt nicht gattungsspezifisch sondern lebens-typologisch als Beispiel "vernetzter Parallelsysteme", als Sinnbild für die "Vorgeschichte sozialer Organisation und [für] die Zukunft von Computern", vgl. KELLY, Kevin (1999), 426. Die Problematisierung der Dimension Individuum unterbleibt auch entgegen der kritisierten Ausblendung der Relevanz *'individuellen Lernens'* auf Seiten der Darwinisten, vgl. KELLY, Kevin (1999), 425.

[1051]Dies zu markieren hätte sich schon im Zusammenhang der Diskussion um die emergente Entstehung von Phänomenen (wie z.B. dem Bewusstsein) in hochgradig komplexen Lebensformen angeboten.

[1052]Vgl. KELLY, Kevin (1999), 433.

[1053]So kann die mit 'Personalität' verbundene Transzendentalität, d.h. die charakteristische Verbindung von Unkontrollierbarkeit (bzw. Offenheit) *und* Machtenthobenheit (bzw. Unverfügbarkeit), menschlichen Lebens als Ausgangspunkt für Rückfragen dienen. Diese können dann unter anderem zur Klärung beitragen, inwiefern die Parallelisierung des Schöpfungshandelns von Gott und Mensch die Verwendung des Begriffs 'Gott' als sinnvoll erscheinen lässt oder auch die Unbestimmtheit des Macht- und Kontrollzuwachses des künstlichen Lebens überhaupt dem Menschen gerecht wird.

[1054]Aufgrund der Strukturierungsdominanz des Organischen spricht Kelly von der biologischen Wende bzw. einer Biologisierung, vgl. KELLY, Kevin (1999), 258, 601.

freiheit und damit der Verantwortlichkeit des Menschen bleibt aber festzuhalten.[1055] Darauf hinzuweisen bleibt Aufgabe auch gerade einer Einführung, denn diese stellt ja prinzipiell nichts anderes dar, als einen 'Werkstattbericht', also eine Bestandsaufnahme eines *fortdauernden* Forschens. Die Freiheit und Verantwortung des Menschen bildet gerade auch dann eine unverzichtbare Perspektive in der bio-technologischen Wende, wenn sowohl gegenüber dem technologisch-wissenschaftlichen Fortgang als auch gegenüber den sozial-gesellschaftlichen Konsequenzen dieses Fortgangs menschliche Einflussmöglichkeiten dauerhaft gewahrt werden sollen. Mit der tendenziellen Vernachlässigung ethisch-praktischer Ausblicke in Kellys Überblick wird deutlich, dass die Schere zwischen Handeln und denkerischer Reflexion auch in dieser Etappe der Kulturgeschichte auseinanderklafft und dass gerade in der interessierten, reflexiven Begleitung bio-technologischer Wissenschaften hinsichtlich der praktischen und ethischen Implikationen ihrer Forschungsergebnisse eine der großen Herausforderungen für Wissenschaft und Gesellschaft liegt.[1056]

1.3   'Konstruktivistische Theologie' als Herausforderung

Im Bereich der Politik und der Naturwissenschaften, aber auch auf dem Feld der Sozialwissenschaften und näherhin der Soziologie *hat* sich, wie aufgezeigt, ein Leitbildwechsel ereignet. Die Konvergenz des Bios und des Technos, die bio-technologische Wende, ist als fundierte, umfassende und weitreichende angelegt, so dass ihre strukturellen und praktischen Auswirkungen nicht nur alle Lebensbereiche erfassen, sondern diese auch in neuer, revolutionierender Weise prägen werden und bereits prägen. Es ist die bio-technologische Wende, die als Signatur den gleichförmigen Vollzug verschiedener 'Erfindungen' offenlegt und die mit ihrer disziplinären Auffächerung die zentralen Handlungsfelder des Menschen in der Moderne verändert:

- Mit der Molekularbiologie (z.B. Neurobiologie und Genetik) kommt es zur (bio-technologischen) Revolutionierung des Organischen;
- mit der Künstlichen Intelligenz (z.B. Robotik und Informatik[1057]) kommt es zur (bio-technologischen) Revolutionierung des Mechanischen und Technischen;

[1055]Auch aus diesem Grund wird in der vorliegenden Arbeit an dem Begriff der bio-*technologischen* Wende festgehalten.

[1056]Um diesen Anspruch, Handeln und Denken bzw. Reflektieren nicht auseinander fallen zu lassen bzw. die Handlungsdimension auch in der 'biologischen Wende' wahrzunehmen, wird der vorliegenden Arbeit ein umfassender Begriff von Kommunikation zugrunde gelegt bzw. an dem Begriff der 'bio-technologischen Wende' festgehalten.

[1057]So besteht die 'biologische Wende' der Softwareentwicklung gegenwärtig in der Hinwendung zur 'objektorientierten Systementwicklung'. Das Neue dieser Entwicklungsweise besteht zunächst darin, dass sich Entwicklungsprozesse und eingesetzte Methoden dem menschlichen Denken anpassen sollen - und nicht umgekehrt; vgl. ERLER, Thomas (2000), 11, 15f, 30, 38. Darüber hinaus bindet der modulare Aufbau die drei Entwicklungsphasen Objektorientierte Analyse (OOA), - Design (OOD) und - Programmierung (OOP) streng an ein evolutionäres, nicht lineares, prozessuales Verständnis. Das konstruktivistische Grundmuster fortlaufender Relationierung und Relativierung erscheint entsprechend auch für die Beschreibung von Struktur und Funktion 'objektorientierter Systementwicklung' anschlussfähig.

- und mit der Nanotechnologie[1058] (z.B. Nanoroboter und Oberflächenbehandlung auf Molekularebene) kommt es zur (bio-technologischen) Revolutionierung der Produktionsprozesse.[1059]

Der Radikale Konstruktivismus ist diesem gesellschaftlich und naturwissenschaftlich geteilten Leitbildwechsel zuzurechnen. Mit dem Sozialkonstruktivismus wurde eine weitere Wissenschaftstradition vorgestellt, die der Soziologie entspringt oder zumindest nahesteht - eben jener Wissenschaft, der hinsichtlich weiter Bereiche der Theologie und anderer Geisteswissenschaften der Stellenwert einer Leitwissenschaft zuzusprechen ist. Dabei sind die beiden Vertreter eines Sozialkonstruktivismus nicht nur aufgrund dieser soziologischen Leitfunktion als Gesprächspartner für die Theologie ernst zu nehmen, sondern auch deshalb, weil sie vorwegnehmen und auf eigenen Bahnen entwickeln, was auch die bio-technologische Wende bzw. die neurobiologische Erkenntnis der Gegenwart ausmacht. In beiden Wissenschaftstraditionen ist eine Verschiebung hin zu einem konstruktivistischen Forschen und Argumentieren zu beobachten. Dies wird vielfältige Auswirkungen auch auf die Theologie haben - unabhängig davon, ob Theologie diese Herausforderung erkennt, annimmt oder gar zur Reflexion nutzt.

Die Theologie ist bereits heute zahlreichen dieser Auswirkungen ausgesetzt. Dies ist schon deshalb der Fall, weil die heute in wesentlichem Umfang systemisch argumentierende Soziologie für die gegenwärtige (Praktische) Theologie bereits faktisch die Funktion einer Leitwissenschaft inne hat. Dies wird allerdings noch zunehmen, weil auch die

---

[1058]Im Gegensatz zum Künstlichen Leben (Molekularbiologie) und zur Künstlichen Intelligenz finden sich bei Kelly kaum Ausführungen zum Gegenstand und der Relevanz der Nanotechnologie, obwohl er ihre Bedeutung auf der Ebene der beiden anderen Erfindungen ansiedelt (vgl. KELLY, Kevin (1999), 432 und 496).
Die Signatur und Bedeutung der Nanotechnologie erschließt sich allerdings nicht nur in direkter Auseinandersetzung mit ihr, sondern auch aufgrund der von President Clinton am 21. Januar 2000 erlassenen und mit 'top priority' eingestuften 'National Nanotechnology Initiative (NNI). Diese Initiative wurde nicht nur mit bio-technologischen Argumenten begründet, sondern geht auch mit weiteren bio-technologischen Förderprogrammen einher. Zur bio-technologischen Begründung durch das 'President's Committee Of Advisors On Science And Technology' vgl. NATIONAL SCIENCE AND TECHNOLOGY COUNCIL (2000), 114.
Die Einordnung der Nanotechnologie in die bio-technologische Wende bzw. die disziplinäre Aufgliederung dieses Leitbildwechsels findet sich darüber hinaus auch in Bill Joys emphatisch vorgetragenen Kritik an der bio-technologischen Modernisierung, vgl. JOY, Bill (2000).

[1059]Nanotechnologie lässt sich wie folgt definieren: 'The essence of nanotechnology is the ability to work at the molecular level, atom by atom, to create large structures with fundamentally new molecular organization. Compared to the behavior of isolated molecules of about 1 nm (10^{-9} m) or of bulk materials, behavior of structural features in the range of about 10^{-9} to 10^{-7} m (1 to 100 nm - a typical dimension of 10 nm is 1,000 times smaller than the diameter of a human hair) exhibit important changes. Nanotechnology is concerned with materials and systems whose structures and components exhibit novel and significantly improved physical, chemical, and biological properties, phenomena, and processes due to their nanoscale size. The goal is to exploit these properties by gaining control of structures and devices at atomic, molecular, and supramolecular levels and to learn to efficiently manufacture and use these devices. Maintaining the stability of interfaces and the integration of these "nanostructures" at micron-length and macroscopic scales are all keys to success.' Vgl. NATIONAL SCIENCE AND TECHNOLOGY COUNCIL (2000), 19f.

sozial-gesellschaftliche und wissenschaftliche Attraktivität bio-technologischen Denkens zunimmt.

Der im vorausgegangenen Kapitel nachgezeichnete Leitbildwechsel sowie konstruktivistische Modelle der Kulturwissenschaften bzw. Soziologie konfrontieren die Theologie mit zahlreichen Herausforderungen, welche ihr Selbstverständnis, ihre Deutungskompetenz sowie ihre Handlungsfelder berühren.

Unabhängig von den Unzulänglichkeiten, die hinter den blinden Flecken in Kellys Beitrag zu erkennen sind, stellt der Werkstattbericht grundsätzliche Fragen an die Theologie. Die bio-technologische Wende formuliert gegenüber der Theologie die Frage, ob und wie die Theologie die Auseinandersetzung mit diesen Wissenschaftstraditionen *offen* suchen soll bzw. diese als epochale Leitwissenschaften eigenen Reflektierens nutzen kann:

- Es bleibt die Herausforderung des Neuen, sich auf eine neue Typologie von 'Erfindungen', auf ein neuartiges Denken, auf ein von veränderten Interessenlagen bestimmtes Handeln und auf eine verwandelte Welt- und Selbstwahrnehmung einzulassen.
- Es bleibt als Herausforderung, wie existentielle Freiheitsräume gesichert werden können. Das bio-technologische Fortschreiben der Kulturgeschichte berührt existentiell; in einem Stadium intimster Kränkung befreit und bindet es den Menschen zugleich.
- Es bleibt die Herausforderung der menschlicher Selbsterkenntnis und Neugierde. In den bio-technologischen Modellen seiner Selbst sucht der Mensch zu allererst *sich selbst.*
- Es bleibt die Herausforderung alltagstauglicher Orientierung und transzendenter Sinnsuche. Bei diesem Fortschreiben der 'Menschheitsgeschichte' fragen Wissenschaftler nach Ethik und Grenzen,[1060] nach umfassender, handlungsleitender Orientierung. Und selbst wenn sie optimistische Zukunftsentwürfe formulieren, nehmen Forscher vielfach Bezug zu religiösen Deutungsdimensionen und knüpfen mitunter sogar explizit an Deutungsmuster der jüdisch-christlichen Glaubenstradition an.
- Es bleibt die Herausforderung der theologischen Bewertung menschlichen Handelns und menschlicher Geschichte: Der Mensch ergänzt die ihm im Schöpfungsakt Gottes vorgegebene Welt durch einen zweiten, eigenen Akt der Erschaffung von Neuem. Kann dieses Erschaffen als Fortführen des Wirken Gottes, kann es als 'Erweiterung des biblischen Schöpfungsmythos um einen Tag' verstanden werden?[1061]

[1060]Vgl. JOY, Bill (2000) 246 et passim.

[1061]So kann das Selbstverständnis des menschlichen Handelns - eingedenk Kellys Rekapitulation eines Teils des biblischen Schöpfungsberichts - im Anschluss an Gen 2,3 in der Einfügung eines weiteren Tages veranschaulicht werden: "Darauf sprach 'Mensch': es vermähle sich das Gemachte mit dem Geborenen. Und so geschah es. 'Mensch' nannte das Neue 'Künstliches Leben'. 'Mensch' sah, dass es Abbild von seinem Körper und von seinem Geist war: Veränderungen unterworfen, ungebändigt und kreativ. Es ward Abend, und es ward Morgen: achter Tag."

Mit der Rezeption dieser Leitwissenschaften steht die vorliegende Arbeit wissenschafts-kritisch gegenüber der Theologie für die Anregung, eigene konstruktivistische Prä-missen der Theologie explizit werden zu lassen. Theologie steht dann vor einer zweifa-chen, grundlegenden Herausforderung:

Ihr eigenes Denken und Argumentieren ist zunächst auf eine darin vorzufindende implizite, konstruktivistische Signatur hin zu befragen. Sodann sind die Konsequenzen dieser '(Selbst-)Aufklärung' für ihr Denken zu reflektieren und in die wissenschaftliche und gesellschaftliche Diskussion einzubringen.

Hinsichtlich des Forschungsgegenstandes 'Gedächtnis' versetzt die Rezeption der Forschungsbeiträge der vorgestellten Wissenschaften die Theologie in die Lage, die konstruktivistische '(Selbst-)Aufklärung' zugleich systematisch und praktisch werden zu lassen. Der Theologie bietet sich hier die Chance, in der interdisziplinären Begegnung der relational-relativen Wahrnehmungsstruktur des Menschen gewahr zu werden. Als *'anthropologische Konstante'* bestimmt die relational-relative Struktur menschlicher Wahrnehmungsprozesse immer auch die begründete Rede[1062] des Menschen von Gott. Die Theologie steht hier vor der Herausforderung, diese Struktur der Relationierung und Relativierung dauerhaft aufrecht zu halten.[1063] Damit zeichnet sich ein zentrales Anlie-gen christlicher Theologie und Religion ab: Im Relationierungs- und Relativierungs-geschehen ist die Unverfügbarkeit des Menschen (Wahrnehmungssubjekt) und Gottes (Wahrnehmungsobjekt) durch ihre (heils-)geschichtliche und personale Verwobenheit und Annäherung in der Gegenwart aufzuzeigen und im eigenen Reflektieren wach-zuhalten. Hinter dieses Strukturmodell darf Theologie dann nicht zurück, wenn ihr Reden und Denken gegenüber den zeitgenössischen Leitbildern in Wissenschaft, Wirt-schaft und Gesellschaft anschlussfähig gehalten werden soll.

Eine theologische Rezeption konstruktivistischer Leitwissenschaften wirkt dann nicht nur reflexiv auf Kirche und Theologie. Vielmehr kann sie für die beschriebenen Leitwis-senschaften ihrerseits zur (wissenschafts-)kritischen Widerspiegelung werden. Das Festhalten der Theologie an der Autonomie und Entwicklungsoffenheit allen Lebens (System-Netz-Selbstentwicklung autopoietischer Systeme bzw. von 'Vivisystemen') gilt es, auch gegenüber anderen Wissenschaften in Erinnerung zu rufen. Das gilt zumal gegenüber explizit konstruktivistisch argumentierenden Wissenschaften, deren For-schungsergebnisse einerseits Momentaufnahmen in Forschungs*prozessen* darstellen und andererseits den Ausgangspunkt für Theorie*modelle* mit zahlreichen 'weißen Flecken' bilden. Theologie nutzt dann die zeitgenössische Ausgestaltung eines Leitbildes 'Leben', um den Leitbild prägenden Wissenschaften die Beachtung der selbst formulierten Prämissen und Rahmenbedingungen dauerhaft im Bewusstsein zu halten.

[1062]Die *Rede* des Menschen ist im Zusammenhang dieser Arbeit als *ein* Teil menschlicher Kommunikati-on und genauer als systemüberschreitende Kommunikation systemischer Wahrnehmung zu verstehen.

[1063]Eine inhaltlich noch zu füllende 'Theologie der Relationierung und Relativierung' nimmt diese Herausforderung offensiv an. Zu einer ersten theologischen Reflexion vgl. v.a. das Kapitel 3.3.1 S. 278ff sowie zu ersten Überlegungen für eine praktische Umsetzung das Kapitel 4.1 S. 282ff.

2 Relationierung und Relativierung - Forschungserträge von Radikalem Konstruktivismus und Sozialkonstruktivismus

Auch wenn die im ersten Teil der Arbeit vorgestellten konstruktivistischen Forschungstraditionen je eigenen Wurzeln entspringen, so kann doch hinsichtlich des Forschungsgegenstandes 'Gedächtnis' in zentralen hermeneutischen und inhaltlichen Befunden eine erstaunliche Übereinstimmung erkannt werden. Diese Übereinstimmung wird greifbar, wenn zentrale Momente aus dem Forschungsinteresse und aus dem Forschungsbefund in einer kontrastiven Gegenüberstellung vergegenwärtigt werden:

. Dem konstruktivistisch analysierenden Forscher geht es bei der *Beobachtung* von *Prozessen* um die Analyse ihrer *Struktur* und *Funktion* auf der Basis umfassender *Vernetztheit* dieser Prozesse.

Im Rahmen eines solchen Wissenschaftsdesigns erschließt sich das menschliche Gedächtnis als umfassendes Relationierungs- und Relativierungsgeschehen.[1064] Gedächtnis begegnet im Zusammenhang *netzwerkabhängiger, dynamischer, präsentischer* Prozesse der Generierung und Modalisierung von *Wahrnehmung*. Dabei ist ihm eine *grundlegende* Funktion zuzumessen, welche auch die Ausgestaltung *spezifischer* Prozesse (wie z.B. Prozesse des Erinnerns) und *herausgehobener* Leistungen (wie z.B. Erinnerung) eröffnet.

2.1 Beobachtung komplexer Prozesse

2.1.1 Dynamikbeschreibungen

Konstruktivisten mit biologisch-naturalen wie mit sozio-kulturwissenschaftlichen Fragerichtungen untersuchen, indem sie '*beobachten*'. Sie erzeugen eine Differenz zwischen sich selbst und dem Forschungsobjekt und halten diese dauerhaft aufrecht.

Dies erfolgt im Bereich der (Neuro-)Biologie in Form der 'Abstrahierung' des Untersuchungsgegenstandes, insofern nicht das individuelle, zum Teil auch nicht das explizit menschliche Leben, sondern einzelfall- und gattungsübergreifend 'Organisches' in den Blick genommen wird.[1065]

Dies erfolgt im Bereich der Soziologie und der Kulturwissenschaft durch die 'Historisierung' bzw. durch die soziale Kontextualisierung des Untersuchungsgegenstandes. 'Beobachten' steht für das verobjektivierbare Erfassen sinnlich, d.h. äußerlich, wahr-

---

[1064]Ein Ertrag dieser Arbeit besteht entsprechend darin, hinter jenen im ersten Teil geschilderten Forschungsbeiträgen eine verbindende, implizite Struktur zu erkennen. Diese wird in der nachfolgenden Zusammenfassung konstruktivistischer Forschungsprozesse und Forschungsbefunde mit dem Begriff der Relationierung und Relativierung veranschaulicht.

[1065]Vgl. die Unterscheidung von lebenden Systemen und lebende Systeme mit neuronalen Netzwerken in Kapitel 2.2, S. 50ff. Die gattungsmäßige Profilierung des Menschen entwickeln Radikale Konstruktivisten interessanter Weise im Zusammenhang gedächtnisspezifischer Prozesse, insofern der Mensch bisher das einzige Lebewesen ist, dessen Bewusstsein *Zeitkonzepte* kennt.

nehmbarer Tatbestände aus der Position eines Gegenübers, also für die Vorrangigkeit der *Beschreibung*, nicht der Bewertung.

Beobachten zielt in beiden Wissenschaftstraditionen auf das Beschreiben von Tatbeständen eines Ereignisflusses. Damit geht es um das Erkennen von Veränderungen, Abläufen und Entwicklungen, d.h. *Prozessen.*
    Die Radikalen Konstruktivisten realisieren dies, indem sie elektrisch oder chemisch codierte neurophysiologische Prozesse beobachten.
    Halbwachs und Assmann setzen dies um, indem sie Raum- und Zeit-geprägte, d.h. sozial-geschichtlich sich verändernde, Kommunikations- und Handlungsprozesse untersuchen.

2.1.2   Formalstrukturen

Die Beschreibung von Tatbeständen legt die *Anordnung* und den *Aufbau* von Veränderungen, Abläufen und Entwicklungen offen. Mit dem Aufweis der *Struktur* von Prozessen wird also keine metaphysische und / oder phänomenologische Erhellung der beobachteten Operationen und ihrer Träger angestrebt, sondern eine formale.

Die Art der Operationen, welche Radikale Konstruktivisten in lebenden Systemen wahrnehmen, beschreiben sie mit dem Begriff der *'Autopoiesis'.*[1066] Dahinter verbirgt sich eine zirkuläre Organisationsform, die auf lebenserhaltenden Verknüpfungsmustern 'selbstorganisiert', 'selbstreferentiell' und 'selbstdeterminiert' evozierter Interaktionen beruht. Als Medium, in welchem neuronale Prozesse ablaufen und wo aus bedeutungsneutralen Reizen systemische Bedeutung generiert wird, ist das *distributive Netzwerk* neuronaler Verarbeitung auszumachen.[1067] Die neuronale Verarbeitung erfolgt hier in der Kombination gleichzeitig ablaufender, paralleler, konvergenter und divergenter Verschaltungen subcorticaler und corticaler Zentren, die weit auseinander liegen können - ohne eine übergeordnete Zentralinstanz. Die Verarbeitungslogik 'Distributivität' gebiert in einer Organisationslogik 'Autopoiesis' die Gehalt- bzw. Bedeutungslogik *'Kohärenz':* Systemische Bedeutung entsteht erst im Gesamtkontext neuronaler Erregungsfülle (im Gehirn), als Folge eines mehrfachen Relationierungs- und Relativierungsgeschehens.
    Systemische Zustände und Informationen entstehen 'relational', indem ein Reiz in Relation zu Reizzuständen anderer Gehirnzentren, zu sensorischen Rückkoppelungen und zu früheren Reizmustern dieser und anderer Gehirnzentren tritt. Systemische Zustände und Informationen entstehen 'relativ', indem die dauerhaft in Beziehung stehenden Reize und Reizmuster dem Netzwerk Informationen und Zustände 'nur' näherungsweise zur Verfügung stellen. 'Kohärenz' als Signum der Bedeutung neuronaler Operation veranschaulicht: neuronale Zustände und Interaktionen *sind* relational und relativ, in ihrer Generierung wie in ihrer systemischen Bedeutung.

[1066]Vgl. S. 44.

[1067]Vgl. Kapitel 2.3.2, S. 58ff.

Seitens Halbwachs' und Assmanns erfolgt der Aufweis der Struktur von Gedächtnisprozessen aus verschiedenen Gründen nicht wie bei Radikalen Konstruktivisten im
Kontext einer hermeneutischen Standortbestimmung bzw. im Zusammenhang einer
System*theorie*. Doch auch ohne diesen gedächtnisübersteigenden Anspruch scheint eine
verbindende 'Organisationsart' menschlichen Lebens in den Beiträgen auf.[1068] Dieser
'rote Faden', welcher bei Halbwachs und Assmann unterschiedlich offengelegt und
reflektiert wird, kann allgemein in der umfassenden *'Konnektivität'* menschlichen Lebens
erkannt werden: Halbwachs entdeckt konkrete 'soziale Rahmen' gesellschaftlicher
Gegenwart als Voraussetzung und Folge individuellen Denkens und Handelns.[1069] Das
Individuum ist in doppelter Hinsicht 'soziogen' bzw. gegenüber einem Kollektiv 'in-
Beziehung-stehend'. Es verdankt dem konkreten, sozial vorgegebenen Bedeutungs-
horizont die Vermittlung der eigenen Wahrnehmungen und es zielt in der Abgrenzung
und Annäherung gegenüber präsenten Sozialakteuren auf die Ausbildung konkreter
Sozialbezüge. Assmann entfaltet diese Sozialstruktur menschlichen Lebens auf der
Ebene von Gesellschaften. Mit dem Begriff der 'konnektiven Struktur' weitet Assmann
die konnektive Operationsform neben der Sozialdimension auch auf die Zeit- (mit Blick
auf unterschiedliche 'Kulturen') und auf die Entwicklungsdimension (mit Blick auf die
'kulturelle Evolution') gesellschaftlichen Lebens aus; damit wird die Dimensionen
alltagsenthobener, öffentlicher Kommunikation erschlossen.[1070] Innerhalb einer
biographie- bzw. generationenübergreifenden Perspektive wird die 'konnektive Struktur'
derart zum Schlüssel für die Verortung des Einzelnen in einem Raum und Zeit um-
greifenden Sozialsystem sowie für das Verständnis spezifisch kultureller Leistungen, wie
der 'Erfindung des Staates', der 'Erfindung der Religion' oder der 'Erfindung von Philosophie und Wissenschaft'. Im Hinblick auf den Forschungsgegenstand 'Gedächtnis'
hält Assmann gegen Halbwachs daran fest, dass der eigentliche Träger der Prozesse
ausschließlich *das Individuum* bleibt.[1071] Das Individuum stellt jenen Ort dar, an dem die
Kommunikationsprozesse ablaufen und greifbar werden. Allerdings bedarf das Individuum weiterer, sozial geprägter Orte und Räume und lagert in Hochkulturen - wenn auch
nicht die Prozesse selbst - zunehmend Prozessergebnisse, Prozessanlässe und Prozess-
zugänge in *'Medien unterschiedlicher Komplexitätsgrade'* aus.[1072] Damit erstreckt sich
die Struktur kommunikativer Prozesse nicht mehr nur auf die Generierung und Stabilisierung eines individuellen 'Selbst' (Halbwachs). Vielmehr sind einzelne kulturelle
Formen als 'Objektivationen gemeinsam präsent gehaltenen Wissens' Teil der Prozesse,

---

[1068]Gerade wenn Assmann mit seiner Kulturtheorie eine typologische Charakterisierung von Kulturen
anstrebt, ist die Bestimmung anthropologischer Grundstrukturen unumgänglich.

[1069]Vgl. S. 91.

[1070]Vgl. ASSMANN, Jan (1992a), 46, 231 bzw. das Diagramm S. 304ff.

[1071]Vgl. Anm. 343 und S. 114.

[1072]Die Assmannsche Transformationssystematik im kulturgeschichtlichen Prozess einer zunehmenden
Vergeistigung wurde für den Bereich der 'transzendenten Sinnsysteme' mit einem 'Medium vierten
Grades' fortgeführt, vgl. Kapitel 4.7.2.2, S. 192-196. Die pädagogische Modulation wird dabei als
Kultivierung verschiedener Zugangsweisen zur individuellen wie kollektiv begangenen Aktualisierung
von Erinnerungsprozessen verstanden.

welche Konnektivität evozieren, und sie sind als solche zu thematisieren (Assmann). Kommunikativ erzeugte 'Konnektivität' ('konstruierte Sozialität') als Kennzeichen der Art und Weise kollektiv-kulturell geteilter Organisation und die Einbindung sozial-kultureller Medien in die individuelle Verarbeitung gebiert die Gehalt- und Bedeutungslogik *'Kohärenz'*:[1073] Alltagsorientierung wie kollektiv-kulturelle Bedeutung entstehen als unabschließbares Verknüpfen von Raum-, Zeit-, Sozial- und Medienbezügen. Orientierung und Wissen entsteht für den Einzelnen erst im Gesamtkontext sozial-kultureller Kommunikation.

Dieser sozial-kulturtheoretische Ertrag Halbwachs' und Assmanns lässt sich als Relationierungs- und Relativierungsgeschehen beschreiben.[1074] Kollektiv und kulturell geteilte Informationen oder Kompetenzen entstehen 'relational', indem der Eigenentwurf in der Beziehung bzw. in der Auseinandersetzung mit konkreten Gruppen formuliert wird, die entweder präsent erlebt oder zumindest medial präsent gehaltenen werden. Kollektiv und kulturell geteilte Informationen oder Kompetenzen entstehen 'relativ', indem Beziehungsaussagen in zweifacher Weise als dynamische Aussagen einer Annäherung entstehen. Einerseits dienen Beziehungsaussagen der subjektiven Raum-Zeit-Verortung und nicht einer kontextenthobenen, 'objektiven' Analyse. Beziehungsaussagen, die gegenüber dem sozial-kulturellen Bezugsrahmen veränderungssensitiv bleiben, ermöglichen dann ausschließlich Standortbestimmungen in der Annäherung an diese(-n) Rahmen. Andererseits bleibt die Offenheit und Gestaltungsfähigkeit kollektiv-kultureller Beziehungsaussagen für den Menschen auch unter der Bedingung der medial gestützten Generierung dieser Aussagen gesichert. Kulturelle Medien determinieren nicht. Die unterschiedlich kommunikative Verwendungsweise gleicher Medien für unterschiedliche kulturelle Leistungen bzw. Programme verweist vielmehr darauf, dass die Integration medialer Errungenschaften 'absichtssensitiv' bleibt. Eine Standortbestimmung erfolgt dann in der konstruiert inszenierten, d.h. absichtsvollen, Annäherung an diese sozial-kulturellen Bedürfnisse und Leistungen, ohne diesen Annäherungsprozess dauerhaft abarbeiten zu können.

2.1.3   Lebensfunktion

Wie der ganze Strukturbefund, so veranschaulicht gerade auch die mit 'Relationierung und Relativierung' gekennzeichnete Bedeutungslogik, dass es sich bei den verschiedenen Forschungsgegenständen 'lebende Systeme', 'Kollektive', 'Kulturen' durchweg um hoch komplexe, vernetzte Phänomene handelt.[1075] Der als biologisches System oder als

---

[1073]Assmann selbst beschreibt mit 'Kohärenz' die Bedeutung kultureller 'Medienkompetenz', vgl. u.a. ASSMANN, Jan (1992a), 87-103, 127, 232f, 298.

[1074]So kann bereits die Assmannsche' Definition von 'Kultur' als "historisch veränderliche[m] Zusammenhang von Kommunikation, Gedächtnis und Medien" vgl. S. 111 als relational-relative Grundlegung seiner Forschung interpretiert werden.

[1075]Zum Umstand der fehlenden systemischen Terminologie bei Halbwachs und Assmann vgl. die Anm. 1082, darüber hinaus veranschaulicht gerade die kulturgeschichtliche und typologische Analyse Assmanns, dass auch hier das Phänomen 'Kultur' als differenziertes, zusammenhängendes, polymorphes

individuelles sozial-kulturelles Wesen zu beschreibende Mensch kann dann als struktur-determiniert betrachtet werden: Struktur und Funktion untersuchter Prozesse entsprechen hier einander aufgrund der Tatsache, dass der Mensch als raum-zeitlich begrenzter Interaktionsraum konstituiert ist.[1076] Hinsichtlich ihrer allgemeinen *Funktion* weisen die untersuchten Prozesse einen Befund auf, den Radikale Konstruktivisten wie auch Halbwachs und Assmann teilen. So wird die allgemeine Aufgabe und Leistung syste-mischer, individuell-kollektiver wie auch kultureller Relationierung und Relativierung in der *Lebenserhaltung und Lebensgestaltung* der Agierenden erkannt.

So verweisen die Radikalen Konstruktivisten darauf, dass lebende Systeme, solange sie als solche existieren, gar nicht anders können, als zu leben, als ihr autopoietisches Leben durch Verhaltensfelderzeugung aufrechtzuhalten. Alle systemischen Prozesse und Operationen dienen der Kontinuierung und Prosperierung des eigenen Systems, der Sicherstellung autopoietischer Identität durch *Kohärenzerzeugung.*[1077]

Allerdings gibt es neben dieser alles Organische betreffenden Konstante auch Steige-rungsformen der Relationierung und Relativierung, welche eine eigenständige Betrach-tung abverlangen. So sind lebende Systeme zu einer Autonomie und zu einer Kom-plexitätssteigerung ihrer internen Zustände (relational-relativen Prozesse) fähig, sobald sie über ein *neuronales Netzwerk* verfügen. Spezifische Qualitäten können diese Syste-me entwickeln, weil sie in der Lage sind, 'reine Relationen' zum Gegenstand interner Operationen zu wählen und derart als Einheit mit internen Komponenten zu interagieren.

Demgegenüber liegen auch den Entwürfen von Halbwachs und Assmann die Vor-stellung einer grundlegend allgemeinen *und* einer gesteigerten (Assmann) Funktion kollektiv-kultureller Prozesse zugrunde. Die 'sozialen Rahmen' (Halbwachs) sind un-abhängig von ihrer Gedächtnisrelevanz irreduzible Grundbedingungen menschlichen Lebens und erst in der Ausbildung einer 'konnektiven Struktur' (Assmann) in Raum und Zeit wird der Einzelne an einen kollektiv-kulturell geteilten Erfahrungs-, Erwartungs- und Handlungsraum gebunden. Derart beschreibbare Relationierungs- und Relati-vierungsprozesse sichern dann das Leben des Einzelnen durch *Kohärenzerzeugung.*[1078] 'Leben' gilt es allerdings als sozial-kulturelle Größe zu verstehen, weshalb die lebens-sichernde Kohärenzerzeugung in der Generierung und Kontinuierung personaler Identi-tät besteht. In der Generierung und Kontinuierung personaler Identität durch Kohären-

---

Phänomen erachtet wird; vgl. auch das Diagramm S. 304ff.

[1076]Die mit Strukturdeterminiertheit einhergehende Entsprechung von Struktur und Funktion ist nicht mit einer vermeintlichen Determination von Inhalten bzw. mit der konkreten Ausgestaltung oder Verwen-dungsweise (gesellschaftlicher) Leistungen zu verwechseln.

[1077]Vgl. z.B. die Ausführungen im Zusammenhang des Begriffs 'Autopoiesis' in Kapitel 2.1.1, S. 44f.

[1078]Vgl. Assmann selbst parallelisiert den Mechanismus sozialer Kohärenzerzeugung durch und in Interaktionen (in der vorliegenden Arbeit als Relationierungs- und Relativierungsgeschehen erkannt) mit dem Mechanismus biologischer Kohärenzerzeugung, vgl. ASSMANN, Jan (1992a), 140. Zur zweifachen (neuronalen und sozialen) Basis des individuellen Gedächtnisses vgl. ASSMANN, Jan (2000), 11, 41; hier erwähnt Assmann explizit das Verhältnis von einer neuronalen Basis und einer sozialen Rahmung des Gedächtnisses, indem er von der neuronalen Basis als der "Hardware" des Gedächtnisses spricht.

zerzeugung sehen Halbwachs und Assmann die grundlegende Funktion kommunikativer Prozesse. Die Instinktreduktion des Menschen weist der Erlangung und Sicherung personaler Identität, aber auch dem Eingebundensein des Einzelnen in eine Gesellschaft bzw. Kultur existentielle Bedeutung zu, so dass der Mensch gar nicht umhin kommt, als ständig an diesen Prozessen teilzunehmen.[1079]

Jenseits dieser Grundkonstante "anthropologische[r] Reflexivität"[1080] vermögen kommunikative Relationierungs- und Relativierungsprozesse unter bestimmten Bedingungen aber auch Identitäten in spezifischer Weise reflexiv zu steigern (Assmann). Diese Bedingungen sind gegeben, wenn die zur fundierenden Geschichte verdichtete Vergangenheit (Mythos) selbstbildformende und handlungsleitende Bedeutung (*'Mythomotorik heißer Optionen'*) erlangt und von einem Kollektiv oder einer Kultur zur Steigerung der *Integration oder Distinktion* nach innen und außen genutzt wird. Kollektivkulturelle Identitäten markieren dann den Wechsel von der vor-bewussten, selbstverständlichen Alltagsorientierung zu einem bewussten und handlungsleitenden Selbstbild, in welchem die gesellschaftliche Zugehörigkeit (kollektive Identität) oder das Bekenntnis zu einer distinkten Kultur (kulturelle Identität) zu einem "Wir-Bewusstsein" verdichtet wurde. Die Relationierungs- und Relativierungsprozesse stellen dann nicht mehr nur die Grundlage der Alltagsorientierung dar (Halbwachs), sondern werden in der alltagsenthobenen Selbstvergewisserung selbst zum Thema kommunikativer Prozesse. Jene grundlegenden Verdichtungsprozesse, welche die gesellschaftliche bzw. kulturelle Konnektivität in einem 'Wir-Bewusstsein' bewusst werden lassen und halten, stellen allerdings keine selbstverständlichen, unabdingbaren und unvermeidlichen Prozesse dar. Die kommunikative Zirkulation und Spiegelung jenes gemeinsamen Wissens, welches als 'kollektiver' bzw. 'kultureller Sinn' codiert wird, erfolgt nur organisiert und inszeniert, in alltagsenthobenen, kollektiv- und kulturell geformten Prozessen einer "zeremoniellen Kommunikation".[1081] Erklärungsbedürftig bleiben die Prozesse der Relationierung und Relativierung, die als rituell-textuelle Inszenierung und Artikulation von Lebens*deutung* 'kollektive' bzw. 'kulturelle Identitäten' entstehen lassen. Assmann beschreibt erklärungsbedürftige Prozesse konstruierend-inszenierender Relationierung und Relativierung, welche zur Perseveranz und Medialisierung von Kulturen sowie zu unterschiedlichen Transformationsstufen kultureller Identität führen können, als spezifische Leistungen einzelner Gesellschaften und Kulturen.

[1079]Interessanterweise begründet Assmann mit diesem 'biologischen Defizit' (Strukturdeterminiertheit) die notwendige 'Externalität' des Menschen bzw. sein Streben nach einer gedächtnisverantworteten Eingliederung in eine symbolische Sinnwelt, vgl. ASSMANN, Jan (1992a), 136f.

[1080]Vgl. ASSMANN, Jan (1992a), 135.

[1081]Assmann greift nur in Ausnahmefällen auf den Begriff der 'Inszenierung' zurück, ohne ihn weiter auszuführen. In der vorliegenden Arbeit wird dieser Begriff hingegen als Schlüssel für das Verständnis der Entstehung und Verwendungsweise von "Medien kulturellen Gedächtnisses" und deren Steigerungsformen (Schrift, Textkanon) als Objektivationen 'kultureller Leistungen' verstanden. Assmann veranschaulicht dennoch den konstruiert-inszenierten Charakter am Begriff der "zeremoniellen Kommunikation". Vgl. ASSMANN, Jan (1992a), 138-140; ASSMANN, Jan (1991b), 343.

2.2 Gedächtnis als Organisationsinstanz von Wahrnehmung in der Gegenwart

Wurde das Begriffspaar 'Relationierung und Relativierung' als Summe der vorgestellten konstruktivistischen Theorien hinsichtlich der Struktur und Funktion vernetzter Prozesse des Menschen eingeführt, so kann auch 'Gedächtnis' in diesem Horizont konstruktivistischer Erkenntnis erklärt werden.

2.2.1 Wahrnehmungsfunktion

Auf je eigene Weise erschließen die beiden Forschungstraditionen 'Gedächtnis' als wesentliche Funktion des Menschen im Kontinuum netzwerkgestützter, d.h. dauerhaft erfolgender, Lebenserhaltung und Lebensgestaltung. Wenn sich auch Ebene und Reichweite der jeweiligen Forschungsergebnisse unterscheiden,[1082] so kann doch als Übereinstimmung von Radikalen Konstruktivisten und dem Sozialkonstruktivismus Halbwachs' und Assmanns festgehalten werden, dass 'Gedächtnis' die Funktion der Generierung und Modulation von 'Wahrnehmung' zugewiesen wird.

'Gedächtnis' ist die Organisationsinstanz von Wahrnehmung in der Gegenwart. Diese Erkenntnis erschließen Radikale Konstruktivisten auf der biologisch-naturalen Ebene als Funktion lebender Systeme bzw. des Gesamtsystems 'Organismus'. Sie zeichnen zunächst nach, dass Gedächtnisprozesse in zentraler Weise in die Sicherstellung systemischer Kohärenz (Eröffnung und Sicherung von Handlungs- und Verhaltensmöglichkeiten angesichts von Handlungs- und Verhaltensnotwendigkeiten) durch die Generierung von Wahrnehmung bzw. Wahrnehmungsketten integriert sind. In diesem Funktionskreislauf kontinuierlich kognitiver Operationen begegnet 'Gedächtnis' als "wichtigstes Sinnesorgan" dieses Systems, da Gedächtnisprozesse als grundlegender Bestandteil systemischer Operation bei der Generierung jeder Art systemischer Wahrnehmung involviert sind, die nicht organisch oder phylogenetisch determiniert ist.[1083] 'Gedächtnis' kommt derart eine grundsätzlich-grundlegende Beteiligung zu, weil die Generierung von Wahrnehmung , d.h. von Hypothesen über die systemimmanente Welt und die systemexterne Umwelt,[1084] lebende Systeme überhaupt erst in die Lage versetzt, sich in einer (physikalischen) Umgebung konsistent zu verhalten. 'Gedächtnis' markiert den Mecha-

---

[1082]So weisen z.B. Halbwachs und Assmann zwar wie Radikale Konstruktivisten die konstruktivistische Signatur der untersuchten Kommunikations- und Wahrnehmungsprozesse nach (Sozialkonstruktivismus), allerdings findet sich bei ihnen keine Reflexion darüber, inwieweit ihre eigenen Forschungsmethoden selbst konstruktivistisch gefasst werden können. Diese fehlende Entsprechung von Inhalts- *und* Methodendiskussion bedingt auch, warum bei Halbwachs und Assmann keine methodologischen Äußerungen zum Thema 'Konstruktivismus' zu finden sind. Diese beiden Forschungserträge können entsprechend unter dem Label 'Sozialkonstruktivismus' gefasst werden. Die vorliegende Arbeit zeigt auf, dass Gedächtnis(-prozesse) wesentlich konstruktivistisch zu verstehen ist (sind) und sich von daher für die Theologie auch interessante methodische bzw. methodologische Rückfragen ergeben.

[1083]Vgl. ROTH, Gerhard (1998), 261, vgl. nachfolgend zur Übersicht über die Bestandteile des Kreislaufs systemischer Operationen das Diagramm S. 299ff.

[1084]Vgl. ROTH, Gerhard (1998), 270.

nismus dynamischer Wahrnehmungserzeugung in Relationierungs- und Relativierungsprozessen.

In Anknüpfung daran begegnet beim Menschen 'Gedächtnis' auch als 'Modulationsorgan' von Bewusstseinszuständen. Im Zusammenhang der distributiven Relationierung
und Relativierung neuronaler Reize und Zustände kann 'Gedächtnis' neuronale Zustände
zu Wahrnehmungsklassen unterschiedlich systemischer Aufmerksamkeit, zu spezifischen Bewusstseinszuständen verdichten.

Der zweifache Beitrag von 'Gedächtnis' zu systemischer Wahrnehmung in Form einer
Beteiligung bei der 'Entstehung von Wahrnehmung' und bei der 'Modulation unterschiedlicher Bewusstseinszustände' veranschaulicht die konstitutive Bedeutung von
'Gedächtnis' bei Wahrnehmungsprozessen. Ist 'Gedächtnis' bei allen Formen systemischen Wahrnehmens, also sowohl bei präattentivem, d.h. sinnlich vorbewusstem, als
auch bei attentivem, d.h. bewusstem, Erkennen beteiligt, so ist eine Reduktion von
Gedächtnisprozessen auf Erinnerungsakte ausgeschlossen. Jenseits der zentralen Bedeu-
tung für die systemische Wahrnehmung kommt 'Gedächtnis' bzw. dem gedächtnisverant-
worteten Wahrnehmen auch im Gesamt des neuronalen Netzwerkes systemischer Le-
benserhaltung und Lebensgestaltung ein herausgehobener Stellenwert zu. Lebende
Systeme bleiben nur am Leben, wenn sie mit ihrer Umwelt selektiv interagieren können.
Oberste Priorität im Fluss systemischer Operation kommt dann dem 'Sinnesorgan
Gedächtnis' zu, weil Gedächtnis die Ausbildung und Realisation der umfassenden
Wahrnehmung dessen sichert, was die jeweilige Umwelt ausfüllt und was für das eigene
Überleben lebenswichtig ist.

Bei Halbwachs und Assmann wird die grundlegende Funktion des Gedächtnisses für die
Lebenserhaltung und Lebensgestaltung des Einzelnen als anthropologisch-kulturelle
Funktion dargestellt. Sie legen offen, dass Gedächtnisprozesse in zentraler Weise in die
Sicherstellung individueller Kohärenz durch die Generierung und Sicherung umfassender, personaler Identität eingebunden sind. Die von Halbwachs und Assmann im Rahmen einer Theorie der Kommunikation beschriebenen Prozesse der Identitätsentstehung
und Identitätskontinuierung lassen sich auch als Wahrnehmungsprozesse verstehen. Es
sind einerseits orientierende Wahrnehmungen[1085] auf unterschiedlichen Ebenen, die
identitätsstiftenden Sinn erst hervorbringen und andererseits bedingt das Erinnern als
spezifische Gedächtnisleistung Wahrnehmung.[1086] Aufgrund der anthropologischen
Konstante der Koexistenz 'sozialer Rahmen' und angesichts kulturspezifischer Konkretisierungen bzw. Steigerungen kollektiver Identitätsentwürfe firmiert 'Gedächtnis' als
wichtigstes Kennzeichen all jener identitätsrelevanten Orientierungsleistungen des
Individuums in Gesellschaft und Kultur, die dem Menschen durch seine Instinktreduktion eigenständig auszubilden aufgegeben sind.

[1085]Orientierende Wahrnehmungen zeichnen sich dadurch aus, dass Beziehungen und Annäherungen
daran erkannt und als das Selbst betreffend anerkannt werden; so entsteht die Konnektivität *des* Einzelnen.

[1086]Zum Zusammenhang von Erinnern und Wahrnehmen in der Rahmenanalyse Halbwachs' vgl. S. 93.

'Gedächtnis' ist zunächst unverzichtbarer Bestandteil für die Gewinnung von Alltags-orientierung. Alltagsorientierung entsteht als Teil kollektiver Identität, indem der Einzelne in der Teilhabe am gesellschaftlichen Interaktionsgeschehen den ihn umgebenden Horizont des Kollektivs wahrnimmt. Das in der Sozialisation und Internalisation erfolgende, meist unbewusst bleibende 'Wahrnehmen' jener 'sozialen Rahmen' sowie der von ihnen transportierten gesellschaftlichen Werte, Normen und Handlungsmuster lässt den Horizont des Kollektivs als persönliche Wirklichkeit wiedererstehen. Damit sichert dieses vom 'kollektiven' bzw. 'kommunikativen Gedächtnis' (Halbwachs bzw. Assmann) verantwortete Wahrnehmen Orientierung, weil es durch biographisches Erinnern dem Einzelnen in der sozialen Interaktion einen konkreten Platz in einem größeren Zusammenhang zuweist.[1087]

Jenseits der Grundstruktur einer kontinuierlichen Entstehung von handlungsleitendem 'Alltagssinn' ist 'Gedächtnis' allerdings auch maßgeblich für spezifische Kultivierungen kollektiver Identitäten. Wo 'kollektive Identitäten' nicht nur als gesellschaftliche Zugehörigkeit, sondern als Bekenntnis zu einer distinkten Kultur reflektiert werden, dort werden 'kollektive Identitäten' selbst zum Gegenstand kollektiv-medialer Kommunikation. Gegenüber der Grundstruktur einer alltagsorientierenden 'kollektiven Identität' verbirgt sich hinter der Selbstthematisierung 'kollektiver Identität' eine Steigerung der Reflexivität konnektiver Strukturen bis hin zu ihrer Bewusstmachung.[1088] Das 'kulturelle Gedächtnis' verantwortet dieses Wahrnehmen, welches in den Spiegelungen des Selbst gegenüber anderen Gesellschaften bzw. Kulturen erwächst.[1089] Das 'kulturelle Gedächtnis' generiert mit dem von ihm verantworteten Wahrnehmen eine übergreifende, alltags-enthobene Orientierung, weil es durch fundierendes Erinnern dem Einzelnen, unabhängig von der Erfahrung aktueller sozialer Interaktion einen entscheidenden Platz im Kosmos zuweist. Fundierende Dimension kommt dieser gedächtnisgestützten Verortung durch ihre Signatur als 'kultureller Identität' zu: In kulturell ausgeformten, d.h. raum-zeit-abhängigen, Prozessen des Erinnerns wird der Einzelne in den kulturellen Raum, d.h. in aktuell bestehende und konkret erfahrbare Gesellschaften, eingegliedert.

Der umfassende Beitrag von 'Gedächtnis', der darin besteht, als 'kollektives' bzw. 'kommunikatives' und als 'kulturelles' die Selbst- und Weltwahrnehmung des Menschen sowohl auf der Ebene der Alltagserfahrung als auch auf der Ebene des Festes (explizite

---

[1087]Interessanterweise setzt Assmann eben diese Ebene der gedächtnisverantworteten Generierung und Sicherung von Alltagsorientierung, d.h. die Ebene des 'kollektiven Gedächtnisses' (Halbwachs) bzw. des 'kommunikativen Gedächtnisses' (Assmann) mit dem Gedächtnis in autopoietischen Systemen gleich (!). Dieser Verweis wird allerdings inhaltlich und erkenntnistheoretisch nicht weiter ausgeführt. So fehlt auch der Hinweis darauf, dass sich mit 'Autopoiesis' ein ganzes (radikal konstruktivistisches) Theoriekonzept verbindet, obwohl Assmann ausdrücklich auf SCHMIDT, Siegfried J. (1996) verweist; vgl. ASSMANN, Jan (1995), 61f. Vgl. auch ASSMANN, Jan (2000), 18f, in der Auseinandersetzung mit Nietzsche versteht Assmann das kulturelle Gedächtnis als Chance, eine reduktionistisches Verständnis des Gedächtnisses zu verhindern.

[1088]Vgl. ASSMANN, Jan (1992a), 134f.

[1089]Die von Assmann als Spiegelung beschriebenen Prozesse einer gedächtnisverantworteten Ausbildung konnektiver Strukturen wurde in der vorliegenden Arbeit als Prozesse einer umfassenden Relationierung und Relativierung erkannt.

Selbstthematisierung) zu bestimmen, begründet den zentralen Stellenwert von 'Gedächtnis' zum Verständnis menschlichen Denkens und Handelns.[1090] Aus diesem Grund sind nicht nur Phänomene kollektiv geteilten Erinnerns, sondern auch identitätsrelevante Formen kollektiven Vergessens als 'Gedächtnis' geschuldete Leistungen in den Blick zu nehmen.

2.2.2   Relationierungs- und Relativierungsräume

Was den 'Ort' von Gedächtnisprozessen betrifft, so kann weitgehend auf die vorangegangene 'Beobachtung komplexer Prozesse' verwiesen werden. 'Gedächtnis' stellt genau jenen Forschungsgegenstand dar, an welchem die Struktur und Funktion kommunikativer Prozesse nicht nur beschrieben wurde (Halbwachs und Assmann), sondern auch als Struktur-Funktion-Entsprechung begrifflich gefasst und wissenschaftstheoretisch reflektiert (Radikaler Konstruktivismus) wurde. Dieser Befund wird in der zusammenfassenden Gegenüberstellung mit dem Begriffspaar der 'Relationierung und Relativierung' verdeutlicht. Nachfolgend bleibt zu klären, welche Schlussfolgerungen sich daraus für das Verständnis von Gedächtnis als Gedächtnisraum und Medium ergeben.

Als Medium (neuro-)biologischer Gedächtnisforschung wurde das autopoietisch-distributiv organisierte, neuronale Netzwerk und nicht ein bestimmter lokalisier- und abgrenzbarer Bereich innerhalb des Gehirns vorgestellt. 'Gedächtnis' existiert *als ein Netz*, indem es im gesamten Gehirn als allgegenwärtige Funktion, potentiell in jeder Synapse, vorhanden ist. Damit sind (elaborierende) Gedächtnisprozesse nicht ablösbar von der Architektur und den Bestandteilen des jeweiligen lebenden Systems. Die Struktur lebender Systeme stellt Gedächtnisprozessen lediglich Systemzustände bzw. Verhältnisse mit Näherungswerten (Relationierungen und Relativierungen) zur Verfügung. Die Struktur lebender Systeme prägt dann unmittelbar die Struktur von Gedächtnisprozessen, insofern auch diese nichts anderes darstellen als das Interagieren von Systemzuständen mit anderen. Das Gedächtnisprozesse kennzeichnende Anknüpfen an bestehende bzw. präsent gehaltene Systemzustände bewegt sich in einem dauerhaften Oszillieren, in einem Neuformieren von Verhältnissen (Relationierungen) der Annäherung (Relativierungen) des Systems an überlebensrelevante Zustände. Die Architektur und die zusammenhängenden Bestandteile neuronaler Systeme markieren das Medium dieses Oszillierens, das Medium von Gedächtnisprozessen.

Das Anknüpfen an bestehende Systemzustände erfolgt im Kreislauf kognitiver Operationen, es erfolgt vor allem im Cortex sowie im Hippocampus und steht doch gleichzeitig in all seinen Phasen im Austausch mit kognitiven Operationen anderer funktionaler Einheiten wie z.B. der 'Formatio reticularis' oder dem 'limbischen

---

[1090]Neben der anthropologischen Konstante einer gedächtnisgestützten Alltagsverortung, auf die Halbwachs bereits mit seinem 'kollektiven Gedächtnis' hinweist, misst auch Assmann für das Verständnis von Kulturen und Gesellschaften dem Gedächtnis eine herausragende Stellung zu, vgl. zur Gleichsetzung von Kultur und Gedächtnis S. 111.

System'.[1091] Erst in der Relationierung und Relativierung gegenüber sensorischer Wahrnehmung, motorischem Verhalten, systeminterner Bewertung und Aufmerksamkeit generieren Gedächtnisprozesse spezifische Wahrnehmungsinhalte und Bewusstseinszustände.

Mit dem Befund eines komplexen Relationierungs- und Relativierungsgeschehens ist im vorausgehenden Kapitel[1092] für den Bereich der soziologisch-kulturtheoretischen Gedächtnisforschung die Erkenntnis verbunden, dass die untersuchten Gedächtnisleistungen in einem umfassenden Sozialsystem verortet sind. In dieser sozialen Verwobenheit bildet der Einzelne in gedächtnisverantworteten Kommunikationsprozessen - auch unreflektiert - seine Alltagsorientierung aus. In diesem sozialen Netzwerk generiert und stabilisiert der Einzelne eine reflektierte Identität in der kollektiv-kulturell geprägten, absichtssensitiven Verwendung kultureller Medien.[1093] Die einzelnen Gedächtnisakte und -leistungen sind also an das Individuum im jeweiligen Sozialsystem und dessen Signatur rückgebunden, nicht an einzelne Gedächtnisobjektivationen oder Medien. Die Struktur sozialer Systeme stellt mit kulturellen Medien lediglich 'Dokumente' (Medien I. Grades: Datenspeicher) und 'Monumente' (Medien II. Grades: Speicher von Daten und Erinnerungswert) zur Verfügung,[1094] die weder Gedächtnisprozesse noch -inhalte präjudizieren. Kulturelle Medien eröffnen dem Einzelnen die Möglichkeit einer unterschiedlich kulturell gesteigerten Auslagerung von *Bestandteilen* von Gedächtnisprozessen. Für kulturell geteilte Prozesse des Erinnerns oder Vergessens können dies Daten, Werte (und pädagogisch modalisierte Hypostasierungen) darstellen. Können Medien in diesem Sinne zu Trägern eines kulturellen Gedächtnisses werden, verbietet sich dennoch eine mediendeterministische Perspektive. In den Blick des Kulturwissenschaftlers rücken statt der Medien verstärkt die Beziehungen und Annäherungsweisen, welche Kulturen dem Einzelnen zur Verfügung stellen, denn in Medien kann nicht die *Aktualisierung* des individuellen Gedächtnisses ausgelagert werden. Auch *mediale* Gedächtnisräume sind nur relational-relativ verstehbar: Indem der Einzelne sich gegenüber Potentialen und Bestandteilen kultureller Medien in Beziehung setzt und annähert,

---

[1091]Zum Überblick über den Kreislauf kognitiver Operationen vgl. das Diagramm im Anhang S. 299ff.

[1092]Vgl. Kapitel 2.1.2, S. 238.

[1093]Zum Überblick über die vernetzten Bestandteile kultureller Identität im Sozialsystem vgl. das Diagramm im Anhang S. 304ff. Während Halbwachs die Sprache ins Zentrum seiner Analyse der sozialen Rahmen stellt, ergänzt Assmann dieses 'kulturelle Medium' durch Landschaft / Bauten, Ritus / Fest und Schrift. Mit der Analyse der 'Text-Kanonbildung' infolge der kulturellen Entdeckung 'textueller Kohärenz' rückt Assmann in das Zentrum seiner Untersuchungen die Schrift mit ihren unterschiedlichen Verwendungsweisen.

[1094]In Fortführung der Assmannschen Typologie wurde dabei gefragt, ob die 'Erfindung der Religion im eigentlichen Sinn' bzw. die Erfindung des Diskurses nicht mit der Entwicklung eines eigenständigen kulturellen Mediums einhergeht. Transzendente Sinnsysteme (Medien III. Grades) zeichnen sich dann durch die Steigerung ihrer kulturellen Reflexivität und Abstrahierung gegenüber Medien II. Grades aus. Sie bilden eine eigene Klasse kultureller Medien, indem sie zusätzlich die Problematisierung, Multimedialität und die Organisation von 'Erinnern' *und* 'Vergessen' speichern. Vgl. Kapitel 4.7.2.2, S. 192ff.

entscheidet er selbst über Verwendungsweise und Aktualisierung von Gedächtnisprozessen.

Unter dieser Perspektive kann für den Bereich des Sozialkonstruktivismus auf eine Entsprechung hingewiesen werden, die bereits bei der Würdigung radikal konstruktivistischer Forschungserträge festgehalten wurde. So wie dort die Struktur lebender Systeme 'nur' Systemzustände mit Näherungswerten (Relationierungen und Relativierungen) für die Generierung von Systemzuständen mit Näherungswerten zur Verfügung stellt, entspricht hier der Struktur der medialen Bestandteile des Sozialsystems die Struktur der im Sozialsystem möglichen Gedächtnisprozesse und -leistungen: Medien der Beziehung und der Annäherung eröffnen dem Einzelnen die Möglichkeit, sich selbst in Gedächtnisprozessen gegenüber anderen Gruppen in Raum und Zeit *in Beziehung zu setzen* und sich einem Selbstbild *anzunähern* (Relationierungs- und Relativierungsmedien).

Die Ausbildung eines 'kulturellen Gedächtnisses' erfolgt damit gleichzeitig in einer unabschließbaren originären (den Vergangenheitsbezug betreffenden) und ethnographischen (den Umgang mit Gruppenangehörigen und 'Fremden' regelnden) Relationierung sowie in einer kommunikativ-produzierenden Relativierung von Sinn.[1095] Gedächtnisprozesse ermöglichen keine Abbildung der Vergangenheit, sondern konstruieren Identität bzw. ein 'kulturelles Gedächtnis' aktuell. Die relational-relative Struktur von Medien und Gedächtnisprozessen bedingt, dass dem Einzelnen das 'kulturelle Gedächtnis' unverfügbar bleibt, obwohl er der Träger desselben ist. Der Raum des kulturellen Gedächtnisses stellt im eigentlichen Sinn die in das Sozialsystem hineingewobenen Relationierungs- und Relativierungsprozesse des Einzelnen dar. Erst in der Einbindung in dieses Sozialsystem bzw. durch die individuelle Relationierung und Relativierung gegenüber kulturellen Medien und Operationen generieren Gedächtnisprozesse kulturell gesteigerte Identitätsformen (Wahrnehmungsinhalte).

2.2.3   Gegenwartsprozesse

Wesentliche Gesichtspunkte der Frage, wie sich die beiden Wissenschaftstraditionen die Ausgestaltung der Gedächtnisvollzüge vorstellen, sind bereits in der vorausgehenden Zusammenfassung von Funktion und (Raum-)Struktur von Gedächtnis angeklungen. Beide Forschungsrichtungen untersuchen Gedächtnis*prozesse*. Radikale Konstruktivisten nehmen ausdrücklich (neuronale) Prozesse unter die Lupe, während die Sozialkonstruktivisten die Abläufe sozialer und kultureller Kommunikation verfolgen.[1096]

Die nachfolgende, eigenständige Gegenüberstellung der Kennzeichen dieser Prozesse würdigt nochmals das Organisationsprinzip der Relationierung und Relativierung,

---

[1095] Relationierung durch die Ausgestaltung der Mythomotorik, durch Integration und / oder Distinktion, Relativierung durch die in Kult, Diskurs oder Erinnerung erfolgende Reproduktion bzw. (Re-)Konstruktion von Sinn.

[1096] Auch wenn Halbwachs wie Assmann mit 'Gedächtnis', 'Erinnerung' weitgehend statische Begriffe verwenden, markieren beide nicht nur den Anspruch, eine dynamische Vorstellung von 'Gedächtnis' zu verfolgen, sondern beschreiben auch tatsächlich das Entstehen und Verändern von Gedächtnisakten, von Erinnerungsräumen und Erinnerungsinhalten.

welches für Systeme mit einer Entsprechung von Funktion und Struktur als grundlegend erkannt wurde. Dabei wird auf die Unterscheidbarkeit einzelner Gedächtnisprozesse und Gedächtnisinhalte aufmerksam gemacht. Diese Unterscheidung ermöglicht, das Verständnis von Gedächtnis zu schärfen, da fortan die grundlegende Funktion von Gedächtnis und spezifische, prozessuale Ausformungen nicht nur unterschieden werden können, sondern auch in einem übergreifenden Theoriemodell in Beziehung zueinander gesetzt werden können:[1097] Sowohl Radikale Konstruktivisten als auch Halbwachs und Assmann legen Gedächtnisprozesse als präsentische, dynamische, informationsschaffende und grundlegende Kommunikationsprozesse frei.

Die Gedächtnisforscher radikal konstruktivistischer Provenienz beobachten aktuell ablaufende neuronale Prozesse lebender Systeme, die mit dem Verrechnen und Zusammenfügen von Reizen verändernd auf aktuell gehaltene oder entstandene Systemzustände reagieren. Diese ausschließlich im Zeitintervall 'Gegenwart'[1098] ablaufenden Anknüpfungen verarbeiten nicht Information, sondern erzeugen diese erst. Diese Prozesse können als Kommunikationsprozesse verstanden werden, weil die Prozesse *inter*agieren und sich aufeinander beziehen, also sich aneinander orientieren.

Um Gedächtnisprozesse handelt es sich dabei, wenn die Anknüpfung einerseits gegenüber aktuell bestehenden cerebralen Zuständen[1099] und ihrer sensorischen Verrechenbarkeit und andererseits im Gegenüber zu anderen Operationen des integrierten Funktionskreislaufes[1100] geschieht. Dabei entstehen gedächtnistypische Systemzustände und Wahrnehmungen jeweils in Elaborationsprozessen, die kognitive Operationen zu unterschiedlichen Bewusstseinsgraden steigern bzw. modalisieren. Sind gedächtnistypische Anknüpfungen (an bewährte cerebrale Zustände und an deren sensorische Verrechnung) bei der Generierung und Kontinuierung jeglichen systemischen Wahrnehmens beteiligt, so handelt es sich um grundlegende Prozesse lebender Systeme. 'Gedächtnis' ist bei allen kognitiven Operationen lebender Systeme beteiligt, indem seine Prozesse die Neuverknüpfung von Nervennetzen bzw. Synapsen steuert. Gedächtnisprozesse beschreiben die Rekursivität des Systems als Bezugnahme des Systems auf sich selbst zum Zweck der Kontinuierung von sich selbst unter anderen Bedingungen.

'Erinnern' kann folglich nicht mit 'Gedächtnis' bzw. dem Gedächtnis als Geschehen gleichgesetzt werden. 'Erinnern' beschreibt vielmehr nur eine *spezifische* Art von Gedächtnisprozessen und zwar jene, in denen das Gehirn einen 'Überschuss' intern-bekannter Information generiert und beobachtet. Lässt die Anknüpfung an intern-kognitive Zustände keine umstandslose Verrechnung mit sensorischen Erregungen zu und kann gleichzeitig dieser 'Überschuss' intern-kognitiver Erregungen an bereits existierende intern-kognitive Zustände anknüpfen ('bekannt'), so handelt es sich bei diesen Gedächt-

---

[1097]Zur Veranschaulichung vgl. die Diagramme im Anhang S. 299 - 306.

[1098]Zur Konzeption der Gegenwart als 'Dauer' vgl. FLOREY, Ernst (1996a), 178f.

[1099]Diese Relationierung-Relativierung klärt, ob der Reiz bzw. die Reizzustände dem System bekannt sind.

[1100]Diese Relationierung-Relativierung klärt, ob die entsprechenden Reize kognitiv relevant (Beitrag des Limbischen Systems) und aufmerksamkeitsrelevant (Beitrag der 'Formatio reticularis') sind.

nisleistungen um Erinnerungsprozesse. Prozesse des Erinnerns stehen für eine zusätzliche Leistung des neuronal organisierten Systems: Im Rekurs des Systems auf sich selbst holen sie in das System hinein, was ausschließlich im System stattfindet. Nicht als 'Zugriff' auf ein feststehendes Gedächtnis sind Erinnerungsvorgänge zu verstehen, sondern als gedächtnistypische Elaborationsprozesse, in denen die Beobachtung *intern-kognitiver, bekannter* Beobachtungen als *Eigen*signal aktuell wahrgenommen werden.

Je nachdem, für wie relevant das System die eigenständige Beachtung dieser Prozesse einschätzt ('Attentionsfrage'), können die intern-kognitiven Zustände / Beobachtungen in den gedächtnistypischen Erinnerungsprozessen durch Generalisierungen zu unterschiedlich verdichteten Bewusstseinszuständen modalisiert werden. 'Erinnerungen' stellen dann das zur bewussten Wahrnehmung elaborierte Eigensignal des Gehirns für beachtenswert erachtete, sensorisch nicht linear rückkoppelbare, an bekannten internen Zuständen anknüpfende intern-kognitive Relationierungen und Relativierungen dar. 'Erinnerungen' sind das Ergebnis grundlegender (da gedächtnistypischer), aber in Ihrer Ausgestaltung keineswegs selbstverständlicher kognitiver Operationen. Sie bleiben auch in neuronalen Netzwerken unselbstverständlich, weil ihre Entstehung abhängig bleibt von der elaborativen Steigerung und von der attentiven Relevanz der als Erinnerungsprozesse spezifizierten Gedächtnisoperationen.

Die Gedächtnisleistungen des Systems gehen entsprechend weit über dessen Erinnerungsleistungen hinaus, weil dasselbe Muster der Anknüpfung an intern-kognitive Zustände und der Verrechnung gegenüber sensorischen Erregungen auch andere (Gedächtnis-)Leistungen hervorbringt. Sofern intern-kognitive Zustände sensorisch rückkoppelbar sind, generieren Gedächtnisprozesse Prozesse des Lernens (Zustände und Erregungen werden dann als weitgehend 'unbekannt' diagnostiziert) und Prozesse des kategorialen Wahrnehmens bzw. Erkennens (Zustände und Erregungen werden hier als weitgehend 'bekannt' diagnostiziert). Sofern intern-kognitive Zustände nicht sensorisch rückkoppelbar sind, verantworten Gedächtnisprozesse neben Prozessen des Erinnerns schließlich auch solche des Denkens bzw. des Vorstellens (Zustände und Erregungen werden dann als weitgehend 'unbekannt' diagnostiziert).

Die sozial- und kulturtheoretischen Konstruktivisten Halbwachs und Assmann untersuchen die Bedingungen sozial-kultureller Kommunikations- und Interaktionsprozesse.[1101] Ihr Befund legt dar, wodurch sich Gedächtnisprozesse auszeichnen:

Ausgehend von den Gegebenheiten der Gegenwart werden sowohl Alltagsorientierungen als auch Formen gesteigerter kultureller Identität nicht einfach übernommen, sondern erst hergestellt bzw. (re-)konstruiert. Gedächtnistypische Konstruktionsprozesse reagieren auf Orientierungs- und Identitätsbedürfnisse des Einzelnen in der Gegenwart und beziehen sich ausschließlich auf den aktuellen sozialen Rahmen in Form tatsächlich erfahrener (Halbwachs) oder zumindest präsent gehaltener (Assmann) Gruppen- und Gesellschaftsentwürfe (Identitäten). Auf biographisch wie historisch wechselnde Rah-

---

[1101]In der vorliegenden Arbeit wurde 'Kommunikation' als übergreifender Begriff für die erschließende und expressive Begegnung des Einzelnen mit seiner (sozialen) Umwelt verwendet, so dass er die handlungstheoretische Ebene miteinschließt.

menbedingungen und Herausforderungen müssen sie dynamisch reagieren können. Gleichzeitig bedienen sie sich in kulturell geformter Weise der Medien kulturellen Gedächtnisses. Derart webt der Einzelne in Gedächtnisprozessen seine 'konnektive Geschichte': Die synchrone, diachore oder diachrone[1102] Verortung in Raum und Zeit sichert Kontinuität ohne oder auch über Brüche hinweg durch rituelle oder textuelle Kohärenzerzeugung. Kohärenz vermittelt der Existenz des Einzelnen den Eindruck des Logischen und Nicht-Kontingenten.[1103] Die in Anknüpfung und / oder Abgrenzung gegenüber bestehenden Identitäten generierten Gedächtnisinhalte (Sinngehalte) lassen sich allerdings nicht (medial) festschreiben. Aber auch weil der instinktreduzierte Mensch stets der identitätsrelevanten Orientierung bedarf, begleiten Gedächtnisprozesse dauerhaft die Selbstvergewisserung des Einzelnen. Die gegenwartsbegründete, dynamisch-informationsschaffende Verortung des Einzelnen in Raum und Zeit ist auf allen Ebenen der (Selbst-)Wahrnehmung des Einzelnen beteiligt. Deshalb handelt es sich bei sozial-kollektiven Gedächtnisprozessen um grundlegende Prozesse. Sie beschreiben die Rekursivität des Einzelnen als Bezugnahme des Einzelnen auf seine sozial-kulturelle Umwelt zum Zweck der Selbstvergewisserung der eigenen Person unter der Bedingung der Wahrnehmung alternativer Entwürfe und Konstellationen.

Werden Gedächtnisprozesse als grundlegende Kommunikationsprozesse des Sozialwesens 'Mensch' bezeichnet, so ist damit eine zweifache Einsicht verbunden: Einerseits dürfen Gedächtnisprozesse nicht auf Erinnerungsprozesse bzw. auf Erinnerungen reduziert werden. Andererseits dürfen *bestimmte* kollektiv geteilte Gedächtnisleistungen und deren zugrundeliegende Prozesse nicht als selbstverständlich betrachtet werden.

'Erinnern' beschreibt nur *eine* Form 'sozialer Rekursivität' und zwar jene, welche die eigene Identitätssicherung abhängig hält von der (positiven) Thematisierung einer bestimmten konnektiven Verbindung. Indem gegen interne und externe Alternativentwürfe (ethnographische Relationierung-Relativierung) und im Wissen um den Bruch gegenüber einer geschichtlich zurückweichenden Vergangenheit (Mythomotorik geschichtlicher Mythen) an einer positiven Bewertung des Erinnerns dieser Wurzel festgehalten wird, werden in 'Israel' Gedächtnisprozesse und Gedächtnisgehalte als Momente eines kulturellen Erinnerns ausgeformt (vgl. den theologischen Imperativ mit acht Mnemotechniken). Demgegenüber verantwortet der gleiche Mechanismus gedächtnisgesteuerter Rekursivität im antiken Griechenland die Organisation gegenteiliger Prozesse und Sinngehalte.[1104] Indem gegen externe Alternativentwürfe und im Wissen um den

---

[1102]Zur Präzisierung der Assmannschen Typologie Synchronie - nicht-lineare Diachronie - Diachronie vgl. das Kapitel 4.4.3.1, S. 141ff sowie das Diagramm im Anhang S. 304ff.

[1103]Als Kennzeichen der 'Religion im eigentlichen Sinne' wurde dabei in den Gedankengang Assmanns die reflexive Steigerung des Umgangs mit Kontingenzerfahrungen eingebracht. Demnach zeichnet sich die Religion Israels durch die umfassende Problematisierung der erfolgenden Raum-Zeit-Verortung aus: statt Kontingenzauflösung erfolgt Kontingenzthematisierung; vgl. das Stichwort der 'Problematisierung des gespeicherten Erinnerungswertes' S. 192.

[1104]Der Beitrag Flaigs zur gedächtnistypologischen Ausbildung eines panhellenischen Bewusstseins wurde als Ergänzung des Strukturmodells von Assmann angeführt, vgl. Anm 698.
Ägypten veranschaulicht demgegenüber, wie das kulturelle Gedächtnis unter der Bedingung einer Mythomotorik mit kosmogonischen Mythen Erinnerungsprozesse organisiert. Der konstruktivistische

Bruch gegenüber einer geschichtlich zurückweichenden Vergangenheit die negative Bewertung eines möglichen Erinnerns der Wurzeln interner Zusammengehörigkeit bekannt wird, begegnet dort das 'kulturelle Gedächtnis' weitgehend als Kultivierung kollektiven Vergessens. Gedächtnisprozesse steuern aber nicht nur im interkulturellen Vergleich, sondern auch innerhalb einer Kultur wesentlich mehr, als nur Akte des Erinnerns. Dies verdeutlichen die Ausbildung eines Textkanons und die eigenen Anmerkungen zur 'kulturellen Amnestie' in Israel.[1105]

Erinnerungsakte stellen nur eine spezifische Form von Gedächtnisprozessen dar. Darüber hinaus zeichnen sie sich dadurch aus, dass sie sowohl auf der Ebene der alltagsenthobenen Selbstvergewisserung wie auch auf der Ebene der Alltagsorientierung als unselbstverständlich anzusehen sind. Die gleiche Unselbstverständlichkeit gilt auf der Ebene *kultureller* Identität für alle Gedächtnisprozesse und -leistungen. Dies ist der Fall, weil für kulturell kommunizierte Gedächtnisprozesse nicht nur im Sonderfall ihrer Ausformung als Erinnerungsprozesse, sondern generell gilt, dass sie durch den spezifischen Gebrauch kultureller Medien in Objektivationen eine unterschiedlich reflektierte, d.h. *bewusste*, Identität konkretisieren. Kulturelle Gedächtnisprozesse und kollektive Erinnerungsprozesse verkörpern herausgehobene Leistungen. Kulturelle Gedächtnisprozesse bezeichnen absichtsvolle Unterbrechungen des Kontingenzstromes und arbeiten an einer konstruierten Organisiertheit (Inszenierung) von Kollektiv und Individuum. Im Rekurs des Einzelnen auf seine sozial-kulturelle Umwelt holen kulturelle Gedächtnisprozesse und kollektive Erinnerungsprozesse in die Wirklichkeit des Einzelnen hinein, was ihn mit dieser Umwelt verbindet. Bleiben kulturelle Gedächtnisprozesse aus, droht unwillkürlich unbewusstes Vergessen (Amnesie). Wo sie in der Kulturgeschichte anzutreffen sind, handelt es sich um erklärungsbedürftige Akte des kollektiven Ankämpfens gegen die Wahrnehmung einer von Automatismus und Kontingenz gekennzeichneten sozialen Wirklichkeit. Diese gedächtnistypischen Akte der Steigerung kollektiver Selbstdistanzierung können dann als Formen kulturellen Vergessens (strukturelle Amnesie, 'kulturelle Amnestie') oder als Formen kulturellen Erinnerns (Homöostase) greifbar werden.[1106]

2.2.4   Wahrnehmungsinhalte

Die Entsprechung von Funktion und Struktur im Gedächtnis hat auf der neuronalen wie auf der sozial-kulturellen Ebene grundlegende und in der Gegenwart ihrer Träger ablaufende Gedächtnisprozesse offengelegt. Dabei können die grundlegenden Prozesse zum Ausgangspunkt ihrer spezifischen Steigerung werden. Unterschiedliche Gedächtnisleistungen entstehen in Abhängigkeit von wechselnder Anknüpfung, Elaboration und

---

Charakter von Erinnerungsprozessen besteht dann darin, in der Gegenwart eine gleichförmige (Reproduktion statt Re-Konstruktion) und inklusive (Integration nach außen und innen) Verbindung zur Ma'at zu inszenieren.

[1105]Vgl. Anm. 918.

[1106]Zu den Begriffen 'strukturelle Amnesie' und 'Homöostase' vgl. Anm. 489.

Attentionsrelevanz (so die radikal konstruktivistische Erkenntnis) bzw. in Abhängigkeit von der Bewertung rekursiver Bezüge und ihrer Integration in alltagsverwobene oder - enthobene Kommunikation (so der sozial-kultur-konstruktivistische Befund). Die als grundlegend erkannte Struktur und Funktion von Gedächtnisprozessen (Relationierung und Relativierung) begegnet derart als Ausgangspunkt für unterschiedlich ausgestaltete Gedächtnisprozesse mit begründungsbedürftigen Leistungen. Greifbar werden diese Leistungen in unterscheidbaren Gedächtnisinhalten.[1107]
Die eruierten Gedächtnisinhalte lassen sich in beiden Wissenschaftstraditionen entsprechend einer Unterscheidung von System- und Beobachterebene darstellen.[1108]

2.2.4.1   Wahrnehmung und Erinnerung im Radikalen Konstruktivismus

Radikale Konstruktivisten verweisen darauf, dass Gedächtnis sowohl bei allen Wahrnehmungsprozessen als auch bei der Modalisierung unterschiedlicher Bewusstseinszustände beteiligt ist.

Aus der radikal konstruktivistischen Perspektive ist Gedächtnis zunächst als 'Sinnesorgan' für die Einheit der Wahrnehmung verantwortlich. Für den Beobachter lebender Systeme handelt es sich bei Gedächtnisprozessen dann um eine bei allen Systemoperationen mitlaufende rekursive Konsistenzprüfung, welche auf der Differenz von Signal und Information bzw. auf der Differenz unterschiedlicher Systembeschreibungen aufbaut. Die Leistung von Gedächtnis liegt in der gegenwärtigen Synthese eines jeweils systemerhaltenden Verhaltens oder Handelns. Die kontinuierliche Einbindung von Gedächtnis in den Wahrnehmungsprozess verhindert, dass das System selbst das differenzerzeugende 'Sinnesorgan Gedächtnis' als solches wahrnimmt. Ihm bleibt verborgen, was sich der systemexternen Beobachtung erschließt: Gedächtnisbilder (unwillkürlich wie willkürlich entstandene Wahrnehmungsinhalte) bleiben immer Repräsentationen

---

[1107]Den Gedächtnis*inhalten* darf dabei keine statische Vorstellung zugrunde gelegt werden. Darauf macht sowohl die radikal konstruktivistische Einordnung der Frage nach Gedächtnisinhalten in einen Kreislauf paralleler, konvergenter und divergenter Informationsverarbeitung (vgl. Anhang S. 299ff) aufmerksam als auch der Hinweis von Halbwachs und Assmann, kollektiv-kulturelle Gedächtnisinhalte weder in Sprache noch in kulturellen Medien stillstellen zu können.

[1108]Von dieser Feststellung unberührt bleibt festzuhalten, dass diese Unterscheidung bei den Radikalen Konstruktivisten und Assmann unterschiedlich ausgeprägt und offengelegt ist. Auch wenn Assmann keine dezidierte Systemtheorie seiner Kulturtheorie zugrunde legt, so finden sich in seinen Werken doch zahlreiche Verweise auf Luhmann, denen eine hermeneutische Relevanz nicht abgesprochen werden kann. Die für jede Systemtheorie kennzeichnende Unterscheidung der System- und Beobachterebene kann aber in den Forschungsergebnissen Assmanns gefunden werden, insofern auch er zwischen der Ebene der Gedächtnisträger und jener des Gedächtnisforschers unterscheidet; vgl. seine Ausführungen zur Ausbildung und Wahrnehmung einer kulturellen Identität.
Andererseits gilt es darauf aufmerksam zu machen, dass auch unter den Radikalen Konstruktivisten durchaus umstritten ist, wie weit komplexitätsgesteigerte Systeme, wie z.B. der Mensch, im Einzelnen zu dezidierter Selbstbeobachtung und damit zur Wahrnehmung interner Differenz fähig sind; vgl. BAECKER, Dirk (1996), 342.

interner Zustände.[1109] Als stabile und zugleich veränderbare Muster systemischer Koordination ermöglichen diese Repräsentationen interner Zustände, die autopoietische Organisation unter veränderlichen Bedingungen aufrechtzuhalten. Der gesamte Wahrnehmungsapparat des Systems hat keine Wahl gegenüber der ihm zugrundeliegenden Verknüpfungslogik (d.h. der Entsprechung von Struktur und Funktion), sondern 'nur' hinsichtlich der Weise der situativen Realisierung dieser Logik. Aus dem Erfolg seiner Orientierungsinteraktionen schließt ein neuronales System auf die Objektivität und Unabhängigkeit dessen, was es innerhalb seines Kognitionsbereiches erlebt, gegenüber seiner internen Verknüpfungsleistung. Das neuronale System kennt zur relational-relativen Informationserzeugung keine Alternative und kann deshalb seinerseits der eigenen Vermittlungsleistung, einschließlich der Einheit schaffenden 'Bindungsleistung' des Gedächtnisses, nicht gewahr werden.[1110] Für das System besteht das Ergebnis kontinuierlich erfolgender und Einheit-schaffender Prozesse in Wahrnehmung(-en). Die kontinuierlich erfolgende Orientierung des Systems ist mit der Einbindung des 'Sinnesorgans' unhintergehbar gedächtnisverantwortet. Sie erfolgt wahrnehmungskonkret, als präattentives wie attentives (Wieder-)Erzeugen einzelner, konkreter Phänomene oder auch allgemeiner Bedingungen. Der Informationsgewinn solchen Erkennens ermöglicht es dem System, relational und relativ zu internen und externen Veränderungen, ein Mindestmaß an Konsistenz sowie Vertrautheit sicherzustellen und damit die autopoietische Identität aufrechtzuhalten.

Das netzwerkbasierte Gedächtnis kann diese Einheitsbildung im Wahrnehmungsprozess auch zur Modulation unterschiedlicher Bewusstseinszustände steigern, sofern der konkrete Wahrnehmungsprozess im Funktionskreis kognitiver Prozesse als relevant erkannt wurde.[1111]

Für den Beobachter kognitiver Operationen wird dabei die Struktur einsichtig, welche der Ausbildung von Bewusstseinszuständen zugrunde liegt. Bewusste Wahrnehmungen sind das Ergebnis von Relationierungs- und Relativierungsprozessen, welche eine weitere Komplexitätssteigerung interner Zustände voraussetzt.[1112] Die hier erfolgende Komplexitätssteigerung steht für die Ausdehnung des kognitiven Bereichs in den Bereich der 'reinen Relationierung und Relativierung'.[1113] Als neue Interaktionsklasse gesellen sich zu den Repräsentationen interner Zustände 'reflexive Repräsentatio-

---

[1109]Da interne Zustände nur als präsent gehaltene Relationierungen und Relativierungen bestehen, repräsentieren Wahrnehmungen (Gedächtnisinhalte) entsprechend systemische Relationierungen und Relativierungen.

[1110]Die Unverfügbarkeit der Verknüpfungslogik 'Zustandsdeterminiertheit' kennzeichnet Operationen neuronaler Systeme, vgl. S. 63.

[1111]Die Entscheidung darüber, inwiefern der Wahrnehmungsapparat bestimmte neuronale Prozesse für das System explizit werden lassen soll (systemische Aufmerksamkeit nötig ist) erfolgt im Kreislauf kognitiver Prozesse durch die Integration der 'Formatio reticularis', vgl. das Diagramm im Anhang S. 299ff.

[1112]Die erste Komplexitätssteigerung systemischer Zustände erfolgt durch die Existenz neuronaler Netzwerke, insofern nun interne Relationen und Relativierungen zum Gegenstand systemischer Interaktion nutzbar werden.

[1113]Begriff in Anlehnung an Maturanas 'reine Relationen', vgl. MATURANA, Humberto (1985), 40.

nen', d.h. Beschreibungen von Beschreibungen. Repräsentationen auf einer 'Metaebene' erweitern den Interaktionsbereich dadurch, dass die Beschreibungen systemischer Beschreibungen (Beschreibungen zweiter Ordnung) 'Differenz' auf einer höheren Ebene in den Wahrnehmungsprozess einführen und so (Selbst-)Beobachtung ermöglichen.

Die einzigartige Komplexitätssteigerung neuronaler Operationen im menschlichen Wahrnehmungsapparat lässt sich in der wissenschaftlichen Beobachtung als eine solche Differenzsetzung interpretieren. Die komplexitätsgesteigerten, als aufmerksamkeitsrelevant eingestuften Operationen markieren dann die Einführung einer 'Unterbrechung' der *kontinuierlich fortschreitenden* Systemorientierung. Die 'Unterbrechung' beruht dabei auf dem Umstand, dass es sich um Elaborationsprozesse handelt, welche die Differenz sensorischer, motorischer und kognitiver Teilsysteme produktiv nutzen, um interne Beschreibungen zum Gegenstand von Wahrnehmung werden lassen[1114] und dafür ihrerseits Zeit in Anspruch nehmen. Dem ausschließlich in der Gegenwart operierenden, lebenden System muss sowohl die Differenz*bedingtheit* wie auch der raum-zeitliche Charakter aufmerksamkeitsrelevanter Meta-Beschreibungen verborgen bleiben.[1115] So wie auf der Ebene neuronaler Netzwerke die Entsprechung von Struktur und Funktion dem System unverfügbar bleibt, so kann auch das zur Modulation von Bewusstseinszuständen fähige System (d.h. der Mensch) die Strukturlogik 'reflexiver Repräsentationen' nicht verändern. Für den Menschen werden die Ergebnisse aufmerksamkeitsrelevanter Gedächtnisprozesse entsprechend als unterschiedliche Bewusstseinszustände, als spezifisch herausgehobene Erlebnisbereiche ('dezidiertes Lernen', 'kategoriale Wahrnehmung', 'Erinnerung' und 'Denken') erfahren. Die Beobachtung dieser Erlebnisbereiche durch das System erzeugt ein Ich-Bewusstsein des Systems, denn Wahrnehmungen, die sich nicht oder nicht durchgängig auf externe Repräsentationen rückführen lassen, werden als Beschreibungen des Selbst verstanden.

Beschreibungen zweiter Ordnung erweitern den Interaktionsbereich kognitiver Systeme strukturell und eröffnen neue Erlebnisbereiche. Dies erfolgt dadurch, dass Beschreibungen zweiter Ordnung Selbstbeobachtung explizit werden lassen (Bewusstseinszustände) und so jene Differenz aktualisieren, welche das System konstituiert.[1116]

[1114]Die Beschreibung interner Beschreibungen konstituieren als neuen Interaktionsbereich die Selbst-Beobachtung, s.u..

[1115]Die Selbstbeobachtung lebender Systeme kann entsprechend nur als eine bedingte verstanden werden. Auch wenn die internen Konstitutionsbedingungen der zugrundeliegenden Wahrnehmungsprozesse dem System verborgen bleiben, so kann die Selbstdistanzierung doch in der Problematisierung unterschiedlicher Gedächtnis- bzw. Wahrnehmungsinhalte bestehen, s.u..

[1116]Zu jeder Selbstbeobachtung gehört zunächst die Beobachtung der Unterscheidung von System und Umwelt, also jener Differenz, die das System konstituiert. Entsteht das Ich-Bewusstseins in der Beobachtung dieser Differenz, dann wird deutlich, dass das System diese Differenz als *Einheit* beobachtet. Der Umstand, dass komplexere Nervensysteme sich nicht nur in ständiger Erregung befinden, sondern auch die überwiegende Zahl dieser Erregungen systeminternen Ursprungs ist, kann darüber hinaus den wissenschaftlichen Blick für die Tragfähigkeit relational-relativ Organisation schärfen. Gegenüber der Differenz 'Umwelt' entsteht *für* das System die Vorstellung einer internen Einheit auf der Ebene des Bewusstseins gerade im Gewahrwerden (vgl. 'Erinnerung' und 'Denken') und nicht in der Auflösung grundlegender, auch intern begründeter Differenzerfahrung. Unter der Bedingung komplexitätsgesteigerter Wirklichkeitswahrnehmung kann der Mensch ein Ich-Bewusstsein (Identität) nur ausbilden, wenn er

Doch die Thematisierung von Differenz als strukturelles Kennzeichen von Bewusstsein prägt auch die funktionale Erschließung dieser Erlebnisbereiche. Die Generierung von Wahrnehmung steht generell unter der Prämisse ihrer Systemrelevanz. Unter der Bedingung 'reflexiver Repräsentationen' kann die Systemrelevanz nun zu einem *eigenständig* kodierten Informationsgehalt gesteigert werden. Eine Vielzahl gleichzeitig existierender Beschreibungen zweiter Ordnung ermöglicht die Distanzierung gegenüber einzelnen Erlebnisbereichen. Damit verfügt das Gesamtsystem nicht nur über neuartige Erlebnisbereiche (z.B. Erinnerung, Denken), sondern kann auch deren Unterscheidbarkeit erfassen. Die Kategorisierung der unterschiedlichen, gedächtnisverantworteten Beschreibungen zweiter Ordnung sichert die Anschlussfähigkeit komplexitätsgesteigerter Wahrnehmungsprozesse gegenüber der übergeordneten Funktion der Kohärenzerzeugung.[1117] Für den Beobachter verdichten modulierende Gedächtnisprozesse neuronale Zustände zu Wahrnehmungsklassen unterschiedlich systemischer Aufmerksamkeit. Das (sich selbst-)beobachtende Gesamtsystem fasst diese qualifizierende und systematisierende Bewertung von Eigenzuständen (Bewusstseinszuständen) in unterschiedliche Zeitkonzepte, in 'Vergangenheit', 'Gegenwart', 'Zukunft'.[1118] Das System *verfügt* dann über Zeit nicht im Zugriff auf Operationsprozesse, sondern ausschließlich in der Beurteilung der systemischen Relevanz von Wahrnehmungen (Kategorisierung), d.h. auf der Ebene der (Selbst-)Beobachtung.[1119]

Erinnerungen werden in diesem Zusammenhang als Ergebnisse einer spezifischen Art von Gedächtnisprozessen, den Prozessen des Erinnerns, fassbar. Bei 'Erinnerungen'

---

die Erfahrung von Differenz aufrechterhält und thematisiert: Er *ist* seine Annäherung (Relativierungen) an die Bezogenheit unterschiedlicher Bestandteile (Relationierung) auf sich hin (Relationierung).

[1117]Mit der Eröffnung *und* Kategorisierung neuer Bewusstseinszustände erfährt das Muster einer zweifachen Untergliederung des Wahrnehmungsaktes (vgl. Beschreibungen erfassen jeweils Bedeutung und Details) auf der Ebene der Beschreibungen zweiter Ordnung eine Entsprechung. Schmidt weist darauf hin, dass Unterscheiden und Benennen die Grundoperationen von Systemen sowohl auf der neuronalen Ebene als auch auf der sozial-kommunikativen Ebene darstellen; vgl. SCHMIDT, Siegfried J. (1997), 175.

[1118]Da den Zeitkonzepten externalisierte interne Beschreibungen zweiter Ordnung zugrunde liegen, bleibt die 'chronographische' Kategorisierung wie auch die Wahrnehmung unterschiedlicher Bewusstseinszustände in die systemische Kontinuierung eingebunden. Auch auf der Ebene der Relationierung und Relativierung von Beschreibungen zweiter Ordnung geht es nicht um die systemische Begründung einer systemunabhängigen Realität. Vielmehr eröffnet die Interaktion mit Beschreibungen des eigenen Systems eine rekursive Selbstbeobachtung, die für die Ausbildung eines Ich-Bewusstseins offen ist; vgl. MATURANA, Humberto R. (1985), 40.

[1119]Das Wahrnehmen von Zeit, also der Umstand der Konstruktion von Zeitkonzepten, kann als *das* Kennzeichen des Menschen erkannt werden; vgl. das Kapitel 2.4.3.3 S. 85ff. Die Komplexitätssteigerung menschlicher Wahrnehmung zeichnet sich dann durch die Vielzahl 'reflexiver Repräsentationen' aus, die jedem Menschen zur Verfügung stehen und die ihm einen einzigartigen Status der Selbstbeobachtung (des Selbstverhältnisses) eröffnen.
Zeit bleibt als wahrgenommene immer die Kategorie eines Beobachters. Auch wenn Prozesse 'Zeit' generieren, indem sie Differenz zwischen Systemzuständen erzeugen, so können diese Prozesse doch nicht auf diese Zeit zugreifen.

handelt es sich nur um jenen Teil von Prozessen des Erinnerns, die zu bewussten Wahrnehmungen verdichtet werden. Sie verdanken sich wie jede Bewusstseinsform in doppelter Weise Gedächtnisprozessen.

In seiner basalen Funktion als 'Sinnesorgan' generiert Gedächtnis mit Erinnerungen Wahrnehmungseinheiten - als systemerhaltendes Verhalten und Handeln (Beobachtereben) sowie als Ermöglichung konsistent vertrauter Orientierung (Systemebene). In der Wahrnehmungssynthese werden sensorische, motorische und cortikale Aktivitäten distributiv verarbeitet. Handelt es sich um Prozesse des Erinnerns, so scheidet die Möglichkeit einer sensorischen Verrechnung systemischer Aktivitäten und Zustände zunehmend aus.

In seiner modalisierenden Funktion qualifiziert Gedächtnis in netzwerkgestützten Elaborationsprozessen darüber hinaus die Struktur und Funktion von Erinnerungen gegenüber anderen Bewusstseinszuständen. Verbindet das Muster der Elaboration noch die Ausbildung von Erinnerung mit anderen Bewusstseinszuständen, so spezifiziert die Zusammensetzung der dabei anzutreffenden neuronalen Zustände Erinnerungsprozesse und Erinnerungen. Mit der Fokussierung (Attentionsentscheidung) auf Prozesse des Erinnerns werden konstante und kohärente Koordinationsschemata im Rang bewusster Wahrnehmung synthetisiert, indem ausschließlich 'Eigensignale' die Grundlage kognitiver Konstruktionen bilden. Als spezifische Bewusstseinsphänomene verdanken sich Erinnerungen dann weitgehend der Autosimulation, assoziativer Aktivierung und der Selbstreferentialität des Nervensystems, wobei kognitive Prozesse auf *stabil gehaltene* Strukturen früherer Erfahrungen aufbauen können. Erinnerungen bezeichnen unter dieser Bedingung jene Art von Wahrnehmungen, deren Synthese nicht unmittelbar mit sensorischer Stimulation verrechnet werden kann, die dem System aber gleichzeitig wesentlich vertraut sind. Erinnerungen sind ein 'Wiedererzeugen ohne Objekt', sie sind als aktuell erbrachte Leistungen eines kognitiven Systems außerhalb aktueller Handlungszusammenhänge zu begreifen und existieren ausschließlich im aktuellen Bewusstsein.[1120]

Stellen Erinnerungen elaborierte kognitive Konstruktionen dar, so sind sie *für* das System bewusst geworden und können von diesem System *in* Begriffen der *eigenen* Empfindungs- und Bewusstseinsfähigkeit thematisiert werden. Der Mechanismus der Externalisierung interner Zustände verhindert, dass mit Erinnerungen die Autostimulation und Selbstreferentialität des eigenen Systems unmittelbar zugänglich wird - aber dafür besteht auch keine Relevanz. Entscheidend bleibt für das System, dass Erinnerungen den Bereich systemischer Wahrnehmung erweitern, indem sie einen Erlebnisbereich eigener Art konstituieren: Cortikale und sensorische Erregungen können auch unter der Bedingung der Unmöglichkeit ihrer sensorischen Verrechenbarkeit für die Ausbildung sinnlicher Wahrnehmungen genutzt werden. Erinnerungen eröffnen und sichern dem Menschen ein Selbst- bzw. Ich-Bewusstsein, gerade weil sie umfassende Orientierung auch unter der Bedingung der dauerhaften Abwesenheit systemischer Vergangenheit und

---

[1120]Schon der Umstand der aktuellen Produktion von Wahrnehmungsschemata in Elaborationsprozessen weist darauf hin, dass die Referenzebene für Erinnerungen nicht die (Wahrheit einer) Vergangenheit darstellt, sondern jene Vorstellungen, welche das System sich aktuell von der Vergangenheit macht.

der situativen Abwesenheit sensorischer Verrechenbarkeit sichern. Mit Erinnerungen eröffnet sich das System neue Möglichkeiten, weil die Generierung handlungs- und verhaltensleitender Bewusstseinszustände und damit die Sicherung der eigenen Komplexität nicht mehr prinzipiell von der Existenz einer verrechenbaren Umwelt abhängt. Auch wenn die Beobachterperspektive erschließt, dass Erinnerungen nicht das sind, wofür sie das System selbst hält (Externalisierung und Objektivierung von Lebens- und Zeitgeschichte),[1121] so bestätigt sich doch auch auf der Beobachterebene der funktionale Gehalt von Erinnerungen. Erinnerungen markieren die unverwechselbar individuelle Wirklichkeit dieses Systems, das System *ist* seine ins Bewusstsein gehobene Wirklichkeit.

In den Begriffen systemischen Empfindens und Bewusstseins wird jede Wahrnehmung, jede Leistung des Gedächtnisses in ein plausibilitätscharakteristisches Zeitkonzept übertragen. Für das System kodiert 'Zeit' den Informationsgehalt und die Unterscheidbarkeit einzelner Erlebnisräume. Erinnerungen werden stets mit Vergangenheit assoziiert, weil sie Bewusstseinszuständen gleichen, in denen vollendete, d.h. bereits bekannte, Handlungselemente bewusst werden. Sie ähneln in ihrer systemischen Bekanntheit und sinnlichen Anmutung kategorialen Wahrnehmungen bzw. Vorstellungen. Erinnerungen unterscheiden sich von diesen dadurch, dass bestimmte charakteristische Kontexte sinnlicher Wahrnehmung fehlen.

Wenn das System über keine Zeit verfügt und nur auf aktuell bestehende oder neu auszubildende Struktur- und Prozessmuster zurückgreifen kann, dann hängen Erinnerungen nicht von Vergangenheit, sondern von der Gegenwart des Systems ab. Die Elaboration von Erinnerungsprozessen ist es, die für das System Zeit im Modus der Vergangenheit konstruiert.[1122] Zeitkonzepte sind die orientierungs- und identitätskonkreten Wahrnehmungskategorien des Systems; Vergangenheit qualifiziert bewusste Wahrnehmungen als bekannt *und* sensorisch nicht aktualisierbar.

2.2.4.2   Wahrnehmung und Erinnerung im Sozialkonstruktivismus

Die Befunde von Halbwachs und Assmann legen offen, dass Gedächtnis auf allen Ebenen der Wahrnehmung des Einzelnen beteiligt ist. Gedächtnisprozesse liegen sowohl der vorbewusst unreflektierten Wahrnehmung sozialer Alltagsanforderungen als auch der alltagsenthobenen, bewusst vollzogenen Selbstvergewisserung des Einzelnen zugrunde. Darüber hinaus organisiert Gedächtnis auch die kulturellen Steigerungsformen kollektiv geteilter Identitätsentwürfe, bis hin - so die eigene Fortführung des Assmannschen Ertrags - zu einer religionspädagogisch modalisierten Hypostasierung des Religiösen (in Judentum und Christentum). Dabei wird einsichtig, dass Gedächtnis nicht nur für Phänomene kulturellen Erinnerns, sondern auch für solche des kulturellen Vergessens

---

[1121]Die Orientierungsleistung von Wahrnehmung kann nur durch deren 'Einheit' sichergestellt werden. Deshalb hat das System die Empfindung, dass Erinnerungen zumeist kohärente Erlebnisse und diese als 'Ganzes' ins Bewusstsein bringen.

[1122]Entsprechend wird in Elaborationsprozessen des kategorialen Wahrnehmens und des Denkens / Lernens die Systemzeit Gegenwart und Zukunft konstruiert.

verantwortlich ist. Das soziale Gedächtnis ist auf allen Ebenen und bei allen Formen der Wahrnehmung des Einzelnen beteiligt.

Seit Halbwachs den sozialen Charakter des individuellen Gedächtnisses nachgezeichnet hat, ist die sozialkonstruktivistische Außenperspektive auf das menschliche Gedächtnis dadurch bestimmt, dass die Leistung von Gedächtnis in der Gewinnung von individueller Orientierung als sozialer Orientierung bzw. als sozialem Sinn besteht. Dabei bestimmt die soziale Rahmung menschlichen Lebens nicht nur die Funktion, den Träger und die Prozesse menschlicher Wahrnehmung. Die Ausgestaltung der Beziehung (Relationierung) und Annäherung (Relativierung) aktuell vorfindlicher Rahmung prägt auch die Inhalte des individuellen Gedächtnisses, insofern der Einzelne 'nichts anderes' zu seiner Orientierung in Gedächtnisprozessen erschließt als die Beschreibung der Beziehungen und Annäherungen, in denen er zu bestehenden Gruppen steht. Für den Beobachter offenbaren die zugrundeliegenden Orientierungsinhalte Innenansichten aktuell bestehender (Halbwachs) oder symbolisch - imaginativ präsent gehaltener (Assmann) Gruppen. Für den einzelnen Menschen selbst bleibt dieses relational-relative Wahrnehmungsmuster meist unbemerkt, weil er eben dauerhaft innerhalb und nicht außerhalb sozialer Rahmung lebt.[1123] Die Innenansichten werden von ihm schlicht als subjektive, von 'ihm selbst bewohnte', durchgängige Vergangenheit wahrgenommen. Die personale Vergangenheit ermöglicht ihm eine umfassende Orientierung. Mit einer eigenen, sozialen Vergangenheit des Einzelnen wird gleichzeitig sein 'Selbst' beschrieben und damit Individualität gesichert als auch seine umfassende Konnektivität und damit soziale Integration sichergestellt.

Für den sozialwissenschaftlichen Beobachter handelt es sich bei Gedächtnisinhalten um Konsistenzaussagen, die bei allen relational-relativ organisierten Wahrnehmungsprozessen entstehen. Aufgrund des Forschungsbefundes von Halbwachs zeichnen sich Gedächtnisinhalte dadurch aus,[1124] dass sie als 'Innenansichten' Bestandsaufnahmen jener aktuellen (Re-)Konstruktion von Raum-, Zeit- und Gruppenbeziehungen darstellen, welche mit jeder Veränderung des Einzelnen und seiner sozialen Rahmen neu erfolgt. Prägt die Sozialität (die soziale Rahmung) als Grundbedingung menschlichen Lebens nicht nur Gedächtnisinhalte (soziale Kontinuitätsaussagen) und Gedächtnisprozesse (von Gegenwart ausgehende Kontinuitätskonstruktionen), sondern auch Gedächtnisräume (Kontinuität von Sprache und gesellschaftlichen Konventionen und Normen), so ist einsichtig, dass auch bei Halbwachs bereits die Vorstellung einer generellen Beteiligung

---

[1123]Gerade die Biographieforschung hat aufzeigen können, dass die narrative Signatur Interviewter v.a. durch eine soziale Rahmung des eigenen Lebens gekennzeichnet ist: Menschen beschreiben sich selbst, indem sie von Begegnungen, Beziehungen, Enttäuschungen und Annäherungen gegenüber Menschen erzählen. Einblick in dieses relational-relative Muster bietet die individuelle und / oder wissenschaftliche (Selbst-)Distanzierung; vgl. dazu den Stellenwert von 'Schrift' bei Assmann als Bedingung 'zerdehnter Kommunikation'.

[1124]Vgl. zur folgenden Darstellung das Diagramm im Anhang S. 302f.

von Gedächtnis bei Wahrnehmung grundgelegt ist[1125] - auch wenn er selbst noch einen 'gedächtnisfreien' Wahrnehmungsraum andeutet.[1126]

Diese durch Halbwachs evozierte Einsicht in eine grundlegende Beteiligung von Gedächtnis bei der Entstehung und dem Gehalt individuell sozialer Wahrnehmung wird von Assmann nicht nur bestätigt,[1127] sondern vielmehr ausgeweitet. Im Anschluss an die interkulturellen Vergleiche Assmanns lässt sich das soziale Gedächtnis als umfassende Instanz der Modulation und Transformation unterschiedlicher Gedächtnisphänomene erschließen:[1128]

Zunächst organisiert das soziale Gedächtnis nicht nur auf der Ebene affektiv und situativ bestimmter Alltagskommunikation Konsistenzaussagen. Auch auf der Ebene der artifiziell ausgestalteten, symbolisch aufgeladenen, sozial-politisch eingesetzten, situationsenthobenen Kommunikation organisiert Gedächtnis nun identitätsrelevante Konsistenzaussagen. Diese Konsistenzaussagen werden als sozial abgrenzbare und symbolisierbare Erinnerungsgehalte greifbar.

Sodann sind Formen und Leistungen des Vergessens nicht nur auf ein Fehlen oder den Verlust bestimmter sozialer Rahmen zurückzuführen (so noch Halbwachs). Mit dem sozialen Gedächtnis können neben Erinnerungsleistungen und -gehalten auch solche des Vergessens organisiert und kultiviert werden.[1129]

Die von Assmann beobachteten Prozesse des sozialen Gedächtnisses weisen in ihrer raum-zeitlichen, d.h. alltagsenthobenen, Verortung eine Palette kulturell distinkter Ergebnisse auf. Als Gemeinsamkeit dieser Ergebnisse ist zunächst ihre Funktion fest-

---

[1125]Bei Halbwachs findet sich die begriffliche Koppelung von *Erinnerung* und Wahrnehmung (vgl. S. 93). Dass er dabei nicht von Gedächtnis bzw. Gedächtnisprozessen spricht, kann auf zweierlei zurückgeführt werden. Einerseits unterscheidet er nicht durchgängig zwischen Gedächtnis - Erinnern - Erinnerung. Andererseits ist seine Aufmerksamkeit eher darauf gerichtet, mit der Entdeckung der 'sozialen Rahmen' (gegen Freud) auch das Vergessen in die Theorie des Gedächtnisses einzubinden. Insofern sind die verschiedenen Leistungen und Bewusstseinsstufen von Gedächtnis nicht in Halbwachs' Blick.

[1126]So lässt sich die bei Halbwachs vorgefundene Abgrenzung von Gedächtnisinhalten gegenüber der identitätsunabhängigen (und damit konstruktionsfreien?) Geschichtsschreibung mit seinem Interesse an *selbstbildbezogener Wahrnehmung* und auch mit der zeitgenössischen Auseinandersetzung mit Relikten des Historismus begründen. Wie Geschichtswissenschaft selbst als soziales Gedächtnis Gegenstand gedächtnisgeschichtlicher Untersuchungen werden könnte, lässt sich z.B. von Assmanns Annäherung an die verschiedenen Moses-Überlieferungen ableiten, vgl. ASSMANN, Jan (1998), (27f).

[1127]ASSMANN, Jan (2000), 9f; bezugnehmend auf Gadamer bestimmt Assmann für die kulturelle Gedächtnisforschung das Wesen des Menschen als 'erinnerndes Wesen'. Die vorliegende Arbeit versucht demgegenüber, die Gleichsetzung von Gedächtnis und Erinnerung zu überwinden, weshalb das 'erinnernde Wesen' als 'Wesen des Gedächtnisses' begriffen wird.

[1128]Vgl. zur folgenden Darstellung das Diagramm im Anhang S. 304ff.

[1129]Auch wenn ein Verdienst Halbwachs' gerade darin besteht, mit der 'sozialen Rahmung' des Gedächtnisses auch Bedingungen des Vergessens in den Blick nehmen zu können, so kann doch bei Halbwachs eine in dieser Arbeit angesprochene Zugehörigkeit absichtsvoller Prozesse / Gehalte des Vergessens zum Gedächtnis noch nicht ausgemacht werden. Da Vergessen bei Halbwachs ausschließlich infolge des Fehlens sozialer Rahmen, also defizitär, gedacht wird, bietet sich kein Anknüpfungspunkt für ein Gedächtnis-gestütztes *Konstruktions*geschehen.

zuhalten. Auf der Ebene alltagsenthobener Kommunikation vermitteln Gedächtnisinhalte eine identitäre Orientierung. Bei diesen Gedächtnisinhalten handelt es sich um fundierendes Wissen, nicht nur um Alltagsorientierung. Ihre Träger binden Gedächtnisprozesse in eine umfassende konnektive Struktur gegenüber Sozialität, Kosmos und Geschichte ein und eröffnen ihnen jeweils ein Modell der dauerhaften Sicherung und Symbolisierung dieser Konnektivität. Damit handelt es sich bei dem Inhalt kulturellen Gedächtnisses um ein vielschichtiges Phänomen, welches hinsichtlich Gehalt und Struktur im kulturellen Vergleich von Ägypten, Griechenland und Israel jeweils unterschiedlich begegnet. So unterscheiden sich die Gedächtnisinhalte 'kulturelle Identität' hinsichtlich ihrer Perseveranz: Lediglich das Modell der identitären Selbstvergewisserung in Griechenland und Israel hat sich als derart zeitresistent erwiesen, dass es bis heute seine identitätsspendende Funktion erfüllen kann. Bei Gedächtnisinhalten handelt es sich zwar jeweils um ein ganzes Sinnsystem einer Gedächtnisgemeinschaft. Die einzelnen Sinnsysteme / Gemeinschaften unterschieden sich im kulturellen Vergleich aber hinsichtlich ihrer Ebene und Struktur entscheidend: Während in Ägypten der Inhalt des kulturellen Gedächtnisses in der Erfindung und Etablierung einer neuartigen 'Staatlichkeit' besteht, begegnet der Kern des kulturell geteilten Gedächtnisses in Griechenland in der Ausbildung von 'Philosophie' bzw. 'Wissenschaft' und in Israel in der Erfindung von 'Religion im eigentlichen Sinne'. Zu jedem dieser kulturellen Modelle umfassender Konnektivität hält das kulturelle Gedächtnis ein spezifisches, entsprechend von anderen Modellen deutlich abweichendes Generierungsprinzip bereit: Mit einem 'monumentalen Diskurs' (Ägypten), einem 'philosophischen Diskurs' (Griechenland) und einem 'theologischem Imperativ' (Israel) eröffnet die jeweilige Kultur eigene Muster individuell zu vollziehender Sinnbildung und sozialer Beteiligung. Dem einzelnen Gedächtnisträger erschließt sich der Inhalt des kulturellen Gedächtnisses in der kommunikativen Realisierung des Generierungsprinzips (eventuell mittels der angebotenen pädagogischen Mnemotechniken)[1130] als Lebenszusammenhang und -raum mit spezifischen kulturellen Leistungen (Hypolepse, Kommentar).

Das Beispiel der Israel kennzeichnenden Einführung einer "Religion im emphatischen Sinne" eignete sich aber noch für eine weitere Einsicht. Das soziale Gedächtnis modalisiert mit der kulturellen Eröffnung und Etablierung eines monotheistischen Raumes durch die "Mosaischen Unterscheidung"[1131] nicht mehr nur gedächtnisgestützte Gehalte des Alltags, sondern solche der Festzeit bzw. der Identität. Indem das soziale Gedächtnis die Transformationsstufen kultureller Verinnerlichung und Vergeistigung organisiert, modalisiert es gleichzeitig sowohl das kulturelle Erinnern als auch das kulturelle Vergessen. Erst mit dieser Feststellung, die sich implizit aus den Forschungserträgen Assmanns ablesen lässt, die sich aber darüber hinaus aufgrund eigener Überlegungen ergibt, lässt

---

[1130]Über die acht Mnemotechniken Assmanns hinaus wurde am Beispiel Israels die Frage entwickelt, inwiefern kulturelle, *zeitresistente* Gedächtnisse nicht generell hohen Wert auf die Ausgestaltung einer pädagogischen Ebene legen. Diese im Zusammenhang des 'Medium III. Grades' entwickelte Hypothese geht davon aus, dass derartigen kulturellen Gedächtnissen an einer Pädagogisierung und Hypostasierung gelegen ist, um eine inszenierte Dauerhaftigkeit und eine kommunikative Anschlussfähigkeit zu gewährleisten.

[1131]ASSMANN, Jan (1998), passim.

sich auch im Sozialkonstruktivismus sinnvoll zwischen Gedächtnis, Erinnern und Erinnerung unterscheiden. Erst mit dieser Feststellung ist auch für den Sozialkonstruktivismus die Aussage eingeholt, was die Bestimmung des Menschen als "erinnerndes Wesen" und die Gleichsetzung von Kultur und Gedächtnis[1132] intendiert: Es gibt keine *Wahrnehmung* des Menschen ohne *Gedächtnis*.[1133] Die Würdigung der von Assmann aufgezeigten Gedächtnisprozesse, -medien und -inhalte unter der Perspektive einer gedächtnisverantworteten Modulation des Erinnerns *und* des Vergessens fördert für Israel selbst und im interkulturellen Vergleich einen differenzierten Befund zu Tage. Das Vergessen ist dann auf der Ebene kultureller Identität wie das Erinnern gedächtnisverantwortet, weil es kultiviert, also moduliert und transformiert wird: Im Auftreten, in Reichweite und Ausgestaltung darf dieses Vergessen so wenig wie das Erinnern dem Zufall überlassen bleiben. Bestände des Vergessens und Erinnerns scheinen Geschwister, wenn auch sehr ungleich verteilt; an der Seite der Erinnerung steht das kulturelle Vergessen gleichfalls unter strukturell-funktionaler Maßgabe des sozialen Gedächtnisses. So geht der Gedächtnisinhalt 'Religion' nicht nur mit *Erinnerung*, sondern auch mit Beständen, Riten, Festen und Symbolen des *Vergessens* einher - bis hinein in die Ausgestaltung der 'Religion' kennzeichnenden Pädagogik und Hypostasierung. Wird derselbe Gedächtnisinhalt aus der Perspektive seiner *Erinnerung* generierenden Struktur (fundierende Erinnerung in Ägypten, kontrapräsentische Erinnerung in Griechenland und Israel) betrachtet, dann rückt die Struktur jener absichtsvoll *vergessenen* Wirklichkeit (die bruchlose Kontinuität der Vergangenheit in Ägypten; eine Kontinuität von Vergangenheit in Griechenland und Israel, die Brüche überwinden muss) in den Blick. Das Gleiche gilt auch für die Erinnerungsfigur selbst bzw. für die jeweilige fundierende Geschichte (Mythos), die Teil des Gedächtnisinhaltes ist. Mit dem identitätsbegründeten Rezipieren wie mit dem wissenschaftsmotivierten Aufdecken der zugrundeliegenden kulturspezifischen Mythen (kosmogonische Mythos in Ägypten, geschichtliche Mythen in Griechenland und Israel) wird nicht nur ein Erinnerungsgehalt sondern auch ein Gehalt an zu Vergessendem thematisiert. Gleiches gilt schließlich auch für die Zeitvorstellung, welche im jeweiligen Gedächtnisinhalt als zu *Erinnernde* festgehalten wird. Die Analyse der Struktur dieser Zeitsignatur als Diachorie (in Ägypten) und Diachronie (in Griechenland und Israel) legt damit gleichzeitig offen, welche Zeiträumen bzw. -Vorstellungen im kulturellen Gedächtnis als zu *Vergessende* gespeichert werden.

[1132]Vgl. Anm. 425.

[1133]Zur Bewertung der von Halbwachs getroffenen Aussage, dass es keine Wahrnehmung ohne *Erinnerung* gibt vgl. Anm. 1125.

2.3 Einladung ins Offene - Ausblicke für Gedächtnisforschung und Theologie

Die Darstellung der Wissenschaftstraditionen im ersten Teil der Arbeit und die zuletzt erfolgte kontrastive Darstellung ihrer Forschungserträge hat die Notwendigkeit der Gegenüberstellung dieser beiden Forschungstraditionen im Hinblick auf die Frage nach 'Gedächtnis' veranschaulicht.

Sowohl die organische Perspektive der radikalen Konstruktivisten als auch die sozial-kulturelle Perspektive von Halbwachs und Assmann haben die durchgängig anzutreffende Struktur eines relational-relativen Geschehens offengelegt: Mit einem konstruktivistischen Zugang zum Menschen kann die Komplexität, Konnektivität und Dynamik menschlichen Lebens betont werden, und mit einer Erforschung von Gedächtnis kann ein differenziertes Verständnis für Zusammenhänge und Unterschiede menschlicher (Selbst-)Wahrnehmung gewonnen werden. Derart wurde ein Beitrag formuliert, der gleichermaßen auf der gegenstandskritischen Ebene 'Gedächtnis' als auch auf der wissenschaftskritischen Ebene Möglichkeiten für die Theologie bereithält, sich in eine umfassende Gedächtnisforschung einzubringen.

Auf der wissenschaftskritischen Ebene formuliert die Gegenüberstellung von biologisch-medizinischer und soziologisch-kulturwissenschaftlicher Perspektive Rahmenbedingungen zukünftiger Gedächtnisforschung. Der Beitrag von Theologie besteht dann nicht nur darin, diese Vorgaben für ihre eigenen Felder zu bedenken, sondern auch gegebenenfalls darin, beide Wissenschaftstraditionen an die Bedingungen ihres Forschens zu erinnern:

- Die Hinwendung zu konstruktivistischen Erklärungsmodellen und damit zu Erklärungsmustern, die an ihren Anfang die Frage nach den Bedingungen eigener Beziehungen und Annäherungsmöglichkeiten stellen, markiert den Raum der Theologie, gerade ohne ihn aufzulösen: Theologie ist nicht als Wissenschaft von Gott, sondern als Wissenschaft von der Wahrnehmung bzw. 'begründeten' Rede von Gott zu entwerfen.
- Die Hinwendung zum Konstruktivismus eröffnet der Theologie ihrerseits Beteiligungsräume in der interdisziplinären Gedächtnisforschung, insofern sich aus dem relational-relativen Denken des Konstruktivismus kritische Rückfragen gegenüber der Motivation und Reichweite (z.B. radikal-) konstruktivistischer Forschungsbeiträge und deren Methodologie (z.B. Stellenwert offener Fragen) entwickeln lassen.
- Die Hinwendung zu grundlegenden Bedingungen des Lebens steht für die Frage nach der zeitgenössischen Verknüpfung von Natur und Kultur im menschlichen Leben. Die Individualität und Vergemeinschaftung des Menschen besitzen ein Fundament in der Natur und bleiben in ihrer kulturellen Ausformung ein erklärungsbedürftiges Phänomen. Die Verhältnisbestimmung von Natur und Kultur unter der Maßgabe umfassender Relationierungs- und Relativierungsprozesse ermutigt Theologie, die Grundbedingungen menschlichen Lebens im Hinblick auf des Menschen Frage nach Gott und sich selbst zu bedenken.
- Die Hinwendung zu konstruktivistischen Annäherungen an Lebenszusammenhänge erfolgt funktional aus der Beobachterperspektive und stellt Theologie vor die Herausforderung, eigene funktionale Dimensionen (hinsichtlich von Subjekt

und Objekt ihres Erkenntnisinteresses) offen zu legen und ihre Kompetenz *deskriptiver* Beobachtung zu schärfen.

- Die Hinwendung zu individual-orientierten, biologischen und sozial-orientierten, sozio-kulturellen Lebenszusammenhängen führt Natur- und Geisteswissenschaften auf neuartige Weise zusammen. Eine zeitgenössische Theologie sieht sich hier ermuntert, die theologieinterne Bedeutung dieser interdisziplinären Begegnung wahrzunehmen und aufzugreifen.

Die konstruktivistische Erforschung von 'Gedächtnis' veranschaulicht die Tragweite dieser Rahmenbedingungen im Zusammenhang eines umfassenden Relationierungs- und Relativierungsgeschehens:

- Die aufgewiesene Dynamik, Prozessualität, Funktionalität und individuelle Aktualisierung von 'Gedächtnis' hat der Wissenschaftsgemeinschaft in ihr Stammbuch geschrieben, 'Gedächtnis' zukünftig als umfassendes Geschehen der *Gegenwart* zu untersuchen, das im Zusammenhang unterschiedlicher Wahrnehmungsprozesse steht. In diesem Zusammenhang lässt sich sowohl auf neuronaler als auch auf sozio-kultureller Ebene zwischen unterschiedlichen Gedächtnisprozessen, -leistungen und reflexiven Transformationsstufen unterscheiden. Der Theologie eröffnen sich im Anschluss an diese Forschungsergebnisse vielfältige Möglichkeiten. So kann christliche Religion und Glaubensgemeinschaft im Hinblick auf eine differenzierte Vorstellung von Gedächtnis - Erinnern - Erinnerung durchleuchtet werden, Erfahrungen im Umgang mit Gedächtnismedien, Strukturen und Funktionen eingebracht und schließlich der Stellenwert von Gegenwart für ihre Selbstbeschreibung neu thematisiert werden.

- 'Gedächtnis' ist innerhalb eines umfassenden Beziehungsgeschehens (neuronaler Funktionskreis sowie sozial-kulturelle Medien und Leistungen) zu beschreiben. Struktur und Funktion der zugrundeliegenden Akte / Prozesse, Räume und Inhalte von Gedächtnis lassen sich dabei durch das Kennzeichen der *Relationierung und Relativierung* bestimmen. Gedächtnis entsteht in und besteht als Beziehung und Abhängigkeit, Gedächtnisinhalte bestehen niemals für sich und nur vorläufig. Neuronale und sozio-kulturelle Gedächtnistheorien erweisen sich bisher nicht nur als anschlussfähig, sondern auch als -bedürftig. Theologie kann hier einen Beitrag leisten, indem sie auf die konstruktivistischen Rahmenbedingungen von Gedächtnisforschung hinweist und ihre eigene Erfahrung aus dem Beziehungsgeschehen von Mensch - Welt - Gott einbringt. Die Theorie menschlichen Gedächtnisses wird *unabsehbar* offen bleiben - müssen

- Als umfassendes Beziehungsgeschehen der Gegenwart ist 'Gedächtnis' integraler Bestandteil der *Konstruktion von Wahrnehmung*. Die individuell einzuholende, aktuelle Produktion von Wahrnehmung löst 'Gedächtnis' aus der Vergangenheits- und Speicherungsfixierung klassischer Gedächtnisforschung. Die Einsicht, dass das Gedächtnis Orientierung und Identität stiftende Wahrnehmung aktuell produziert, kann Theologie dazu nutzen, ihre eigene Erfahrung daraufhin durchzusehen. Das Wahrnehmung konstruierende Gedächtnis kann dann nicht nur Aufschluss über die Bedingungen der Generierung und Sicherung von Identität angesichts von Kontingenzerfahrung geben. Vielmehr veranschaulicht ein relational-relatives Gedächtnis auch die Signatur christlicher Wahrnehmung bzw. des Glaubens selbst. Als Theologie der Relationierung und Relativierung ließe sich derart die *Schwäche und Stärke*, die Tragfähigkeit, christlichen Glaubens in der Gegenwart reflektieren.

3　Das 'religiös-kulturelle Gedächtnis' als Organisationsinstanz religiöser Wahrnehmung im Christentum

Das bisher Erarbeitete hat für das Verständnis eines religiös-kulturellen Gedächtnisses die nötige Vorarbeit leisten können. Als Ertrag dieser Zusammenschau zur Gedächtnis-forschung konnte auf der hermeneutischen Ebene der Konstruktivismus und auf der inhaltlichen Ebene die Entsprechung von Struktur und Funktion im Relationierungs- und Relativierungsgeschehen der Gegenwart erkannt werden.

Im Sinne einer 'Theorie des religiös-kulturellen Gedächtnisses der Gegenwart' ließe sich auf dieser Grundlage christliche Theologie als *Theorie christlicher Wahrnehmung* entwerfen. Gegenstand dieser *theologischen* Theorie wäre dann gleichermaßen der Mensch als Subjekt und Objekt religiöser Wahrnehmung. Hier wird nun im Anschluss nicht angestrebt, diese zu entwerfen. Vielmehr sollen lediglich Ausblicke auf eine solche Theorie christlicher Wahrnehmung gewährt werden, indem Aspekte einer innertheologi-schen Anschlussfähigkeit gegenüber einer Theologie der Relationierung und Relati-vierung aufgezeigt werden.[1134]

Als herausragende theologische Vorarbeit für das Unterfangen, aus der Begegnung mit den beiden Theologie-relevanten Leitwissenschaften der Gegenwart (Biologie und Soziologie bzw. Kulturwissenschaft) ein Modell der Entstehung und Sicherung christli-cher Identität auf der Basis der Struktur, Funktion und Prozesse von Gedächtnis entwer-fen zu können, wird der Rahnersche Entwurf einer 'theologischen Anthropologie' und einer 'anthropologisch gewendeten Theologie' im Zusammenhang seiner 'transzendenta-len Theologie' erachtet.[1135] Zentrale Dimensionen dieses Entwurfes werden im Hinblick auf eine Theologie der Relationierung und Relativierung dargestellt. Aus der Retrospek-tive wird in dem Beitrag Rahners nicht nur eine innertheologische Fundierung der Unausweichlichkeit theologischer Interdisziplinarität (im Rahmen der Begründung einer 'theologischen Anthropologie'), sondern auch eine theologische Entsprechung der im Konstruktivismus wahrnehmbaren Hinwendung zu Grundbedingungen menschlicher

---

[1134]Damit bleibt als Desiderat die fundamentaltheologische, dogmatische und exegetische Fundierung sowie die in der Praktischen Theologie zu erfolgende Ausfaltung einer Theologie der Relationierung und Relativierung festzuhalten. Der Theoriebegriff, welcher einer Theologie der Relationierung und Relati-vierung zugrunde liegt, kann dabei nur ein umfassender sein: er erstreckt sich gleichermaßen auf die Ebene der Orthopraxie, also auf das unmittelbare Handeln in der christlichen Gemeinschaft, wie auch auf jene der Orthodoxie, also auf die Zeugnisse der Reflexion über dieses Handeln.

[1135]Rahner führt mit seiner Transzendentaltheologie die neuzeitliche Theologie, die mit dem II. Vatika-nischen Konzil (v.a. durch die Pastoralkonstitution 'Gaudium et spes' und durch die Enzyklika 'Redemtor hominis') offiziell als anthropologisch gewendet bestätigt wurde, zu ihrem Höhepunkt; vgl. GRESHAKE, Gisbert (1993), 728; KASPER, Walter (1988), 246f. Im Hinblick auf die von ihm avisierte transzendentale Theologie verlangt eine 'anthropologisch gewendete Theologie' deshalb zuerst die Bestimmung einer 'theologischen Anthropologie', weil sich ja erst erweisen muss, *dass* dem Menschen eine transzendentale Geheimnisstruktur eigen ist, welche ihrerseits die Bedingung der Möglichkeit des Verstehens und Reflektierens transzendentaler Geheimnisse ist.

Existenz (so in der Ausgestaltung der 'theologischen Anthropologie[1136]), wie auch eine theologische Entsprechung im relational-relativen Befund konstruktivistischer Gedächtnisforschung (so in der Struktur einer 'anthropologisch gewendeten Theologie') erkannt.

3.1 Die umfassende Verwiesenheit der Theologie auf eine theologische Anthropologie bei Karl Rahner

Für die Praktische Theologie[1137] gilt im Besonderen was auch für die Theologie allgemein gilt, ihre Aufgabe ist die wissenschaftliche Reflexion[1138] des Selbstvollzugs von Kirche, welcher sich gleichermaßen als Heilsvermittlung gegenüber den Menschen und als Anbetung Gottes entfaltet.[1139] Diese funktionale Ausrichtung von Kirche im Heiligungsdienst ist jener Grund, warum die *erste Frage* der Theologie (als der Reflexion kirchlicher Kommunikation) ihre Selbstinfragestellung hinsichtlich der Bestimmung des Menschen ist.[1140] Die Kirche vollzieht sich aus dem "Wissen um das hier und jetzt zu Tuende".[1141] Weil sie sich in all ihren Dimensionen in jeder Situation je neu entfalten muss, bleibt diese Grundfrage dauerhaft der Theologie erhalten und weitet sich zur theologischen Erfassung und Reflexion der jeweils vorfindlichen Gegenwart.[1142] Die Gegenwartsanalyse, also das wissenschaftliche 'Wahrnehmen von Gegenwart', bleibt für die Theologie eine unerlässliche Aufgabe und überfordert sie doch zugleich, weil sie den heutigen Pluralismus mit seinen Fragestellungen nicht überblicken kann.[1143] Damit wird Theologie strukturell und funktional in ein relational-relatives Beziehungsgeflecht gegenüber Referenzwissenschaften eingebunden: Theologie bleibt in die Beziehung und

---

[1136]Rahner qualifiziert die umfassende "Selbsterfassung des Menschen als Subjekt" als charakteristisches Kennzeichen der gesamten Neuzeit; vgl. RAHNER, Karl (1957), 622 sowie zur theologischen Einordnung dieses Phänomens vgl. Anm. 1161.

[1137]Rahner misst insofern der Praktischen Theologie eine herausgehobene Stellung als *kirchliche* Wissenschaft zu, "weil sie sich nicht nur mit der Kirche, bezogen auf deren Handeln, beschäftigt, sondern sich selbst begreift als das Moment der Reflexion, das diesem Handeln notwendig innewohnt"; vgl. RAHNER, Karl (1995d), 506.

[1138]Unterscheidet das Kriterium der Reflexion Verkündigung von Theologie, so scheint in der inhaltlichen Füllung dieses Reflexionsverständnisses sogleich Rahners Ansatz einer 'anthropologisch gewendeten *Theologie*' auf: Theologie verlangt ein *transzendentales Denken*, d.h. dass die "apriorischen Voraussetzungen für Erkenntnis und Vollzug der einzelnen Glaubensgegenständlichkeit explizit mitgedacht und von da aus" theologische Begriffe gebildet werden; RAHNER, Karl (1967f), 55.

[1139]RAHNER, Karl (1995a), 181.

[1140]RAHNER, Karl (1967a), 244. Vgl. auch die entsprechend verstandene Zusammengehörigkeit von 'Anthropozentrik' und 'Theozentrik' bei RAHNER, Karl (1967f), 43.

[1141]RAHNER, Karl (1995c), 260.

[1142]RAHNER, Karl (1995c), 260; RAHNER, Karl (1995d), 506.

[1143]RAHNER, Karl (1995d), 507; die Überforderung im Versuch einer direkten Zuständigkeit für eine pluralistisch gestaltete Wirklichkeit formuliert Rahner im Hinblick auf Kirche, sie kennzeichnet allerdings auch die Bedingung der wissenschaftlichen Reflexion des Heiligungsdienstes, wie RAHNER, Karl (1967d), 261 zeigt; vgl. RAHNER, Karl (1995b), 335.

in die (selbst-)kritische, immer wieder neu zu vollziehende Annäherung gegenüber jenen Wissenschaften, die den Menschen und sein Handeln zum Gegenstand ihres Fragens wählen, eingebunden.[1144] Die Bestimmung der Grunddimensionen des Menschen und seiner Gegenwartssituation im Rahmen einer theologischen Anthropologie bleibt unverzichtbar, weil erst die *theologische* Bestimmung des *Menschen* im Hinblick auf seine *transzendentale* Relevanz Aufgaben und Themen der Theologie klärt. Erst mit einer theologischen Anthropologie sind jene Eckpunkte der Bedingung der Verwiesenheit des Menschen auf Gott hin markiert, deren Leugnung oder Verfremdung der Theologie zur Herausforderung wird.[1145] Deshalb hängen dann letztlich von der theologischen Anthropologie alle wichtigen Normen des Selbstvollzugs von Christsein ab.[1146]

3.1.1   Theologische Begründung einer Anthropologie

Jenseits der bisher genannten strukturell-funktionalen Angewiesenheit der Theologie auf eine eigene Bestimmung des Menschen finden sich bei Rahner auch erkenntnistheoretische und systematisch fundamentaltheologische Gründe für die 'anthropozentrische Wende' der Theologie.

Theologie ist heute als *theologische Anthropologie* zu entwerfen, da die Frage nach dem Menschen und die Antwortversuche für die Theologie nicht (mehr) als partikuläres Thema firmiert, welches erst *nach* der 'Gottesfrage' oder *neben* den Engeln, der materiellen Welt etc. rangiert. Die 'Anthropozentrik' der Theologie verdrängt deshalb keineswegs deren 'Theozentrik', sondern veranschaulicht vielmehr die zweite Seite ein und derselben Medaille, insofern jede theologische Erkenntnis des Menschen über Gott oder den Menschen nicht ohne Aussagen über den anderen auskommen.[1147] In jedem Erkenntnisprozess bleibt die Frage nach dem Erkenntnisobjekt mit (impliziten) Fragen nach dem Erkenntnissubjekt verbunden. Die philosophische Erkenntnis, dass es Wirklichkeit immer (nur) "für mich"[1148] gibt, gilt es bei jeder theologischen Reflexion der Her- und Hinkunft eines Gegenstandes auf Gott hin zu bedenken, gerade auch dann, wenn Gott keinen Erfahrungsgegenstand wie jeder andere, sondern den Ursprung und die Zukunft aller Erfahrung darstellt.[1149] Der Erkenntnisgewinn einer anthropologisch gewendeten Theologie besteht dann darin, den Horizont der Möglichkeit transzendentalen Wahrnehmens und auch die transzendentalen Strukturen des Wahrnehmungsgegenstandes

---

[1144]Rahner bestätigt und verstärkt diese relational-relative Stellung von Theologie auch in Richtung der inhaltlichen Fundierung von Theologie, wenn er anfügt, dass der Beitrag der Theologie gegenüber den Trägern des eigentlichen christlichen Handelns in einem "nie endenden Dialog" (Relationierung) und in Momenten "schöpferischer und prophetischer Art" (Relativierung) besteht; vgl. RAHNER, Karl (1995c), 261 und RAHNER, Karl (1995d), 507.

[1145]RAHNER, Karl (1967a), 245.

[1146]RAHNER, Karl (1995a), 181.

[1147]RAHNER, Karl (1967f), 43, 49f.

[1148]GRESHAKE, Gisbert (1993), 726.

[1149]RAHNER, Karl (1967f), 50.

offen zu legen.[1150] Gott und Mensch (sowie Welt) können dann als Korrelate, als spezifische 'Relationierungen und Relativierungen' begriffen werden. Die Offenbarungs- und Heilswirklichkeiten dieser Korrelate lassen sich nur vom *fragenden Subjekt* her erschließen.[1151]

Diese Rückbindung der Theologie an die Wahrnehmung und Kennzeichnung von Beziehungen verhindert auf der fundamentaltheologisch-systematischen Ebene, eine transzendentale christliche Anthropologie vorschnell von dem im Glauben bekannten Ziel 'wahren Menschseins' bzw. von der Christologie her zu entwerfen oder aber Anthropologie und Christologie in ein Ausschließlichkeitsverhältnis zu rücken.[1152] Die Anthropozentrik bewahrt so vor einer verkürzten Wahrnehmung von Menschsein, indem sie die 'unthematisch', 'schweigend' und 'anonym' gesammelten Erfahrungen des Menschen[1153] gegenüber dessen Begegnung mit Christus ernst nimmt und das Christusgeschehen derart in ein evolutives Gesamtverständnis der Welt einordnet. Erst auf dieser Grundlage ist eine glaubwürdige Verkündigung bzw. theologische Reflexion von Evangelium und Heilsgeschichte in der Gegenwart als umfassendes Geschehen der Beziehung und Annäherung möglich.[1154] Umgekehrt vermag die Christologie die anthropologische Wendung gleichfalls zu begründen und auszurichten, wenn sie darauf verweist, dass "durch das Mysterium der Menschwerdung und der Berufung jedes Menschen zur visio beatifica [...] es geschehen [ist], dass jede Theologie Anthropologie ist und umgekehrt."[1155] Die Offenheit des Menschen als seine "potentia oboedientalis" und die Radikalisierung dieser Unbegrenztheit in Christus als "unio hypostatica"[1156] bedingen einander und ermöglichen eine Erschließung theologischer Aussagen, in der

---

[1150]RAHNER, Karl (1967f), 50f.

[1151]Das 'fragende Subjekt' ist ja immer schon das Subjekt, welches seine Beziehungen und Annäherungsbewegungen wahrzunehmen beginnt und damit seine eigene Wahrnehmungsstruktur offenlegt. Für die inhaltliche Ausgestaltung der spezifischen 'Relationierung und Relativierung' von Gott und Mensch kann auf jenes in der Theologie einsichtige Verhältnis von Apriorität des Subjekts und Aposteriorität des Objekts bzw. auf die Gnade als frei geschenkte, Unmittelbarkeit zu Gott ermöglichende Gabe verwiesen werden, vgl. RAHNER, Karl (1967f), 45 und 53. Vgl. auch die Qualifizierung des Menschen durch sein 'übernatürliches Existential' bei RAHNER, Karl (1955), 252.

[1152]RAHNER, Karl (1967f), 44; die Konkretion einer entsprechenden Einordnung in ein evolutionäres Gesamtverständnis von Welt wird in RAHNER, Karl (1962) deutlich.

[1153]RAHNER, Karl (1995a), 185f.

[1154]Und eben nicht in ihrer *positivistischen* Berufung auf Offenbarungsgehalte; vgl. RAHNER, Karl (1967f), 59. Entsprechend sieht Rahner in einem solch integralen Verständnis menschlicher Existenz und Handelns auch den Sinn für die kirchlich-theologische Freigabe der Welt, vgl. RAHNER, Karl (1995b), 336. Zur dogmatischen Thematisierung des Menschen als umfassendes Beziehungswesen vgl. GRESHAKE, Gisbert (1993), 730.

[1155]RAHNER, Karl (1998), 42. Vgl. zum entsprechenden Verständnis von Christologie als Anfang und Ende der Anthropologie RAHNER, Karl (1954), 205.

[1156]RAHNER, Karl (1967f), 43.

"der Mensch merken kann, wie das in ihnen Gemeinte mit seinem [eigenen] Selbstverständnis zusammenhängt, das sich in seiner Erfahrung bezeugt."[1157]

3.1.2   Die epochale Verwiesenheit auf eine Anthropologie

Schließlich begründet Rahner die Notwendigkeit einer theologischen Anthropologie aber auch 'epochal' und führt mit dem Verweis auf Fragestellungen der gegenwärtigen Moderne einen expliziten Zeitindex in die Reflexion des Selbstvollzuges von Kirche und Religion ein.[1158] Jenseits der Frage nach ersten kirchengeschichtlichen Traditionen einer anthropologisch interessierten Theologie,[1159] ist die transzendental-anthropologisch gewendete Fragestellung für die Theologie der Gegenwart sowohl aufgrund der philosophischen wie auch der sozialgeschichtlichen Ausprägung *der Neuzeit* bindend.

Will Theologie dem Geist der Zeit gerecht werden und zumindest in der Verkündigung auch Einfluss auf diesen Geist ausüben, so kann und darf sie hinter die 'anthropologische Wende' der neuzeitlichen Philosophie nicht zurückfallen. In einer theologischen Anthropologie muss sich Theologie dann auf den Prozess der Individualisierung, in dessen Zusammenhang das Subjekt in das Zentrum von Selbst- und Weltbeschreibung rückt, einlassen. Es ist an ihr, nicht nur die das Subjekt ab- und verschließenden Tendenzen, sondern auch die das Subjekt freisetzenden und Selbstverantwortung hervorhebenden Momente der Moderne wahrzunehmen. Die Frage nach einer theologischen Anthropologie verpflichtet Theologie darauf, in und hinter den Antinomien einer fortschreitenden Philosophie- und Geistesgeschichte das Christliche als bedeutsam ernstzunehmen.

Eine transzendental-anthropologisch gewendete Theologie scheint aber auch aus sozialgeschichtlichen Momenten der Neuzeit bindend, insofern Theologie und Kirche realisieren, dass sie selbst Teil dieses Prozesses zunehmender Individualisierung sind. So erfasst die Freisetzung nicht nur den einzelnen Menschen, seine einzelnen Lebensbereiche, den Staat, die Kultur, sondern auch Kirche und Theologie selbst.[1160] Die in Kirche und Theologie einsetzende Problematisierung personalen Glaubensbewusstseins wie auch von wissenschaftlichen Rekonstruktionsmethoden (z.B. historisch kritische Exegese) veranschaulicht, dass auch die Reflexion des Selbstvollzuges von Religion und Kirche an einer grundlegenden theologischen Anthropologie hängt, welche die gegenwärtige Situation als "radikalisierte religiöse Subjektivität vor Gott"[1161] ernst nimmt.

[1157]RAHNER, Karl (1967f), 60.

[1158]RAHNER, Karl (1967f), 49, 55-58.

[1159]Rahner verweist hier v.a. auf Thomas von Aquin; vgl. auch für das Folgende RAHNER, Karl (1967f), 56f.

[1160]RAHNER, Karl (1957), 622.

[1161]Damit ist das Kennzeichen der Neuzeit (Prozess der Selbsterfassung des Menschen als Subjekt) nicht nur als Mensch und Kirche verbindendes Phänomen, sondern auch als geschichts- und heilstheologisch für die Gemeinschaft der Christen relevantes Geschehen eingeordnet, vgl. RAHNER, Karl (1957), 622.

3.1.2.1   Theologie und Referenzwissenschaften

Mit der Begründung einer theologischen Anthropologie auf der erkenntnistheoretischen, systematisch-fundamentaltheologischen, aber auch auf der epochalen Ebene hat Rahner eine Verwiesenheit der Theologie aufgezeigt, welche sie seit der Neuzeit unhintergehbar auf die Begegnung und Auseinandersetzung mit anderen Wissenschaften festlegt. Theologie ist auf Wissenschaften angewiesen, welche nach den Bedingungen des Menschseins fragen bzw. Auswirkungen und Bezüge menschlichen Lebens in den Blick nehmen und dabei die charakteristischen "Leitbilder"[1162] einer jeden Zeit prägen. Will die Theologie mit einer theologischen *Anthropologie* den Menschen deuten "als den er sich *tatsächlich* erfährt,"[1163] dann ist sie auf die seismographische, d.h. anzeigende, aber auch auf die inhaltliche und methodische Erschließung jener Leitbilder als 'Zusammenfassung der Hoffnung und Not' des Menschen angewiesen.[1164] Damit legt die seit der Neuzeit offensichtliche Verwiesenheit eine immer schon bestehende 'Außenorientierung' von Theologie (und Kirche) offen, insofern die Grunderfahrung des Menschen über eine eigene Geschichte verfügt, die nur über "epochale" Stichworte erschlossen werden kann.[1165]

Rahner bezeichnet den "Prozess der Selbsterfassung des Menschen als Subjekt selbst dort, wo er [...] das v[on] sich nicht wahrhaben will"[1166] als Signatur der Neuzeit. Gerade die gegenwartsverortete, im wissenschaftlichen Dialog gewonnene Konkretion dieser Signatur veranschaulicht, welche interdisziplinäre Verwiesenheit sich daraus für die Theologie ergibt.[1167] Vor dem Hintergrund der für diese Arbeit gewählten Referenzwissenschaften Biologie bzw. Medizin und Soziologie bzw. Kulturwissenschaft und vor dem Hintergrund der aufgezeigten biologischen und sozial-kulturellen Dimensionen, auf die sich das relational-relative Wahrnehmungsgeschehen des Menschen beziehen kann, können die Ausführungen Rahners prophetisch genannt werden. Die Darlegungen zur zeitgenössischen Selbsterfassung des Menschen als 'Selbstmanipulation'[1168] illustrieren nicht nur, wie die Theologie der wissenschaftlich reflektierten, aktuellen Selbst-

---

[1162]In der vorliegenden Arbeit wurden als "Leitbild" der Moderne die Bio-Technologie im Zusammenhang gesellschaftlich-wissenschaftlicher Leitbildwechsel vorgestellt, vgl. Anm. 928 und das Kapitel 1.2.2, S. 215ff.

[1163]RAHNER, Karl (1967c), 31; Hervorhebung nicht im Original.

[1164]Zur Zeitgebundenheit von 'Leitbildern' und ihrer Funktion als Träger von Hoffnung (und Wollen) vgl. RAHNER, Karl (1972), 118 und zur "Not des heutigen Menschen" als alter Frage vgl. RAHNER, Karl (1967c), 30.

[1165]Vgl. RAHNER, Karl (1995a), 185 Anm. 3. Hinter dieser 'Stichwort-gebundenen Erschließung der Grunderfahrung des Menschen' steht ja nichts anderes als die Einsicht in die Relevanz und Raumstruktur der Gegenwart.

[1166]RAHNER, Karl (1957), 622.

[1167]RAHNER, Karl (1967d).

[1168]RAHNER, Karl (1967d), 260. 'Selbstmanipulation' als Anzeige, dass der Mensch das Wesen geworden ist, "das sich in allen Dimensionen seines Daseins rational planend selbst manipuliert und darum seine Zukunft nun selbst [zu] entwerfen und planen" versucht; vgl. RAHNER, Karl (1995c), 265.

wahrnehmung des Menschen aufnehmen kann. Sie zeigt auch die Möglichkeiten kritischen Rückfragens seitens der Theologie auf.[1169] Darüber hinaus lässt sich an dieser Darstellung allerdings vor allem demonstrieren, wie wenig Theologie seither diese *interdisziplinäre* Begegnung zur Ausgestaltung einer anthropologisch gewendeten Theologie genutzt und fortgeführt hat. Rahners Würdigung der unzweifelhaft bestehenden Operabilität bzw. der prinzipiellen Legitimität der Selbstmanipulation des Menschen[1170] im Zusammenhang seines Fragens nach einer theologischen Anthropologie scheint innerhalb der Theologie (als jene der Interdisziplinarität geschuldeten Einsicht) wenig Widerhall gefunden zu haben.[1171]

3.2   'Was ist der Mensch?' - Eckpunkte einer ausstehenden 'theologischen Anthropologie'

Die theologische Anthropologie ist die Bestimmung dessen, was über das Wahrnehmungssubjekt christlichen Glaubens, also den Menschen, ausgesagt werden kann und *muss*, soll seine transzendentale Verwiesenheit gewahrt werden. Die von Rahner angeführten "Grundthesen" formulieren entscheidende Inhalte einer solchen Bestimmung des Menschen, die theologischerseits erst noch zu entfalten ist.[1172] Die "Grundthesen" gewähren darüber hinaus jedoch auch immer wieder Einblick in die Begründungs-*struktur* einer theologischen Anthropologie.[1173]

Bestandteil dieses 'Menschenbildes' ist zunächst die Feststellung, dass der Mensch durch seine *unhintergehbare Komplexität*, durch die Dialektik von Einheit und wirklicher Vielfalt bestimmt ist, dessen Einheit weder auf die Summe seiner Vielfalt reduzierbar, noch ihm verfügbar ist, sondern vielmehr vorgegeben und damit 'unbeherrscht' bleibt.

Für das kirchlich(-christlich) motivierte Handeln ergeben sich daraus in einer differenzierten und differenzierenden Welt zwei weitreichende Konsequenzen: Einerseits hat christliche Heilsvermittlung dem Menschen zu veranschaulichen, dass er in seinen differenzierten Lebenswelten und Vollzügen "formal antizipatorisch und heilsgeschichtlich dynamisch diese Einheit seines Ursprungs, seines Wesens und seiner Zukunft nicht

---

[1169]Die Rückfrage ergibt sich daher, dass die Frage der Theologie im Gegensatz zu jener der anderen Wissenschaften ja auf den Mensch *als ganzen* zielt und die gegenwärtige 'Selbstmanipulation' des Menschen auch tatsächlich den Menschen als ganzen betrifft; vgl. RAHNER, Karl (1967d), 260, 263.

[1170]RAHNER, Karl (1967d), 267-284 (v.a. 267-269).

[1171]Die vorliegende Arbeit versteht sich mit der interdisziplinären Problematisierung einer relational-relativ organisierten, konstruktivistischen Wirklichkeitswahrnehmung als Beitrag zu einer solchen theologischen Anthropologie, deren Ziel eine anthropologisch gewendete Theologie bleibt.

[1172]RAHNER, Karl (1957), 622; Rahners Gedankengang einer gegenwartsbezogenen Theologie (und Kirche) legt im Sinne dieser Arbeit allerdings offen, dass es sich bei dem Projekt 'theologische Anthropologie' um ein immer wieder neu anzugehendes, unabschließbares Projekt der Bezogenheit handelt. Diese strukturelle Begründung wird auch durch den nachfolgenden inhaltlichen Befund einer theologischen Anthropologie gestützt.

[1173]Vgl. für das Folgende RAHNER, Karl (1995a), 181-196.

aus dem Blick verlieren darf".[1174] Andererseits findet sich Kirche selbst in einer zur Komplexität des Menschen analogen Situation wieder, wenn ihr die Einheit des Heils zwar vorgegeben aber innerweltlich von ihr doch nicht erfüllbar ist. Diese analoge Situation, dass auch für die Kirche die 'eigene Einheit des Erfülltseins' unverfügbar ist, bindet sie in ihrer ureigensten Erfassung und Vermittlung von Heil: sie lebt unhintergehbar in und von der Hoffnung.[1175]

Aber auch auf die Weise des theologischen Reflektierens und auf den Entwurf einer theologischen Anthropologie wirkt sich diese nicht-reduzierbare Komplexität der Einheit und Vielfalt des Menschen aus. Insofern Theologie und Kirche als irdische Größe im Reflexions- und Vermittlungsgeschehen mit Begriffen arbeiten müssen, bleibt es ihnen versagt, das Wesen des Menschen mit *einem einzigen* Wort zu umgreifen. Einem solchen 'strukturellen Umstand' wird eine theologische Anthropologie auch nicht gerecht, wenn sie die Grundbestimmung des Menschen in einer traditionellen, polar-dualistisch zerteilten Aussage[1176] sucht. Vielmehr entspricht Theologie dieser Grunderfahrung des Menschen nur, wenn sie es als immer wieder neue, epochal je verschieden anzugehende Aufgabe christlicher Anthropologie und Verkündigung begreift, die komplexe Einheit des Menschen erst wieder kommunikabel zu machen.[1177]

Schließlich wirkt die Einsicht, dass die Kirche selbst vom Leben in einer nicht reduzierbaren und unverfügbaren Komplexität gekennzeichnet ist, zurück auf die Wahrnehmung des Objekts theologischer Reflexion und des Adressaten kirchlicher Verkündigung. Der Mensch rückt in einer theologischen Anthropologie als Subjekt ins Blickfeld, dessen wahre Selbsterfahrung gerade auch dann, wenn sie 'unthematisch' bleibt, für Theologie und Kirche nicht als uneigentliche, neutrale abgetan werden kann, sondern als transzendentale, gnadenhaft religiöse Erfahrung ernstzunehmen ist.

Ein weiteres Moment in der Grundstruktur des Menschen besteht in seinem *Verweis auf das Geheimnis Gottes*. Diese Verwiesenheit, in welcher dem Menschen zur Frage wird, wer er selbst und wer Gott ist, ist so unmittelbar und grundlegend, dass sie benannt werden kann, noch bevor es dem Menschen möglich ist, thematisch 'Gott' und auch den 'Menschen' zu fassen. Es ist seine "absolute Offenheit auf das Sein schlechthin", was den Menschen in einer "Undefinierbarkeit" hält.[1178] In dieser Verwiesenheit auf das Offene erfährt sich der Mensch als Partner, als unmittelbar zu Gott stehend und gerufenes

---

[1174]RAHNER, Karl (1995a), 182f.

[1175]Im Duktus dieser Arbeit kann dieses 'Leben in der Hoffnung' auch als 'Leben im Geheimnis der Kontextualität und Offenheit von Gegenwart' beschrieben werden; zur Unverfügbarkeit des Lebensraumes 'Gegenwart' vgl. S. 30.

[1176]RAHNER, Karl (1995a), 184 verweist auf die Denkschemata Natur - Übernatur; Leib - Seele; Wissen - Glauben; Welt - Kirche; Kultur - Religion; kontingente Geschichte - ewiges Wesen.

[1177]In einem solch dynamisch prozessualen Verständnis liegt auch die Voraussetzung dafür, dass in der Verkündigung, d.h. in der direkten Begegnung mit dem kirchlich-christlichen Handeln, der Mensch den Gehalt der theologischen Anthropologie nicht als ideologische Verkürzung seines Selbstverständnisses erfährt; vgl. RAHNER, Karl (1995a), 184.

[1178]RAHNER, Karl (1967e), 599.

Beziehungswesen, dessen eigene Geschichtlichkeit durch eben diese Beziehung begründet und gehalten wird.[1179]

Für Theologie und Kirche resultieren aus dieser Grundstruktur des Menschen entscheidende Vorgaben für eine theologische Anthropologie: Das, was theologisch über die Grundverfasstheit des Menschen ausgesagt wird, muss "in einer epochal evokativen Verständlichkeit und Dringlichkeit"[1180] je neu gefunden und formuliert werden. Nur so kann sich Theologie und Verkündigung als anschlussfähig an die (unthematische) Erfahrung der Verwiesenheit des Menschseins und als glaubwürdig erweisen.

Aber auch was theologisch in dieser Grundbestimmung über 'Gott' ausgesagt werden kann, muss die unthematische, anonyme Erfahrung der Verwiesenheit ernst nehmen, indem auch die 'Gottes-Rede' daran anknüpft. Theologie und Verkündigung müssen sich deshalb selbst davor hüten, den Eindruck zu erwecken, sie selbst wüssten bereits, *was* Gott sei und davor, dass alleine die Frage *ob* er existiere bereits über Glaube und Unglaube entscheide. Gott bleibt das Höchste, Fernste, das unsagbare *Geheimnis*, der radikal Verschiedene - gerade auch in und für Verkündigung und Theologie.[1181]

Die theologische Grundbestimmung des Menschen hat ihn aber auch in seiner Weltlichkeit, Leibhaftigkeit und Geschichtlichkeit herauszuheben. Aus dieser Grundstruktur erschließt sich die *'Ursprünglichkeit und Kreatürlichkeit menschlicher Freiheit'*, seine *'geschichtliche Mitmenschlichkeit'*, seine *'Zukunftsorientierung'* sowie sein *'Selbst- und Weltverhältnis'*.[1182]

Als *Freiheitswesen* steht der Mensch in seinem Subjektsein der thematischen Gotteserfahrung wie auch der kirchlichen Verkündigung frei gegenüber. Eine derart kon-

---

[1179]Wenn die Erfahrung der Verwiesenheit zu dem übernatürlichen Existential des Menschen gehört, so wird deutlich, dass Rahner mit der Dimension des 'Unthematischen' eine theologische Anthropologie nicht an die apriorisch mögliche Erkenntnis der Relate (positivistische Bestimmung von 'Gott' und 'Mensch') knüpft sondern an die apriorisch mögliche Erkenntnis der Relationierung und Relativierung (Bestimmung von 'Gott' und 'Mensch' als dynamisches Beziehungsgeschehen).

[1180]RAHNER, Karl (1995a), 186.

[1181]Insofern Rahner hier nicht mehr nur nach der Bestimmung des Menschen fragt (theologische Anthropologie), sondern bereits nach dem fragt, was Theologie *auf diesem Fundament aufbauend* und nicht nur als Prolegomena über Gott (und den Menschen) aussagen kann (anthropologisch gewendete Theologie), lässt sich der Befund auf die zu entwickelnde *theologische* 'Theorie des religiös-kulturellen Gedächtnisses' hin interpretieren: Verkündigung als kommunizierte christliche Wahrnehmung darf wie Theologie selbst die Struktur der Relationierung *und* Relativierung in ihren Aussagen nicht auflösen: Der Mensch findet sich gegenüber Gott in einem Beziehungsgeflecht wieder, das immer nur in der Annäherung erfahrbar und fassbar bleibt. Die relational-relative Grundstruktur theologischer Wahrnehmungsinhalte ist nicht als statische Beschreibung oder gar positivistische Definition der Pole fassbar. Die Eigentümlichkeit menschlicher Existenz wird dann durch das 'Zwischen', nicht durch die Erfassung der Enden der Beziehungspole Gott und Geschöpf beschreibbar.

[1182]Entsprechend werden in Abweichung von Rahners Gliederung seine nachfolgenden Eckpunkte einer theologischen Anthropologie (geschichtliche Mitmenschlichkeit, Zukunftsplanung und -Erwartung, Grunderfahrung des Scheiterns) als *Entfaltung* der weltlich-leibhaftig-geschichtlichen Verfasstheit des menschlichen Freiheitswesens dargestellt.

stitutive Freiheit erinnert auch an die aufrecht zu haltende Unterscheidung von theologisch und kirchlich verantworteter, d.h. menschlicher, Heils*vermittlung* und jenem gnadenhaft von Gott gewährten *Heilsprozess*. Als Zielpunkt der Heilsvermittlung kann sich der Heilsprozess nur als Freiheitstat eines mündigen Menschen *verwirklichen*. Insofern dieser Freiheitsvollzug als Selbstvollzug des Menschen in Selbstbestimmung auf Gott hin transzendiert, kommt menschlicher Freiheit eine theologische Dimension als heils- und offenbarungsgeschichtliche Freiheit zu. In freiheitlicher Selbstbestimmung wirkt der Mensch selbst mit am Heil(-sprozess); Geschichte wird dann als Raum freiheitlichen Handelns selbst zum Ort des Heilsprozesses Gottes.[1183] Die theologisch reflektierte und kirchlich realisierte Heilsvermittlung hat diese Verfasstheit zu respektieren. Theologie und Kirche interessieren sich für das ganze Spektrum menschlicher Geschichte und Lebens, weil dies der Ort ist, an dem über Heil oder Unheil entschieden wird und derart alles heilsbedeutsam werden kann. Damit steht das Vermittlungsgeschehen und seine theologische Reflexion unter einem doppelten Vorbehalt: gebunden an die Erschließung von Geschichte bzw. Gegenwart durch wechselnde Leitwissenschaften und ausgeliefert an die unableitbare Freiheit des Menschen.[1184] Die Heilsvermittlung kann des Menschen Freiheit nicht durch Zwang ersetzen und hat selbstkritisch auf die Wahrung der Differenz von eigener Heils*vermittlung* und unverfügbarem *Heilsprozess* zu achten. Diese Differenz hält sie offen, indem sie ihr eigenes Denken und Reden auf den Freiheitsakt hin transparent hält. Das stete Annähern an die Bezogenheit christlicher Verkündigung wahrt nicht nur deren Konstitutionsbedingungen sondern beschreibt auch die Aufgabe theologisch reflektierter und kirchlich kommunizierter Heilsvermittlung: Dem Menschen die ihm übereignete, grundlegende und unhintergehbare, d.h. kreatürliche, Freiheit nahezubringen.

Als in freiheitsbegründender Geschichte lebender Mensch ist der Mensch grundlegend ein Wesen der Mitmenschlichkeit bzw. der *"Interkommunikation"*; eingebunden ist der Einzelne in die kollektive und individuelle Geschichte der 'Interkommunikation' des Ganzen, womit die ursprünglichste Begründung von 'Subjektsein' markiert ist. Diese transzendentale, sich geschichtlich vollziehende Mitmenschlichkeit des Menschen ist theologisch von großer Bedeutung, begründet sie doch sowohl die anthropologische Möglichkeit und Notwendigkeit von 'Kirche' als geschichtlich weltlicher "Heilsfrucht",[1185] wie auch die Verschränkung von Gottes- und Nächstenliebe und schließlich die Hineinnahme der Sozialität in die personale Heilsvermittlung. Das Kennzeichen "Interkommunikation", d.h. 'in-Beziehung-stehen' eignet dem Menschen nicht nur

---

[1183]Mit dieser Qualifizierung von 'Geschichte' als Heilsgeschichte und Offenbarungsgeschichte sichert Rahner ja nicht nur den Ort und die Relevanz 'unthematischer' Gottesbegegnung sondern auch deren Dynamisierung. Hinter der Vorstellung einer situativ je neu zu leistenden Verwirklichung des Heilsprozesses steht dann die Vorstellung, dass die Geschichte Gottes mit den Menschen jeweils 'nur ' in der *Gegenwart* zugänglich ist.

[1184]RAHNER, Karl (1995a), 188 spricht hier zwar nur von der zu beachtenden "Regionalität" der Heilsvermittlung, was aber in der Umkehrung nichts anderes bedeuten kann als die Verwiesenheit auf Referenzwissenschaften.

[1185]RAHNER, Karl (1995a), 190.

partiell, okkasionell. Vielmehr ist es als solches ein transzendentales Wesenskonstitutivum des Menschen. In angemessener Weise antwortet darauf der Mensch weniger mit der 'Wahrheitsfrage' als in der 'Praxis der Liebe', weil *diese Praxis* das Ganze der Wahrheit (des Christentums) konstituiert.[1186]

Rahner bezeichnet *'Zukünftigkeit'* neben 'Interkommunikation' als das Stichwort, welches dem *gegenwärtigen* Menschen aus seiner Selbsterfahrung heraus Zugänge zum Christentum eröffnen kann. Als jenes Wesen, das von seiner Zukünftigkeit lebt, ist die Gegenwart menschlichen Denkens und Handelns von einer "horizontalen Transzendenz", d.h. von der Gegenwärtigkeit seiner eigenen, geschichtlich gewachsenen Zukunft, geprägt.[1187] Dabei ist die Zukunft, die sich der Mensch in freien Zukunftsplanungen selbst entwirft, schon deshalb für Theologie und Verkündigung religiös bedeutsam, weil die innerweltliche Zukunfts*planung* genauso wie die transzendental absolute Zukunfts*hoffnung* (die Selbstmitteilung Gottes) aufgrund ihrer Geschichtlichkeit 'kategorial' vermittelt ist. Was schon im Zusammenhang der Bestimmung des Menschen als Freiheitswesen das Interesse von Theologie und Kirche auf sich gezogen hat,[1188] gilt auch aufgrund der Zukünftigkeit des Menschen: dem Leben bzw. der 'Gegenwart und der Gegenwärtigkeit der Zukunft des Menschen' kommt eine religiöse Bedeutung zu, weil sich Zukunfts*planung* und Zukunfts*hoffnung* wechselseitig mitkonstituieren. Hinter das Verhältnis wechselseitiger Verwiesenheit kommt Theologie nicht zurück, vielmehr unterliegt dieses Verhältnis von innerweltlicher Zukunftsplanung und transzendental absoluter Zukunftshoffnung seiner eigenen Geschichte, die es radikal variabel hält. Das zeitgenössische Verhältnis der beiden Zukunfstdimensionen sieht Rahner bestimmt durch die beiden Eckpunkte 'geschichtlich ergangene, irreversible Heilstat Gottes in der Auferstehung Christi' und die Neuzeit kennzeichnende 'Selbstermächtigung des Menschen'.

Als Wesen des Selbst- und Weltverhältnisses steht über dem menschlichen Leben die existentielle, keineswegs geschichtlich einholbare *Erfahrung des Scheiterns* und das Wissen um die damit verbundene radikale Infragestellung menschlichen Selbstverfügens. Der Diskrepanzerfahrung zwischen Anspruch und Erfüllung, zwischen Selbstentwurf und Selbstentfremdung, zwischen Weltverbesserung und Weltvernichtung kann der Mensch nicht entgehen und er kann sie nicht rational uminterpretieren. Auch die christliche Heilsvermittlung erfolgt unter der Bedingung der Unausweichlichkeit des

---

[1186]Die Ausführungen Rahners siedeln die religiös-kulturelle Wahrnehmung von 'Interkommunikation' für das Christentum also nicht in dem Erfassen 'objektiver Doktrinen' an, sondern in der Realisation des zugrundeliegenden Relationierungs- und Relativierungsgeschehens; vgl. auch RAHNER, Karl (1967b), 223.

[1187]Wurde Transzendenz als "absolute Offenheit auf das Sein schlechthin" von Rahner gefasst, vgl. RAHNER, Karl (1967e), 599, so beschreibt seine "horizontale Transzendenz" die Offenheit im Selbstverständnis des Menschen, der Leben als Eröffnung von Anschlussfähigkeit begreift und der sich seine Zukunftsorientierung in Zeitmodi (Gegenwart, Vergangenheit, Zukunft) selbst vor Augen führt.

[1188]Vgl. das theologische Interesse an der Geschichtlichkeit des Menschen im Zusammenhang der Unterscheidung von Heilsvermittlung und Heilsprozess S. 273.

Versagens, insofern die Heilstat Gottes gerade dieses Scheitern ernst- und annimmt. Christliche Glaubenshoffnung überspringt nicht die Situation des Scheiterns, vielmehr ist "sie selbst durch den Nullpunkt des Todes auf ihre Zukunft aus [...] (mortem moriendo destruxit, heißt es von Christus)".[1189] Bis zu Gott selbst bzw. bis zu seinem Kommen wird das Scheitern mit seiner radikalen Infragestellung vorgelassen und damit zum dauerhaften Bestandteil christlichen Glaubens als "Religion des Scheiterns und der Hoffnung von Gott allein".[1190] Das angemessene Sinnbild eines solch verstandenen Scheiterns besteht dann im 'Menschen am Kreuz' und die angemessene Haltung, die der Mensch aus dieser Erfahrung heraus gegenüber Gott einnehmen kann, in der 'Proklamation des Todes' des Gekreuzigten. Diese dauerhafte Ausrichtung von Inhalt und Struktur[1191] christlichen Glaubens bindet Theologie und Kirche. Sie bindet im Hinblick auf die kommunizierte Heilsbotschaft: Christliche Glaubensvermittlung ist nur unter der Bedingung möglich, dass sie an die Frohbotschaft "gleichzeitig die Aufforderung der wehrlosen Annahme des Scheiterns"[1192] knüpft. Das Annehmen des radikalen Scheiterns verpflichtet Theologie und Kirche auch in ihrer Stellung gegenüber der Welt: Glaubensvermittlung kann sich nur dort ereignen, wo die Welt mit dem ihr eigenen Willen zur 'Weltverbesserung' ernstgenommen und konstruktiv kritisiert wird. Statt 'Weltflucht' steht Theologie und Kirche vor der Herausforderung eines nüchtern gesunden Weltverhältnisses: Das Aufbegehren der Welt gegen alle Unzulänglichkeit wahrzunehmen und in der Glaubenshoffnung gegen alle weltlichen wie christentumsinternen Versuche einer 'vorschnellen Lösung' wachzuhalten. Im Engagement für die "Nutzlosen der Gesellschaft" konkretisiert sich dieses Weltverhältnis. Gegenüber dem Menschen als dem, der gegenüber den eigenen Entwürfen scheitert, findet sich Kirche und Theologie in einem dauerhaften positiven Verhältnis wieder. Um ihn in seiner Gegenwart zu erreichen, muss die kirchliche Heilsvermittlung wie die theologische Reflexion beständig nach dem aktuellen Stichwort der Verkündigung suchen und für "epochale Verschiebungen im Kerygma der Kirche"[1193] bereit sein.

3.2.1   Der relational-relative Befund der theologischen Anthropologie

Die konstruktivistischen Gedächtnistheorien stehen für die Frage, *wie* der Mensch als lebendes und sozial-kulturelles System sein Selbst- und Weltverhältnis ausgestaltet. Mit 'Gedächtnis' konnte dabei jene Instanz freigelegt werden, welche die umfassenden

---

[1189]RAHNER, Karl (1995a), 193.

[1190]RAHNER, Karl (1995a), 194.

[1191]Die Interpretation von dem 'Menschen am Kreuz' und der 'Proklamation des Todes' als Inhalt und Struktur christlichen Glaubens illustriert, was Rahner mit "Offenhalten der Wunde" als Kennzeichen des Christentums bezeichnet; vgl. RAHNER, Karl (1995a), 194. Das Christentum legt die relational relative Struktur des Heilsgeschehens in der Kontingenzthematisierung offen: Der Gegenstand christlicher Wahrnehmung besteht in einer Kontingenzaussage (Kreuzesgeschehen), christlicher Glaube vollzieht sich als Akt der (aktualisierenden) Thematisierung, nicht der Auflösung dieser Kontingenzaussage.

[1192]RAHNER, Karl (1995a), 194.

[1193]RAHNER, Karl (1995a), 196.

Wahrnehmungsprozesse im Menschen organisiert, generiert und modalisiert. Hinter den Prozessen, Räumen bzw. Medien und Inhalten von Gedächtnis wurde dabei die Struktur- und Funktionslogik der Relationierung und Relativierung ausgemacht.

Die theologisch motivierte Bestimmung zentraler Bedingungen menschlicher Existenz steht demgegenüber zunächst für die Frage, *was* der Mensch als transzendentales Lebewesen zur Ausgestaltung seines Selbst-, Welt- und Gottesverhältnisses braucht. Insofern Rahner nicht nach der Organisationsinstanz dieser Verhältnisse beim Einzelnen fragt, bleibt die Dimension des Gedächtnisses in der hier entfalteten Aufgliederung bei ihm notwendigerweise außen vor.[1194] Dennoch legt das, was im Rahmen einer theologischen Anthropologie über den Menschen gesagt wurde, eine signifikante Struktur von Menschsein offen. Und wenn die Beschreibung des Menschen die Ebene seines erfahrungsfundierten Selbstverständnisses[1195] anstrebt, kann der Befund der theologischen Anthropologie als Beschreibung der (Selbst-)Wahrnehmung des Menschen verstanden werden. Damit sollte sich der Befund einer theologischen Anthropologie in Struktur, Funktion, Ablauf, Raum und Gehalt anschlussfähig zeigen gegenüber der in dieser Arbeit dargestellten Ordnungsstruktur religiös-kultureller Wahrnehmung.

Als Eckpfeiler einer ausstehenden theologischen Anthropologie wurden die "Grundthesen" Rahners vorgestellt. Die Wahrnehmungsstruktur, welche sich hinter den von Rahner genannten Kriterien 'unhintergehbare Komplexität', 'Verwiesenheit auf das Geheimnis Gott', 'Freiheit', 'Interkommunikation', 'Zukunftsorientierung' und 'Selbst- und Weltverhältnisses' erkennen lässt, kann als relational-relative formalisiert werden:

Der Mensch nimmt (sich selbst) in *zweidimensionaler Bezogenheit* wahr: Er steht immer schon in Beziehung und indem er dieses 'in-Beziehung-Stehen' in einer fortschreitenden Gegenwart thematisiert, nähert er sich immer wieder ('nur') seiner wahrgenommenen Wirklichkeit an.

Der Mensch ist damit ein *relationales Wesen*: ein kontextuelles Wesen, dessen Selbst- und Fremdwahrnehmung sich immer schon durch sein Umfeld bzw. durch seine Beziehungen geprägt erfährt und dessen (Selbst-)Wahrnehmung gerade in der Thematisierung dieser Beziehung erfolgt.

Der Mensch ist ebenso ein *relatives Wesen*: ein vorläufiges und offenes Wesen, dessen Selbst- und Fremdwahrnehmung immer nur näherungsweise und bruchstückhaft (eben verhältnismäßig) gelingt und dessen (Selbst-)Wahrnehmung gerade in der eigenständig zu vollziehenden Bewertung von aktueller Wahrnehmung gegenüber früheren und / oder anderen Wahrnehmungen bzw. Wahrnehmungserfordernissen erfolgt.

[1194]Von jeder theologisch motivierten Frage nach Gedächtnis unabhängig konnte mit dem Befund der konstruktivistischen Gedächtnisforschung ja nachgewiesen werden, dass Gedächtnis als grundlegende Instanz bei *jeder* Form von Wahrnehmungsprozessen beteiligt ist. Auch für den Bereich kulturell geprägter, religiöser Wahrnehmung, so die Schlussfolgerung aus dem Zusammenbinden von biologischer und sozio-kulturwissenschaftlicher Gedächtnistheorie, gilt die Organisationsverantwortung von Gedächtnis.

[1195]Vgl. Anm. 1157.

3.3 Wahrnehmungsstrukturen im Christentum - die andere Seite 'anthropologisch gewendeter Theologie'

Rahner situiert die 'theologische Anthropologie' im Rahmen einer 'anthropologisch gewendeten Theologie'. Er begründet die theologisch motivierte Bestimmung zentraler Bedingungen menschlicher Existenz mit dem situativ je neu zu erbringenden Erweis, dass für *den Menschen* die Gottesbegegnung überhaupt möglich ist. Nur wenn die Bedingung der Möglichkeit transzendentaler Verwiesenheit in der Gegenwart beim Menschen überhaupt gegeben ist,[1196] macht es Sinn, eine 'funktional bestimmte Theologie'[1197] zu formulieren.

Dabei handelt es sich mit einer 'theologischen Anthropologie' keineswegs nur um eine mögliche oder äußere Voraussetzung[1198] der ausstehenden Theologie. Wenn einerseits die Bedingung der Möglichkeit transzendentaler Verwiesenheit über Themenstellung und Sinn der zu formulierenden Theologie entscheidet und andererseits das Ineinsfallen eben *jener Anthropologie* mit der Theozentrik[1199] die Bedingung der Möglichkeit christlich-theologischen Redens veranschaulicht, dann wird der innere und innige Zusammenhang von 'theologischer Anthropologie' und 'anthropologisch gewendeter Theologie' einsichtig:

Bei gleichzeitiger Unterschiedenheit besteht zwischen beiden ein Zusammenhang, insofern von der Struktur der Wahrnehmung des Menschen, d.h. von einer theologischen Anthropologie,[1200] auf die Wahrnehmungsstruktur im Christentum bzw. in Kirche und Theologie, d.h. auf eine anthropologisch gewendete Theologie, geschlossen werden kann. Die Struktur der (Selbst-)Wahrnehmung und Selbstbeschreibung gibt Einblick in die Struktur des Selbstvollzuges von Christsein und damit in die Struktur der Reflexion dieses Selbstvollzuges.[1201]

Mit einer 'anthropologisch gewendeten Theologie' reduziert Rahner weder Glaube, noch Gott oder Welt auf Projektionen menschlicher Selbsterfahrung, sondern er schafft es gerade dadurch, das "Gottsein Gottes und das Menschsein des Menschen sach-

---

[1196]Vgl. S. 266.

[1197]Vgl. Anm. 1140.

[1198]Vgl. den Titel von RAHNER, Karl (1995a), 181.

[1199]RAHNER, Karl (1967f), 43. Bestätigung und inhaltliche Konkretion erfährt diese unauflösliche Bezogenheit innerhalb der Theologie dadurch, dass Rahner auch auf den engen, wechselseitigen Verweischarakter von Anthropolgie und Christologie hinweist; zum Verhältnis von Christologie und Anthropologie vgl. auch RAHNER, Karl (1954), 205 und RAHNER, Karl (1957), 625ff.

[1200]Theologische Anthropologie beschreibt die Wahrnehmungsstruktur des Menschen sowohl als Subjekt und als Objekt von Wahrnehmung.

[1201]Kirche und Theologie geht es ja gemeinsam um die Frage, was von Mensch, Gott und Welt gesagt werden kann, auf dass der Mensch das werde, zu dem er durch Christus berufen ist.

gerecht"[1202] zu denken. Die "Wirklichkeit Gottes"[1203] wird gerade nicht Teil des Menschen, nicht einmal auf der Ebene ihrer theologischen Reflexion. Vielmehr wird Gott in seiner Transzendenz gewahrt, ohne allerdings für den Menschen bedeutungslos zu werden. Auch wird mit der 'theologischen Anthropologie' keine Festsschreibung des Menschen erreicht - ganz im Gegenteil. Die 'Bedingung der Möglichkeit' erschließt keinen Zugang zur inhaltlichen, ontologischen Fixierung der Pole 'Gott', 'Mensch'. Vielmehr gewährt sie Einblick in das Beziehungsgefüge, in das 'Und' von Gott *und* Mensch. Aufgabe der Theologie bleibt dann die strukturell-funktionale Erschließung des Miteinanders von Gott und Mensch, indem sie dieses 'Und' in seiner personalen und geschichtlichen Dimension entfaltet, ohne es positivistisch in Statusaussagen festzuzurren.

In einer entfalteten Theologie gewährt jener in der theologischen Anthropologie erschlossene Befund umfassender 'Relationierung und Relativierung' Einblick in diese Struktur des Selbstvollzuges von Christsein,[1204] Einblick in die Bedingung der Wahrnehmung von Inhalt, Raum, Prozessen und Funktion christlicher Wirklichkeit. Als relational und relativ erschließt sich in einer solchen Theologie die Wahrnehmungsstruktur von Christentum. 'Was', 'wie', 'wo' und 'wozu' als die Frohbotschaft des Christentums verkündet, geglaubt, wissenschaftlich erschlossen und reflektiert werden kann, erschließt sich in Beziehung und Annäherung.

3.3.1   Relational-relative Erschließung christlicher Wahrnehmung

Die Wahrnehmung des Menschen wird von Gedächtnis organisiert, generiert und modalisiert. Gedächtnis verantwortet Wahrnehmung dabei in einem dynamisch prozessualen Geschehen der Relationierung und Relativierung in der Gegenwart. Eine zu entfaltende Theorie des 'religiös-kulturellen Gedächtnisses' ist dann theologischerseits als 'Theologie der Relationierung und Relativierung', als theologische Theorie religiös-kultureller Wahrnehmung im Christentum zu formulieren. Ihre Aufgabe besteht darin, Inhalte, Medien und Prozesse des religiös-kulturellen Gedächtnisses im Christentum aufzuzeigen und in ihrer transzendentalen Relevanz auszuführen.

Auch wenn die Ausformulierung einer solchen 'Theologie der Relationierung und Relativierung' erst noch Zielvorgabe bleibt, so deckt sich ihre Konzeptionierung als 'Theorie des religiös-kulturellen Gedächtnisses' doch mit jener Verweisstruktur, die auch bei Rahners 'anthropologisch gewendeter Theologie' festgestellt wurde. Von der Struktur

---

[1202]SECKLER, Max (1985), 79. "Sachgerecht" kann hier nur die 'Wahrung Gottes auf der Grundlage der Wahrnehmungsstruktur des Menschen' meinen.

[1203]SECKLER, Max (1985), 79; im Zusammenhang der Unterscheidung von (unzugänglicher) Realität und (wahrgenommener) Wirklichkeit im ersten Teil der vorliegenden Arbeit ist hier besser von der 'Realität Gottes' bzw. dem 'Gottsein Gottes' zu sprechen.

[1204]Da die Wahrnehmung von Strukturen mit Reflexion einhergeht, gibt der Befund eines Geschehens der Relationierung und Relativierung natürlich auch Aufschluss über die Bedingung der Reflexion des Selbstvollzugs der Kirche (das ist Theologie).

der Wahrnehmung des Menschen kann auf die Struktur des Selbstvollzuges von Kirche und damit auf die signifikante Wahrnehmungsstruktur im Christentum geschlossen werden.

Mit der 'Theorie eines religiös-kulturellen Gedächtnisses' wird nicht nur ein interdisziplinärer, gegenwartsverorteter und -sensitiver Zugang zu identitätsrelevanten Wahrnehmungsstrukturen des Menschen eröffnet. Wie für Rahner die 'theologische Anthropologie' eine notwendige Voraussetzung für eine 'anthropologisch gewendete Theologie' darstellt, so ist die 'Theorie des religiös-kulturellen Gedächtnisses' ihrerseits unmittelbar Voraussetzung und Beitrag für eine 'Theologie der Relationierung und Relativierung'. Die Grundbefindlichkeit eines relational-relativen Lebens ist anschlussfähig gegenüber der Wahrnehmungsstruktur im Christentum. Über diesen Sachverhalt hinausgehend fordert die 'Theorie eines religiös-kulturellen Gedächtnisses' die Theologie heraus, diese Wahrnehmungsstruktur des Menschen als transzendentale ernst zu nehmen und die eigene Schrift- und traditionsbezogene Wahrnehmung der Gegenwart auf die personalen und geschichtlichen Tiefendimensionen *dieser* Wahrnehmungsstruktur hin zu befragen.

Ein Ausblick auf eine inhaltliche Ausgestaltung dieser Theologie vor dem Hintergrund zentraler theologischer Kategorien, wie sie in der 'anthropologisch gewendeten Theologie' Karl Rahners erkannt wurden, setzt ein mit einer formalen Bestimmung der Struktur christlich-religiöser Wahrnehmung des Menschen.[1205]

Die christliche Existenz bestimmende Wahrnehmungsstruktur ist durch ein spezifisches Relationierungs- und Relativierungsgeschehen gekennzeichnet: Christlich-religiöse Wahrnehmung ist als Relationierungs- und Relativierungsgeschehen der Gegenwart gegenüber immanenten *und* transzendenten Erfahrungen *in* der expliziten Thematisierung dieser Bezogenheit und Annäherung *aus* dem Blickwinkel von Geschichtlichkeit und Personalität[1206] beschreibbar.

In einer theologisch motivierten 'Theorie des religiös-kulturellen Gedächtnisses der Gegenwart' wird die christliche Wahrnehmungsstruktur als dynamisch prozessuale, kontextbezogen offene und gegenwartsverortete akzentuiert. Die Struktur eines solch christlichen Relationierungs- und Relativierungsgeschehens lässt sich an zentralen Stichworten der 'anthropologisch gewendeten Theologie' Rahners veranschaulichen:[1207]

[1205]Als Teil einer 'anthropologisch gewendeten Theologie' bezieht sich das, was theologischerseits über den Menschen ausgesagt werden kann, entsprechend der bisher aufgezeigten anthropologischen Begründungsstruktur, notwendigerweise auf den Menschen als Wahrnehmungssubjekt und Wahrnehmungsobjekt.

[1206]Nach christlichem Verständnis erschließt sich Geschichtlichkeit und Personalität in einmaliger, unüberbietbarer und unhintergehbarer Weise in der inkarnatorischen Dimension der Menschwerdung Gottes.

[1207]Nachfolgend kann nur beispielhaft auf einzelne Stichworte der Rahnerschen Theologie verwiesen werden. Den Gehalt der Theologie Rahners zu sichern und für eine 'Theorie der religiös-kulturellen Gedächtnisses' fruchtbar zu machen, bliebe Aufgabe der zu entwerfenden Theologie ebenso wie di

Relational-relativer Selbstvollzug von Christsein			
Wahrnehmungs-dimension (Rahner)	Wahrnehmungs-medium (Rahner)	Wahrnehmungs-modus (Übertrag)	Wahrnehmungs-funktion (Übertrag)
Mensch	Interkommuni-kation	Relationieren	Kontingenzthemati-sierung: Verheißung - 'Erfüllung'
	Experiment	Relativieren	
Gott	Kreatürlichkeit Heilsfrage	Relationieren	Kontingenzthemati-sierung: Verheißung - 'Erfüllung'
	Geheimnis	Relativieren	
Welt	Beziehungswissen Leitwissenschaften	Relationieren	Kontingenzthemati-sierung: Verheißung - 'Erfüllung'
	Experiment Gegenwartsanalyse	Relativieren	
Beziehungs-dimension	**Gegenwart**	**Relationierung und Relativierung**	**Identität transzen-dentaler Bezogen-heit**

Vor dem Hintergrund der 'anthropologisch gewendeten Theologie'[1208] Karl Rahners und der 'Theorie eines religiös-kulturellen Gedächtnisses' kann der Selbstvollzug des Christ-seins in der wissenschaftlichen Reflexion als Geschehen der Relationierung und Relati-vierung verstanden werden.

Die Inhalte christlichen Glaubens und Reflektierens erschließen *Beziehungsdimensio-nen* transzendentalen Lebens *als Wahrnehmungen des Menschen*. Mensch, Gott und Welt werden darin aufeinander bezogen (als Schöpfer und Geschöpf) und wechselseitig voneinander abhängig,[1209] ohne ihre Unverfügbarkeit einzubüßen. Die Orte, an welchen sich diese Dimensionen als Beziehungsdimensionen erschließen lassen, sind durch die dynamische und offene Gegenwart menschlichen Lebens (und Wahrnehmens) gekenn-zeichnet. Im Christentum wird deshalb die individuelle, sozial-kulturelle, wissenschaftli-

---

theologische Entfaltung des zugrundeliegenden Strukturprinzips der Relationierung und Relativierung.

[1208]Für die beispielhaft angeführten Stichworte muss summarisch auf RAHNER, Karl (1960) - RAHNER, Karl (1966) - RAHNER, Karl (1967d) - RAHNER, Karl (1970) - RAHNER, Karl (1972) - RAHNER, Karl (1982) verwiesen werden.

[1209]Gerade hier zeigt sich, dass Relativierung nicht als Auflösung von Gültigkeiten misszuverstehen ist: die wechselseitige Abhängigkeit von Schöpfer und Geschöpf wird als eine ungleiche bekannt.

che und transzendentale Kontextualität von Gegenwart zur Herausforderung.[1210] Diese Lebensbereiche christlicher Wahrnehmung erschließen sich in Prozessen des in Beziehung-Setzens und des Annäherns.[1211] Im Christentum werden Beziehungsdimensionen in Prozessen der Personalisierung und der kontrapräsentischen Öffnung generiert. Als Funktion von christlicher Wahrnehmung ist die Sicherung 'religiöser Identität' auszumachen. Die religiöse Identität im Christentum besteht dabei in einer charakteristischen Generierung und Sicherung von Beziehung, da sie die relational-relative Struktur dieser Beziehung als Kontingenz*thematisierung*[1212] offenlegt: Für Christen bleibt Orientierung und Bewusstwerdung eingebunden in ein unhintergehbares Beziehungsgefüge, dessen Beziehungspole und Beziehungsverlauf zwar unverfügbar bleiben, dessen Tragfähigkeit aber in der kairologischen Erschließung von Gegenwart *schon* erfahren werden kann.

[1210]Und von *diesem* Gegenwartsverständnis heraus thematisieren Geschichtsreligionen ja Geschichte, wie mit der Erinnerung an den Exodus innerhalb der Joschijanischen Kultreform gezeigt werden konnte.

[1211]Die Zuweisung von Relationieren und Relativieren zu einzelnen Räumen christlicher Wahrnehmung innerhalb der Übersicht versteht sich nur als Veranschaulichung von *Schwerpunktsetzungen* der Beziehungsprozesse in diesen Räumen. Grundsätzlich sind Wahrnehmungsprozesse im Christentum relational *und* relativ!

[1212]Bei genauerer Betrachtung zeigt sich, dass im Christentum keine Kontingenzbewältigung im Sinne einer Auflösung angestrebt und erreicht wird.

4   Die Entdeckung des 'religiös-kulturellen Gedächtnisses' in der Religionspädagogik

4.1   Suchbewegungen für eine gedächtnisgestützte Religionspädagogik

Die Frage nach dem 'religiös-kulturellen Gedächtnis' wurde von Anfang an im Horizont einer Orientierung des Einzelnen in der gesellschaftlichen Wirklichkeit der Gegenwart formuliert. In Anbetracht der differenzierten und individualisierten Lebenswelten der Adressaten kann die Aufgabe von Religionspädagogik heute kaum mehr in der Vermittlung eines festen Orientierungs-Depositums bestehen. Vielmehr muss es ihr mit dem 'personalen Angebot' und dem 'Sachangebot', ganz im Sinne der strukturell-funktionalen Ausrichtung dieser Arbeit, um die Bereitstellung von Erfahrungsräumen gehen, welche die Ausbildung von Orientierungs-*Kompetenzen* fördern. Eine gedächtnisfundierte Religionspädagogik begreift die Orientierungskompetenz als gedächtnisverantwortete Wahrnehmungskompetenz, welche im Relationierungs- und Relativierungsgeschehen der Gegenwart Handlungsoptionen und (religiöse) Deutungsoptionen eröffnet.

Im Vorgriff auf eine auszuformulierende 'Theologie der Relationierung und Relativierung' soll hier kein umfassender religionspädagogischer Entwurf dargestellt werden. Vielmehr geht es um einen ersten Ausblick auf Fragestellungen und Lernfelder einer gedächtnisfundierten Religionspädagogik.

Der Religionspädagogik kommt jenseits des hier geleisteten Grundlagenbeitrages eine prominente innertheologische Stellung bei der Frage nach den Möglichkeitsbedingungen einer gedächtnisfundierten 'Theologie der Relationierung und Relativierung' und ihrer inhaltlichen Erarbeitung zu. Der Grund hierfür wird in ihrer strukturellen Gegenwartsbezogenheit bzw. in ihrem funktionalen Charakter erkannt: Als 'Wissenschaft mit Praxisbezug' weiß sie um die Virulenz des Gedächtnisthemas bei ihren Adressaten, da sie einerseits mit der Selbstwahrnehmung fragender Menschen unmittelbar in Berührung kommt und andererseits das personal-thematische Angebot kirchlichen Handelns daraufhin reflektiert. Der hier entstehende Problemlösungsdruck evoziert ein kontinuierliches Interesse an den Fragestellungen benachbarter Humanwissenschaften.

Vor dem Hintergrund dieser Verortung der Religionspädagogik und im Rahmen der geleisteten radikal konstruktivistischen und sozialkonstruktivistischen Bestimmung von Gedächtnis und Identitätserzeugung formuliert die Religionspädagogik einen Arbeitsauftrag. Die 'Thematisierung des Gedächtnisbegriffs'[1213] ist von verschiedenen theologischen Fächern zu begleiten. Die Religionspädagogik bleibt weder bloße Auftraggeberin ausstehender Forschung noch alleinige Nutznießerin erfolgter Forschung.

[1213]Gedächtnis ist hier innerhalb der differenzierten Gedächtnistheorie für die Organisation verschiedener Wahrnehmungsprozesse und entsprechend für Formen kollektiven Erinnerns wie auch des kollektiven Vergessens verantwortlich. Vgl. zum Nexus von Erinnern und Vergessen Kapitel 4.7.2, S. 196 - 201.

Die theologische Thematisierung umfasst dabei sowohl eine gegenstandskritische als auch eine wissenschaftskritische, d.h. theologiegeschichtskritische, Ebene. Eine derartige Konzeption erscheint unverzichtbar, soll der Aufweis der 'Gedächtniskategorie' als theologisch entscheidende Kategorie für die Konstitution und Kontinuierung des Sozialgebildes 'Religion' bzw. 'Kirche' wie auch für den individuellen Glauben in einer angemessenen Weise erfolgen. Ein zeitgenössisch motivierter Zugang erscheint möglich, sofern bisherige Konzepte des Zusammenhangs von Vergangenheit, Gegenwart und Zukunft 'gegen den Strich' gelesen werden können.[1214]

Als 'roter Faden' einer theologieinternen Erforschung des 'kollektiven Gedächtnisses' bleibt an den folgenden Konstitutionsbedingungen von religiöser Identität festzuhalten: An der *Sozialität* als Bedingung der Erfahrung von Religion und einzelnen religiösen Begebenheiten. An der *Konstruktivität* als Bedingung der Entstehung und Kontinuierung eines religiösen Weltbildes, das im Rahmen einer kulturell organisierten, institutionellen Absicherung tradiert werden kann. Damit ist gleichzeitig auf den *funktionalen Charakter* des Konstruierten und auf das artifiziell kreative, in diesem Sinne revolutionäre Moment des Konstruierens hinzuweisen.[1215] Die Gestaltungsoffenheit der *Medien* religiöser Kommunikation bildet eine weitere Kategorie, welche zu bedenken ist, sobald innerhalb der Theologie eine Annäherung an das Phänomen 'gedächtnisgestützte Identität' durch religiöse Wahrnehmung versucht wird. Je nach funktionaler Einbindung und je nach dem Grad der Abstraktionsebene des Mediums, eröffnet dieses Medium ein Interaktionsgeschehen, in welchem die prinzipiell formbaren Handlungs- und Kommunikationsmuster variabel gehalten werden können.[1216]

Mit der 'Entdeckung des kollektiven Gedächtnisses' seitens der Religionspädagogik wird die Einsicht in den originären Zusammenhang zwischen biologisch konstituiertem Gedächtnisträger und dessen sozial-kultureller Rahmung sowie zwischen Wahrnehmung und Identitätsausbildung angestrebt. Kann dieser Zusammenhang für die Pädagogik fruchtbar gemacht werden, so verfügt sie gegenüber Gesellschaft und verfasster Religion über ein modernisierendes Potential. Mit der 'Entdeckung des religiös-kulturellen Gedächtnisses' nutzt die Religionspädagogik die der Kirche und der Theologie zu-

---

[1214]Als Beispiel solcher Konzepte sind Entwürfe zu nennen, deren zentraler Begriff jener der 'Tradition' ist. Der Vorbehalt gegenüber jenen Ansätzen bezieht sich darauf, dass der *'traditio'*-Begriff sowohl den Bruch mit dem als en vogue Geltenden, der konstitutiv mit dem Rückbezug verbunden ist, als auch die Ausblendung von Wirklichkeit, welche konstitutiv mit der Konstruktion einer Vergangenheitsvorstellung verbunden ist, verschleiert. Zur entsprechenden Bewertung des Traditionsbegriffs durch Assmann vgl. Anm. 453 bzw. ASSMANN, Jan (1992a), 34.

[1215]Dieser Aspekt des 'Gedächtnisses' bindet gegenüber dem Traditionsbegriff die Qualität der 'autonomen Handlung' des Agierenden bereits schon an den 'Akt der Bildung und Weitergabe' eines Gutes und nicht erst an den 'Akt des (folgenden) Rezipierens' bzw. reflektierenden Aneignens des Gutes, wie es innerhalb der Verwendungsweise des Traditionsbegriffs geschieht, vgl. für eine entsprechende Verwendungsweise des Traditionsbegriffs SECKLER, Max (1982), v.a. 12-15, 17-22. Die Generierung eines 'religiös-kulturellen Gedächtnisses' hat deshalb (wie mit der josianischen Reform gezeigt) nichts mit einem 'Traditionalismus' zu tun.

[1216]Vgl. zu den verschiedenen Abstraktionsgraden die Aufteilung Assmanns in Medien "ersten" und "zweiten Grades" vgl. ASSMANN, Aleida und Jan (1994), 121.

grundeliegende Wahrnehmungsstruktur: Lernende und Lehrende können als kommuni-
zierende Subjekte die relational-relative Wahrnehmungsstruktur ins Bewusstsein heben
und sie vor dem Horizont christlicher Wirklichkeitserfahrung als Kompetenz und
Geschenk 'wahren Menschseins' entdecken. Diese Kompetenz sollte es dem Individuum
erlauben, autonom und selbstverantwortlich innerhalb einer transzendentalen *Gemeinschaft* eine individuelle Identität ausbilden zu können.[1217]

Voraussetzung jeder gedächtnisgestützten Religionspädagogik bleibt der Nachweis der
Relevanz für ein 'religiös-kulturelles Gedächtnis' in der Gegenwart und damit die Klärung der Frage, ob und inwiefern in der gegenwärtigen Gesellschaft überhaupt noch eine
übergreifende, religiöse Identität ausgebildet werden kann bzw. muss.[1218]

Jenseits aller biblischen Zeugnisse bleibt dieser Nachweis für die Gegenwart zu er-
bringen, soll keine Pädagogik entwickelt werden, welche an der Lebenssituation und
Lebenswirklichkeit ihrer Adressaten vorbeizielt. Die gegenwartsbezogene Beschäftigung
mit Gedächtnis und Identität ermöglicht im Gegenzug allerdings auch, die bisherigen
Theologien konstruktiv in Frage zu stellen und so das Ringen um die dem biblischen
Selbstverständnis angemessene Auslegung der Heiligen Schrift lebendig zu halten.[1219]

[1217]Die relational-relative Wahrnehmungsstruktur begreift den Einzelnen als Subjekt eines kontextuellen,
dynamischen Handelns. Eine religionspädagogische Rückbesinnung auf diese Wahrnehmungsstruktur
von Christentum und Kirche veranschaulicht die wechselseitige Anschlußfähigkeit von Religionspädagogik bzw. Theologie und konstruktivistischer Systemtheorie. Eine systemische Pädagogik orientiert
sich an der Organisationsform der Selbstorganisation. Lehre wird hier als Selbstlehre und Bildung als
Selbstbildung konzipiert. Die Pädagogik rückt dann nicht mehr die Reproduktion von 'Wahrheiten'
sondern den Prozess des Lernens selbst in den Mittelpunkt; vgl. PÖRKSEN, Bernhard (1997), 23.
Eine derartige Religionspädagogik greift auch das Anliegen Erdmanns auf, das Kriterium der Viabilität
auf das Feld religiöser Erkenntnis anzuwenden; vgl. ERDMANN, Heinrich (1999), 87, 106. Mit der
'Entdeckung des religiös-kulturellen Gedächtnisses' kann die Religionspädagogik den Glauben nicht nur
als eine Wahrnehmungsdimension erschließen, die vom Einzelnen abhängt und auf die Wahrnehmungsfülle des Einzelnen hingeordnet ist, vgl. ERDMANN, Heinrich (1999), 100f. Das 'Gedächtnis der Gegenwart' kann einer Religionspädagogik auch als Fundament dafür dienen, die Frage, ob sie lediglich ein
zeitgebunden überholtes Weltbild oder eine anthropologisch angemessene ('viable') Wahrnehmungsstruktur in der Geschichte offenzulegen sucht, selbstkritisch an sich herantreten zu lassen. Vgl. zur
Verknüpfung von aktueller Theologie und überholtem Weltbild ERDMANN, Heinrich (1999), 104. Eine
'Theologie der Relationierung und Relativierung' vermag hier, Anthropologie und Geschichte, Individuum und Sozialität, Mensch und Gott in kontextuell-dynamischer, nicht vereinnahmender Weise zu
verbinden.

[1218]Vgl. zur Auseinandersetzung um Möglichkeitsbedingungen und Notwendigkeit der Ausbildung einer
systemübergreifenden kollektiven Identität in den komplexen Gesellschaften des Westens die Beiträge
von HABERMAS, Jürgen (1982), v.a. 107, 112-121 und von LUHMANN, Niklas (1979), v.a. 322, 334, 341-
344.

[1219]Vor einer 'romantisierend verkürzenden Vorstellung' bezüglich der *Institutionalisierung* eines
übergreifenden kulturellen Gedächtnisses in Israel ist zu warnen. Das deuteronomische Konzept des
Lehrens und Lernens verschiedener Mnemotechniken hat sich als *Gesamtentwurf* im nachexilischen
Israel *nicht* halten können. Unabhängig von dieser historischen Einschränkung ermöglicht und sichert
aber gerade der im Dtn beheimatete Erinnerungsimperativ und zentrale Mnemotechniken dem Judentum
bis heute eine ungebrochene Identität.

4.2   Die Dichotomie von Alltag und Fest als Forschungsauftrag

Das Fest wurde unter anthropologischen Gesichtspunkten als das originäre Medium kultureller Erinnerung bezeichnet, weil es einen ausgezeichneten Ort institutionalisierter Erfahrung von Transzendenz darstellt.[1220] Der Mensch erfährt hier die Weitung seiner Alltagswelt in eine sinnhaft aufgeladene, unbegrenzte und allumfassende Dimension 'anderer Zeit' hinein. Die hier erfahrene Grundstruktur menschlicher Wirklichkeit, die darin besteht, dass die beiden 'Zeit-Dimensionen' der Wirklichkeit (Alltag und Fest) sowohl chronologisch (der Alltag als Festvorbereitung oder als Festnachbereitung) als auch semiotisch (der Alltag als Bestandteil des Festes; das Fest als Deutung des Alltags) aufeinander bezogen sind, bleibt für die Ausbildung eines kulturellen Gedächtnisses maßgebend. Nur wenn diese wechselseitige Verwiesenheit in der Gegenwart als relevant erlebt wird, wird das Fest als 'Medium kulturellen Erinnerns' weiterhin zur Selbstverortung des Einzelnen innerhalb eines Kollektivs (durch Sozialisierung und Vergemeinschaftung) genutzt werden.

Das christlich religiöse Verständnis von Festen setzt ihre Qualifizierung als Orte von Transzendenzerfahrung in doppelt sozialer Rahmung (gegenwärtig erfahrene und gegenwärtig gehaltene bzw. imaginierte soziale Einbindung) voraus. Die spezifisch religiöse Fundierung und Ausgestaltung dieser Transzendenzerfahrung bildet sich infolge eines historisch fixierbaren Transformationsprozesses aus.[1221] Die Bezogenheit gegenüber Gott und der religiös bestimmten, heiligen Gemeinschaft wird zum Gegenstand und Fundament von Transzendenz, deren Erfahrung und Ermöglichung zum Objekt von Heilsnotwendigkeit avanciert.

Gerade wenn jenseits dieser besonderen Relevanz von Festen in dem Medium 'Religion' das 'Erlebnis Fest' als "Medium ersten Grades" ein grundsätzlicher Bestandteil der Generierung eines kulturellen Gedächtnisses ist,[1222] kommt dem Studium *heutiger Festkultur* und *heutigen Alltagslebens* ein besonderer Stellenwert zu. Feste erfüllen als 'Medium ersten Grades' auch gegenwärtig eine identitätsrelevante Funktion. Von einer wechselnden Festkultur kann ausgegangen werden, weil Feste jenen Ort darstellen, wo sich auch jenseits einer Anbindung an die Fixierungs- und Tradierungsbemühungen von Organisationen eine Festkultur autonom und zeitsensitiv ausbilden kann. Als Teil des 'Medium dritten Grades' tragen *christliche* Feste aber zu einer spezifisch kulturellen, religiösen Transformationsleistung bei und bleiben deshalb in Struktur und Funktion unselbstverständlich. Nur wenn die chronologische und semiotische Vehältnisbestimmung von Alltag und Fest für den Einzelnen auch gegenwärtig *im Christentum* als

---

[1220]Vgl. Kapitel 4.4.1, S. 131ff.

[1221]Die "Entwicklung vom Historisch-Ethischen hin zum Transzendental-Mystischen" (GRÖZINGER, Karl E. (1992), 33) wurde von Assmann als Transformation rechtlich-politischer Strukturen und Gehalte in religiöse nachgezeichnet.

[1222]Diese Zuordnung des "Medium ersten Grades" zum kulturellen Gedächtnis beruht auf der Annahme, dass sich das 'Medium dritten Grades' v.a. durch die Integration der Kennzeichen der "Medien ersten -" und "- zweiten Grades" auszeichnet, vgl. Kapitel 4.7.2.2, S. 193ff.

Identität erschließend erlebt wird, kann eine Religionspädagogik diese Erfahrung zur Initiierung von (Selbst-)Wahrnehmungsprozessen nutzen. Nur wenn *christliche* Feste *tatsächlich* als transzendierende Anknüpfung an die wahrgenommene Lebenswelt erfahren werden, kann Religionspädagogik die katechetische, d.h. die heilsgeschichtlich sozialisierende und vergemeinschaftende, Funktion und Struktur dieser Erfahrung in eigenen Lehr- und Lernprozessen aufnehmen.

Das Studium *heutiger Festkultur* und *heutigen Alltagslebens* bleibt Aufgabe einer gegenwartsverorteten und gegenwartssensitiven Praktischen Theologie. Zur Eruierung der identitätsrelevanten Potentiale von Vergemeinschaftung und Sozialisation ist die *gesellschaftliche Gegenwart* zu befragen: Aus welchen Anlässen werden heute Feste gefeiert, durch was unterscheiden sich diese Anlässe vom Alltag oder kommt es zu einer tendenziellen Nivellierung der Trennung der 'anderen Zeit' von der Alltagszeit?[1223] Veränderungen können auch die Art und Weise betreffen, wie Feste vom Einzelnen wahrgenommen werden und welche Funktion sie im gesellschaftlichen Leben spielen. Damit stellt sich weiter die Frage, welche Institutionen und Organisationen die gegenwärtige Festtradition sichern und auf welche Weise diese Instanzen an der Ausbildung und Kontinuierung eines 'Festbewusstseins' beteiligt sind.

Das gegenwartssensitive Studium *heutiger Festkultur* und *heutigen Alltagslebens* bindet allerdings auch *theologische Disziplinen* ein. Hier bleibt in zweierlei Richtung zu fragen. Es bleibt zunächst der 'Sollwert' einer 'Theologie des Festes' bzw. einer Theologie zu bestimmen, die in einem heilsgeschichtlichen Entwurf die Gesamtzeit des Lebens (z.B. Fest und Alltag) zu umfassen sucht. Entscheidende Bedeutung kommt hier der Frage zu, welche sozialen und spirituellen Wahrnehmungsoptionen an das Festverständnis der Heiligen Schrift geknüpft sind. Als zweite Ebene ist auch der 'Istwert' religiösen Selbstverständnisses und Handelns in Theologie und Kirche zu befragen. Klärung bedarf also, ob und wie das traditionsgebundene Selbstverständnis innerhalb der Theologie und Kirche faktisch in ein aktuelles, praxisorientiertes Selbstverständnis übersetzt wird. Parallel zum gesellschaftlichen Aufweis bleibt zu eruieren: Aus welchen Anlässen werden christliche Feste gefeiert (wobei diese Frage keine Reduktion auf kirchliche Hochfeste erfahren darf), was existiert neben diesen Festen als 'Alltag der Gemeinschaft der Christen', d.h. welche Funktion spielen Feste im Leben dieser Gemeinschaft, und gibt es Raum für die Ausbildung einer eigenen Fest- und Alltagskultur? Schließlich wird auch der einzelne Christ eigenständig in das Blickfeld gerückt, wenn es nachzuzeichnen gilt, wie er die Feste in der Gemeinschaft erfährt, welche Funktion ihm im Festvollzug zukommt und inwiefern sozial-kulturell begangene Feste Themen der individuellen Biographie zum Gegenstand haben. Bei der Frage nach Biographiethemen geht es nicht nur um deren typologischen Nachweis, sondern im Duktus dieser Arbeit darum, ob sie in ihrer zeitgenössischen Ausgestaltung integriert werden.

[1223]Hier scheinen Phänomene einer besonderen Aufmerksamkeit zu bedürfen, die auf eine Entwicklung innerhalb der "Erlebnisgesellschaft" hinweisen, den Fest*anlass* beliebig zu vervielfachen ("den Alltag zum Fest zu erklären") und die Fest*begehung* zunehmend zu privatisieren ("die 'zwei-Portionen-Tiefkühlpackung' als Festessen").

Der Forschungsansatz plädiert für eine dreigeteilte Herangehensweise an die Ausgestaltung von Alltag und Festzeit: als Thema in der gegenwärtigen Gesellschaft, als Thema christlicher Überlieferung und als Thema religiöser Praxis im zeitgenössischen Christentum. Damit zeichnet sich ein doppelter Gewinn ab:

Einerseits zielt die Wahrnehmung von gesellschaftlicher und christlicher Gegenwart auf eine 'Theorie eines religiös-kulturellen Gedächtnisses'. Zu eruieren bleibt, ob nach dem christlichen Selbstverständnis 'Identität' nicht auf eine ähnliche Weise bestimmt wird, wie dies unter anderen inhaltlichen Vorzeichen für modernisierte Gesellschaften charakteristisch ist. Christliche Identität beschränkt sich dann nicht auf ein spezifisch ausgeschmücktes Traditionsgut. Vielmehr weisen Glaubensprozesse und -räume, Offenbarungsstrukturen und -inhalte darauf hin, dass 'Identität' als eine strukturell festgelegte, funktional gefüllte Wahrnehmungskompetenz zu fassen ist. Die als 'Identität' ausgebildete Kompetenz dient der stets neu zu bestehenden Kontingenzthematisierung.[1224]

Andererseits kann das Nachspüren der zeitgenössisch kulturellen Ausgestaltung der Dichotomie von Alltag und Festzeit der Religionspädagogik die Chance bieten, einen eigenständig christlichen Beitrag zur Erfassung und Ausbildung eines kulturellen Gedächtnisses in der Gegenwart zu leisten. In 'Lernprozessen des Gedächtnisses' kann sie dann ihrem Auftrag, dem Menschen die Frage nach sich selbst im Horizont der 'Gemeinschaft der Heiligen' näherzubringen, auf aktuelle Weise gerecht werden.

4.3 Kirchliche Jugendarbeit: Lernfeld für ein 'Gedächtnis der Gegenwart'

Die Erzdiözese Freiburg fördert in der Jugendarbeit die Begegnung mit jüdischen Menschen und Zeugnissen der Geschichte von Juden und Nicht-Juden durch einen eigenen diözesanen Initiativkreis.[1225] In der Praxis ist diese 'gedächtnispädagogische Ausrichtung' von Jugendarbeit auf zwei Ebenen einer beständig kritischen Überprüfung zu unterziehen. Begründungspflichtig bleibt sie sowohl gegenüber ihrem Adressatenkreis als auch hinsichtlich der Umgangsweise mit Geschichte in der Gegenwart.[1226]

[1224]So können schon die "innerhalb der Bibel sichtbaren [und für das Deuteronomium nachgewiesenen] Veränderungen der Begründung für die Feste ein Hinweis darauf sein, dass ältere Begründungen entweder nicht mehr verstanden, als nicht mehr ausreichend oder als obsolet erachtet wurden"; vgl. GRÖZINGER, Karl E. (1992), 36.

[1225]In der Trägerschaft des Erzbischöflichen Seelsorgeamtes (Abteilung Jugendpastoral) und des BDKJs im Erzbistum Freiburg versucht 'erinnern und begegnen. forum christlicher gedenkarbeit', Jugendliche und Junge Erwachsene sowie Multiplikatoren zu erreichen. Die Arbeit wird inhaltlich und strukturell vor allem von einem Kreis Ehrenamtlicher getragen. Zielsetzung der Arbeit ist es, die Verfolgung, Vertreibung und Vernichtung von Juden in der Zeit des Nationalsozialismus im Erinnern und Begegnen zu thematisieren und das Wissen über jüdische Kultur bzw. Geschichte zu fördern. Dieses Wissen soll zu verantwortlichem Handeln in Gesellschaft und Kirche befähigen. 'erinnern und begegnen' versteht sich selbst - im Anschluss an 'Nostra aetate', Nr 4 - als kritischer Katalysator innerhalb der Kirche.

[1226]Der Rechtfertigungsdruck im Umgang mit Geschichte ergibt sich daher, dass in dieser Pädagogik die 'soziale Rahmung' eine Stimme erhält: 'Geschichte' thematisiert ja nichts anderes als gegenwärtig gehaltene Identität anderer (in diesem Fall von Zeitzeugen und Opfern). Zum Rechtfertigungsdruck gegenüber den Adressaten vgl. S. 25ff.

Die 'Theorie eines religiös-kulturellen Gedächtnisses' kann dazu einen grundlegenden Beitrag leisten. Das 'Gedächtnis der Gegenwart' fokussiert Jugendarbeit auf die Frage, wie Jugendliche selbständig eine religiös-kulturelle Identität in der Gegenwart ausbilden können, ohne ihre antinomischen Lebenserfahrungen zu Gunsten einer vereinseitigenden Wahrnehmung der eigenen Person und der sozialen Rahmung (Geschichte und Kultur) aufzulösen. Damit wird die gedächtnisfundierte Jugendarbeit als Lernfeld für identitäts-relevante, d.h. Orientierung und Handeln ermöglichende, Wahrnehmungsprozesse konzipiert. Ziel bleibt die Wahrnehmung von Beziehungsmustern (Relationierung) und Beziehungsveränderungen (Relativierung), in denen sich die eigene Person in der gesellschaftlichen und kulturellen Gegenwart mit einer christlich-religiösen Sinngebung wiederfindet. Ziel bleibt damit aber auch die Entstehung eines religiösen Selbstbildes als aktuelles Wahrnehmen von Mustern konstruktiver Komplexität und Dynamik auf dem Fundament bereits gesammelter Erfahrung und vertrauter Erlebnisse.

Die christlich religiöse Konnotation dieser Wahrnehmungsprozesse kann einerseits in ihrer Funktion erfahrbar werden. Die Thematisierung der eigenen Person (Personalität) und deren sozial-kulturellen, religiös-transzendenten Rahmung (Geschichte, Heils-geschichte) fördert sowohl die Individualitäts- als auch die Sozialitätskompetenz des Einzelnen. Andererseits kann die christliche Konnotation auch in der Struktur der zugrundeliegenden Wahrnehmungsprozesse erlebt werden. Die Struktur der relational-relativen Identitätserzeugung wird mit der Thematisierung von Beziehungsmustern und Beziehungsentwicklungen offengelegt und selbst zum Thema (Heilige Schrift, Frohbot-schaft). Die Struktur relational-relativer Identitätserzeugung wird darüber hinaus kultu-rell gesteigert (durch die Hochschätzung einer kontrapräsentischen Wahrnehmung des Inkarnationsgeschehens bzw. der Heilsgeschichte).

Ein Jugendprojekt, welches die 'Theorie eines religiös-kulturellen Gedächtnisses' für umfassende und differenzierte Wahrnehmungsprozesse der Gegenwart nutzt, wurde für 'erinnern und begegnen' entwickelt.[1227] Diesem Jugendprojekt liegt eine gedächtnisfun-dierte Pädagogik zugrunde, welche die Jugendlichen als Subjekte eigenen Handelns ernst nimmt und entsprechend Prozesse initiieren will, ohne Verlauf und Ergebnis vorgeben zu können bzw. zu wollen. Die 'Erfolgsmöglichkeiten' einer solchen Prozess-initiative bleiben abhängig von der positiven Funktionszuschreibung seitens der han-delnden Akteure. Der gegenwärtigen Lebenswelt Jugendlicher und ihrer sozio-politi-schen Rahmung kommt deshalb ein besonderer Stellenwert zu: sie ist Ausgangspunkt und Gegenstand der avisierten relational-relativen (Selbst-)Wahrnehmung.

Unter dem Arbeitstitel *"... den deportierten Juden Badens erinnern ...: Eine Einladung, der Gegenwart und Geschichte jüdischen Lebens zu begegnen"* sollen Jugendliche ermutigt werden, sich auf eine Spurensuche zu begeben. Diese kann in den Lebens-räumen, die ihnen vertraut sind, wo sie leben, lernen, arbeiten oder die Freizeit ver-

---

[1227]In der Umsetzung kann und soll das vorgestellte Projekt nicht in der alleinigen Trägerschaft von 'erinnern und begegnen' bleiben. Da sich das Projekt allgemein an Jugendliche in Baden richtet und nicht auf den kirchlich-katholischen Bereich beschränkt bleiben soll, ist auch das Engagement anderer Träger unabdingbare Voraussetzung.

bringen, beginnen. Gesucht werden Spuren der Beziehung von Juden und Nicht-Juden, denen sie in ihrer Alltagswelt direkt begegnen. Das können Personen, Gruppen, Institutionen, sozial-politische Themen, Veranstaltungen, Gedenktage, Bildungsangebote, Namensgebungen oder Feste sein, welche den sozialen Rahmen der Jugendlichen ganz offen prägen. Ins Blickfeld der Jugendlichen können aber auch eher weniger beachtete Lebensformen und Themen von Juden und Christen rücken. Ausgehend von Zeugnissen und Gedenkanlässen der Vergangenheit kann schließlich die Frage nach der Geschichte der Beziehung von Juden und Nicht-Juden bzw. Christen in Baden interessieren; besonderes Augenmerk ist dabei den Spuren sowie dem Schicksal jüdischen Lebens in Baden zur Zeit des Dritten Reichs zu schenken.[1228]

Die Erfahrungen und Materialien der Spurensuche lassen die Jugendliche einfließen in die Ausgestaltung zweier 'Memorialsteine', mit denen sie ein Mahnmal für die deportierten Juden errichten, welches einerseits als zentrale Gedenkstätte und andererseits als Netz dezentraler Erinnerungssteine entsteht.

Der eine Stein verbleibt in ihrer politischen bzw. kirchlichen Gemeinde, als Erinnerung und Dokumentation der Spurensuche der Jugendlichen *und* des Schicksals der ehemals lokal ansässigen Juden und ihrer Kultusgemeinden.

Einen zweiten Stein bringen die Jugendlichen in eine zentrale Gedenkstätte ein. Hier vereinigen sie ihre unterschiedlichen 'Memorialsteine' zu einem Gesamtwerk: einem doppelten, zerbrochenen Davidstern. Mit diesem zentralen Mahnmal wird nicht nur erstmals dem gemeinsamen Schicksal der Juden in Baden und der konzertierten Aktion der nicht-jüdischen Verfolger gedacht, sondern auch das Handeln der Jugendlichen als gesellschaftpolitisches manifestiert.

Im Zentrum dieses Davidsterns schlagen zwei Halbkreise die Brücke in die Gegenwart jüdischen Lebens. Baulich abgehoben bieten sie Raum, um Elemente jüdischen Gemeindelebens und Themen der Begegnung von Juden und Nicht-Juden vorzustellen.

[1228]So wurden am 22.10.1940 alle Juden in Baden im Rahmen einer Aktion 'Bürckel' in das Konzentrationslager Gurs deportiert, viele von ihnen wurden später in Auschwitz ermordet. Baden galt fortan als erstes Land im Deutschen Reich als 'judenrein': die Menschen im Untergrund versteckt oder deportiert und weitgehend vernichtet, weit mehr als hundert Gemeinden zerstört und ihre Gotteshäuser geschändet.

Grundlage der Errichtung eines Mahnmals aus zentraler Gedenkstätte und einem Netz dezentraler Erinnerungsanstöße ist eine gedächtnisfundierte Pädagogik:

Als entscheidende Größe gelten ihr die Jugendlichen und ihre Lebenswelt. Sie werden sozial und politisch aktiv, bleiben die handelnde Subjekte und als solche die ersten Träger eines möglichen religiös-kulturellen Gedächtnisses. Ausgangspunkt aller Wahrnehmungsprozesse und allen Handelns bleibt die Gegenwart. Erinnerungsprozesse gehen von der Gegenwart aus, sie sind Teil gedächtnisorganisierter Wahrnehmungsprozesse. Die *Realität* der gesellschaftlichen Gegenwart bleibt dann für die Handelnden (die Jugendlichen) und die *Realität* der erinnerten Vergangenheit (das Schicksal der deportierten Juden) bleibt im gesamten Mahnmalprojekt unverfügbar und uneinholbar.[1229] 'Gedächtnis'[1230] bleibt die Signatur und Organisationsinstanz handlungsleitender und identitätsrelevanter Wahrnehmung: Die Strukturen (Spurensuche als Verknüpfung individuellen und gesellschaftspolitischen Handelns) und Funktionen (eine christliche bzw. postchristliche Identität im Angesicht der Beziehung von Juden und Nicht-Juden), die Akte (dialogisch-dynamische Begegnung mit Juden und Themen aus der eigenen

---

[1229]Selbst der Versuch einer kommunikativen Vorgehensweise gegenüber nicht-jüdischen Jugendlichen und Juden hebt die Begrenztheit menschlicher Wahrnehmungsmöglichkeiten nicht auf. Die Begriffe 'Unverfügbarkeit' und 'Uneinholbarkeit' veranschaulichen somit die Kehrseite der konstruktivistischen Entlastung von dem Wahrnehmungsanspruch, die Realität schlechthin erkennen zu wollen. Die Gegenwart und Vergangenheit des Miteinanders von Juden und Nicht-Juden wird nicht nur methodisch bei der Spurensuche zur Frage. Der Begriff des Mahnmals veranschaulicht die bleibende Unverfügbarkeit des Geschehenen.

[1230]Ziel dieses Jugendprojektes ist es, sowohl auf der Seite der beteiligten Jugendlichen als auch auf der das Projekt fördernden und inhaltlich tragenden Initiatoren, nicht auf den Bereich kirchlichen bzw. katholischen Lebens beschränkt zu bleiben. Insofern ist hier nicht vorschnell von der pauschal angestrebten Ausbildung eines 'religiös-kulturellen Gedächtnisses' auszugehen. Das Selbstverständnis und die Aufgabenstellung kirchlich christlicher Institutionen veranschaulichen, dass mit dem 'religiös-kulturellen Gedächtnis' der spezifisch christlich-kirchliche Fragehorizont bezeichnet wird.

Lebenswelt), die Themen (Gegenwart und Geschichte von Juden in Baden)[1231] veranschaulichen ein Konstruktionsgeschehen der Relationierungen und Relativierungen. Selbst das 'monumentale Medium' dieses kulturellen Erinnerns, das zentrale Mahnmal, versucht, diese Struktur der Relationierung und Relativierung aufzunehmen und plastisch werden zu lassen:

Die 'Memorialsteine' stehen für die ehemaligen jüdischen Gemeinden in Baden, sie formen den doppelten Davidstern, indem ihr Beziehungsgefüge wahrgenommen wird. Gleichzeitig gibt jeder einzelne Stein innerhalb der Gesamtanlage Raum für ein Gedenken in der Annäherung an individuelle Gemeinden. Die labyrinthförmige, parkähnliche Gesamtanlage unterstützt mit vielfachen Zugangsmöglichkeiten und verwinkelten Pfaden, individuelle Wege der Annäherung und des Sich-in-Beziehungssetzens zu suchen. Zentrum und Peripherie stehen in Spannung, Gegenwart und Vergangenheit begegnen sich, verweisen auf einander, ohne sich gegenseitig aufheben zu können.

Die Konzeption dieses Projektes sieht vor, dass ein Trägerkreis unterschiedlicher Institutionen und Organisationen die Spurensuche der Jugendlichen über ca. zwei Jahre hinweg mit pädagogischen Handreichungen und einer finanziellen Absicherung unterstützt. Die zugrundeliegende gedächtnisfundierte Pädagogik lässt es allerdings auch zu, das Projekt in modifizierter Weise auf eine beliebig überschaubare Ebene, wie zum Beispiel einzelne kirchliche Gemeinden oder Schulprojekte, umzubrechen.

[1231]Der Brückenschlag innerhalb der zentralen Gedenkstätte zur Gegenwart jüdischen Lebens veranschaulicht, dass Juden und jüdisches Leben nicht in der Rolle eines wahrgenommenen Objektes verbleiben. Integraler Bestandteil des Projektes ist es, der Selbstwahrnehmung jüdischen Lebens aber auch der jüdische Wahrnehmung nicht-jüdischen Lebens hinreichend Raum zur Verfügung zu stellen.

ANHANG

1   Proclamation of the 'Decade of the Brain'

Presidential Proclamation 6158[1232]

July 17, 1990
By the President of the United States of America
A Proclamation

The human brain, a 3-pound mass of interwoven nerve cells that controls our activity, is one of the most magnificent - and mysterious - wonders of creation. The seat of human intelligence, interpreter of senses, and controller of movement, this incredible organ continues to intrigue scientists and layman alike.

Over the years, our understanding of the brain - how it works, what goes wrong when it is injured or diseased - has increased dramatically. However, we still have much more to learn. The need for continued study of the brain is compelling: millions of Americans are affected each year by disorders of the brain ranging from neurogenetic diseases to degenerative disorders such as Alzheimer's, as well as stroke, schizophrenia, autism, and impairments of speech, language, and hearing.

Today, these individuals and their families are justifiably hopeful, for a new era of discovery is dawning in brain research. Powerful microscopes, major strides in the study of genetics, and advances in brain imaging devices are giving physicians and scientists ever greater insight into the brain. Neuroscientists are mapping the brain's biochemical circuitry, which may help produce more effective drugs for alleviating the suffering of those who have Alzheimer's or Parkinson's disease. By studying how the brain's cells and chemicals develop, interact, and communicate with the rest of the body, investigators are also developing improved treatments for people incapacitated by spinal cord injuries, depressive disorders, and epileptic seizures. Breakthroughs in molecular genetics show great promise of yielding methods to treat and prevent Huntington's disease, the muscular dystrophies, and other life-threatening disorders.

Research may also prove valuable in our war on drugs, as studies provide greater insight into how people become addicted to drugs and how drugs affect the brain. These studies may also help produce effective treatments for chemical dependency and help us to understand and prevent the harm done to the preborn children of pregnant women who abuse drugs and alcohol. Because there is a connection between the body's nervous and immune systems, studies of the brain may also help enhance our understanding of Acquired Immune Deficiency Syndrome.

[1232]*A Proclamation by the President of the United States of America.* [Internet release of Presidential Proclamation 6158] (1990, July 18). Available: http: //lcweb.loc.gov/loc/brain/proclaim.html [2001, February ?].

Many studies regarding the human brain have been planned and conducted by scientists at the National Institutes of Health, the National Institute of Mental Health, and other Federal research agencies. Augmenting Federal efforts are programs supported by private foundation and industry. The cooperation between these agencies and the multi-disciplinary efforts of thousands of scientists and health care professionals provide powerful evidence of our nation's determination to conquer brain disease.

To enhance public awareness of the benefits to be derived from brain research, the Congress, by House Joint Resolution 174, has designated the decade beginning January 1, 1990, as the "Decade of the Brain" and has authorized and requested the President to issue a proclamation in observance of this occasion.

Now, Therefore, I, George Bush, President of the United States of America, do hereby proclaim the decade beginning January 1, 1990, as the Decade of the Brain. I call upon all public officials and the people of the United States to observe that decade with appropriate programs, ceremonies, and activities.

In Witness Whereof, I have hereunto set my hand this seventeenth day of July, in the year of our Lord nineteen hundred and ninety, and of the Independence of the United States of America the two hundred and fifteenth.

GEORGE BUSH

Filed with the Office of the Federal Register, 12:11 p.m., July 18, 1990

2 Gedächtnistypologien im Überblick

2.1 Die radikal konstruktivistische Perspektive

Gedächtnis, Erinnern und Erinnerung im Kreislauf kognitiver Prozesse:[1233]
Die Generierung und Sicherung von Wahrnehmung im neuronalen Netzwerk

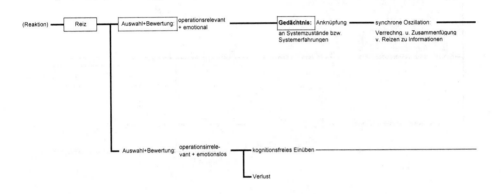

[1233]Die graphische Zusammenfassung radikal konstruktivistischer Forschungsergebnisse erfolgt in Anknüpfung an den Funktionskreislauf, der sich bei Gerhard Roth findet vgl. ROTH; Gerhard (⁷1998), passim u.v.a. 241.

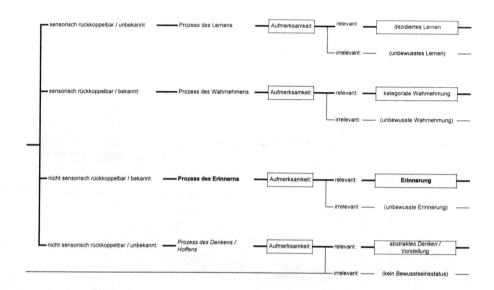

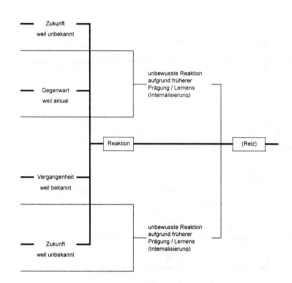

Kategorisieren	Cortex + subcorticale Zentren Verhalten	Transmission
Wahrnehmungskategorien = Bewusstseinsintensitäten: Zeitkonzepte als Wahrnehmungs und Orientierungskategorien des Gesamtsystems	neurophys. Verhalten im Rahmen der Kohärenzerzeugung und bewahrung	Transmission bedeutungsneutraler Signale

2.2   Das sozial-konstruktivistische Konzept Halbwachs'

Das kollektives Gedächtnis: Die umfassende Fundierung des individuellen Gedächtnisses durch 'soziale Rahmen'

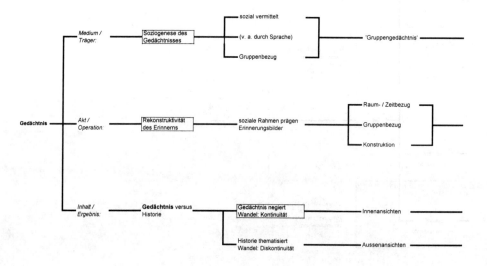

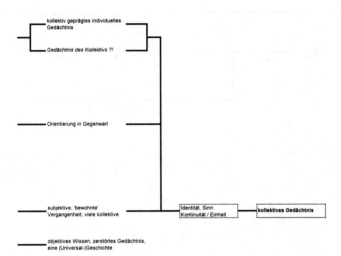

kollektiv geprägtes individuelles
Gedächtnis

Gedächtnis des Kollektivs ?!

Orientierung in Gegenwart

subjektive, 'bewohnte'
Vergangenheit; viele kollektive

Identität, Sinn:
Kontinuität / Einheit

kollektives Gedächtnis

objektives Wissen, zerstörtes Gedächtnis,
eine (Universal-)Geschichte

Funktion

2.3   Das kulturtheoretische Konzept Assmanns

Das kulturelle Gedächtnis: Die Ausbildung kultureller Identität im Kontext kulturell gesteigerter Gedächtnisleistungen

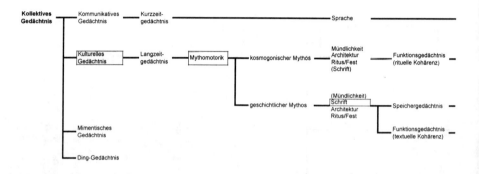

K o m m e n t i e r u n g	Gedächtnisformen	Funktion Operation	Inhalt	Medium	Form + Funktion
		Vergangenheit ist identitäts-relevant	Vergangenheitsbezüge: kosmogonische = absolute Vergangenheit oder geschichtlich-lineare = relative Vergangenheit	Schrift = Medium I. Grades: Daten-speicher ohne Erinnerungswert, Dokument	

Synchronie		soziale Rahmen		Alltagsorientierung	—

Diachorie	Kult- und Tempel-Kanon	Kult und Gesellschaft	Reproduktion	Integration	fundierende Erinnerung	—

Anachronie

Diachronie	Textkanon	zusätzlich durch Texte	(Re-)Konstruktion	Integration + Distinktion	kontrapräsent. Erinnerg.; Hypolepse
				Distinktion	kontrapräsent. Erinnerg.; Kommentar

Struktur	Medium		Operation	Operation	Inhalt Funktion
Zeitsignatur von Gedächtnisinhalt und Gedächtnisgeschehen	TK = Medium II. Grades: Datenspeicher mit Erinnerungswert, Monument	Gedächtnisbezüge: Grundstruktur Kult und Gesellschaft - Steigerungsform Text	*Struktur von kulturellen Gedächtnisprozessen bzw. der kulturellen Identitätsbildung*	Formen *ethno*graphischer *Relationierung* + *Relativierung*	kulturelle Leistungen: Gedächtnisinhalte bzw. *Inhalte kultureller Erinnerung*

(Alltagsbindung: Vergessen)

Staatlichkeit   monumentaler Diskurs / *Staatskult*   (kultur. Identität in Ägypten - untergegangen / vergessen)

Wissenschaft. / Philosophie   Diskurs / Wettstreit   kulturelle Identität in Griechenland

Religion   theologischer Imperativ   **kulturelle Identität in Israel**

Inhalt Medium		Funktion Inhalt
Transformationen im Prozess zunehmender Vergeistigung - Medium III. Grades: multimedialer Datenspeicher, problematisierter Erinnerungswert, pädagogische Modulation	*Modell der Generierung umfassender Konnektivität*	zeitresistente Identität

Literaturverzeichnis

ADORNO, Theodor W. (1967): Thesen über Tradition: Parva Aesthetica. In: ADORNO, Theodor W.: *Ohne Leitbild*, Frankfurt am Main, 29-41.

ASSMANN, Aleida und Jan (1983): Schrift und Gedächtnis. In: ASSMANN, Aleida und Jan/HARDMEIER, Christof (Hrsg.): *Schrift und Gedächtnis*, München (Beiträge zur Archäologie der literarischen Kommunikation; 1), 265-284.

ASSMANN, Aleida und Jan (1987): Kanon und Zensur. In: ASSMANN, Aleida und Jan (Hrsg.): *Kanon und Zensur*, München (Beiträge zur Archäologie der literarischen Kommunikation; 2), 7-27.

ASSMANN, Aleida und Jan (1988): Schrift, Tradition und Kultur. In: RAIBLE, Wolfgang (Hrsg.): *Zwischen Festtag und Alltag*, Tübingen (Scriptoralia; 6), 25-49.

ASSMANN, Aleida und Jan (1990): Kultur und Konflikt: Aspekte einer Theorie des unkommunikativen Handelns. In: ASSMANN, Jan/HARTH, Dietrich (Hrsg.): *Kultur und Konflikt*, Frankfurt am Main, 11-48.

ASSMANN, Aleida und Jan (1994): Das Gestern im Heute: Medien und soziales Gedächtnis. In: MERTEN, Klaus/SCHMIDT, Siegfried J./WEISCHENBERG, Siegfried (Hrsg.): *Die Wirklichkeit der Medien. Eine Einführung in die Kommunikationswissenschaft*, Opladen, 114-140.

ASSMANN, Jan (1988): Kollektives Gedächtnis und kulturelle Identität. In: ASSMANN, Jan/HÖLSCHER, Tonio (Hrsg.): *Kultur und Gedächtnis*, Frankfurt am Main, 9-19.

ASSMANN, Jan (1991a): Der zweidimensionale Mensch: Das Fest als Medium des kollektiven Gedächtnisses. In: ASSMANN, Jan/SUNDERMEIER, Theo (Hrsg.): *Das Fest und das Heilige: Religiöse Kontrapunkte zur Alltagswelt*, Gütersloh (Studien zum Verstehen fremder Religionen; 1), 13-30.

ASSMANN, Jan (1991b): Die Katastrophe des Vergessens: Das Deuteronomium als Paradigma kultureller Mnemotechnik. In: ASSMANN, Aleida/HARTH, Dietrich (Hrsg.): *Mnemosyne. Formen und Funktionen der kulturellen Erinnerung*, Frankfurt am Main, 337-355.

ASSMANN, Jan (1992a): *Das kulturelle Gedächtnis. Schrift, Erinnerung und politische Identität in frühen Hochkulturen*, München.

ASSMANN, Jan (1992b): Frühe Formen politischer Mythomotorik: Fundierende, kontrapräsentische und revolutionäre Mythen. In: ASSMANN, Jan/HARTH, Dietrich (Hrsg.): *Revolution und Mythos*, Frankfurt am Main, 39-61.

ASSMANN, Jan (1992c): *Politische Theologie zwischen Ägypten und Israel*, München (Themen / Carl Friedrich von Siemens Stiftung; 52).

ASSMANN, Jan (1994a): Zeit der Erneuerung, Zeit der Rechenschaft: Mythos und Geschichte in frühen Kulturen. In: HUBER, Jörg/MÜLLER, Alois Martin (Hrsg.): *'Kultur' und 'Gemeinsinn'*, Basel; Frankfurt am Main (Interventionen; 3), 171-194.

ASSMANN, Jan (1994b): Zur Spannung zwischen Poly- und Monotheismus im alten Ägypten. In: *Bibel und Kirche*, 49, 2, 78-82.

ASSMANN, Jan (1995): Erinnern, um dazuzugehören: Kulturelles Gedächtnis, Zugehörigkeitsstruktur und normative Vergangenheit. In: DABAG, Mihran/PLATT, Kristin (Hrsg.): *Generation und Gedächtnis: Erinnerungen und kollektive Identitäten*, Opladen, 51-75.

ASSMANN, Jan (1998): *Moses der Ägypter: Entzifferung einer Gedächtnisspur*, Darmstadt.

ASSMANN, Jan (2000): *Religion und kulturelles Gedächtnis: zehn Studien*, München.

AUGUSTINUS, Aurelius (1914): Bekenntnisse 10. In: *Bibliothek der Kirchenväter*, hrsg. von G. BARDENHEWER, Th. SCHERMANN und K. WEYMAN, Kempten; München, 215-269.

BAECKER, Dirk (³1996): Überlegungen zur Form des Gedächtnisses. In: SCHMIDT, Siegfried J. (Hrsg.): *Gedächtnis: Probleme und Perspektiven der interdisziplinären Gedächtnisforschung*, Frankfurt am Main, 337-359.

BECKER-CARUS, Christian (1992): Gedächtnis. In: TEWES, Uwe/ WILDGRUBE, Klaus (Hrsg.): *Psychologie-Lexikon*, München; Wien; Oldenburg, 125-129.

BERGER, Peter L./LUCKMANN, Thomas (⁵1977): *Die gesellschaftliche Konstruktion der Wirklichkeit: Eine Theorie der Wissenssoziologie*, Frankfurt am Main (1969).

BERGSON, Henri (1908): *Materie und Gedächtnis: Essays zur Beziehung zwischen Körper und Geist*, Jena.

BRAULIK, Georg (1985): Das Deuteronomium und die Geburt des Monotheismus. In: HAAG, Ernst (Hrsg.): *Gott, der einzige: Zur Entstehung des Monotheismus in Israel*, Freiburg im Breisgau; Basel; Wien (Quaestiones disputatae; 104), 115-159.

BRAULIK, Georg (1986): *Deuteronomium: 1-16,17*, Würzburg (Neue Echter Bibel: Kommentar zum Alten Testament mit der Einheitsübersetzung; 15).

BRAULIK, Georg (1991): Die politische Kraft des Festes: Biblische Aussagen. In: *Liturgie zwischen Mystik und Politik: Österreichische Pastoraltagung 27. bis 29. Dezember 1990* (Hrsg. v. Helmut ERHARTER/ Horst-Michael RAUTER), Wien, 65-76.

BRAULIK, Georg (1993): Das Deuteronomium und die Gedächtniskultur Israels: Redaktionsgeschichtliche Beobachtungen zur Verwendung von למד. In: BRAULIK, Georg/GROSS, Walter/MCEVENUE, Sean (Hrsg.): *Biblische Theologie und gesellschaftlicher Wandel* (Festschrift für Norbert Lohfink), Freiburg im Breisgau; Basel; Wien, 9-31.

CANCIK, Hubert/MOHR, Hubert (1990): Erinnerung / Gedächtnis. In: *Handbuch religions-wissenschaftlicher Grundbegriffe* (Bd. 2), Stuttgart; Berlin; Köln, 299-323.

CHILDS, Brevard S. (1962) : *Memory and Tradition in Israel*, London.

COLDITZ, Jens Dietmar (1994): *Kosmos als Schöpfung: Die Bedeutung der Creatio ex nihilo vor dem Anspruch moderner Kosmologie*, Regensburg.

CRÜSEMANN, Frank (1987): Das 'portative Vaterland': Struktur und Genese des alttestamentlichen Kanons. In: ASSMANN, Aleida und Jan (Hrsg.): *Kanon und Zensur*, München (Beiträge zur Archäologie der literarischen Kommunikation; 2), 63-79.

DAIBER, Karl-Fritz (1997): *Religion in Kirche und Gesellschaft: Theologische und soziologische Studien zur Präsenz von Religion in der gegenwärtigen Kultur*, Stuttgart; Berlin; Köln.

ELIADE, Mircea (1953): *Der Mythos der ewigen Wiederkehr*, Düsseldorf (frz. *Le mythe de l'éternel retour*, Paris 1949).

ELIADE, Mircea (1988): *Mythos und Wirklichkeit*, Frankfurt am Main (frz. *Aspects du mythe*, Paris 1963).

ERDMANN, Heinrich (1999): *Vom Glauben an die Wahrheit und von der Wahrheit des Glaubens*, Frankfurt am Main.

ERLER, Thomas (2000): *Das Einsteigerseminar UML (Unified Modeling Language)*, Kaarst.

EßBACH, Wolfgang (1996): *Studium Soziologie*, München.

FISCHOFF, Ephraim (1972): Maurice Halbwachs. In: *Encyclopaedia Judaica*, Jerusalem, 2, 1178.

FLAIG, Egon (1991): Amnestie und Amnesie in der griechischen Kultur: Das vergessene Selbstopfer für den Sieg im athenischen Bürgerkrieg 403 v.Chr.. In: *Saeculum*, 42, 129-149.

FLOREY, Ernst ([3]1996a): Gehirn und Zeit. In: SCHMIDT, Siegfried J. (Hrsg.): *Gedächtnis: Probleme und Perspektiven der interdisziplinären Gedächtnisforschung*, Frankfurt am Main, 170-189.

FLOREY, Ernst (1996b): "Geist - Seele - Gehirn: Eine kurze Ideengeschichte der Hirnfor-schung. In: ROTH, Gerhard/PRINZ, Wolfgang (Hrsg.): *Kopf-Arbeit: Gehirn-funktionen und kognitive Leistungen*, Heidelberg; Berlin; Oxford, 37-86.

FOERSTER, Heinz von (³1996): Was ist Gedächtnis, dass es Rückschau *und* Vorschau ermöglicht?. In: SCHMIDT, Siegfried J. (Hrsg.): *Gedächtnis: Probleme und Per-spektiven der interdisziplinären Gedächtnisforschung*, Frankfurt am Main, 56-95.

FREUD, Sigmund (1982): Zur Psychologie der Traumvorgänge. In: FREUD, Sigmund: *Die Traumdeutung*, (Studienausgabe II - Teil VII) hrsg. von Alexander MIT-SCHERLICH, Angela RICHARDS und James STRACHEY, Frankfurt am Main (Leip-zig; Wien, 1900), 488-588.

GADAMER, Hans-Georg (⁴1975): Freilegung der Wahrheitsfrage an der Erfahrung der Kunst. In: GADAMER, Hans-Georg: *Wahrheit und Methode: Grundzüge einer philosophischen Hermeneutik*, Tübingen, 1-161.

GLASERSFELD, Ernst von (1991): Abschied von der Objektivität. In: WATZLAWICK, Peter/KRIEG, Peter (Hrsg.): *Das Auge des Betrachters: Beiträge zum Konstrukti-vismus* (Festschrift für Heinz von Foerster), München; Zürich, 17-30.

GLASERSFELD, Ernst von (1992): Konstruktion der Wirklichkeit und des Begriffs der Objektivität. In: GUMIN, Heinz/MOHLER, Armin (Hrsg.): *Einführung in den Konstruktivismus*, Mit Beiträgen von Heinz von Foerster u.a., München, 9-39.

GLASERSFELD, Ernst von (⁸1994): Einführung in den Konstruktivismus. In: WATZLA-WICK, Paul (Hrsg.): *Die erfundene Wirklichkeit: Wie wir wissen, was wir zu wissen glauben*, München; New York, 16-38.

GOEPPERT, Sebastian (1996): *Medizinische Psychologie*, 1, Freiburg im Breisgau.

GOLDSTEIN, Murray (1990): The Decade of the Brain. In: *Neurology*: official journal of the American Academy of Neurology, Hagerstown Md., 40, 321.

GOLLER, Hans (2000): Hirnforschung und Menschenbild: Die Bedeutung von Körper und Emotion für Bewusstsein und Selbst. In: *Stimmen der Zeit*, 218, 579-594.

GOSCHKE, Thomas (1996): Lernen und Gedächtnis: Mentale Prozesse und Gehirn-strukturen. In: ROTH, Gerhard/PRINZ, Wolfgang (Hrsg.): *Kopf-Arbeit: Gehirn-funktionen und kognitive Leistungen*, Heidelberg; Berlin; Oxford, 359-410.

GRESHAKE, Gisbert (1993): Anthropologie, Systematisch-theologisch. In: *Lexikon für Theologie und Kirche*³ (Bd. 1), Freiburg; Basel; Rom; Wien, 726-731.

GRÖZINGER, Karl Erich (1992): Gedenken, Erinnern und Fest als Wege zur Erlösung des Menschen und zur Transzendenzerfahrung im Judentum. In: CASPER, Bernhard/SPARN, Walter (Hrsg.): *Alltag und Transzendenz*, Freiburg im Breisgau; Mün-chen, 19-49.

GÜNS, Josef/SCHLESINGER, Philipp (übers. u. erklärt) (1976): *Die Pessach - Haggadah* הגדה של פסח, Tel Aviv.

HABERMAS, Jürgen ([3]1982): Können komplexe Gesellschaften eine vernünftige Identität ausbilden?. In: HABERMAS, Jürgen: *Zur Rekonstruktion des Historischen Materialismus*, Frankfurt am Main, 92-126.

HABERMAS, Jürgen (1994a): Die Last der doppelten Vergangenheit. In: *Die Zeit*, 20, 13.05.1994.

HABERMAS, Jürgen (1994b): Israel und Athen oder: Wem gehört die anamnetische Vernunft? Zur Einheit in der multikulturellen Vielfalt. In: *Diagnosen zur Zeit* / mit Beiträgen von Johann Baptist Metz u.a., Düsseldorf, 51-64.

HALBWACHS, Maurice (1941): *La topographie légendaire des Évangiles en Terre sainte. Étude de mémoire collective*, Paris.

HALBWACHS, Maurice (1985): *Das Gedächtnis und seine sozialen Bedingungen*, Frankfurt am Main (frz. *Les cadres sociaux de la mémoire*, Paris 1925).

HALBWACHS, Maurice (1991): *Das kollektive Gedächtnis*, Frankfurt am Main 1985 (frz. *La mémoire collective*, Paris 1950).

HALBWACHS, Mme. [Jeanne Alexandre] (1964): Einleitung. In: HALBWACHS, Maurice: *Das Gedächtnis und seine sozialen Bedingungen*, Frankfurt am Main (frz. *Les cadres sociaux de la mémoire*, Paris 1925), 11-18.

HARDMEIER, Christioph (1992): Die Erinnerung an die Knechtschaft in Ägypten: Sozialanthropologische Aspekte des Erinnerns in der hebräischen Bibel. In: CRÜSEMANN, Frank/HARDMEIER, Christoph/KESSLER, Rainer (Hrsg.): *Was ist der Mensch ...? Beiträge zur Anthropologie des Alten Testaments*, (Festschrift für Hans Walter Wolff) München, 133-152.

HEJL, Peter M. (1995): Ethik, Konstruktivismus und gesellschaftliche Selbstregelung. In: RUSCH, Gebhard/SCHMIDT, Siegfried J. (Hrsg.): *Konstruktivismus und Ethik*, Frankfurt am Main, 28-121.

HEJL, Peter M. ([3]1996): Wie Gesellschaften Erfahrungen machen oder: Was Gesellschaftstheorie zum Verständnis des Gedächtnisproblems beitragen kann. In: SCHMIDT, Siegfried J. (Hrsg.): *Gedächtnis: Probleme und Perspektiven der interdisziplinären Gedächtnisforschung*, Frankfurt am Main, 293-336.

HERZOG, Reiner (1993): Zur Genealogie der memoria. In: HAVERKAMP, Anselm/LACHMANN, Renate (Hrsg.): *Memoria - vergessen und erinnern*, München (Poetik und Hermeneutik; 15), 3-8.

HUNGERIGE, Heiko/SABBOUH, Kariem (1995): Let's talk about ethics: Ethik und Moral im konstruktivistischen Diskurs. In: RUSCH, Gebhard/SCHMIDT, Siegfried J. (Hrsg.): *Konstruktivismus und Ethik*, Frankfurt am Main, 123-173.

HUNTINGTON, Samuel P. (1996): *Kampf der Kulturen: Die Neugestaltung der Weltpolitik im 21. Jahrhundert*, München; Wien.

JACOBS, Louis (1972), Passover. In: *Encyclopaedia Judaica*, Jerusalem, 13, 163-169.

JEHUDA HALEVI (1990): *Der Kusari* ספר הכוזרי (Übersetzung ins Deutsche von David Cassel mit dem hebräischen Text des Jehuda Ibn-Tibbon), Zürich.

JOY, Bill (2000): Why the future doesn't need us: Our most powerful 21st-century technologies - robotics, genetic engineering, and nanotech - are threatening to make humans an endangered species. In: *Wired*, 4, 238-262.

KASPER, Walter (1988): Die Wissenschaftspraxis der Theologie. In: KERN, Walter/POTTMEYER, Hermann Josef/SECKLER, Max (Hrsg.): *Handbuch der Fundamentaltheologie* (Bd. 4), Freiburg; Basel; Wien, 242-277.

KELLY, Kevin (1999): *Der zweite Akt der Schöpfung: Natur und Technik im neuen Jahrtausend* (deutscher Originaltitel 1997: Das Ende der Kontrolle: Die biologische Wende in Wirtschaft, Technik und Gesellschaft), Frankfurt am Main.

KOHLER, Oskar (1993): Soziologie und Theologie in Nachbarschaft. In: *Stimmen der Zeit*, 211, 210-212.

KUHN, Thomas S. (1967): *Die Struktur wissenschaftlicher Revolution*, Frankfurt am Main.

KNOBLAUCH, Hubert (1999), *Religionssoziologie*, Berlin; New York.

LÉVI-STRAUSS, Claude (1975): *Strukturale Anthropologie*, Frankfurt am Main (frz. *Anthropologie Structurale deux*, Paris 1973).

LOHFINK, Norbert (1987): Der Begriff des Gottesreiches vom Alten Testament her gesehen. in: SCHREINER, Josef (Hrsg.): *Unterwegs zur Kirche: Alttestamentliche Konzeptionen*, Freiburg im Breisgau; Basel; Wien (Quaestiones disputatae; 110), 33-86.

LOHFINK, Norbert ([2]1989): Der Glaube und die nächste Generation: Das Gottesvolk der Bibel als Lerngemeinschaft. In: LOHFINK, Norbert: *Das Jüdische am Christentum: Die verlorene Dimension*, Freiburg im Breisgau (1987), 144-166 und 260-263.

LÜKE, Ulrich (1997): *Als Anfang schuf Gott... - Bio-Theologie: Zeit - Evolution - Hominisation*, Paderborn; München; Wien; Zürich.

LUHMANN, Niklas (1979): Identitätsgebrauch in selbstsubstitutiven Ordnungen, besonders Gesellschaften. In: MARQUARD, Odo/STIERLE, Karlheinz (Hrsg.): *Identität*, München (Poetik und Hermeneutik; 8), 315-345.

LUHMANN, Niklas (1994): Der "Radikale Konstruktivismus" als Theorie der Massenmedien?: Bemerkungen zu einer irreführenden Debatte. In: *Communicatio Socialis*, 27, 1, 7-12.

MATURANA, Humberto R. (^{2}1985): *Erkennen: Die Organisation und Verkörperung von Wirklichkeit*, Braunschweig; Wiesbaden.

MATURANA, Humberto R. (1987): Kognition. In: SCHMIDT, Siegfried J. (Hrsg.): *Der Diskurs des Radikalen Konstruktivismus*, Frankfurt am Main, 89-118.

MATURANA, Humberto R./VARELA, Francisco J. (1987): *Der Baum der Erkenntnis: Die biologischen Wurzeln des menschlichen Erkennens*, Bern; München.

MAUS, Heinz (1985): Geleitwort. In: HALBWACHS, Maurice: *Das kollektive Gedächtnis*, Frankfurt am Main (frz. *La mémoire collective*, Paris 1950), V-VII.

MEINEFELD, Werner (1995): *Realität und Konstruktion: Erkenntnistheoretische Grundlagen einer Methodologie der empirischen Sozialforschung*, Opladen.

MENZEL, Randolf/ROTH, Gerhard (1996): Verhaltensbiologische und neuronale Grundlagen des Lernens und Gedächtnisses. In: ROTH, Gerhard/PRINZ, Wolfgang (Hrsg.): *Kopf-Arbeit: Gehirnfunktionen und kognitive Leistungen*, Heidelberg; Berlin; Oxford, 239-277.

MESSELKEN, Karlheinz (1989): Kollektiv. In: ENDRUWEIT, Günter/TROMMSDORF, Gisela (Hrsg.): *Wörterbuch der Soziologie* (Bd. 2), Stuttgart, 339-341.

METZ, Johann Baptist (1989): Anamnetische Vernunft: Anmerkungen eines Theologen zur Krise der Geisteswissenschaften. In: HONNETH, Axel/MC CARTHY, Thomas/OFFE, Claus/WELLMER, Albrecht (Hrsg.): *Zwischenbetrachtungen: Im Prozess der Aufklärung*, Frankfurt am Main, 733-738.

METZ, Johann Baptist (1992a): Die Rede von Gott angesichts der Leidensgeschichte der Welt. In: *Stimmen der Zeit*, 5, 311-320.

METZ, Johann Baptist (^{5}1992b): Erinnerung. In: METZ, Johann Baptist: *Glaube in Geschichte und Gesellschaft: Studien zu einer praktischen Fundamentaltheologie*, Mainz, 177-196.

METZ, Johann Baptist (^{5}1992c): Konzept einer politischen Theologie als praktischer Fundamentaltheologie. In: METZ, Johann Baptist: *Glaube in Geschichte und Gesellschaft: Studien zu einer praktischen Fundamentaltheologie*, Mainz, 60-90.

MÜLLER, Mokka (1999): *Das vierte Feld: Die Bio-Logik revolutioniert Wirtschaft und Gesellschaft*, Köln.

MUßNER, Franz (1979): Gedenken. In: MUßNER, Franz: *Traktat über die Juden*, München, 157-162.

NATIONAL SCIENCE AND TECHNOLOGY COUNCIL (Committee on Technology; Subcommittee on Nanoscale Science, Engineering and Technology National) (2000): *Nanotechnology Initiative: The Initiative and ist Implementation Plan*, Washington, D.C..

OTT, Konrad (1995): Zum Verhältnis von Radikalem Konstruktivismus und Ethik. In: RUSCH, Gebhard/SCHMIDT, Siegfried J. (Hrsg.): *Konstruktivismus und Ethik*, Frankfurt am Main, 280-320.

PASEMANN, Frank (1996): Repräsentation ohne Repräsentation: Überlegungen zu einer Neurodynamik modularer kognitiver Systeme. In: RUSCH, Gebhard/SCHMIDT, Siegfried J./BREIDBACH, Olaf (Hrsg.): *Interne Repräsentationen: Neue Konzepte der Hirnforschung*, Frankfurt/Main, 42-91.

PÖRKSEN, Bernhard (1997): 'Die unaufhebbare Endgültigkeit der Vorläufigkeit': Im Gespräch mit Siegfried J. Schmidt. In: *Communicatio Socialis*, 30, 1, 17-27.

PRINZ, Wolfgang/ROTH, Gerhard/MAASEN, Sabine (1996): Kognitive Leistung und Gehirnfunktionen. In: ROTH, Gerhard/PRINZ, Wolfgang (Hrsg.): *Kopf-Arbeit: Gehirnfunktionen und kognitive Leistungen*, Heidelberg; Berlin; Oxford, 3-34.

RAHNER, Karl (1954): Probleme der Christologie heute. In: RAHNER, Karl: *Schriften zur Theologie* (Bd. 1), Einsiedeln; Zürich; Köln, 169-222.

RAHNER, Karl (1955): Bemerkungen zur Theologie des Ablasses. In: RAHNER, Karl: *Schriften zur Theologie* (Bd. 2), Einsiedeln; Zürich; Köln, 185-210.

RAHNER, Karl (1955): Würde und Freiheit des Menschen. In: RAHNER, Karl: *Schriften zur Theologie* (Bd. 2), Einsiedeln; Zürich; Köln, 247-277.

RAHNER, Karl (1957): Anthropologie, Theologische Anthropologie. In: *Lexikon für Theologie und Kirche*[2] (Bd. 1), Freiburg, 618-627.

RAHNER, Karl (1960): Über den Begriff des Geheimnisses in der katholischen Theologie. In: RAHNER, Karl: *Schriften zur Theologie* (Bd. 4), Einsiedeln; Zürich; Köln, 51-99.

RAHNER, Karl (1962): Die Christologie innerhalb einer evolutiven Weltanschauung. In: RAHNER, Karl: *Schriften zur Theologie* (Bd. 5), Einsiedeln; Zürich; Köln, 183-221.

RAHNER, Karl (1966): Vom Offensein für den je größeren Gott. In: RAHNER, Karl: *Schriften zur Theologie* (Bd. 7), Einsiedeln; Zürich; Köln, 32-53.

RAHNER, Karl (1967a): Christlicher Humanismus. In: RAHNER, Karl: *Schriften zur Theologie* (Bd. 8), Einsiedeln; Zürich; Köln, 239-259.

RAHNER, Karl (1967b): Der eine Mittler und die Vielfalt der Vermittlungen. In: RAHNER, Karl: *Schriften zur Theologie* (Bd. 8), Einsiedeln; Zürich; Köln, 218-235.

RAHNER, Karl (1967c): Die Herausforderung der Theologie durch das Zweite Vatikanische Konzil. In: RAHNER, Karl: *Schriften zur Theologie* (Bd. 8), Einsiedeln; Zürich; Köln, 13-42.

RAHNER, Karl (1967d): Experiment Mensch. In: RAHNER, Karl: *Schriften zur Theologie* (Bd. 8), Einsiedeln; Zürich; Köln, 260-285.

RAHNER, Karl (1967e): Immanente und transzendente Vollendung der Welt. In: RAHNER, Karl: *Schriften zur Theologie* (Bd. 8), Einsiedeln; Zürich; Köln, 593-609.

RAHNER, Karl (1967f): Theologie und Anthropologie. In: RAHNER, Karl: *Schriften zur Theologie* (Bd. 8), Einsiedeln; Zürich; Köln, 43-65.

RAHNER, Karl (1970): Über das Wesen des Experiments im christlich-kirchlichen Bereich. In: KRIPP, Sigmund (Hrsg.): *Kasiwai*, Innsbruck, 49-52.

RAHNER, Karl (1972): Institution und Freiheit. In: RAHNER, Karl: *Schriften zur Theologie* (Bd. 10), Einsiedeln; Zürich; Köln, 115-132.

RAHNER, Karl (1982[12]): Zweiter Gang: Der Mensch vor dem absoluten Geheimnis. In: RAHNER, Karl: *Grundkurs des Glaubens:Einführung in den Begriff des Christentums*, Freiburg; Basel; Wien, 54-96.

RAHNER, Karl (1995a): Anthropologische Voraussetzungen für den Selbstvollzug der Kirche. In: LEHMANN, Karl (Hrsg.): *Karl Rahner: Sämtliche Werke* (Bd. 19; Selbstvollzug der Kirche: ekklesiologische Grundlegung praktischer Theologie), Zürich; Düsseldorf; Freiburg, 181-196.

RAHNER, Karl (1995b): Das Verhältnis der Kirche zur Gegenwartssituation. In: LEHMANN, Karl (Hrsg.): *Karl Rahner: Sämtliche Werke* (Bd. 19; Selbstvollzug der Kirche: ekklesiologische Grundlegung praktischer Theologie), Zürich; Düsseldorf; Freiburg, 317-341.

RAHNER, Karl (1995c): Die Gegenwart der Kirche. In: LEHMANN, Karl (Hrsg.): *Karl Rahner: Sämtliche Werke* (Bd. 19; Selbstvollzug der Kirche: ekklesiologische Grundlegung praktischer Theologie), Zürich; Düsseldorf; Freiburg, 255-316.

RAHNER, Karl (1995d): Die Praktische Theologie im Ganzen der theologischen Disziplinen. In: LEHMANN, Karl (Hrsg.): *Karl Rahner: Sämtliche Werke* (Bd. 19; Selbstvollzug der Kirche: ekklesiologische Grundlegung praktischer Theologie), Zürich; Düsseldorf; Freiburg, 503-515.

RAHNER, Karl (1998): Tractatus de Deo creante et elevante. In: LEHMANN, Karl (Hrsg.): *Karl Rahner: Sämtliche Werke* (Bd. 8; Der Mensch in der Schöpfung), Zürich; Düsseldorf; Freiburg, 41-511.

RAIBLE, Wolfgang (1988): Zwischen Festtag und Alltag: Zehn Beiträge zum Thema 'Mündlichkeit und Schriftlichkeit. In: RAIBLE, Wolfgang (Hrsg.): *Zwischen Festtag und Alltag*, Tübingen (Scriptoralia; 6), 7-24.

REINKE, Otfried (1995): Verstehen ist ein Wunder: Eine Bücherlese zum Gehirn-Geist-Problem. In: *Lutherische Monatshefte*, 10, 12-14.

RITSCHL, Dietrich (1988a): Gedächtnis und Antizipation: Psychologische und theologische Bemerkungen. In: ASSMANN, Jan/HÖLSCHER, Tonio (Hrsg.): *Kultur und Gedächtnis*, Frankfurt am Main, 50-64.

RITSCHL, Dietrich ([2]1988b): *Zur Logik der Theologie: Kurze Darstellung der Zusammenhänge theologischer Grundgedanken*, München (1984).

ROSENBERG, Roger/ROWLAND, Lewis (1990): The 1990s - Decade of the Brain: The need for a national priority. In: *Neurology*: official journal of the American Academy of Neurology, Hagerstown Md., 40, 322.

ROTH, Gerhard (1987): Erkenntnis und Realität: Das reale Gehirn und seine Wirklichkeit. In: SCHMIDT, Siegfried J. (Hrsg.): *Der Diskurs des Radikalen Konstruktivismus*, Frankfurt am Main, 229-255.

ROTH, Gerhard (1990): Gehirn und Selbstorganisation. In: KROHN, Wolfgang/KÜPPERS, Günter (Hrsg.): *Selbstorganisation: Aspekte einer wissenschaftlichen Revolution*, Braunschweig; Wiesbaden; Vieweg, 167-180.

ROTH, Gerhard (1992): Das konstruktive Gehirn: Neurobiologische Grundlagen von Wahrnehmung und Erkenntnis. In: SCHMIDT, Siegfried J. (Hrsg.): *Kognition und Gesellschaft*, Frankfurt am Main (Der Diskurs des radikalen Konstruktivismus; 2), 277-336.

ROTH, Gerhard (1995): Freier Wille, Gefühle in Fesseln: Das Gehirn und seine Wirklichkeit: Ein Gespräch mit dem Hirnforscher Gerhard Roth. In: *Lutherische Monatshefte*, 34, 10, 15-19.

ROTH, Gerhard (1996a): Das Gehirn des Menschen. In: ROTH, Gerhard/PRINZ, Wolfgang (Hrsg.): *Kopf-Arbeit: Gehirnfunktionen und kognitive Leistungen*, Heidelberg; Berlin; Oxford, 119-180.

ROTH, Gerhard ([3]1996b): Die Konstitution von Bedeutung im Gehirn. In: SCHMIDT, Siegfried J. (Hrsg.): *Gedächtnis: Probleme und Perspektiven der interdisziplinären Gedächtnisforschung*, Frankfurt am Main, 360-370.

ROTH, Gerhard ([3]1996c): Neuronale Grundlagen des Lernens und des Gedächtnisses. In: SCHMIDT, Siegfried J. (Hrsg.): *Gedächtnis: Probleme und Perspektiven der interdisziplinären Gedächtnisforschung*, Frankfurt am Main, 127-158.

ROTH, Gerhard (^{2}1998): *Das Gehirn und seine Wirklichkeit: Kognitive Neurobiologie und ihre philosophischen Konsequenzen*, Frankfurt am Main.

RUSCH, Gebhard (1987): *Erkenntnis - Wissenschaft - Geschichte: Von einem konstruktivistischen Standpunkt*, Frankfurt am Main.

RUSCH, Gebhard/SCHMIDT, Siegfried J. (Hrsg.) (1995): *Konstruktivismus und Ethik*, Frankfurt am Main.

RUSCH, Gebhard (^{3}1996): Erinnerungen aus der Gegenwart. In: SCHMIDT, Siegfried J. (Hrsg.): *Gedächtnis: Probleme und Perspektiven der interdisziplinären Gedächtnisforschung*, Frankfurt am Main, 267-293.

RUSCH, Gebhard (1997): Die Wirklichkeit der Geschichte: Dimensionen historiographischer Konstruktion. In: MÜLLER, Albert/MÜLLER, Karl H./STADLER, Friedrich (Hrsg.): *Konstruktivismus und Kognitionswissenschaft: Kulturelle Wurzeln und Ergebnisse*, Wien; New York, 151-171.

SCHEERER, Eckart (1996): "Einmal Kopf, zweimal Kognition: Geschichte und Gegenwart eines Problems". In: ROTH, Gerhard/PRINZ, Wolfgang (Hrsg.): *Kopf-Arbeit: Gehirnfunktionen und kognitive Leistungen*, Heidelberg; Berlin; Oxford, 87-116.

SCHMIDT, Robert F. (^{25}1993): Integrative Leistungen des Zentralnervensystems. In: SCHMIDT, Robert F./THEWS, Gerhard (Hrsg): *Physiologie des Menschen*, Berlin; Heidelberg; New York u.a., 132-175.

SCHMIDT, Siegfried J. (1992): Radikaler Konstruktivismus: Forschungsperspektiven für die 90er Jahre. In: SCHMIDT, Siegfried J. (Hrsg.): *Kognition und Gesellschaft*, Frankfurt am Main (Der Diskurs des radikalen Konstruktivismus; 2), 7-23.

SCHMIDT, Siegfried J. (^{3}1996): Gedächtnisforschungen: Positionen, Probleme, Perspektiven. In: SCHMIDT, Siegfried J. (Hrsg.): *Gedächtnis: Probleme und Perspektiven der interdisziplinären Gedächtnisforschung*, Frankfurt am Main, 9-55.

SCHMIDT, Siegfried J. (1997): Kultur und Kontingenz: Lehren des Beobachters. In: MÜLLER, Albert/MÜLLER, Karl H./STADLER, Friedrich (Hrsg.): *Konstruktivismus und Kognitionswissenschaft: Kulturelle Wurzeln und Ergebnisse*, Wien; New York, 173-181.

SCHOBERTH, Ingrid (1992): *Erinnerung als Praxis des Glaubens*, München.

SCHOLEM, Gershom (1970): Offenbarung und Tradition als religiöse Kategorien im Judentum. In: SCHOLEM, Gershon: *Über einige Grundbegriffe des Judentums*, Frankfurt am Main, 90-120.

SCHOTTROFF, Willy (1964): *'Gedenken' im Alten Orient und im Alten Testament: Die Wurzel zakar im semitischen Sprachkreis*, Neukirchen-Vluyn.

SECKLER, Max (1982): Tradition und Fortschritt. In: BÖCKLE, Franz/KAUFMANN, Franz-Xaver/RAHNER, Karl/WELTE, Bernhard (Hrsg.): *Christlicher Glaube in moderner Gesellschaft*, Freiburg im Breisgau; Basel; Wien, 23, 5-53.

SECKLER, Max (1985): Der Begriff der Offenbarung. In: KERN, Walter/POTTMEYER, Hermann Josef/SECKLER, Max (Hrsg.): *Handbuch der Fundamentaltheologie* (Bd. 2), Freiburg; Basel; Wien, 60-83.

SINGER, Wolf (2000): Wahrnehmen, Erinnern, Vergessen: Über Nutzen und Vorteil der Hirnforschung für die Geschichtswissenschaft: Eröffnungsvortrag des 43. Deutschen Historikertags. In: *Frankfurter Allgemeine Zeitung*, 226 (28.09.2000), 10.

STADLER, Michael/KRUSE, Peter (^{3}1996): Visuelles Gedächtnis für Formen und das Problem der Bedeutungszuweisung in kognitiven Systemen. In: SCHMIDT, Siegfried J.: *Gedächtnis: Probleme und Perspektiven der interdisziplinären Gedächtnisforschung*, Frankfurt am Main, 250-266.

STÖRIG, Hans Joachim (^{14}1988): Konstruktivismus. In: STÖRIG, Hans Joachim: *Kleine Weltgeschichte der Philosophie*, Stuttgart; Berlin; Köln; Mainz, 678-681.

SUNDERMEIER, Theo (1987): Religion, Religionen. In: *Lexikon missionswissenschaftlicher Grundbegriffe*, hrsg. von Karl MÜLLER und Theo SUNDERMEIER, Berlin, 411-422.

THEISSEN, Gerd (1988): Tradition und Entscheidung: Der Beitrag des biblischen Glaubens zum kulturellen Gedächtnis. In: ASSMANN, Jan/HÖLSCHER, Tonio (Hrsg.): *Kultur und Gedächtnis*, Frankfurt am Main, 170-196.

TROELTSCH, Ernst (1913): *Zur religiösen Lage: Religionsphilosophie und Ethik* (Gesammelte Schriften; 2), Tübingen.

TYRELL, Hartmann (1995): Von der 'Soziologie statt Religion' zur Religionssoziologie. In: KRECH, Volkhard/TYRELL, Hartmann (Hrsg.): *Religionssoziologie um 1900*, Würzburg, 79-127.

VORGRIMLER, Herbert (2000): *Neues theologisches Wörterbuch*, Freiburg.

WATZLAWICK, Paul (^{16}1988): *Wie wirklich ist die Wirklichkeit?: Wahn, Täuschung, Verstehen*, München.

WATZLAWICK, Paul (Hrsg.) (^{8}1994): *Die erfundene Wirklichkeit: Wie wir wissen, was wir zu wissen glauben*, München; New York.

WEHRSPAUN, Michael (1994): Kommunikation und (soziale) Wirklichkeit: Weber, Elias, Goffman. In: RUSCH, Gebhard/SCHMIDT, Siegfried J. (Hrsg.): *Konstruktivismus und Sozialtheorie*, Frankfurt am Main, 11-46.

WEIDHAS, Roija F. (1994): *Konstruktion - Wirklichkeit - Schöpfung: Das Wirklichkeits-verständnis des christlichen Glaubens im Dialog mit dem radikalen Konstrukti-vismus unter besonderer Berücksichtigung der Kognitionstheorie H.Maturanas*, Frankfurt am Main; Berlin; Bern; New York; Paris; Wien.

WEINFELD, Moshe (1972): Josiah. In: *Encyclopaedia Judaica*, Jerusalem, 10, 289-293.

WELSCH, Wolfang ([4]1993): *Unsere postmoderne Moderne*, Berlin.

WELSCH, Wolfgang (1996): *Vernunft: Die zeitgenössische Vernunftkritik und das Konzept der transversalen Vernunft*, Frankfurt a.M.

YERUSHALMI, Yosef Hayim (1988): *Zachor: Erinnere Dich! Jüdische Geschichte und jüdisches Gedächtnis*, Berlin (amer. *Zachor: Jewish History and Jewish Memory*, University of Washington Press, Seattle and London, 1982).

ZIMBARDO, Philip G. ([5]1992): Gedächtnis. In: ZIMBARDO, Philip G.: *Psychologie* (be-arbeitet u. hrsg. von Siegfried HOPPE-GRAF und Barbara KELLER), Berlin; Hei-delberg; New York; London; Paris; Tokyo; Hongkong; Barcelona; Budapest, 268-303.

A Proclamation by the President of the United States of America. [Internet release of Presidential Proclamation 6158] (1990, July 18). Available: http://lcweb.loc.gov/loc/brain/proclaim.html [2001, February 2].

(vgl. S. 295) ist entsprechend der bibliographischen Systematik bei

LI, Xia/CRANE, Nancy B. ([2]1997): *Electronic styles: a handbook for citing electronic information*, Medford, 67f.

aufzulösen.

Tübinger Perspektiven zur Pastoraltheologie und Religionspädagogik

herausgegeben von
Ottmar Fuchs, Albert Biesinger, Reinhold Boschki

Monika Scheidler
Didaktik ökumenischen Lernens – am Beispiel des Religionsunterrichts in der Sekundarstufe
Bd. 1, 1999, 128 S., 15,90 €, br., ISBN 3-8258-4337-8

Birgit Hoyer
Gottesmütter
Lebensbilder kinderloser Frauen als fruchtbare Dialogräume für Pastoral und Pastoraltheologie
Bd. 2, 1999, 352 S., 25,90 €, br., ISBN 3-8258-4329-7

Doris Nauer
Kirchliche Seelsorgerinnen und Seelsorger im Psychiatrischen Krankenhaus?
Kritische Reflexionen zu Theorie, Praxis und Methodik von KrankenhausseelsorgerInnen aus pastoraltheologischer Perspektive mit organisationspsychologischem Schwerpunkt
Bd. 3, 2000, 520 S., 35,90 €, br., ISBN 3-8258-4459-5

Ottmar Fuchs; Saleh Srouji
Nazareth 2000: Toleranz im Konflikt
Probleme und Möglichkeiten interkulturellen Verstehens
Bd. 4, Frühjahr 2002, ca. 168 S., ca. 15,90 €, br., ISBN 3-8258-4635-0

Ottmar Fuchs; Reinhold Boschki;
Britta Frede-Wenger (Hrsg.)
Zugänge zur Erinnerung
Bedingungen anamnetischer Erfahrung. Studien zur subjektorientierten Erinnerungsarbeit
Bd. 5, 2001, 376 S., 25,90 €, br., ISBN 3-8258-4785-3

Brigitte Fuchs
Eigener Glaube – Fremder Glaube
Reflexionen zu einer Theologie der Begegnung in einer pluralistischen Gesellschaft
Bd. 6, 2001, 344 S., 25,90 €, br., ISBN 3-8258-4649-0

Franz Weber; Thomas Böhm;
Anna Findl-Ludescher; Hubert Findl (Hrsg.)
Im Glauben Mensch werden
Impulse für eine Pastoral, die zur Welt kommt. Festschrift für Hermann Stenger
zum 80. Geburtstag
Bd. 7, 2000, 344 S., 30,90 €, gb., ISBN 3-8258-4738-1

Ferdinand Herget
Einsichtiges Lernen im Religionsunterricht an beruflichen Schulen
Untersuchung der Lernbegriffe und Unterrichtsmethoden von Formalstufenlehre, Lerntheorie und Strukturtheorie unter gestalttheoretischen Aspekten und Vorschläge für die Unterrichtsgestaltung
Bd. 8, 2001, 344 S., 25,90 €, br., ISBN 3-8258-4765-9

Martin Pott
Kundenorientierung **in Pastoral und Caritas?**
Anstöße zum kirchlichen Handeln im Kontext der Marktgesellschaft
Bd. 9, 2001, 512 S., 35,90 €, br., ISBN 3-8258-5276-8

Martin Weiß-Flache
Befreiende Männerpastoral
Männer in Deutschland auf befreienden Wegen der Umkehr aus dem Patriarchat: Gegenwartsanalyse – theologische Optionen – Handlungsansätze
Bd. 10, 2001, 512 S., 35,90 €, br., ISBN 3-8258-5280-6

Ottmar Fuchs (Hrsg.)
Pastoraltheologische Interventionen im Quintett – Zukunft des Evangeliums in Kirche und Gesellschaft
Mit einem Dokumentationsteil bisheriger Stellungnahmen. Norbert Greinacher zum 70. Geburtstag
Bd. 11, 2001, 216 S., 17,90 €, br., ISBN 3-8258-5376-4

Maria Elisabeth Aigner
Dient Gott der Wissenschaft?
Praktisch-theologische Perspektiven zur diakonischen Dimension von Theologie
Bd. 12, Frühjahr 2002, ca. 272 S., ca. 25,90 €, br., ISBN 3-8258-5562-7

Clemens Mendonca
Symbol and Interreligious Dialogue in Raimon Panikkar and their Relevance for Interreligious Education in India
Bd. 13, Frühjahr 2002, ca. 260 S., ca. 25,90 €, br., ISBN 3-8258-5565-1

Markus Schneider
Zwischen Geld und Güte
Finanzmaßnahmen in einer Kirche der Güte: von Möglichkeiten und Unmöglichkeiten
Bd. 14, 2001, 328 S., 25,90 €, br., ISBN 3-8258-5755-7

LIT Verlag Münster – Hamburg – Berlin – London
Grevener Str. 179 48159 Münster
Tel.: 0251 – 23 50 91 – Fax: 0251 – 23 19 72
e-Mail: vertrieb@lit-verlag.de – http://www.lit-verlag.de

Preise: unv. PE